海外中国
研究丛书

刘 东 主编

[韩] 吴金成 著
崔荣根 译
薛 戈 校译

矛·盾의 共存

矛与盾的共存

明清时期江西社会研究

明淸時代 江西社會 研究

江苏人民出版社

图书在版编目(CIP)数据

矛与盾的共存:明清时期江西社会研究/吴金成著;
崔荣根译. —南京:江苏人民出版社,2018.8(2021.4 重印)
(海外中国研究丛书/刘东主编)
ISBN 978-7-214-21844-5

Ⅰ.①矛… Ⅱ.①吴… ②崔… Ⅲ.①社会问题-研究-江西-明清时代 Ⅳ.①D691.9

中国版本图书馆 CIP 数据核字(2018)第 051003 号

矛·盾의 共存:明淸時代 江西社會 研究
Copyright © 2017 by 吳金成(오금성)
Originally published by (주)지식산업사
Simplified Chinese edition copyright © 2018 by Jiangsu People's Publishing，Ltd.
本书中译本由作者吴金成授权出版
All rights reserved.
江苏省版权局著作权合同登记　图字:10-2014-400 号

书　　　名	矛与盾的共存:明清时期江西社会研究
著　　　者	[韩]吴金成　著
译　　　者	崔荣根　译　薛戈　校译
责 任 编 辑	卞清波　金书羽
责 任 校 对	洪扬
装 帧 设 计	陈婕
责 任 监 制	王娟
出 版 发 行	江苏人民出版社
地　　　址	南京市湖南路 1 号 A 楼,邮编:210009
网　　　址	http://www.jspph.com
照　　　排	江苏凤凰制版有限公司
印　　　刷	江苏凤凰扬州鑫华印刷有限公司
开　　　本	652 毫米×960 毫米　1/16
印　　　张	25.75　插页 4
字　　　数	340 千字
版　　　次	2018 年 8 月第 1 版
印　　　次	2021 年 4 月第 2 次印刷
标 准 书 号	ISBN 978-7-214-21844-5
定　　　价	78.00 元

(江苏人民出版社图书凡印装错误可向承印厂调换)

序"海外中国研究丛书"

中国曾经遗忘过世界,但世界却并未因此而遗忘中国。令人嗟讶的是,20世纪60年代以后,就在中国越来越闭锁的同时,世界各国的中国研究却得到了越来越富于成果的发展。而到了中国门户重开的今天,这种发展就把国内学界逼到了如此的窘境:我们不仅必须放眼海外去认识世界,还必须放眼海外来重新认识中国;不仅必须向国内读者迻译海外的西学,还必须向他们系统地介绍海外的中学。

这个系列不可避免地会加深我们150年以来一直怀有的危机感和失落感,因为单是它的学术水准也足以提醒我们,中国文明在现时代所面对的绝不再是某个粗蛮不文的、很快就将被自己同化的、马背上的战胜者,而是一个高度发展了的、必将对自己的根本价值取向大大触动的文明。可正因为这样,借别人的眼光去获得自知之明,又正是摆在我们面前的紧迫历史使命,因为只要不跳出自家的文化圈子去透过强烈的反差反观自身,中华文明就找不到进入其现代形态的入口。

当然,既是本着这样的目的,我们就不能只从各家学说中筛选那些我们可以或者乐于接受的东西,否则我们的"筛子"本身就可能使读者失去选择、挑剔和批判的广阔天地。我们的译介毕竟还只是初步的尝试,而我们所努力去做的,毕竟也只是和读者一起去反复思索这些奉献给大家的东西。

刘 东

中文版序言

1991年1月,韩国东洋史学会第十届冬季研讨会在北京举行。1月29日上午,笔者于该会议上发表了《明清时代绅士层研究的诸问题》(《中国史研究的成果与展望》,中国社会科学院,1991)一文,幸得中国社会科学院已故教授刘重日先生任该文评议人。为表敬意,大会开始前,笔者曾面见刘先生以致问候。一见面,先生便紧握着笔者的手,以一纸卷轴相赠,并激励笔者说:"吴教授的论文读罢略有所感。如此卷所示,愿吴教授日后学问再得精进,期待您将来的发展与活跃。"开卷而视,为先生手书墨宝一幅,文曰"虎啸龙吟",另附有小注称:"谨以'虎啸龙吟'四字赠吴先生。愿吴先生的文章、著作像龙虎吟啸,传遍遐迩,声震天际。重日释义,一九九一年一月。"之后,笔者将先生所赠敬加装裱,恭悬于家中。每每视线相及,感念先生惠言,治学之热情再涌于心。当时之旧文经大幅修改、补充,已分为两篇,收于《国法与社会惯

行——明清时代社会经济史研究》(浙江大学出版社将出)第二篇之第一、二章。

韩国与中国同属汉字文化圈,受中国多方面之影响已久。朝鲜时代的士大夫拥有着仅次于同一时期,即明清时代绅士的汉学知识。但韩国人终究是外国人。中国人由于生长在本国的历史传统当中,可自然而然地理解中国史中诸多的历史现象。但此对韩国人而言多为陌生的研究对象,为有所理解,需要付出相当的努力,但即便如此也难免有所误解。

至今,笔者完成论文参加学会时,总会想:"不知中国学者如何看待这篇文章?"进而习惯性地生出几分怯意。无论何时,在中国学者面前总觉得有"班门弄斧"之嫌。2007年,拙著出版后,这样的想法一直萦绕在笔者脑中。

但在这样的情况下,2008年9月,本书与《国法与社会惯行》两书被授以"第53回大韩民国学术院赏"。笔者受此鼓舞,决心将拙作向中国学界乃至世界学界稍作展示,以向同学诸贤求教。笔者此举所意有二,一来希望能借此收获学友们的若干批评与建议,二来希望成为韩国明清史学界进步的跳板。

笔者自大学本科阶段起,即着意探索同"明清时代社会经济史"相关的若干问题。拙著之内容为此研究视角下与江西地方相关的一部分小得,是笔者治学所得的一部分成果。当然,尚有所不足,难称完美。所以,拙作从在韩国出版后到中文版出版前,仍在进行必要的修改与增补,并尽可能地反映出若干新发现的史料。日后如有机会,将再行修订。

拙作中文版得以付梓,实有赖各界学友相助。首先,中文翻译工作托付北京工业大学外国语学院崔荣根教授完成,耗时两年半,劳顿漫漫;南开大学常建华教授在阅读拙著中文版后,向江苏人民出版社倾力推荐;海外中国研究丛书主编、清华大学国学院副院长刘东教授,江苏人民出版社的王保顶先生、卞清波先生等不顾本书情况之复杂,欣然予以出版。陆扬女士对晦涩难懂的原文施以妙笔,整理润色。在此谨向诸位致以真挚的感谢。

笔者为学始自大学时代,倏忽至今,已年逾古稀,龄至喜寿。心中常有恩师四位。大学一年级时,笔者尚为历史学领域的一个学徒,幸得遇金容燮教授。金教授本人虽专攻韩国史研究,但给予了笔者在当时无异于"不毛之地"的韩国的中国史研究领域从事研究的勇气。从大学时代开始到获得博士学位期间,我校已故教授闵斗基先生对笔者常有教导,向笔者介绍了"知识人→士大夫→绅士"认识的发展,历史研究的基本方法,即宏观方法与微观方法的统一等内容。已故教授田中正俊先生向笔者教授了社会经济史真正精致的研究方法。在与同学诸贤共同学习的过程中,已故教授山根幸夫先生教给了笔者"同学相长"的乐趣。虽时日已迟,笔者愿将此拙作献予四位恩师。最后,笔者内子不顾条件之艰难,乐于与枯燥乏味的笔者为伴。虽或显忸怩,但仍希望能以此一并稍表谢忱。

吴金成识于上道洞一隅
2017 年 3 月 1 日

第一版序

笔者着眼江西地方研究不知不觉已有二十五年。最初是为了便于进一步认识湖广(湖南、湖北)地区而进入该领域。皆因窃以为如不能深知398 000平方公里之广的湖广地区,就不可能深知164 800平方公里之阔的江西。笔者因从事社会经济史研究,最初着手的,是与"明代湖广地方的水利开发与绅士"相对应的"明代江西地方的水利开发与绅士",以此开启了对明代江西历史的观察。

在此过程中笔者发现了一个颇为奇怪的现象:江西地方自明初以来文运昌盛,足以比肩江南;同时又与湖广同为当时中国之谷仓。但不知何故成为粮食与人口同时流出的地域。因此笔者感受到了江西在社会经济层面矛、盾共存的魅力,进而投身于江西地方研究,转瞬至今,竟已有二十五年之久。但选择江西作为地域史研究对象亦多有其难处。其中最大的困难,莫过于当时江西诸多重要的图书馆不对海外学者开放这一点。笔者亦曾因此有过"江西或许并非善选"的想法。

本书之问世得益于各界学友的支持。明清史学会之同学会自1983年10月创立以来,笔者在与广大学友共同讨论的过程中获益匪浅。笔者与首尔大学东洋史系授课期间,与诸多积极向上、聪明好学的学子们共同学习,饱受"教学相长"之益。知识产业社金京熙社长在困难的条件下欣然答应出版。朴孝根先生对晦涩难懂的原文施以妙笔,整理润色。曹永宪、李志英、朴敏洙、姜元默诸君为了本书的顺利出版,自整理时开始即将本书视作自己的作品一般细心校正。此外,还有很多参与相关工作的在读研究生,在此一并表示感谢。

眼下,笔者着实希望可以充分放松休息一下。但那期间得到的诸位的关爱、帮助与人情委实太多。笔者带着这样的想法,亦不能顺心顺意地休息。于是,打算直到闭眼都要努力以作报答。对已赴天国的诸位,笔者在赴天国后亦必面致谢忱。

虽或显忸怩,笔者要向内子致以谢意。最初,她是笔者的完美女友;婚后,在天父的祝福下,她成了"八方美人",照顾家中内外,还把随之而来的疲倦感消解于自己的工作中。不知从何时开始,已经成为我沉稳可靠的守护者……

吴金成于冠岳山一隅

2006 年 10 月 1 日

目 录

导论　1

第一篇　矛盾的社会　17

第一章　江西社会的动荡与重构　19
序言　19
Ⅰ．明中期江西社会的动荡　20
Ⅱ．山区寇贼的蜂起　26
Ⅲ．江西各地的开发　33
Ⅳ．新城市的发展　39
小结　43

第二章　江西社会：阳明学的摇篮　45
序言　45
Ⅰ．阳明的赴任和寇贼镇压　48
Ⅱ．阳明的善后策　57
Ⅲ．阳明思想的理念　71
小结　79

第三章　"广东体制"的光与影　81
序言　81
Ⅰ．城市的繁荣　82
Ⅱ．乡村定期市的丛生　97

Ⅲ. 经济作物的种植与手工业的发展　111
小结　118

第二篇　江西的绅士　121

第一章　南昌教案：最早的反基督教运动　123
序言　123
Ⅰ. 利玛窦在南昌的停留和早期宣教　125
Ⅱ. 南昌教案与绅士　129
Ⅲ. 南昌教案的背景和历史性质　136
小结　147

第二章　阳明学派的书院讲学运动　149
序言　149
Ⅰ. 吉安府的社会、文化传统　151
Ⅱ. 明代吉安府的绅士培育　159
Ⅲ. 吉安府绅士的书院建立和讲会　167
小结　184

第三章　明清更替与绅士　188
序言　188
Ⅰ. 清军入赣和绅士的勤王起兵　189
Ⅱ. 动荡期的赣南社会　207
Ⅲ. 清朝权力与绅士　213
小结　218

第四章　太平天国时期的江西社会和绅士　232
序言　232
Ⅰ. 太平军进入江西和清军的应对　233
Ⅱ. 江西社会的惨状　239
Ⅲ. 绅士的存在与作用　243
小结　248

第三篇　都市、居民、商人　251

第一章　千年瓷都景德镇　253
序言　253
Ⅰ. 明中期江西东北地区的社会变化　255

Ⅱ. 陶瓷业的发展与景德镇社会　258
　　Ⅲ. 景德镇居民的生存状况　269
　　小结　292

第二章　河口镇：幸运的山区城市　294
　　序言　294
　　Ⅰ. 人口流入与河口镇的发展　295
　　Ⅱ. 造纸业与纸张商人　309
　　Ⅲ. 茶叶加工业与茶商　318
　　Ⅳ. 河口镇居民的生存状况　324
　　小结　334

第三章　江西商人的选择与命运　337
　　序言　337
　　Ⅰ. 明初江西社会生产力的恢复　339
　　Ⅱ. 明代江西商人的崛起　343
　　Ⅲ. 江西商人的外省进出　347
　　Ⅳ. 江西商人的活动及特征　354
　　Ⅴ. 清末开埠和江西商人　359
　　小结　365

参考文献　368

导　论

I

世上因为"矛"和"盾"的共存而有趣。如果世上仅仅存在"矛",那么世界将会成为一个充斥着暴力的一元社会,而只存在"盾"则毫无用处。唯有两者共存,社会才会均衡。无论是如何繁荣的社会,都会有贫穷困顿的人存在。在古今中外的历史上,光和影子也是时常共存的。这是因为人是历史的主体,因为世间财富有限,而人之欲望却永无止境。

本书分析了明清时代政治与社会经济的"矛与盾"共存发展的江西社会。江西省(面积164800平方公里)位于长江中游南岸,呈纵向伸展。江西地区自明初以来,文运的发展和进士及第者人数达到可同江南地区比肩的程度,尽管与湖广(湖南、湖北)同属中国的粮仓地区,却是同时输出粮食和人口的奇怪地域。自19世纪中叶开始,经济开始大幅下滑,今天已成为中国本土中相对落后的地区。分析江西省的这种变化原因及其意义是本书的宗旨。

笔者还有《国法与社会惯行——明清时代社会经济史研究》一书(浙江大学出版社将出)。两书的篇、章主题,在某种程度上相互对应着。两书的整体思路亦一致,通过对作为政治和社会支配阶层的绅士,以及存在于其周边同其建立各种关系的胥吏、衙役、商人、牙行及无赖等的生存状况,分析缓慢发生变化的江西社会的情形。

II

第一篇"矛盾的社会",分析了在明清时代江西社会变迁过程中,积极方面和消极方面一直共存发展。所以通过本篇可以看到江西社会各种各样的现象不仅仅限于江西社会,而是整个中国的缩影。

本篇第一章"社会的动荡和重构",通过江西社会确认了明中叶(15世纪中叶—16世纪中叶)在全国范围内发生的社会动荡和重构现象的具体情况。

明初,随着农村社会的稳定,江西地区的耕地得以迅速恢复和发展,至1400年前后,其农业生产力达到了湖广的4倍程度。但是,自明中叶开始,江西社会经历了急剧的动荡,统计人口开始下降。随着各地里甲制的解体,人口开始流散,形成了大规模人口流动。他们的流动方向大体上可分为三类,一是农村地区向禁山区的流动,二是经济先进地区(人口密度大的狭乡)向落后地区(宽乡),第三类是农村地区向城镇、手工业地区的迁移。

因为这种人口流动,不仅在江西内部,而且在全国各地形成了人口的重构。这种人口流动同时显现出了积极和消极方面。首先,积极方面是江西的所有地区均开垦了新的耕地,新种子、先进文化和技术得到传播。江西因此发展成为粮食输出地区。此外,在原有的大城市以外,各个交通要地出现了诸多小城镇和定期集市,陶瓷器、纸张、茶叶、竹器、夏布等手工业亦得到发展。

人口流动还带来了消极一面。自15世纪中叶开始,江西各地山区相继发生民众蜂起。从中国整体来看,荆襄(以湖广西北部为中心的四省交界处)和南赣(以江西南部为中心的四省交界处)的民众蜂起规模最大。尽管耕地得到开垦,但由于财富分配不公平和人口骤增,江西出现了粮食和人口共同被输出的怪异现象。一些地区还出现了外来者实现定居,土著人却反因没落而流落他乡的"人口对流"(convection)现象。在城市,逐渐增多的失业者和无赖,形成了新的社会阶层。明中叶,江西社会出现的这种两极变化在中国其他地区同样亦有发生。无论是江西地区,还是中国其他地区均为"矛与盾共存"的社会。

第二章"江西社会:阳明学的摇篮",分析了"矛与盾共存"的明中叶的江西正是阳明学产生的摇篮。王守仁(1472—1528)号阳明,在28岁之时(弘治12年,1499)进士及第,就在学术上仿徨之时,因其反对宦官刘瑾的政治专横,而被发配贵州龙场贬为驿丞。其地为瑶族居住地区,人烟稀少。在石室冥想过程中,阳明悟出了"圣人之道,吾性自足,向之求理于事物者误也"。这就是所谓的"龙场之悟",成为主张"心即理"的契机。

此后,阳明试图"让人人知致良知,而实现大同的理想社会"。就在这一过程中,他被任命为南赣巡抚(1516)。当时的中国社会,正在向阳明所企盼的反方向发展。而且其将要赴任的赣南(江西南部四省交界处)是全国民众蜂起最为激烈的地方之一。主张"心即理"、"亲民"、"满街都是圣人"、"四民异业而同道"等的阳明,被卷入了与自己平素主张截然相反的社会。可谓面对了严峻的"矛盾"。赴任后,他首先毫不手软地扫荡了蜂起势力。他这样做的目的有二。一、彻底消灭领道蜂起的头目,以剔除社会动荡的根本原因;二、区分头目和胁从者,把协从者作为新民安插在乡村。为此,他采取了善后对策,即在合适的地区设置新县,实施乡约和保甲法,建立社学,教化县民,减免税役,调查土地,使税役公正等。这是在国家权力的委任下,利用了原有的以乡村绅士为中心的社会秩序。而且在这种破败局面中,他还同弟子展开学术讨论,致力于"致良知"的阳明学的发展壮大。

阳明在平定和招抚蜂起势力,采取善后对策,并重构乡村秩序的过程中,确信了庶民的"良善"和对"良知"的认知能力。即再一次确认了

"龙场之悟"。其思想的内在发展同在江西的政治、军事体验相融合,最终形成了"致良知"说(正德15年,49岁)。阳明本人亦于50岁时述怀,"近来信得致良知三字。……往年尚疑未尽。今自多事以来,只此良知无不具足。……某于此良知之说,从百死千难中得来"。以"心即理"、"知行合一"、"致良知"为核心的阳明学,一则体现了明中叶江西社会现状的思想,其次拟克服当时的社会动荡,试图最终实现大同理想社会的具有实践性的思想,第三反映了明中叶庶民阶层之需要的思想。在理念与现实的极大反差之中,苦恼度日的阳明终于找到了答案。惊奇的是,"动荡的江西社会"就是"阳明学的摇篮"。

第三章"'广东体制'的光与影",通过"广东贸易体制"(乾隆22年—道光22年,1757—1842),分析了国家政策对社会变化的影响。清朝仅将广州设为同西方国家进行贸易的贸易港,并将对外贸易交由被称作"十三行"的特定商人垄断,这一贸易制度,我们称为"广东体制"。连接北京↔大运河↔长江↔赣江↔大庾岭↔珠江↔广州的线路是从北京至广州最近的交通路线,而江西省正是位于其中央,所以尽管它属于内陆地区,却受惠最多。

至18世纪前叶,江西省在粮食生产和商品作物的栽培及手工业基础上逐渐发展,而在文化方面却成为中国的先进地区。此后,"广东体制"的实施对江西地区产生了如下两方面的影响。首先,是积极的影响。南北贯通江西省腹地的,长江↔鄱阳湖↔赣江↔大庾岭的交通路线是南北贸易最重要的信道。通过该交通路线有无数商贾和商品在流动。其结果是赣江沿岸原有的城镇更加繁荣,同时还催生了诸多中小城市和定期集市。各地的茶树、苎麻、棉花、甘蔗、烟草等商品作物的栽培活跃,造纸、瓷器等手工业出现了空前的繁荣。而且由于运输、商品作物栽培等领域提供了诸多岗位,使得江西经济得到全方位的提高。广东体制期间,江西社会的繁荣是空前绝后的。起初是在交通路线周边地区实现了繁荣,进而其影响逐渐扩及邻近的内陆地区。然而广东体制下,江西社会所得到的实惠除去瓷器和茶叶的出口之外,大部分是通过过境贸易所需的服务业完成的。所以,与其说该时期江西内陆地区定期集市的发展、商品作物的栽培和手工业的发展等现象是受广东体制的直接影响,倒不如说是同江西社会的全面发展所同步发展的结果。

其次,是消极的影响。受这种社会变化的影响,内外人口的往来频繁,因此出现了严重的治安问题。然而最糟的莫过于随着19世纪中叶广东体制的废除,江西经济开始急剧衰退,从而产生诸多副作用,直至今天依旧是中国相对落后的地区之一。伴随广东体制的实施和废除,不以江西的意志所转移的是它在繁荣和落后间走了一遭。

Ⅲ

第二篇"江西的绅士"深入社会支配阶层的绅士群体,探究他们的状况。另可见《国法与社会惯行》的第二篇"国家权力和绅士"。

第一章"南昌教案:最早的反基督教运动",通过1607年江西省首府南昌发生的,生员为主动的反天主教运动,分析了绅士的意识和社会活动。1607年,南昌已有基督教信徒600余人,成为中国重要的传教基地。是年,生员们为了将传教士驱出南昌,联名上书官府。

以利玛窦(Matteo Ricci,1552—1610)为首的,明末进入中国的耶稣教传教士大体通过以下两种方法进行传教。第一,同官僚、绅士等支配阶层建立良好的关系;第二,为了避免同中国传统文化和价值观的冲突,强调了儒教和基督教的共同点。在这种传教战略下,确保了相当数量对基督教存有好感的绅士,其中部分人已经入教。全国的信徒人数方面,1605年有1000余人,1610年有2500余人,至1650年达到了15000余人。

但是,绝大多数的绅士和百姓对天主教具有极大的反感。至1616年,全国共发生54起教案。为了依靠官僚和绅士传播天主教的传教士们作出了积极的努力,不料正是这些传教士本想依靠的官僚和绅士们反而举起了反天主教的旗帜。其中,下层绅士生员对天主教的反感尤为强烈。

南昌的生员们在推进驱逐传教士的过程中,起初试图以较少的力量实现计划。但是,由于仅靠自己的力量无法达到目的,便向平时具有"同类意识"的"士人公议"进行呼吁,使其多数加入进来。当发现力量仍然不足时,便又向"绅士公议"进行呼吁。生员的这种同类意识同士人公议、绅士公议的结合点是儒学的孔庙和书院。南昌的生员首先提出的名分便是作为士大夫应有的使命意识,但其内心深处的巨大恐惧心理,则源自天主教对其自身社会的地位和影响力的威胁。

第二章"阳明学派的书院讲学运动",通过受阳明主张的学说和实践行动影响的绅士,尤其是吉安府绅士建立书院进行讲学运动的内容,分析了绅士的生存状况。

明代,吉安府的进士及第人数占江西进士总数的1/3,从洪武至成化的百余年间,占全国进士总数的1/10,一甲进士占1/4,状元占1/3。正是如此的学术环境,所以江西地区阳明的弟子最多,其中吉安府为之最。从而,继承了阳明遗志的绅士展开的社会活动也以吉安府最为活跃和多样。明代,吉安府的绅士们积极参与广泛的公益事业,如开发水利、建设桥梁和渡口、实施乡约、建立书院、进行讲学等。其中,最为典型的是建立书院和进行讲学。

在明代,吉安地区的书院数量占据全国之最,从而绅士的文会或文社活动亦非常活跃。吉安地区的书院分为两种类型。其一,建于前代的书院,如白鹭洲书院,在明朝继续发展,并在一定程度上受到了阳明学的影响。其二,受阳明和阳明学影响而新建的书院。新建的书院中,起初从讲会活动起步而逐渐发展至书院的案例亦为数不少。

建立、修葺或重建书院时,绅士们均积极参与。若绅士们向地方官员提出建议,地方官们便通过协商而允许工事,继而在绅士们的积极协助(制造舆论、动员人力、筹措工程费用、监督工程)下,完成工事。此后,书院的维持亦由绅士打理。赴任吉安府的官员,因为以书院为中心同该地区绅士维持紧密协作关系的结果,取得了良好的业绩考核。绅士亦因为同地方官员维持良好的关系,进一步巩固了其社会统治力量。

吉安府的绅士们通过一般的讲会活动和书院讲学,巩固了彼此间的同类意识。出入讲会或书院的绅士们彼此称作"同志",称自己的聚会为"吾党",所以其凝聚力相当强。而到其中参观的庶民亦能受到教化和驯致,非但如此,在吉安形成的阳明学的影响逐渐达及周边的湖广地区,至明末湖北的竟陵还出现了竟陵学派。

第三章"明清更替和绅士",分析了明清王朝交替的动荡时期,江西南部(赣南)地区绅士的向背。该地区是明中叶王阳明平定蜂起,重整社会结构的地区,但其后民乱仍时有发生,至明清更替时期变成了更加混乱的社会。

清军始入江西省时,肆意进行了残酷的杀戮。因此,江西各地有很多绅士们组织了势力规模不等的反清勤王军。清军和绅士的勤王军之间的战势多有反转。同指挥勤王军的乡绅有座主门生关系,或复社等文社的同人加入勤王军中的情况亦为数不少。尽管如此,最后仍被清军征服,原因有如下几条:首先,勤王军的组织是匆忙组成的乌合之众,所以不但缺乏武器,而且在军纪和战斗能力亦显混乱和不足;其次,没有统一的指挥系统和武将,所以彼此间不能协作;第三,由于军粮不足,所以经常实施掠夺,导致得不到乡民的支持;最后,指挥层内部的不合,尤其是文官和武官之间的矛盾和反目,导致了频频失去战机。

乘清军和绅士的勤王军之间展开战争之机,各地流寇和土匪横行,恣行掳掠。他们的活动少者数百,多者数万;在各地联合各阶层民众,或数个集团以掎角之势进行暴动;少者一乡,多者数县,甚至在数府地域横行;短者数日,长者数月,甚至长年累月地占据县城,严重的地域一年会遭遇六次的掳掠,情况非常严重。

明亡而清军完全掌控之前,处于动荡的江西地区的混乱局面和惨状,比华北或江南地区时间更长,更凄绝。绅士或族长只能以宗族为单位,或联合数个村落,构筑寨堡,组织乡兵・义勇自卫,以等待保护者出现。就在这个时候,清军出现。但是,战势对清军也不是绝对有利。首先,维持占领地区的秩序并不容易;其次,在兵员数量、军纪、军粮等方面,清军处于相对劣势,至少并不占优。为了补充军粮,清军恣意进行收刮和掠夺,稍有不从便随意杀戮,其状无异于寇贼。所以,在很长一段时间内,清军亦只能占领县城和其周边地区,农村地区依然处于匪寇的控制之下。

赣南地区的绅士们长时间处于这种极其艰难的处境之中。与此同时,清朝为了恢复占领地区的秩序亦非常需要掌握经济和武装的绅士的协助。清朝和绅士,两者彼此需要对方的协助。为此,清朝颁布顺治帝《即位诏》和各省《恩诏》,认可了绅士的原有权益和特权同明代一样不变。从而,绅士们忍受剃发,接受了异族王朝,通过提供武装(兵力和军饷)和参谋作用等积极协助清军作战。最终,绅士阶层为了"保身家",将"国家"献给了"异民族(满族)"。这一幕,在华北、江南、四川也上演了。

第四章"太平天国时期的江西社会和绅士",分析了太平天国时期(19世纪中叶),太平军在江西的具体活动,江西社会因此蒙受的异常艰难情况。

该时期的江西地区,处于太平军活动范围的中心位置。太平军从1853年正月占领九江府至1865年退败广东之前的长达十余年间,曾先后五次进入江西省,令其遭受了巨大破坏。其中,1855年11月至1859年7月的四年时间,江西是石达开的10万军队和湘军主力展开激烈战斗的地区。一部分地区达到"十室九空"的程度,部分地区达到"焚城内之屋十之七,焚城外之屋十之三"的程度,甚至"城厢二三十里无人烟"。

太平军以府城为根据地"焚杀掳掠无虚日"。在起兵初期,太平军严明军纪,实施减税政策而获得"民心"。但起兵之初便强令绅士或富豪进贡,后来,军纪随着时间的推移也逐渐松散,乌合之卒和无赖、土匪混入其中,肆意进行烧杀掳掠。

此时的江西,不光太平军,而且流寇、土匪和无赖也四处横行,天地会党亦混迹其中。"教匪"以"假聚义"之名四处横行,山寇"时出劫掠",偶尔还会同太平军合力掳掠。江西的西部地区,他们往返于湖南劫掠;

东部地区,则往返于安徽的徽州府或浙江掳掠。尤其在南部地区,除太平军、土匪之外,还广东、福建的流寇往返于福建、广东、湖南进行劫掠。其中会匪和广东流寇的横行尤甚。到太平军完全撤出江西为止,双方为争夺府城和县城而反复攻防,每当此时乡村就成为持械各方的劫掠对象。

即便江西社会已经如此艰难窘迫,但清朝仍旧催捐日紧,假捐纳之名掠夺财物,以沉重的税金、厘金和筹措军饷为名搜刮农民。江西省除本省的粮捐之外,还担负了浙江、湖南、安徽、陕西、甘肃、云南、贵州等7省的捐粮。而清军亦肆意进行掳掠,同太平军、流寇和土匪并无两样。尽管湘军进入江西建立赫赫战功,却也借军饷之名进行了搜刮,因而也有"奸淫掳掠贼相同"的恶评。绅士在其居住地组织并指挥团练建立相当的战功,但挤出了巨大的团练费,也常以团练费之名巧取豪夺。故百姓称,"非苦于贼,而苦于勇"。在百姓看来,所有手持武器之流均为"毒虫"。太平天国时期的江西社会无论是太平军、官军、湘军、团练,还是教匪、流寇、土匪和无赖、农民起义军等,其恶劣行径并无区别,故该时期的江西社会实属治安严重缺失的空洞社会。

太平军在江西的战况是,一时形成过有利的局面,最终还是分崩离析而败退。其重要原因之一,江西绅士认可清朝,并组织团练积极协助清朝所致。面对清朝官员的审问(1864),忠王李秀成回答"官兵多用读书人",而太平军中"无读书人"。李秀成这种回答可谓一语中的。

咸丰二年(1852),太平军从南北席卷湖南而北上。为此咸丰帝令各省官吏和绅士组织团练。随之,江西省都南昌建立官团局和绅团局,逐渐江西全境都组建了团练。继而江西全境形成了"遍地皆团,遍地皆勇"的局面。团练的领导者大部分为绅士。绅士主导了团练的发起、组织(收集舆论、征募并组织练勇)、维持(征捐、征团费、训练练勇、制造武器等必要物资)、同官军和湘军的协作、指挥战斗等。太平天国时期,在太平军和流寇、土匪横行的状况下,江西乡村地区仍然相对较为稳定是因为团练之功,而可以说是绅士发挥了决定性作用。

绅士通过这种作用,论私可以守护身家,论公可以增加江西省学额;守护名教和祚命;明确作为乡村支配阶层的名誉和实力。就结果而论,江西绅士完全克服了因太平军的进入而遭受的威胁,进一步巩固了自身的政治和社会地位,就是说,绅士们"因祸得福"。

Ⅳ

第三篇"都市、居民、商人",同《国法与社会惯行》第三篇的"都市和无赖"相对应。自明中叶起,江西省内农村地区向城镇、手工业地区的人口流动促成了大量中小城镇的形成。其中景德镇、樟树镇、河口镇、吴城镇等四大镇的发展尤为突出。明清时代中国的城镇大体可分为两种类型。一种为在原有的大城市周边分布有诸多中小城镇,呈"葡萄状"形态,就如江南的情形。这些城镇通过发达的水陆交通相连,从而定期集市并不太发达。另一种如平原地区耸立的"泰山"一般,在一定的地域内孤立发展的城市,在其周边分布有很多发达的定期集市。这些城镇大多像府、州、县所在地那样,大多为地方行政的中心,但自明中叶起,城镇开始在交通中心形成和发展。

第一章"千年瓷都景德镇",分析了明清时代中国第一瓷器专业城市——景德镇的发展情况和居民的生存状态。位于从东侧流入江西省鄱阳湖的昌江中游三个支流汇合处的景德镇是一个港口,它拥有供给燃料的有利地理条件和技术优势,所以从明中叶开始便以专业瓷都而声名远扬。

至16世纪中期,景德镇的土著和外来人口达10万,万历年间(1573—1620)的佣工每日不下数万,18世纪更是达到了"数十万"。这些佣工当天出工,解决当天的生计,过着异常艰辛的生活。景德镇通过瓷器生产产生的利润,不是由直接从事生产的窑户或佣工掌握,而是被徽州商人等外来客商所垄断。这种现象以经济最为发达的江南地区为代表,在全国范围内是个普遍现象。

导 论

明清时代景德镇曾发生过无数民变、罢市、罢工,明代民变大体来看可分为两种形态。一为具有"械斗"性质的纷争,二为万历年间"反矿税使"的民变。首先考察械斗性质的话,因为景德镇居民构成非常复杂,所以他们相互间的利害冲突非常严重。此时,一来外来商民按出身地域来团结和对抗。因为外来者大多由同乡人或宗族聚居生活,彼此扶助,并从事相同的行业。二来因为窑户(窑主)和佣工之间的关系并非完全的契约关系,所以当面临水灾等灾害时,其关系会非常容易恶化。而反矿税使民变,则是反对矿税使对镇民横征暴敛的运动,此时,前文所述的那些根据地缘、宗族及雇主和被雇佣者而产生的所有利害关系被暂且搁置一边,所有居民团结一致奋起反抗矿税使。景德镇发生的这种民变的性质,在其他地区同样发生。

明清时代,景德镇的人口构成由官吏、绅士、瓷器生产者、商人、客商、各种工匠、各种服务业者及无赖等形成,成分非常复杂。但是,同乡村社会一样,绅士的社会影响力依然非常大。而且在社会一隅,无赖作为一种社会阶层而存在,并作为社会不稳定因素随时造成社会不安。景德镇社会的这种情况,在明清时代其他地区的城镇社会同样具有类似性质。景德镇居民的行动方式和思维方式,以及城镇社会内部呈现的社会现象,同其他地区城镇呈现的现象非常相似。

第二章"河口镇:幸运的山区城镇",分析了位于禁山区的武夷山脉北边的河口镇,因为明中叶自然环境的变化而带来的发展情况和居民的生存状况。

至明末,河口镇已经发展成 1 万人口规模的城镇,至 18 世纪末,发展成人口达 10 万的工商业大镇。河口镇之所以发展至此,是因为它是商业和交通中心,又背靠造纸业中心,成为纸张的加工和集散地,此外,它依靠周边优质的茶叶产地,发展为茶叶的加工和贸易中心。

河口镇是移民城市,人口中的大部分为福建人,部分是来自周边各县的农民,大多数居民的生活非常艰难。河口镇居民中,商人的存在非常突出,他们历经明清两代反复的盛衰沉浮。就纸业来看,明代由省内

11

的吉安商人和邻近的徽州商人控制,自清中叶始由福建商人控制,也由少数山陕商人夹在其中。就茶业来看,至清中叶为止,由徽州、山陕商人控制,此后山陕商人势力逐渐胜过徽商。

河口镇的商人们时而自发,时而受官府或居民之邀,进行各种公益事业。从而既可以敦实同官府的关系,又博得了居民的好感。从表面来看,商人的这种生存状况和绅士的生存状况非常类似,是全国性的一般现象。但是,绅士具有"先天下之忧而忧,后天下之乐而乐"的使命意识,而商人与其说是天下意识,不如说是为了搞活自身商业所采取的手段而已。尽管河口镇的居民构成复杂,但在社会中,绅士仿佛就是舆论之中心轴,而商人和无赖则是其两个轮子。河口镇居民的构成、行动方式、思维方式,以及城市社会内部的社会现象,同景德镇及其他江南城市中呈现的现象并无多大差异。

第三章"江西商人的选择和命运",分析了明清十大商帮中,在商人人数、活动地域的广泛性、涉及商品的多样性等诸多方面均很卓越的江西籍商人的活动。

自明初,江西人大量向外省流动,江西商人随之兴起。但至19世纪中叶,前后活跃了500多年的江西商人,以开埠为契机逐渐走向衰落。江西商人的兴衰与江西社会经济的变化同步进行。明初,江西人不但在省内流动,而且流向了全国各地,其中的部分人就以商业为生。自明中叶开始,江西商人的足迹几乎遍及中国的每一个角落。他们经常活动的地区是北部、西部和南部地区,形成了弓形的活动范围。其中,与江西比邻的湖广就如江西省的前院一般,是江西商人经常光顾的地区,于是出现了"江西填湖广"的俗谚。整体而言,江西商人活动的大部分地区,其经济和文化水准均落后于江西。江西商人以先进的经济和文化为支撑,经常活动于经济文化相对落后的区域。

江西商人活动于其他地区而体现的作用,有正面功能和负面功能。积极方面他们参与各种公益事业为地区开发、工商业和城镇的发展等奔走贡献。一旦江西商人定居某地而在经济上获得一定成就之后,便会对子孙劝勉举业,从而培养出绅士的事例亦有不少。但是,也有不少造成"害民激变"的负面情况。因为掌握商权,他们或操控物价和度量衡器具,或从事典当业、高利贷、高利前贷,牟取暴利。江西商人的这种两面作用,是中国各地商人中都出现的普遍现象。

试看与江西商人为邻的徽州商人,徽商以地缘和血缘为背景发挥了强有力的凝聚力;很好地传授了复杂多样的商业秘诀;歙县人多为盐商,婺源人多为茶商和木商,休宁人多为典当商,他们加强了各自的专业性;同官府维持良好的关系。作为权宜之计,徽州商人通过捐纳等成为官吏;通过举业,让子弟进入官场;辅助宗族子弟中的优秀者进入官场;笼络官僚或绅士为羽翼;必要时,向中央政府或地方官府提供巨资;在活动区域积极参与公益事业等。

与其相比,江西商人的竞争力则逐渐衰落。首先是资本的零散性;其次,因为定居于活动区域,从而同江西的关系疏远,乃至完全断绝关系的情形亦不少见;再次,同官府的关系亦不及徽州或山西商人敦实。因此,清代江西商人在外省地区的商业利益逐渐失于外地商人,或当地商人。更为糟糕的是,就连在江西省内的商业利益亦被外来商人夺去而失去了立足之地。对江西商人造成致命打击的是清末的开埠。尽管江西商人自明初同江西社会的发展同时起步发展,但至清末却未能适应江西经济和全国经济结构的变化而最终走向衰落。

V

本书所收入的论文,都是以前在韩国和外国历史学杂志或论文集刊刊登过的。有的文章做了全新的修改,有的限于笔者的能力,仅仅做了稍许修改。在翻译成中文的过程中,亦做了必要的修改。本书采取阴历的纪年方法。

本书各篇论文出处如下:

第一篇　矛盾的社会

第一章:《明中期以后江西社会的动摇及其性格》,《第7届明史国际学术讨论会论文集》,东北师范大学出版社,1999

第二章:《明中期的江西社会与阳明》,《明清史研究》6,1997

第三章:《广东贸易体制下的江西社会变化》,《历史教育》86,2003

第二篇 江西的绅士

第一章:《1607年的南昌教案和绅士》,《东洋史学研究》80,2002(→《中国教会与历史》4,2003;《第十届明史国际学术讨论会论文集》,人民日报出版社,2005)

第二章:《阳明学和明末江西吉安府绅士——书院讲学为中心》,《明清史研究》21,2004

第三章:《清朝权力的地方浸透过程—明末、清初江西南部地域为中心—》,《东洋史学研究》35,1991(←《明末、清初江西南部の社会と绅士—清朝权力の地方浸透过程と关联して—》,《山根幸夫教授退休记念明代史论丛》,东京,1990)

第四章:《太平天国时期的江西社会和绅士》,陈春声、刘志伟《遗大投艰集:纪念梁方仲教授诞辰一百周年》(下),广东人民出版社,2008

第三篇 都市、居民、商人

第一章:《明末清初的社会变化和都市社会—景德镇与其周边地域为中心—》,《东亚文化》37,1999

第二章:《明清时代的社会变化与山区都市的运命—江西河口镇为中心—》,《明清史研究》12,2000

《明清时代河口镇居民的存在样态》,《东洋史学研究》74,2001

第三章:《明清时代的社会变化与江西商人》,《明清史研究》9,1998(→《明清时期在湖广的江西商人》,《第八届明史国际学术讨论会论文集》,龙西斌、余学群编,湖南人民出版社,2001)

结语

从社会结构来看,明清时期的江西地区并无太大变化。因为尽管出现了王朝的更替,但绅士仍旧继续支配着社会。只是清末广东体制的崩溃,不但让江西的经济走向了衰退,而且使文运也一同走向了衰弱。社会各方面不以江西人的意志所转移地走上了衰退之路。其结果是直至20世纪后半期的改革开放后,依然处于落后的局面。幅员超过16万平方公里的江西省仅有两所四年制大学的情况便是其例证。在图书馆向外国人的开放程度方面,可能也是全中国最为落后的地区之一。甚至让人怀疑"选择江西作为地区史研究的对象,是不是一个错误",是个非常让人憋屈的地区。随着1997年京九铁路的贯通,江西正在以香港和深圳作为背后基地而重新发展着,所以江西未来的开放和发展让我们拭目以待。

早自宋代开始,江西地区便是文运与经济一同发展的地区。至明代之后,同其他地区一样,经历明中叶的(15世纪中叶—16世纪中叶)百余年时间,社会发生了广泛的变化,该变化有积极方面和消极方面,两种相对的现象同时发展。

另外,江西社会粮食和人口一起被输出外地,同时外地人口也流入江西开垦耕地,引起了诸多社会混乱,使得江西地区成为"矛、盾"复合共存的地区。农村的耕地得到开垦,尤其是赣南山区的大量开发,促进了粮食的输出,但正是该地区却又成了民众蜂起的温床。整体而言,尽管农业生产力得到发展,商品作物得以生产,但因为杂居的汉族和少数民族之间,来自广东和福建的外来人和本地人之间的财富分配不公平而导致这种局面的发生。江西社会还出现了外来者能够定居,土著反因没落而流散他乡的"人口对流现象"。尽管城镇和手工业得到发展,并出现了奢侈之风,但同时亦有失业者和无赖增加的"矛、盾"存在。

清军入侵之时,江西绅士们面对祖国的命运和个体私利,经历了艰难的心理斗争，最终他们为了保护自身的生命、财产、社会地位而将"国家"献给了异民族。这种现象在当时中国的所有地域都在上演。在城镇，外来者根据籍贯和宗族联合起来进行械斗的纠纷较为频繁，但面对宦官的横征暴敛时，居民全体却团结一致奋起抵抗。

江西商人在商人人数、活动地域的广泛性和涉及商品的多样性等方面非常卓越。他们以江西先进的经济和文化为背景，经常活动于经济文化相对落后的地区，并在这些地区体现了具有正面功能和负面功能的相对的两种作用。他们参与各种公益事业和地区开发，为工商业和城市发展作出了积极贡献，但同时还通过操控物价、度量衡器具和高利贷等牟取暴利，从而"害民激变"，这是其负面作用。

在文化方面亦是如此。王阳明主张"心即理"、"满街都是圣人"、"四民异业而同道"等，却毫不手软地镇压了民众蜂起。他根据在扫荡民众蜂起和采取善后对策的过程中领悟的经验，完成了以"心即理、知行合一、致良知"说为核心的阳明学。正是"动荡的江西社会"成了"阳明学的摇篮"。这种现象同样体现于新事物的引进过程。明末进入天主教传教士试图通过官僚和绅士传教，不料反天主教运动却正是由他们主导。

从地理观点来看，江西社会同样是"矛、盾"共存。明清时代的江西社会应大致分为三个地域来考察。南部山区是四省交界之处，所以经常发生社会动荡。中部和北部地区是比较稳定的地区，是经济和文化发达的地区。但不论哪里，明清时代，"矛、盾"始终是相伴的。这种现象经历民国时期，直至新中国成立后的现代社会，依然在继续。"矛、盾"相伴的社会，无论在何时、何地，都永远存在。

第一篇
矛盾的社会

第一怎

第一章　江西社会的动荡与重构

序言

明朝建国后的三四十年间,中国社会获得了一定的稳定,于是各地的农业生产力迅速恢复。明朝积极实施的劝农、开垦政策和里甲制等,对社会的稳定产生了效果。但是,自十五世纪初,由于诸多社会矛盾,曾是明朝国家基础的里甲制秩序开始解体,于是各地农村出现了社会动荡、农民流散的现象。明中期(15世纪中叶—16世纪中叶)发生了叶宗留、邓茂七之乱,继而发生了荆襄、南赣、四川的寇贼蜂起和刘六、刘七叛乱等无数蜂起。这些蜂起便是里甲制秩序解体的结果。

然而明中期,不仅社会出现了动荡,同时还出现了诸多社会变化。首先,在经济方面的变化有:农业生产力的提高、经济中心的分化、商品经济的发展、中小城市的发达、乡村定期市集频繁、长途贸易的扩大等;社会方面的变化有:里甲制秩序的解体、大规模的人口流动、传统阶层社会特征的变化等;文化、思想方面的变化有:传统思想的变异、庶民意识的高涨等。以上是史学界对明朝初期至中期中国社会的共识。然而对于中国重要地区的社会具体实际状况的研究,并未完结。

本章拟以明中期的江西社会作为分析对象。江西省位于长江中游，可以将其理解为一个以赣江为轴、贯穿南北的独立经济区域。明中期的江西社会在下面的三个方面，成为我们关注的对象。第一，明中期江西社会的实际状况是怎样的？明初至明中期江西亦在经历上述的类似变化过程中，激烈地动荡着。在1500年前后的时期，各地发生了诸多寇贼的蜂起。据明清时代的《地方志》户口条记录，早在永乐年间（1403—1424），江西的所有地区几乎都出现了人口下降。那么该地区的人口，实际下降了吗？如果下降了，下降了多少，这种现象又是如何产生的？而另一方面，江西地区从15世纪之后，农土持续增加，而且向江南地区输送了粮食，还出现了不少中小城市。那么该如何理解江西社会的这种矛盾现象呢？第二，这种现象与同时期中国其他地区出现的现象，有何不同？第三，明中期是大思想家王守仁的活动时期，是阳明思想的完成时期，这同当时的江西社会有何关联？本文拟通过分析明中期江西社会多种多样的实际状况，以重新斟酌其诸多历史意义。

Ⅰ. 明中期江西社会的动荡

明初三四十年间，由于劝农、开垦政策和里甲制实施等，江西社会得到一定程度的稳定，使各地的农业生产力快速获得了恢复①。然而自永乐年间，诸多社会矛盾引起了里甲制秩序日渐解体，各地农村社会开始分解，农民开始流散。其原因是：第一，土地日渐向新近成为支配阶层的绅士和势豪家族集中②；第二，税役日渐加重，且不公平；第三，"地窄人稠"，即"人口过密"问题日渐严重。结果，作为甲首户阶层的中小农民再也无法继续生存，甚至不乏没落的里长户，他们曾是地主阶级③。

首先，让我们看看江西北部地区为中心的具体情况。江西省北部，

---

① 可参见吴金成，1986，第二篇第一章《江西鄱阳湖周边的农村社会和绅士》。
② 可参见吴金成，2007A，第二篇第三章《国法与社会惯行》。
③ 许怀林，1993，pp. 505—512；吴金成，1986，第二篇第一章。

即赣江中上游地区和鄱阳湖周边地区,早自宋代便获得大举开发,并确立了在长江中游地区的经济中心地位,但到明中期,有如下的一些变化。以九江府为例,正统年间的记载称,"民多逃散,产为豪右所得"①,万历年间的记载称,"彭邑户口,视洪武减半,视永乐减三之一"②。对于鄱阳湖北岸的南康府亦称,"地狭而贫,民困繁差,赋多积负,其民往往游术四方,以糊其口"③。而南昌府,弘治年间的记录亦称,"赋重役繁,富者贫,贫者至无以为生……加之贪暴纵横,愁苦无愬"④,或"地窄民稠,多为手艺教书为生,趋食四方,南北要途,居辄成市,名曰南昌街",他们流往"无论秦、蜀、齐、楚、闽、粤,视若北邻,浮海居夷流落忘归者,十常四五",万历初的记录称,"郡民多半逃亡,或客外不归"⑤。位于锦江中游的瑞州府亦自明中期之后,因为绅士和大地主的土地兼并引起的税役不均,中小农民破产而四散,结果正德年间还发生了叛乱⑥。据记载,位于东北地区的饶州府统计,亦自明初出现了户口增长停滞或下降⑦。

这种现象在江西中部地区亦大同小异。临江府新淦县,由明初的570个里减少至嘉靖初的520个里,称"归并之地,必皆顽民所居",小民"窜徙于他乡,或商贩于别省,或投入势要为家奴佃仆"⑧,因此,"奸豪吞并,单弱流亡,里或止二三甲,甲或止一二户,甚至里无一甲,甲无一户者有之"⑨亦很多。与此类似的现象也发生于抚州府⑩。尤其是吉安府,明初其文运较高,但耕地开垦率(登录土地⑪同总面积的比例)却很低,同北

---

① 同治《九江府志》卷13,名宦,陈元宗。
② 万历《彭泽县志》卷3,食货志,户口。
③ 王世懋,《饶南九三府图说》,《纪录汇编》卷209,南康府 安义县条。
④ 万历《南昌府志》卷3,风俗。
⑤ 万历《南昌府志》卷7,户口。
⑥ 嘉靖《上高县志》卷4,风俗,《旧志云》;戴佳臻,1984。
⑦ 本书第三篇第一章。
⑧ 钱琦,《设县事宜》,《皇明经世文编》卷226,《东畲先生集》。
⑨ 钱琦,《恤新县疏》,康熙《西江志》卷146,艺文,奏疏。
⑩ 川胜守,1980,pp. 240—241。
⑪ 即指官方有记录的土地。明代在《赋役黄册》有记录的土地。

部最低的南昌府接近,人均耕地面积亦不过 2.8 亩,处于人口过密的状态。这种状态自 15 世纪开始进一步恶化,至 15 世纪中叶,不用说中等户,就连上等户亦开始没落①,至成化年间(1465—1487),亦有"豪强之徒挟其富盛之势,又伴当(个人奴仆)为爪牙,使贫民佃其田,虽凶灾水旱,亦勒取全租,钱债已还而重行勒取,勒写其田宅以为己有,使小民不得安生而多逃移他处"的现象②。因此吉安府的户口自明初以来持续下降,尤其自万历初,下降得更为严重③吉安人多逃往省内的南部地区。在临江府,土豪们收留逃亡自吉安府的农民,使其居住于庄园,并授其武艺,同乡人展开"械斗"④。从而 15 世纪后半叶,明朝政府亦认识到其严重性称:

> 吉安地方虽广,而耕作之田甚少,生齿虽繁,而财谷之利未殷,文人贤士固多,而强宗豪右亦不少,或互相争斗,或彼此侵渔,嚣讼大兴,刁风益肆。近则投词状于司府,日有八九百,远则致勘合于省台,岁有三四千,往往连逮人众,少不下数十,多或至百千……良善被其枉害,小民不得安生。况赋役浩繁,路当冲要⑤

考察整个江西地区,可以说各地的人口流出现象大同小异,其中吉安府的人口流动最多,其次为临江府⑥。

---

① 罗仑,《与府县言上中户书》,《明经世文编》卷 84。
② 《皇明条法事类纂》(古典研究会,东京,1966)卷 20,《债主关俸问不应》(上卷,pp. 500—501)。
③ 《明代吉安府登录户口》

年度	洪武 24 年	弘治间	嘉靖初	万历 10 年
户数	343.791	315.560	310.998	279.807
口数	1717933	1283129	1118068	402833

* 出自:嘉靖《江西通志》卷 24,户口,吉安府:万历《吉安府志》卷 13,户赋志,户口。
* 乾隆《吉安府志》卷 33,赋役志,户口考,洪武 24 年的丁口有 2061723 口。
④ 《皇明条法事类纂》卷 13,《禁约侵占田产例》(上卷,pp. 321—322)。
⑤ 《宪宗实录》卷 56,成化 4 年 7 月 癸未条,吉安知府 许聪 上言(pp. 1152—1153)。
⑥ 唐龙,"均田役疏",《昭代经济言》卷 3。

这种现象在江西南部的南安府和赣州府地区亦同样发生①。该地为禁山区②

(1) 虔当荆、闽、百粤之交,岩险闻于天下,谿峒深邃绵壤千里,自不逞之徒依凭巢穴,阻兵为乱③

(2) 赣州界福建、广东、湖广之间,流劫之贼动以千计,云合乌散,去来无常④

非但经济落后,而且社会秩序亦非常不稳。首先,赣州府的户口"永乐减其半,成化再三减其一"⑤,里数亦"洪武初编户 637 个里→嘉靖年间 340.5 个里→天启年间仅六之一"⑥那样减少。考察实际户口统计,洪武至万历年间,户减少 56%(82000 户→36000 户),人口减少 63%(366000 人→134000 人),但农田却反而增加了 72%(19518 顷→33527 顷)。尤其赣州府雩都县,里数由洪武年间的 30 个里下降至正统年间的 17 个里和弘治年间的 11 个里⑦。南安府的户,从洪武 24 年的 17968 户分别下降至永乐 10 年的 13,270 户、成化 8 年的 7173 户、正德 14 年的 6915 户、万历 20 年的 8615 户,减少 62%,但田地却反而增加了 50%(5866 顷→8799 顷)⑧。

户数与人口的这样骤减现象意味着,曾是明朝统治之根基的里甲制秩序日渐崩溃。由于在户口骤减过程中,奸豪兼并土地,因此农民的税役负担骤增,不用说中小农民,就连地主阶层里长户都开始没落,于是加速了里甲制的崩溃。与此相反,不降反升的田地面积反映出是,经济较

---

① 海瑞,《海瑞集》(北京,1962),兴国八议,《均赋役》、《招抚逃民》条;唐立宗,2002;饶伟新,2000;张祥浩,2002。
② 明清时代,山区的治安十分难管理,因此国家禁止百姓入山,这些山区即被称为禁山区。
③ 谈恺,《虔台续志》(嘉靖34年序刊)卷1,舆图记。
④ 《孝宗实录》卷 8,成化 23 年 12 月癸酉,《江西巡抚李昂的报告》。
⑤ 同治《赣州府志》卷首,旧序。
⑥ 嘉靖《赣州府志》卷 4,食货志,里甲;天启《赣州府志》卷 3,舆地志,坊都。
⑦ 康熙(元年)《雩都县志》卷首,高伯龄,《弘治己未志序》;同书卷 4,户口条。
⑧ 万历《南安府志》卷 12,食货志 上。

为落后的南部山区得到了迅速的开发。之所以出现了这种矛盾的现象，是因为流民和逃户不断从外部流入。这些外来人口主要由吉安府等江西中部人、广东北部人、福建西北部人构成①。自明中期开始，在江西的所有地区，人口的这种流动现象极为严重。在很多《地方志》中，关于江西人口早自14世纪初的永乐年间，便开始下降的记录，就反映了这些状况。

那么，江西的人口实际下降了吗？这种现象是如何产生的？为厘清该问题，我们看一下《南昌府志》中的相关记载：

> 隆庆六年后，户几三十万，口几九十万，此著成丁者耳。其未成丁及老病男女，奚啻百万，而每户未报者，总亦不下数十万，流民移户尚不在此数，是几二百余万口也。而万历十四年，清丈官民田地山塘，其七万顷有奇，其中田地可食者，不过五万顷有奇，土壤原瘠，以上中下乘之，计壹顷出谷，不及一百五十石，而缩加以水旱，则不及一百石有奇，计口以食，仅养二十口而不足，总计田五万顷，仅养丁百万有奇耳，是常有百万口无养也。以故郡民多半逃亡，或客外不归，至父母妻子终身，以衣食之故不相见者多矣。②

该内容传达了如下两个现象，第一，隆庆末至万历初(16世纪后半叶)，南昌府的誊录户口为30万户90万口左右，这只是成丁的数字③如果加上未成丁、老弱病残以及未报告者(奴婢、流民)的人数，实际居住人口可能超过誊录人口一倍的200多万；第二，万历十四年的田地统计为7万顷

---

① 唐立宗，2002，pp. 104—133；饶伟新，2000。
② 万历《南昌府志》卷7，户口。
③ 关于明代人口统计中的大部分人口是成丁这一点，何炳棣(1959)很早就曾指出。但是，同样的《南昌府志》(卷7，户口)誊录的户口则如下表。由此可见，南昌府的人口，自万历年间出现严重下降。

年度	洪武14年	洪武24年	永乐10年	弘治5年	嘉靖初	万历14年
户数	163780	196948	220762	220761	238849	268887
口数	804848	1110444	1126119	1126119	1159714	580174

左右(实际统计为 71218 顷,参照表 1-1-2),靠这些土地仅能养活 100 万,即实际居民 1/2 左右的人口,从而剩余的 100 万人口属于过密人口,因此才出现了"郡民多半逃亡,或客外不归"的现象。

通过该资料,多少可以解决前面提出的疑问。第一,尽管南昌府的誊录户口数下降,但实际人口反而持续增加。换言之,《地方志》等记录的人口和实际人口之间,存在严重的乖离。第二,地方官府未能掌握的人口(未成丁、老弱病残、未报告者、流民)远多于誊录人口。第三,如上所述,南昌府在里甲制解体过正中,有无数农民从农村流散,他们在未被记录于《赋役黄册》的状态下,大体上以绅士和势豪家的佃户或奴仆身份居于该地,他们中的又一部分流向了外地。第四,流民,即流入外地的客民亦很多①。根据里甲制编制原理,没落的里甲户,就是无法自行再生产的畸零户(佃户、奴仆、鳏寡孤独者)则不誊录于《赋役黄册》。而且明朝为了维持里甲制,在原则上固守"原籍发还主义",只有在特殊情形下才认可移往现地"附籍",因此明代移往外地的客民,即便在外地实现了经济独立,亦不被誊录于移往现地的《赋役黄册》,从而可以脱免于税役负担,于是便形成了未誊录的流民户②。

明中期时,尽管江西所有地区的《地方志》上的人口统计日渐下降,但是,如果将南昌府的上述内容扩大适用于江西全境,就可以推测,实际人口非但没有下降,反而出现了持续增长,从而出现了人口过密的状态③。统计上的户口下降,不过是有力地证明了明朝统计原则和地方官府掌握人口能力的弱化而已。

明中期,如果从国家的立场来看江西地区,它是随着里甲制的解体而严重"动荡"的社会。其实,明中期的江西是流动性极强的社会。换言之,一方面,不论是先进地区,还是落后地区,田地开发都获得了相当的发展(后述)。但是另一方面,绅士和大地主的土地兼并、高利贷的蔓延、

---

① 嘉靖《进贤县志》卷 1,风俗;赵秉忠,《江南舆地图说》,《纪录汇编》卷 208 等 参照。
② 吴金成,1986,第二篇。
③ 万历《南昌府志》卷 3,风俗。

税役的过重和不均衡①、人口过密等导致了农民的日渐分解、流散②。其中,税役的过重和不均衡带来了严重的问题。《实录》亦称:

> 江西各府盗贼蜂起,昼夜纵横焚掠乡村,杀逐男女,凶焰转炽,不可扑灭,皆由官非其人,赋役多弊所致。……江西盗贼之起由赋役不均。官司坐派税粮等项,往往狥情畏势,阴佑巨害贻累小民,以致穷困无聊相率为盗。而豪家大姓假以佃客等项名色窝藏容隐,及至事发曲为打点脱免,互相仿效,恬不为怪,积习既久,贼徒益炽,官司上下则又畏罪避难,苟延岁月,任其纵横,多不申报③。

江西巡抚林俊(1452—1527)亦指出,"江西数年为因赋役重繁,致民为盗,杀人放火,流劫乡村,挺刃操戈拒敌,兵快告捕更遭其荼毒"④。

那么,早自15世纪,江西各地的流散人口流向了哪里,并在移住地是如何生存的?江西人的大部分流向了湖广省等周边诸省⑤,在江西省内移动的情况亦不少。江西人的流动大致可以分为如下三种类型。第一,农村地区→禁山区,第二,先进经济地区(狭乡)→落后地区(宽乡),第三,农村地区→城市、手工业地区⑥。在上述三个类型中,第一种类型的结果是,尽管江西的山区获得了开发,但是部分流民却转变为流寇或盗贼,引起了社会的混乱。而第二种类型的人口移动,使江西的落后地区获得了开发。第三种类型的移动,带来了诸多中小城市的发展。下面就这种人口移动以及其对社会产生的影响,进行逐一考察。

Ⅱ. 山区寇贼的蜂起

自永乐年间,江西各地里甲制秩序日渐松弛,农村社会分解,农民开

---

① 唐立宗,2002,pp. 106—108;范金民,1995,郑克晟,1993。
② 吴金成,1986,第二篇第一章《江西鄱阳湖周边的农村社会与绅士》。
③ 《孝宗实录》卷191,弘治15年9月癸巳(pp. 3533—3534)。
④ 林俊,《见素集奏议》(文渊阁四库全书本)卷1,《处置缺少粮科疏》,p. 43a。
⑤ 参见葛剑雄、曹树基,1993;梅莉,1995;张国雄,1995;曹树基,1997B;吴金成,1986,第2篇。
⑥ 参见吴金成,1986,第二篇第一章。

始流散。结果,早自15世纪中叶,江西各地接连发生了寇贼蜂起。就这种情形,刑部尚书等指出:

> 近年以来,江西地方盗贼不时窃发,或杀官劫库,或劫狱放火,比之他处强盗,凶暴为甚。中间多系各处流移之人,必有窝主。①

因此,弘治八年(1495),明朝首次设置南赣巡抚,并任命广东左布政使金泽为巡抚。金泽在赣州开府,此后韩邦问继任(1499),5年后认为该地已恢复稳定,便撤了巡抚(1504)②。

但是,正德三年(1508),江西省各地的寇贼蜂起重新猖獗。其中势力较大者有:靖安贼(南昌府靖安县的玛瑙寨、越王岭地区)、姚源贼(饶州府余干县姚源峒,王浩八主导)、华林贼(瑞州府的仙女寨、鸡公岭地区)、东乡贼(抚州府东乡县,乐庚二、陈邦四主导)、大帽山贼(=赣贼,赣州府安远县和广东、福建交界地区)等5个势力③。真可谓江西全境都发生了蜂起,其中王浩八率领的姚源的势力最大。还又据下文:

> 其始行劫村落,官府捕之急,遂亡匿山谷间,招集亡赖,贫民多归之。各据险立寨,一时并炽,声势相倚。④

可见,这些寇贼蜂起引起的另一个严重问题是,各地的流民、无赖、贫民等合流于其中的现象。

16世纪初的正德年间(1506—1521),社会变得更加混乱,全国发生了大规模叛乱。其中华北的刘六、刘七之乱,湖广北部的荆襄之乱,四川之乱等规模最大⑤。江西省亦发生了类似的蜂起。于是明朝重设了一度

---

① 《皇明条法事类纂》卷35,《禁约江西大户逼迫故纵佃仆为盗其窝盗三名以上充军例》(成化12a,1476)。该部分收录了《皇明条法事类纂》原本在"补遗"(不分卷,下卷,pp.720—721),然而据日本学者大宅显浩(1990)修订为"卷35"。
② 《孝宗实录》卷99,弘治8年4月辛巳(p.1829);康熙《南安府志》,卷16,事考上,12a。
③ 至正德9年3月被一度镇压时的有关江西寇贼的始末,参照了高岱,《鸿猷录》,卷12,平江西寇;谷应泰,《明史纪事本末》卷48,《平南赣盗》;《明史》卷187,《陈金》《俞谏》《周南》列传。
④ 高岱,《鸿猷录》,卷12,平江西寇。
⑤ 赵俪生,1954。

撤销的南赣巡抚,并任命周南为巡抚(正德六年,1511),任命右都御史陈金为总制军务,任命右副都御史俞谏为提督军务,并使其镇压蜂起。陈金、俞谏甚至动用广西省田州等地的狼兵,反复实施剿抚和安插,至正德九年(1514)3月才勉强在一定程度上镇压了江西北部地区的寇贼①。在镇压过程中,正德七年,在抚州府新设东乡县,正德八年,在饶州府新设万年县②。

但是,江西南部的寇贼反而进一步扩大。主要有(1)詹师富、温火烧等人率万余众蜂起的福建漳州贼,(2)谢志珊、蓝天凤等亦率万余众,盘踞于80余山寨的江西南部横水、左溪、桶冈之贼,(3)池仲容等人率五千余众蜂起的广东北部大帽山、浰头之诸寇,(4)龚福全等人蜂起的湖广南部的郴州之贼,(5)高仲仁等人蜂起的广东北部韶州府乐昌之贼等,无数寇贼(大多为畲族等少数民族或为附近州县析出的逃民)的蜂起四处蔓延。在二三年前不过为三千余众,但此时却增至数万人,他们"连络数郡,蟠据四省",肆意劫掠③。他们少则三四百人,多则三四千人,聚众而"杀戮绅士、人民,攻围城池、监狱,敌杀官兵,焚烧屋庐,奸污妻女",肆意实施暴行④。

正德十一年9月14日,阳明被任命为南赣巡抚,便是对之所取的应对之策⑤。阳明对当时江西南部社会的认识是:

(1)府属地方,界连四省;山谷险隘,林木茂深,盗贼所盘三居其

---

① 对阳明以前的巡抚和其活动,天启《赣州府志》卷8,"统辖志","督抚"pp. 519—521;高岱,《鸿猷录》,卷12,"平江西盗",p. 273 参照。此时任镇压江西叛乱的陈金称,"况姚源贼巢,虽余干一县所管,实鄱阳.乐平.贵.溪四县之中。……欺公玩法,犷悍冥顽,差役不当,税粮弗纳"(陈金,"请建万年县疏",同治《万年县志》卷9,艺文志,奏疏)。
② 许怀林,1993,pp. 492—495。
③ 《全集》卷9,别录1,奏疏1,"申明赏罚以励人心疏"(正德12年5月8日,pp. 307—311)。当时阳明亦称,"照得抚州地方,界连四省,山溪竣险,林木茂深,盗贼潜处其间,不时出没剽劫,东捕则西窜,南捕则北奔,各省追捕等官,彼此推调观望,不肯协力追剿,遂至延蔓日多"(《全集》卷16,别录8,公移1,《巡抚南赣钦奉敕谕通行各属》,p. 525)。
④ 《全集》卷9,"申明赏罚以励人心疏"《攻治盗贼二策疏》。
⑤ 谷应泰,《明史纪事本末》卷48,《平南赣盗》。阳明的正式职衔是"都察院左佥都御史南赣汀漳等处巡抚"。

一；乘间劫掠，大为民害……赣州一府观之，财用耗竭，兵力脆寡，卫所军丁，止存故籍；府县机快，半应虚文；御寇之方，百无足恃。①

（2）凡在虔、楚、闽、广接壤山谷，无非贼巢，小大有司，束手无策，皆谓终不可除。②

如上所述，明中期以来，该地区已出现严重的农民流散现象。即便如此，赣州府的田地在明代增加了72%，南安府亦增加了50%。在极度不稳定的社会，尚能出现如此之高的田地增长率，是因为外部的流民和逃户的不断流入，来参与开垦。

位于四省交界地区的江西南部的赣州府，在人口流动类型中非常符合第(1)(2)类型的地区，从外部流入的人口最多。如前所述，流入该地的外来人，主要有吉安府等江西中部人，广东北部人，福建西北部人等，这三个地区的移民形成了主流。而在江西内部流出人口最多的地区是，海瑞称"今吉、抚、昌、广数府之民，虽亦佃田南、赣，然佃田南、赣者十之一，游食他省者十之九"，③那样，吉安府、抚州府、南昌府和广信府。这些地区的大部分流散人口流向了其他省，只有10%左右移向南赣山区。同南部山区相比，这四个地区是经济比较先进的地区，但是正如上文所述，由于各种社会矛盾的演化，人口流出非常严重。其中吉安人的流动尤为著名④。如前所述，明朝政府亦认识到了该地区的"田少人多、强宗豪右的横霸和由此因起的争讼之多"等严重的社会矛盾⑤。

流入江西南部的外来人中，来自江西北部地区的大部分客民，成为南赣地区绅士和势豪家的佃户或奴仆定居，部分成为自耕农，部分作为

---

① 《全集》卷16，别录8，《选拣民兵》，p.527。
② 黄绾，《阳明先生行状》，《全集》卷38，世德纪(p.1410)。
③ 海瑞，《海瑞集》(中华书局本，1962)上，《兴国八议》，地利。明代，江西人向邻近的湖广等地流动的人口，远多于省内流动，以致产生了"江西填湖广"的俗修。
④ 《皇明条法事类纂》卷20，《债主关俸问不应》(上卷，pp.500—501)。
⑤ 《宪宗实录》卷56，成化4年7月癸未(pp.1152—1153)；唐立宗，2002，pp.104—133；方志远，1987。

寄庄户拥有该地区田地中20%—30%乃至接近50%左右①。然而这些外来人以客籍身份进入该地之后，以非法手段占有土地，却由于未被誊录于《赋役黄册》而脱免于税役，从而使得大量本地农民失去了土地。由于税役不均衡现象的日趋严重，最终本地人不得不四处流散。即出现了所谓外来人得以定居南赣地区，而土著却流散的"人口的对流（convection）"现象。

就这样从南赣地区被析出的人口，大部分流向了邻近的湖广、广东、福建等地。然而从下述记录来看：

（1）南赣二府地方，地广山深，居民颇少。有等富豪、大户不守本分，吞并小民田地，四散置为庄所。邻境小民畏避差徭，携家逃来，投为佃户，或收充家人。……以致小户贫苦，存活不得，只得纠集一般逃户，或四散劫掠，或勾引原籍盗贼，劫杀主家。其中又有大户坐地分赃者，亦有子弟、家人通同生盗者，往往事发，多是此辈……此事不独南赣二府为然，甚至宦族不亦或有之，不独大户为然。②

（2）时南安、赣州府盗贼窃发，（闵）珪及镇守太监邓原、巡按御史张鼐各奏其事。下法司会议，以江西多豪右之家藏匿流移之人，以充家奴、佃仆，结构为盗，相与分赃。③

有在当地定居为绅士和势豪家的奴仆或佃户者，也有同外来人一起成为盗贼者。另外，来自外省的客民，一部分在南赣地区定居为佃户或奴仆，一部分则未能适应南赣社会而最终成为盗贼。如前文所述，在位于四省

---

① 康熙（元年）《雩都县志》卷4，食货志称，"正德以后，凋弊益甚，或产去粮存，或户存人绝，产之归于吉安之寄庄户者已十之二三矣"；天启《赣州府志》卷3，舆地志，土产条亦称"田土强半隣壤占籍"。
② 《皇明条法事类纂》卷35，《禁约江西大户逼迫故纵佃仆为盗其窝盗三名以上充军例》。《皇明条法事类纂》原本，这部分记载在《补遗》（不分卷，下卷，pp. 719—722），但，根据日本学者大宅显浩，1990，改订"卷35"。
③ 《宪宗实录》卷281，成化22年8月癸酉条，赣州府知府李璡上奏。

交界地域的,江西南部地区猖獗的五个大规模蜂起,便是因为这些原因而起,正德十一年(1516)9月,阳明被任命为南赣汀漳等处巡抚,便是出于这种背景。

南赣地区的寇贼集团便是在这样一边扩张着势力,一边展开了持久战。他们之所以能够如此做,是因为如南安府上犹县的"居民受其杀戮,田地被其占据",大庾县的"田地贼占一半",南康县的"田地被贼阻荒,总计贼占田地六里有半"①,广东北部的情况亦是"始则占耕民田,后遂攻打郡县"②那样,寇贼们公开抢占并耕种县民的田地,从而能够进行对峙③。因此,连阳明亦叹息整个南赣地区被寇贼势力所占田地达"数千万顷",情况非常严重④。

但是,这些寇贼势力的横行导致的,另一个严重的问题是,如下文所述的现象:

> 上犹等县横水、左溪、长流、桶冈、关田、雞湖等处,贼巢共计八十余处,界平三县之中,东西南北相去三百余里,号令不及,人迹罕到。其初畲贼,原系广东流来。先年,奉巡抚都御史金泽行令安插于此,不过砍山耕活。年深日久,生长日蕃,羽翼渐多,居民受其杀戮,田地被其占据。又且引万安、龙泉等县避役逃民并百工技艺游食之人杂处于内,分群聚党,动以万计。始渐房掠乡村,后乃攻劫郡县。近年肆无忌惮,遂立总兵,僭拟王号,罪恶贯盈,神人共怒"⑤

从该记载中可以看出两个事实。第一是"畲族"的存在;他们是居住在福

---

① 《全集》卷10,别录2,奏疏2,《立崇义县治疏》(正德12年闰12月5日,p.350)。
② 《全集》卷11,别录3,奏疏3,《添设和平县治疏》(正德13年5月1日,p.367)。
③ 《全集》卷10,别录2,《南赣擒斩功次疏》(正德12年7月5日,p.329)有"其精壮贼徒,昼则下山耕作,夜则各逋山寨"的记载。
④ 《全集》卷9,别录1,奏疏1,《攻治盗贼二策疏》(正德12年5月28日,p.313)。但,万历年间的誊录田地是,南安府8797顷(康熙《南安府志》卷6,田赋),赣州府33527顷(乾隆《赣州府志》卷17,赋役),所以"数千万顷"是夸张其数字非常大。
⑤ 《全集》卷10,别录2,《立崇义县治疏》(正德十二年 闰十二月 初五日),p.350。

建、广东、江西、浙江、安徽等地的瑶族少数民族的古称①。《南安府志》亦载,"先是广东、湖广旱饥,二省流民逃至上犹深山安插,种山麓旱禾高粱,官司未之驱逐,其后,公取近住编户禾麦盗牲畜。……谢志珊等大肆劫掠,号曰畲贼"②。他们于弘治八年被安置定居,随着其数量增加而被"居民受其杀戮,田地被其占据"。第二,从与之接壤的北方吉安府析出的"避役逃民、百工技艺、游食之人"等流入该地,且在同畲族杂居过程中,增至万数的势力横行于该地。对于横行于广东东北部浰头地区的"浰头之贼",阳明称之为"三省逋逃之主"③或"招致四方无籍,隐匿远近妖邪"④,而当湖广省郴州地区的盗贼集团被招抚时,其头目被给予了猺官地位⑤。从而在谈论南赣地域社会时,必须考虑畲族等少数民族的存在。

　　如上所述,明中期以来,江西社会的里甲制日渐解体。尤其在位于四省交界地区的南部山区,由于各地析出的流民和逃户的结集、社会不稳定、治安混乱、土著与客民之间或汉人和少数民族间的矛盾等,里甲制秩序已然崩溃。于是该地便成为贼巢无处不在,寇贼一边农耕,一边长期骚扰施暴的混乱社会。就在这样的时期赴任南赣巡抚,实施招抚寇贼和善后策的阳明称:"近来信得致良知三字,真圣门正法眼藏,往年尚疑未尽,今自多事以来,只此良知无不具足……我此良知二字,实千古圣圣相传一点滴骨血也。又曰,某于此良知之说,从百死千难中得来"⑥。这是说明,自己的思想就是,在目睹和经历了南赣社会的这些事情基础上形成的告白。

---

① 畲族简史编写组,1980。
② 万历《南安府志》卷3,政事纪,p. 26b。
③ 《全集》卷11,别录3,《添设和平县治所》(正德13年5月1日,p. 367)。
④ 《全集》卷11,别录3,《浰头捷音疏》(正德13年4月20日,p. 365)。
⑤ 《全集》卷9,别录1,奏疏1,《攻治盗贼二策疏》(p. 216)。
⑥ 《全集》,"年谱"2。对于在阳明思想的理念和招抚寇贼活动之间存在的,貌似彼此矛盾问题的整合性,请参照本篇第二章。

Ⅲ．江西各地的开发

1．鄱阳湖周边的开发

　　作为江西的粮仓,赣江中、下游地区和鄱阳湖周边一带,早在宋代便获得了相当程度的开发,在元末战乱时期被一度荒废之后,自明代洪武年间再次迅速恢复发展,至洪武末年达到了相当于湖广地区四倍左右的农业生产力。明初,该地进士和高官多辈出,便是缘于此①。

　　这些事实通过表1-1-1便可了解。即,如果将江西分赣北区(赣江下流和鄱阳湖周边等北部五府地域)、赣中区(位于赣江中流的六府地域)、赣南区(位于赣江上流的二府地域)的三个地区,面积分别占全省的:34.1％、42.6％和23.3％,但是据誊录于洪武24年《赋役黄册》,北区、中区、南区分别为43.1％、50.4％和6.4％,南区是非常落后的。而在人均农土面积方面,北区为6.4亩,中区为4.1亩,属差不多人口过剩状态。与此相比,南区为5.8亩,尽管开发很落后,但是由于人口稀少,从而在田地方面多少有些富余。

　　至明中期江西社会出现了严重的动荡。各地土著人四处流散,一些地区还出现了外来客民进入"土著人流出的地方"而定居的"人口的对流现象"。然而如果从表1-1-1来看,15世纪之后,江西地区仍然通过开垦山野和修筑水利设施(圩、堤、陂、塘等)不懈地扩大了田地面积。尽管随着社会的动荡,人口四处流散,然而田地面积却持续增加,城市亦不断发展。为了理解这种貌似矛盾的现象,有必要从其他方向展开分析。

　　为此,首先让我们来考察明中期江西田地的实际增长状况。如果首先通过表1-1-1来考察北部五府地区,从洪武24年至万历丈量期,田地总面积增加了23.1％。但是在经历明中期时,各地的经济开发程度出现了差异。在明初,田地开垦率(誊录面积与总面积的比例)位居首位的

---

① 参见许怀林,1982;杨讷,1982;吴金成,1986,第二篇第一章。

瑞州府田地面积几乎没有增加。但是排名最后的九江府以增加51.7%名列第一,尤其是九江府的德安县创下了201%的增涨率(584 顷→1758 顷)。而且据记载,自15世纪以来,江西大部分地区的人口出现了下降,而德安县却与此相反,从洪武二十四年至嘉靖年间(1522—1566),人口几乎增长了250%。①

表 1-1-1　明代江西的登录田地统计

府名	洪武24年(1391)		万历　丈量	结果
	田地面积 (田地总面积比%)	人口 (人)	田地面积 (田地总面积比%)	洪武对比 增加率(%)
九江府	8233(顷)	74759	12486(顷)	151.7
南康府	15511	196549	18343a)	118.3
南昌府	50265	1138182	71218b)	141.7
饶州府	60657	821077	70578c)	116.4
瑞州府	36263	428602	37732	104.1
赣北区(北部 5府)小计	170929(43.1%)	2659169	210357(43.8%)	123.1
袁州府	16551	381745	23436	141.6
临江府	33547	546111	34038	101.5
抚州府	45918	1201797	49850d)	108.6
吉安府	48534	1717933	55050	113.4
建昌府	13685	513116	17016	124.3
广信府	41609	506908	48111e)	115.6
赣中区(中部 6府)小计	199844(50.4%)	4867610	227501(47.4%)	113.8
南安府	5866	74858	8797	149.9
赣州府	19518	366165	33527	171.8

① 康熙《九江府志》卷3,户口;同治《德安县志》卷5,食货,田赋。

续 表

府名	洪武24年(139)		万历 丈量	结果
	田地面积 （田地总面积比%）	人口 （人）	田地面积 （田地总面积比%）	洪武对比 增加率(%)
赣南区(南部2府)小计	25384(6.4%)	441023	42324(8.8%)	166.7
总计	396157	7967802	480182	121.2

参见吴金成,1986,第二篇第一章。

a) 正德13年,建置南康府安义县时,将南昌府新建、奉新两县的一部分为安义县接收。

b) 正德7年,建置抚州府东乡县时,将南昌府进贤县的457亩向东乡县割让;正德13年,建置南康府安义县时,将南昌府新建、奉新两县的一部分向安义县割让。

c) 正德7年,建置抚州府东乡县时,将饶州府余干县的一部分向东乡县割让;同年建置饶州府万年县时,将广信府贵溪县的一部分为万年县接收。

d) 正德7年,建置抚州府东乡县时,将南昌府进贤县的457亩为东乡县接收。

e) 正德7年,建置饶州府万年县时,将广信府贵溪县的一部分向万年县割让。

在北部五府地区中,明中期发展最快的是南昌府。明初时,南昌府的田地开发率占第七位,是最落后的地区。但是自明中期至万历丈量期增加了41.7%,在北部地区创下了增长率第二位的记录,实际增加田地亦在江西省最多,达21000余顷。南昌府的地理环境可分为东部四县和西部四州县。下面让我们通过表1-1-2来考察明中期南昌府的社会变化。

表1-1-2 明代南昌府的登录人口、田地统计

州县名	洪武14年 人口(人)	洪武24年		万历 丈量	结果
		田地面积 （顷）	人口 （人）	田地面积 （顷）	洪武对比率
南昌县	281212	11721	338782	14375	122.6%
新建县	114591	5610	134325	11689a)	208.3
丰城县	157405	10579	249079	14455	136.6

续　表

州县名	洪武14年人口（人）	洪武24年		万历　丈量	结果洪武对比率
		田地面积（顷）	人口（人）	田地面积（顷）	
进贤县	99383	8259	156145	9438b)	114.2
东部四县小计	652591	36169	878331	49957	138.1
奉新县	91304	4041	118315	5045c)	124.8
靖安县	22294	1898	27268	2671	140.7
武宁县		3921	33515	5782	147.4
宁州	49762	4236	80753	7763	183.2
西部四县小计	163360	14096	259851	21261	150.8
府总计	815951	50265	1138182	71218	141.7

参见吴金成,1986,第二篇第一章。
a) 正德13年,建置南康府安义县时,将新建县的一部分向安义县割让。
b) 正德7年,建置抚州府东乡县时,将进贤县的457亩向东乡县割让。
c) 正德13年,建置南康府安义县时,奉新县的一部分向安义县割让。

洪武14年至24年的10年间,南昌府东部的人口增34.6%,西部的人口增59.1%,整个南昌府增加39.5%(322231人)。尽管东部和西部的面积相近,但洪武14年东部和西部的人口比为8∶2,洪武24年是77.2∶22.8,人口多集中于东部,誊录田地之比亦为72∶28,东部的田地远多于西部。但是如果考察明中期之后的变化,东部的田地增加率增加了38.1%,尤其是新建县(与南昌县为南昌府的附郭)增加了108.4%。西部增加了50.8%,尤其是靖安县和武宁县的增加率较高,最高的宁州增加了83.3%。明代,诸省交界地区能够获得如此迅速开发的背景是明中期之后出现了人口大流动①。南昌府西部的情况亦是如此。靖安县由洪武24年的26786口增至嘉靖41年的50,185口②;武宁县由洪武24年的33515口增至嘉靖初年的70323口;宁州由洪武24年的80753口增

---

① 参见吴金成,1986,第二篇;吴金成,1993 等 参照。
② 嘉靖《靖安县志》卷3,户口。

至嘉靖初年的 134843 口①。从田地增加率来看,西部远高于东部,但是整个西部地区实际增加的面积仅为 7000 余顷左右,略微超过了东部新建县一县增加的份额(6000 余顷)。南昌府田地之所以能够如此增加,是因为东部除了开垦山野之外,在赣江下游和鄱阳湖的西、南部地区(赣北区),修筑了大量的水利设施,从而增加了田地,西部则只是开垦了山野。

从而对于明中期以后南昌府的诸多变化,可做如下概括整理:位于赣江下游,且地势较为平坦,多低湿地的东部地区早自明初恢复了农业生产力之后,自中期便日渐发展。多山的西部,在明初还是落后地区,自中期才开始快速发展。但是在实际增加的田地面积方面,东部多于西部近两倍。

2. 赣南山区的开发扩散

如果把明中期之后南昌府出现的这些变化现象,通过表 1-1-1 推至江西省全境,就会得出类似的结果。即山地较少的北区的农业生产力在明初获得较快的恢复之后,从中期日渐发展。与此相比,中部五府地区只有属于山区的建昌府地区获得了些许开发。然而属于山区的南部二府地区在明初还很落后,但是自中期获得了迅速的开发。南部誊录田地的增加率(66.7%)是北区(23.1%)的三倍,是中区(13.8%)的近五倍。但是在实际增加的田地面积方面,北区(增加 45930 顷)比南区(增加 16940 顷)多增 28990 顷。

从明中期开始,江西南部的田地获得这种开发的背景是,第一,从先期获得开发的北区和中区农村析出的大量农民流入南区,尽管部分加入了寇贼势力,但一部分则参与了山区开垦;第二,来自南方的福建和广东移民参与开垦的结果②。即南安府地区的户数,尽管自洪武以来持续下

---

① 万历《南昌府志》卷 7,户口。
② 唐立宗,2002,pp.70—75;饶伟新,2000。

降,但田地却反而增加了 49.9%(5866 顷→8799 顷)(参照表 1-1-1)。在江西南部最让人瞩目的地区是赣州府地区。如表 1-1-3 所示,从洪武至万历年间,户与口均出现下降,但田地却反而增加了 71.8%(19518 顷→33527 顷)。

明中期之后,江西社会在发生这种变化时,长江下游一带的工、商业和中小城市开始发展,人口出现增加,因此对粮食的需求与日俱增,于是到了不得不从其他地区输入粮食的境地①。恰在此时成为粮仓地区的便是湖广地区。自 15 世纪中叶的天顺年间起流行"湖广熟,天下足"的俗谚便是缘于此②。然而史料却称明中期之后江南地区输入的米粮大致来自"江右荆楚"。由此可见,除了湖广之外,还有江西地区亦输出了粮食。而且从很多江西史料中亦能得到确认,甚至有记载称,自万历年间连江西南部地区都向江南输出了粮食③。

表 1-1-3 明代赣州府的誊录户口、田土统计

府县名	户数		口数		田土面积	
	洪武 24 年	万历年间	洪武 24 年	万历年间	洪武 24 年	万历丈量
赣州府	82000 户	36000 户	366000 口	134000 口	19518 顷	33527 顷
赣县	24206	13812	144678	49300a)	3835	6163
宁都县	32703	11071	157306	48206		8322
宁都县	3911	2176	16698	5604	802	1008
兴国县	14153	6166	56371	26834	3101	2939
石城县	2807	899	16754	6879	1427	2031
龙南县	260	766	1246	2790		1664b)
安远县	292	551	1445	1681		1541

---

① 吴金成,1997B。
② 参见张国雄,1995;梅莉,1995;吴金成,1986,第二篇;吴金成,2007-A,第一篇第二章及《附论 1》。
③ 吴金成,1986,pp.99—101。

续 表

府县名	户数		口数		田土面积	
	洪武 24 年	万历年间	洪武 24 年	万历年间	洪武 24 年	万历丈量
瑞金县	1421	707	5722	1588	289	2797
信丰县	638	1470	3109	3846	115	4628[c]
会昌县						1595
定南县		310		1855[d]		777
长宁县						62

参见吴金成,1986,第二篇第一章。

a) 嘉靖年间的统计。
b) 隆庆 2 年,分设定南县时,龙南县 132 顷划入定南县。
c) 隆庆 3 年,信丰县给了定南县 14 顷。
d) 隆庆 3 年,定南县分设独立时的统计。

Ⅳ. 新城市的发展

明中期之后,人口流动的第三种类型是,从农村向城市或手工业地区流动,成为商人、佣工及无赖的情形。因此有诸多的中小城市获得了发展。明清时代,江西省有景德镇、河口镇、樟树镇、吴城镇等四大镇获得了发展。

1. 瓷都景德镇的发展[①]

首先来看看位于江西东北地区的饶州府浮梁县的景德镇。景德镇的位置非但不在交通要道,反而位于昌江中游的丘陵地带,然而作为陶瓷业这个单一品种的生产中心地,却是自唐代绵绵延续了千余年的"瓷都"。早自宋代,已然享有了中国瓷器中心的名声,至明朝,更因御器厂的设置而走向繁荣,于是江西省内外的无数商人、流民和无赖流聚于此。

---

① 关于明清时代景德镇的城市化过程和其影响的具体内容,请参考梁淼泰,1991;本书第三篇第一章。

景德镇以中国"瓷都"而名声大噪是在明中期(16世纪中叶)之后。即从嘉靖年间(1522—1566),景德镇的民窑达到900余户,人口达万余名①。自明中期,明朝将分散于周边乡村的民窑集中于镇区,于是随着陶瓷业的发展,景德镇镇区的范围亦随之扩大。万历年间(1573—1619)有"浮梁景德镇雄村,十里皆火山发焰"②,"镇上佣工,皆聚四方无籍游徒,每日不下数万人"的景象③。于是,伴随着"天下窑器所聚,其民繁富,甲于一省"的评价,景德镇获得了"四时雷电镇"④的名声。至明末,据说景德镇的人口达到了10余万,其中本地人不过十之一二。外来人是属于饶州府7个县民和南昌府南昌县民、南康府都昌县民为最多,其他抚州府人、广信府人和南直隶徽州府人亦多。他们中的大部分是农村析出的农民,部分是商人。

随着景德镇的人口骤增和镇民结构的复杂,土著和外来人之间自然便产生了利害对立和不断的纷争,发生了诸多民变和罢工、罢市。景德镇于嘉靖19年(1540)、26年、36年、万历25年(1597)、27年、29年、30年、32年、康熙50年(1711)、乾隆元年(1736)、乾隆初年、乾隆年间、嘉庆元年(1796)、道光元年(1821)、30年、道光年间、光绪2年(1876)、30年、民国9年(1920)、12年、16年,分别发生了民变或罢工、罢市事件。此外,还有很多年代不详的民变,清代还发生了无数罢工、罢市事件⑤。

在经历明末清初动荡期的过程中,与本地浮梁人相比,反倒是临近的南康府都昌县民成了经营景德镇陶瓷业的主流。而且从18世纪中叶的雍正、乾隆年间起,景德镇的常住人口达到了20余万,清末更达到了25万人,繁荣时期的工人数量达到了10余万。于是景德镇同河南的朱

---

① 明《世宗实录》卷240,嘉靖19年,8月戊子条,p.4871。
② 王士性,《广志绎》卷4,《江南诸省》。
③ 萧近高,"参内监疏",康熙《西江志》卷146,艺文。
④ 王世懋,《二西委谭摘录》,《纪录汇编》卷206。
⑤ 《景德镇陶瓷史稿》,1959,pp.238—241;梁淼泰,1991;中国人民大学清史研究所,1979,pp.530—533;邱国珍,1994,p.1;巫仁恕,2011;新编《景德镇市志》pp.26—33;佐久间重男,1964。

仙镇、广东的佛山镇、湖北的汉口镇一起成为中国四大重镇，进而获得了当时中国乃至世界第一瓷器专业城市的名声。

2. 河口镇的发展①

河口镇与景德镇同样，位于江西东北地区的广信府，自明初便以造纸业而闻名。至16世纪中叶，纸槽（造纸工场）数量达到了600余座，其中玉山县有500余座，永丰、铅山、上饶三县有百余座②。尤其铅山县的河口镇，以信江（＝锦江）和铅山河河流的优越地理位置，逐渐发展为信江流域最大的城市，于是不但以造纸业，还作为临近地区和南方福建武夷山茶的集散地和商业中心而闻名。从前居民不过两三家，但从嘉靖至万历年间发展为巨大市镇③。居民"主户十之三，客户十之七"，即外来人占了大部分比重④。清代，山西商人进入河口镇将茶叶贩运至中亚，在中国把对外贸易港限于广州一地的，所谓"广东体制（1757—1842）"下，不但是广信府一带的茶叶，就连生产于武夷山南麓一带的茶叶也先运输至河口镇，再有此地沿着连接鄱阳湖、吴城镇、大庾岭、广州的水陆交通出口至欧洲，从而进一步讴歌了河口镇的繁荣。据说，清末，包括五万常住人口在内，共有10余万人口居住于河口镇。

3. 樟树镇的发展⑤

隶属于临江府临江县的樟树镇位于南北贯穿江西省的赣江和从湖南省流下的袁水合流之处，是江西省中部的水路交通中心。樟树镇早在唐代便有了"药墟"，南宋时代有了"药市"之称。自明中叶，被称为"药都"而以药材市场闻名。至明末清初，药铺多达200余个，"烟火数万家，

---

① 本书第三篇第二章参照。
② 万历《江西省大志》卷8，"楮书"。
③ 许大龄，1957，pp. 1049—1050。
④ 万历《铅书》卷2。
⑤ 本书第一篇第三章参照。

41

江广百货往来,与南北药材所聚,足称雄镇",异常繁荣①。清代是江西省第二大镇,是江西中区的商业中心②。樟树镇因其地理优势,其药材集散地的竞争力一直持续至清末,享尽明清500余年的繁荣。

明中期往后发展的其他城市,首先可举广信府弋阳县的横蜂镇。横蜂镇亦是瓷器生产地,位于弋阳和上饶县之间,明初增设了鸦岩寨巡检司,自明中期江西省内外的流民云集而纷争不断。因此有建议提出设置新县,于是嘉靖39年新设了兴安县③。广信府铅山县的石塘镇亦是全国性的造纸业中心,它同景德镇一起作为长江中下游的五大手工业地区而名声大噪。自明中期,周边各地游民流入该地做佣工,万历28年,"纸厂槽户不下三十余槽,各槽帮工不下一二千人"④,万历年间的造纸工人数增加至四、五万⑤。一方,赣州发展为江西南部的最大城市⑥。赣州位于从南部流向西北的贡水和在广东省交界处经大庾县流向北的章水合流,而成为赣江的三角州地区,赣江由此向北贯穿江西省腹地流入鄱阳湖。赣州早自唐宋时代,便是赣江水路的始发地,是交通中心。明清时代,作为赣州府城和赣关所在地而尽享繁荣。

此外,明中期之后,江西省发展的中小市镇和墟市(定期集市)非常多⑦。然而如此多的江西市镇和定期集市是在怎样的条件下出现并变化的?江西"市场共同体"有哪些特征?其中的绅士、胥吏、牙行、无赖的生存状态如何?这些都需要进一步的研究。

---

① 王士性,《广志绎》(中华书局,1981)卷4,《江南诸省》;刘石吉,1989。
② 樟树镇及其周边地区并非盛产药材之地,从而樟树镇在内的清江县出身商人,主要从两广、四川、湖广贩入药材,并在该地加工出售。
③ 康熙《广信府志》卷1,舆地志,疆域,兴安县条;《世宗实录》卷487,嘉靖39年8月丁巳条。
④ 康熙《上饶县志》卷10,《要害志》。但"各槽帮工不下一二千人"似是夸张说法。
⑤ 雍正《江西通志》卷27,土产;另参见许大龄,1957;彭泽益,1957等。
⑥ 参见本篇第三章。
⑦ 参见本篇第三章。

小结

明初，江西地区随着农村社会的稳定，田地迅速恢复，至洪武末年，农业生产力已经达到了湖广的四倍左右。但是自明中期，江西社会严重动荡，人口开始下降。在诸多地区，甚至出现了农民流散，而外来客民反而定居的"人口的对流（convection）现象"。从国家的立场上来看，从明中期开始，江西社会确在"动荡"，里甲制日趋加速解体。从农民立场来看，由于土地的过于集中、税役的过重和不均衡等，江西社会成了生活异常艰辛的社会。各地人口的流散现象和山区接连发生的寇贼蜂起便是因此而生的。

然而同《地方志》的统计不同，江西人口实际反而是增加的，加上外部人口的流入，出现了人口过密的情况。户口下降不过是统计上的，这有力地证明的是地方官府掌握人口能力的下降。对于《地方志》中记载的流散人口，可从如下四个方面进行思考。第一，流散人口的一部分沦落为本地绅士或势豪家的佃户或奴仆，而依旧生活于本地。第二，一部分流向了江西省内的落后地区或禁山区。他们中的大部分开垦该地的农田而定居，但是一部分却未能适应而变成了寇贼。第三，一部分流入了城市地区，成为手工业工人或打短工者，或者沦为了无赖。第四，流散人口的多半数流入了湖广等其他省份，流入该地的人们也以类似江西省内的流动类型相似的形态适应着。

在这种人口流动过程中，江西省内的人口被重构，而且江西所有地区均开垦了新的耕地。在落后地区，山地获得了开垦；在鄱阳湖周边，从前被搁置的低洼地被开发成了圩田；南部山区也得到了开发。自明中期，江西所有地区的耕地被如此不断开垦和增加，结果还能向缺粮的江南地区输出了粮食。只是，由于财富分配不公，江西地区被认为是同时输出人口和粮食的，"矛"和"盾"共存的一个省。而且由于流动人口的增加，有诸多城市和瓷器、纸、茶叶、竹器等手工业获得了发展。

在这一过程中,城市地区的无业游民和无赖日趋增加,形成了新的社会阶层。

可见自明中期出现的江西社会的动荡,并非只带来了消极的结果。明中期江西社会的这种变化,同中国其他地区的变化是并行发展的。

第二章　江西社会：阳明学的摇篮

序言

　　阳明思想出现于明中叶。当时中国的全境经历了极为动荡的社会变化。恰在这个时期,王守仁(1472—1528)提出了自己的学说——阳明学。他认为:长期作为国家统治理念的朱子学《定理论》(亦称定分论),已无法再应对急速变化的社会现实。早在南京任鸿胪寺卿时(正德九年五月)就说,"吾年来欲惩末俗之卑污……以救时弊"①,而且在《传习录》中亦称:

　　　　"今诚得豪杰同志之士扶持匡翼,共明良知之学于天下,使天下之人皆知自致其良知,以相安相养,去其自私自利之蔽,一洗逸妒胜忿之习,以济于大同,则仆之狂病,固将脱然以愈,而终免于丧心之患矣,岂不快哉!"②

---

① 《王阳明全集》(上海出版社,1992)卷33,《年谱》1,p.1237。下文将《王阳明全集》简称为《全集》,将卷33、34的《年谱》1、2简称为《年谱》。
② 《全集》卷2,语录2,《传习录》(中),《答聂文蔚》,p.81。

由此可见,王阳明欲匡正时弊,实现"大同的"理想社会①。即基于士大夫"先天下之忧而忧,后天下之乐而乐"的"救世济民为己任"的使命感,试图实现"为万世开太平"的理想社会。

但是,明中叶的中国社会反而向阳明所期望的方向背道而驰。在全国范围内出现了皇帝统治体制严重松弛的现象。具体来看,由于土地与人口的不均衡、绅士和势豪家的土地兼并以及各种税役负担的不均衡,出现了农民阶层分化,向城市、山区和人口稀少地区逃散的现象②。这种现象便是始于明中期的里甲制秩序的解体③。阳明展开招抚寇贼活动的赣南(江西南部的南安府和赣州府)地区,位于江西、福建、广东、湖南四省交界地区,是从长江中游和鄱阳湖通过赣江通往广东和福建的重要通道,同时也是大部分被指定为禁山区的山岳地带。所以从明成化年间(1465—1487)至明末清初,该地长时期处于寇贼势力随时蜂起的不稳定状态④。阳明就在这时来到江西,比较成功地完成了剿抚寇贼和善后策⑤。

关于阳明的一生乃至阳明学在明中期的形成和发展,迄今已经积累了大量的研究。整理这些研究可分为两类,一是属于宋明理学史或思想史范畴的研究,二是对作为政治家、军事家或教育家的阳明个人的研究等,即便说这两种研究类型彼此并无关联地,各自独立展开了研究也不为过。众所周知,从阳明身上可以同时看到彼此差距巨大的,作为思想家和教育家的一面和作为政治家和战略家的一面。大陆学界的部分学者,尽管一并思考了阳明的这种思想和行为,但是却有立足于"唯物论",

---

① 阳明的理想社会论亦有"拔本塞源论"(《全集》卷 2,语录 2,《传习录》(中),《答顾东桥书》,pp. 53—55)与《大学问》(《全集》卷 26,续编 1,p. 968)。
② 本篇第一章参照。
③ 吴金成,2007 - A,第一篇第一章,《明末、清初的社会变化》。
④ 唐立宗,2002;马楚坚,1995;傅衣凌,1947(→同氏,1982);傅衣凌,1961;谢重光,2004;饶伟新,2000;张克伟,2000;张祥浩,2002;黄志繁,2002;森正夫,1973.1974.1978;森正夫,1991;野口铁郎,1982;今凑良信,1986;吴金成,1991;吴金成,1996;本篇第一章等参照。
⑤ 因为阳明的如此战功,《明史》称"平数十年巨寇,远近惊为神"或"终明之世,文臣用兵制胜未有如守仁者"(《明史》卷 195,王守仁传)。

批判阳明"唯心论"的谬误,把镇压人民蜂起批判为"暴举"的局限性①。而在日本学界,对阳明思想的"阶级"本质研究形成了主流②。即便是试图从乡村秩序的重构来积极解释阳明思想的一部分研究,亦未充分挖掘对其思想和行为之间的关联性③。

当然,一个人的主张(学问和思想)和行为(政治和战略)不一致的情况亦不少。但是人的行为发自其日常思想的情况较多,反过来思想亦无法在游离于其现实经验的状态下展开。而且目前普遍认为,思想反映的是一个人生活的社会时代状况。正德15年(1520)6月,即镇压了赣南地区的少数民族和寇贼势力的蜂起之后不久,阳明便在赣州正式提出了"致良知"说,从而完成了其"主观唯心主义"的心学体系④。而且他在解释"良知"时称⑤,"我此良知二字,实千古圣圣相传一点滴骨血也"或"某于此良知之说,从百死千难中得来"。阳明还主张"亲民",而不是朱子的"新民"⑥,并提倡"良知"说,认可了庶民大众的道德自发性和主体性;此外他尤其强调"知行合一",是不断亲自努力进行实践者之一。因此如果排除阳明在江西的活动和经验,便无法理解阳明思想体系的真正意义。换言之,可以说阳明思想体系的重要部分是阳明在江西镇压蜂起军,并实施善后策经验的投影,是受其影响而形成的。

那么他的这种阶段性发展的思想和政治、军事活动以及善后策之间是,如何彼此呼应并产生影响的?带着上述的问题,本章拟分析阳明赴任江西展开的镇压寇贼活动,以及此后施行的善后策略及社会经济意义,阳明思想的理念和实践等。

---

① 侯外庐,1962,第4下卷;张显清,1979。
② 奥崎裕司,1978,第五章《乡绅地主的思想》。
③ 沟口雄三,1987;曹永禄,1989。
④ 据《年谱》2(p.1278)称,正德16年正月在南昌"先生始揭致良知之教"。然而关于阳明的"致良知"说的提倡年代,目前有正德15年说和16年说,根据山下龙二,1971,第二篇第三章"王阳明",pp.200—203,本文暂且视为正德15年。
⑤《年谱》2,p.1279。
⑥《全集》卷1,语录1,《传习录》(上),p.2。

Ⅰ. 阳明的赴任和寇贼镇压

明中叶,江西社会具有维持乡村秩序功能的里甲制已经严重松弛。尤其在位于赣南四省交界的山区,由于来自各地的流民和逃户的集结、社会动荡、治安状态极度混乱、土著和客民或汉人和少数民族之间的矛盾等,里甲制秩序几乎处于崩溃。因此,"凡在虔、楚、闽、广接壤山谷,无非贼巢,小大有司,束手无策,皆谓终不可除"[1]那样,情况非常艰难。

表 1-2-1 阳明的南赣巡抚时期活动内容

正德 5 年(1510,39 岁)	3 月	以江西庐陵县知县赴任,7 个月余在任
正德 11 年(1516,45 岁)	9 月	以都察院左佥都御使,被任命为南赣汀漳等处巡抚[2]
正德 12 年(1517,46 岁)	正月	赣州到达,开府/十家牌法施行/民兵选拔、组织
	2 月	为漳寇平定出阵
	4 月	班师
	5 月	立兵符/平和县设置奏请/开始兵符制度/告谕浰头巢贼
	6 月	疏通盐法疏请
	7 月	扫荡南安府大庾岭一带陈曰能贼
	9 月	以提督南赣汀漳等处军务改授,军令、赏罚权被委任/抚谕贼巢/议南赣商税疏
	10 月	横水、桶冈诸寇平定
	12 月	班师
	闰 12 月	崇义县治设置上奏

---

[1] 黄绾,《阳明先生行状》,《全集》卷 38,世德纪,p.1410;上田信,PP.220-228。
[2]《武宗实录》正德 11 年 8 月戊辰条称"8 月"。

续　表

	正月	三浰征伐
	2月	小溪驿移转上奏
	3月	疏乞致仕,不允/大帽、浰头诸寇平定①
	4月	班师/社学开设/保甲法扩大实施
正德13年(1518,47岁)	5月	和和平县设置上奏
	6月	以都察院右副都御史(正3品)升职
	7月	古本《大学》刊行/《朱子晚年定论》刊行
	8月	门人薛侃刊行《传习录》(上)
	9月	濂溪书院修复
	10月	在赣南施行乡约/再请疏通盐法疏
	6月	获得宁王宸濠谋反的报告,在吉安募集义兵
正德14年(1519,48岁)	7月	在南昌附近逮捕宸濠(从宸濠起兵42日)
	8月	正德帝亲征挽留上疏/江西税粮减免等9件上疏
	10月	以江西巡抚,南昌归任②
	正月	赴召次芜湖、寻得旨,返回江西
	2月	去九江,就返回南昌
	3月	请宽租
正德15年(1520,49岁)	5月	江西有大洪水,上自劾疏
	6月	在赣州,才开始以"致良知"为中心教义教授弟子
	7月	江西捷音重上
	9月	返回南昌居住,王心斋入门
	5月	聚集门人于白鹿洞书院讲学
正德16年(1521,50岁)	6月	奉世宗敕旨
	7月	以南京兵部尚书升任
	11月	被封新建伯

① 据说期间仍与诸多门人继续不断地讨论学问。
② 该年确立了"致良知"说。

正德 11 年 9 月，阳明得到兵部尚书王琼的举荐，被任命为"南赣汀漳等处巡抚"。正德 12 年正月 16 日，到达正处于动荡的赣州，对江西省南安、赣州府，福建省汀州、漳州府，广东省南雄、韶州、惠州、潮州，湖广省郴州等地的寇贼势力，实施了整五年的招抚和善后策。根据《年谱》的记录，简要整理阳明在江西活动的履历，如表 1-2-1 所示①。

阳明到达赣南地区开府后，首先为了稳定社会，确保兵力，采取了两种方略。第一，一边"立具体计划开展救济，剿抚流民"②，一边在城市地区施行了《十家牌法》。早在阳明任吉安府庐陵县知县时（正德 5 年，自 1510 年 3 月约在任七个月），就曾经施行类似《十家牌法》的制度，积累了经验。他在《告谕庐陵父老子弟》中，如下文说的：

> "今县境多盗，良由有司不能抚缉，民间又无防御之法，是以盗起益横。近与父老豪杰谋，居城郭者，十家为甲；在乡村者，村自为保。平时相与讲信修睦，寇至务相救援。庶几出入相友，守望相助之义"③

便是这个经验。在这里让人瞩目的是，他下令在城郭，即庐陵县厅所在的城内，组织以十家为单位的"甲"，在农村地区组织以村落为单位的"保"，分别将城市和农村地区组织起来。这种组织的目的在于"出现盗贼，彼此相助救援"，进而还期待"讲信修睦、出入相友、守望相助"等"乡约"的功能④。正德 12 年正月，他上任不过 10 日，便于赣南实施的《十家牌法》，可能便是发展该内容而成的。

---

① 《年谱》1—2。
② 冯梦龙，《王阳明出身靖乱录》（中田胜注释，1988），p. 112。
③ 《全集》卷 28，续编 3，《告谕庐陵父老子弟》，p. 1029。据说"年谱"1，p. 1230，阳明上任庐陵知县，"莅任初，首询里役，察各乡贫奸良之实而低昂之。狱牒盈庭，不即断射。稽国初旧制，慎选里正、三老，坐申明亭，使之委曲劝谕。……由是囹圄日清。在县七阅月，遗告示十有六，大抵谆谆慰父老，使教子弟，毋令荡僻。……定水次兑运……立保甲以弭盗，清驿递以延宾旅。至今数十年犹蹈行之"。
④ 同年，吉安府吉水县发生了土民的蜂起，乡绅曾昂创"团保法"，防御盗贼亦似于此。参见栗林宣夫，1971，p. 259。

阳明认为在自己上任之前,赣南地区无法扫荡寇贼的原因是,赣州人成为洞贼(该地区的少数民族)的耳目,事先走漏了官府的动静①,并且认为:

"近贼者为之战守,远贼者为之向道;处城郭者为之交援,在官府者为之间谍;其始出于避祸,其卒也从而利之。"②

所以阳明到达赣南之后,随即在城市地区实施《十家牌法》的目的便是防止走漏官府的情报。

考察阳明在赣南的城市地区实施的《十家牌法》③,它将十家编为一牌并发放一个牌,要求在牌的正面记录各户姓名,背面写上巡抚阳明自己告谕的"十家牌式",和为城内每户居民发放一牌(名札),要求牌上记入各户籍贯、姓名、年龄、面貌、职业、人丁数、有无来往及暂宿人口等,并悬挂于各家门前的"各家牌式"组成。其构成对象除了民户之外,还包括所有军、匠、客、官户,并且命令每天酉时(晚7—9点)各家轮番持着该牌到各户门前,根据牌的内容观察居民有无变化,如果藏匿了可疑人,则适用10家连坐罪。

由此可见,阳明《十家牌法》下令详细记录各户的状况,尤其要详细掌握流动人口的状况,从而试图通过掌控城市的流动人口(居于城内的外来客),阻止走漏官府的情报,其次以坊、都为编制单位,把十家编为一牌,从而既不与尚且维持功能的里甲制相背驰,又与里甲制只编入能够

---

① 《全集》卷16,别录8,公移1,《案行各分巡道督编十家牌》,p. 531 称,"所属军民之家,多有规图小利,寄住来力不明之人,同为狡伪欺窃之事,甚者私通畲贼,而与之传递消息,窝藏奸宄,而为之盘据黄缘,盗贼不靖,职此其由";《年谱》1,p. 1238 称"先是赣民为洞贼耳目,官府举动未形,而贼已先闻。军门一老隶奸尤甚。先生侦知之,呼入卧室,使之自择生死。隶乃输情吐实,先生许其不死。试所言悉验。乃于城中立十家牌法"。
② 《全集》卷9,别录1,《申明赏罚以励人心疏》,p. 309。
③ 《全集》卷16,别录8,《十家牌法告谕各府父老子弟》,pp. 528—531;《全集》卷16,别录8,《案行各分巡道督编十家牌》,p. 531。尤其《十家牌法告谕各府父老子弟》序文称,"自今各家务要父慈子孝,兄爱弟敬,夫和妇随,长惠幼顺。小心以奉官法,勤谨以办国课,恭俭以守家业,谦和以处乡里。心要平易,毋得轻意忿争,事要含忍,毋得辄兴词讼,见善相劝勉,有恶互相惩戒。务兴礼让之风,以成敦厚之俗"。

自给自足的甲首户不同,在逻辑上《十家牌法》还包括不能自给自足的佃户的组织,劝勉三纲五伦和洪武帝的《六谕》,并且以从前传承的共同体传统和宗族组织为基础,试图谋求自律的乡村教化、劝善惩恶、相互扶助、纷争调停等秩序。然而告谕又称,"小心以奉官法,勤谨以办国课"。由此可知,实施《十家牌法》的目的,不是单纯在于维持秩序和防止走漏情报,还考虑了如何顺利征收赋役。尽管阳明指示在一个月内实施《十家牌法》①,但是施行前需要做大量的准备工作,事实上耗费了相当长的时日②。尽管如此,《十家牌法》仍然基本上得以实施,而且随即以《保甲法》扩大适用至乡村,取得了相当的成绩③。

阳明到达赣南实施的第二个措施是组织了民兵④。当时阳明的认识是,赣州府地区的1/3被盗贼控制和横行,但赣州府却缺乏兵力。为此,阳明派人向江西、福建、广东、湖广等四省兵备官,要求各县募集有勇气和胆略,且拥有各种技能者(弩手、打手、机快等)十人左右,于是江西、福建兵备官分别招募五六百人,广东、湖广兵备官各招募四五百人。而其所需经费则使其以商税或罚金等充当⑤,目的是把民兵建成少数精锐。5月,为了防止恣意变换编制,或纪律松懈,通过实施"兵符制"来彻底整顿了军队编制⑥。并且还采取措施,将以此组成的军队编制记入表格,命令

---

① 《全集》卷16,别录8,公移1,《案行各分巡道督编十家牌》,p.531。后来在实施《保甲法》时亦定下了一个月的时限。《全集》卷17,别录9,公移2,《晓谕安仁余干顽民牌》(正德15年2月),p.612参照。
② 据嘉靖《惠州府志》卷1事纪,p.20a,如广东惠州府则在下令四个月后的正德12年5月才得以实施。
③ 嘉靖《惠州府志》卷1事纪,p.20a的记录自夸称,由于施行了《十家牌法》获得了"奸宄衰息"的成绩。阳明亦称,"本院旧在南赣,曾行十家牌式,军民颇安,盗贼颇息"《全集》卷17,别录9,公移2,《告谕安义等县渔户》,p.596)。
④ 《全集》卷16,别录8,公移1,《选拣民兵》,pp.527—528;酒井忠夫,1962;前田司,1981;元廷植,1990。
⑤ 《全集》卷10,别录2,奏疏2,《议南赣商税疏》(正德12年9月25日);同书 卷30,续编5,南赣公移,《行漳南道禁支税牌》(正德13年6月28日)。
⑥ 《全集》卷16,别录8,公移1,《兵符节制》,pp.541—542;《年谱》1,p.1241参照。具体来看,士兵25人为一伍,其上级部队逐级为队(50人)→哨(200人)→营(400人)→陈(1,200人)→军(2,400人),分别设立小甲、总甲、哨长、营官、偏将、副将等加以指挥。

各队和司令部保管。在有事件发生时，这非但以可正确了解军队，并且还有利于训练和行军。

阳明实施《十家牌法》，谋求城内的稳定，选拔少数精锐的民兵等，做好了有准备之后，才展开了镇压寇贼的活动。即，展开了以讨伐福建省漳州府一带的盗贼(正德12年2月至4月)为始，横水、桶冈的诸寇平定(正德12年10月—12月)，三浰征伐(正德13年正月)，大帽山、浰头的诸寇平定(正德13年3月—4月)等接连的讨伐①。为此，阳明构思了声东击西、阳动阴动、各个击破、奇袭、分破等战略。而且成功平叛之后，便如后文所述，根据各地情况，采取了"善后策"。

首先拟考察福建省漳州府一带的平叛活动。正德12年2月至4月，阳明以速战速决和各个击破的战略平定了漳州府一带的寇贼②。漳州府南靖县的芦溪和河头地区地处偏远山区，距周边的其他县有"五日之程"，从而多遭蜂起盗贼劫掠，且官军即便铲除了其渠魁，不久亦再生蜂起，恶性循环持续不断③。正德11年11月末，在前往赣州的上任途中，阳明就已下令漳南道兵备佥使胡琏等三省兵备攻击渠魁詹师富④。于是，正德12年正月中旬，胡琏等人率五千左右兵力攻击贼巢，初战告捷，但在追击穷寇的过程中遭遇大败。以此，次年2月，阳明领兵离开赣州进入长汀、上杭等地约三个月，福建兵攻破长富村等贼巢30余处，广东兵攻破水竹等贼巢13处，斩詹师富、温火烧等贼首七千余，俘虏和缴获

---

① 《全集》卷9，别录1，《闽广捷音疏》(正德12年5月初8日)；卷10，别录2，《横水桶冈捷音疏》(正德12年闰12月初2日)；卷11，别录3，《浰头捷音疏》(正德13年4月20日)；卷11，别录3，《三省夹剿捷音疏》(正德13年6月15日)。上述捷音疏是阳明直接参加的大规模作战的战果，该期间其他地方官展开的小规模作战的战果有《类奏擒斩功次疏》(正德12年5月28日。《全集》卷9，别录1)和《赣南擒斩功次疏》(正德12年7月初5日。卷10，别录2)等。
② 《全集》卷16，别录8，公移1，《案行广东福建领兵官进剿事宜》，pp. 533—534。
③ 《全集》卷9，别录1，奏疏1，《添设清平县治疏》(正德12年5月28日)，pp. 318—321；康熙《平和县志》卷12，寇变，光绪《长汀县志》卷15，武功。
④ 《全集》卷30，续编5，南赣公移，《批漳南道教练民兵呈》(正德11年11月25日)，p.1074；同，《批漳南道进勋呈》(正德11年11月26日)，p.1075。

53

辎重无数。其实"漳南数十年逋寇悉平"那样,着实获得了大胜利①。此时阳明的想法是,"一面分兵搜斩余猾,毋令复聚为奸,罪恶未稔,可招纳者,还与招纳,毋纵贪功,一概屠戮"②。而且在平定了南靖县一带之后,5月于河头设平和县,并奏请将河头巡检司移往枋头。

正德12年10月至12月,阳明平定了赣南的南安府横水、左溪、桶冈地区的诸寇③,继而奏请新设崇义县。南安府一带地处同湖南、广东二省交界的禁山区,很早便有从广东迁入的畲族同先住汉人杂居,日后多有迁入者杀戮先住民并占据田地的事情发生。而且自明初以来,北方吉安府的"避役逃民和百工技艺、游食之人"流入该地杂居者数以万计,且做尽了随时劫掠之事。16世纪初,这些汉人和畲族的贼巢多达80余处,在横水的大寨拥有千亩以上的水田,在桶冈的山寨有诸多梯田,并"昼则下山耕作,夜则各遁山寨"来种植稻、麦、薯、苎等作物。该地诸多集团的盗贼中,谢志珊(横水的大贼首)、蓝天凤(桶冈的大贼首)、陈曰能(大庾的大贼首)、高快马(乐昌的大贼首)、池仲容(浰头的大贼首)等,谢志珊(横水的大贼首)、蓝天凤(桶冈的大贼首)、陈曰能(大庾的大贼首)、高快马(乐昌的大贼首)、池仲容(浰头的大贼首)等30余人率领势力波及"千里",各自僭称王号或总兵④。他们配备了吕公车等战备,并彼此盟约,聚党类数千进出于三省,给数个府的地区造成损害,流毒数十年⑤。此时,阳明击破贼巢80余处,擒斩大贼首谢志珊、蓝天凤等90名,斩从贼首级

---

① 《全集》卷9,别录1,奏疏1,《闽广捷音疏》,pp. 302—307;《年谱》1,p. 1240;康熙《平和县志》卷12,寇变;光绪《长汀县志》卷15,武功;民国《连城县志》卷3,大事志。
② 《全集》卷16,别录8,公移1,《案行领兵官搜剿余贼》,p. 537。
③ 《全集》卷10,别录2,《横水桶冈捷音疏》(正德12年闰12月初2日),pp. 338—349;《年谱》1,pp. 1246—1247参照。
④ 尤其是大贼首谢志珊、蓝天凤自称"盘皇(殷代的盘庚)子孙",以惑群贼。
⑤ 《全集》卷4,文录1,"奇薛尚谦(二)",p. 170亦称,"此间贼巢乃与广东山后诸贼相连,余党往往有从遁者,若非斩绝根株,意恐日后必相聊而起,重为两省之患"。

3272,俘获贼属 4624 人,从而自夸去除了"数十年之祸"①。12 月回军时,南康百姓沿途焚香叩拜,所经州县及隘、所均建生祠,稍远之处各自在祖堂挂肖像每岁时进行祭祀。或建阳明的祠堂,甚至在城隍庙亦悬挂其肖像加以推崇。

在此前后,廖成、廖满、廖斌等率领其他山的党羽唐贵安等 142 人投降,并称自己是"被胁无辜"之人,要求安插。阳明将他们接纳为"新民",让廖成任"领哨义官",廖满、廖斌任"巡捕老人",让其众居于新设县(崇义县)城内②。阳明的"破山中贼易,破心中贼难"的名言,便出于该时期③。

正德 13 年正月初至 3 月初,平定广东浰头诸贼,并于该地新设了和平县④。广东东北部的浰头、岑冈等山区与江西的赣州府接壤,东、西、北距其他县城数日之程,人烟稀少,而多聚奸宄。该地区的大贼首池仲容(池大鬓)势力的魁首,有池仲宁、池仲安、高允贤、李全等百十余人,其中亦有酋长和豪族等参与。他们分别率领数千党徒僭称王号,互为羽翼。他们劫掠赣南地区,占领民田耕作等,已横行 20 余年。此时阳明的对他们的认识是,"悉拔根苗,无遗后患"⑤。

然而,尤其对池仲容称,① "捕获其酋长池仲宁、高飞甲等"("浰头捷音疏",p. 360),② 其众"头领百十,党徒数千"("添设和平县治疏",p. 367),③ 顾炎武亦称,"浰头峒之獠贼池仲容"⑥,而且"卢珂、郑志高、陈英等原本均为龙川百姓,其数达三千余。其周围均受池仲容之胁迫而

---

① 《年谱》1,pp. 1246—1247。然而《横水桶冈捷音疏》(pp. 348—349)称,两个月间的总战果是破贼巢 84 处,斩大贼首谢志珊等 86 人和从贼者 3168 人,俘贼属 2336 人,夺回被虏男女 83 人,缴获牛马骡 608 头、赃仗 2131 件、金银 113 两。
② 《全集》卷 16,别录 8,公移 1,《牌行招抚官》,pp. 558—559。
③ 《全集》卷 4,文录 1,《与杨仕德薛尚谦》(丁丑=正德 12 年),p. 168。只是《年谱》(p. 1248)将该内容记录于正德 13 年正月条。
④ 《全集》卷 11,别录 3,奏疏 3,《浰头捷音疏》、"添设和平县治疏",pp. 355—371;唐立宗,2002,pp. 188—191 参照。
⑤ 《全集》卷 16,别录 8,《批留兵搜捕呈》,p. 560。
⑥ 顾炎武,《天下郡国利病书》第 29 册,广东(下)。

从之,而独此三人抗拒之,盗贼以为仇敌而切齿"("浰头捷音疏",p.361)。加上前文所提及的廖成、廖满、廖斌案例的内容等来思量,当时聚于该地区的群体中,除了从三省逃避税役而逃亡至此的农民之外,还有居住于三省交界地区的少数民族合流其中的可能性很大①。

阳明平定福建省漳州府一带之后,再次试图平定上述地区。为此,早在正德12年5月,分给浰头之贼以牛、酒、银两、布匹等,并告谕其众。告谕内容简要如下②,"尔等为官府所迫或大户掠夺而无奈为盗之胁从者。吾深谙之,故每当思及尔等,便夜亦不能寐。吾欲尽所能挽救之,但尔等过于顽劣,无奈起兵。故杀尔等者,非吾乃是天。若尔等改变品行,则视以良民而不问旧恶,不然吾将亲率大军尽伐之。若终无法挽救尔等而发生剿杀事,不可谓不悲痛矣。泣不成声"。此时阳明遣报效(捐纳)生员黄表和义民周祥进行说服,受该告谕感动,酋长黄金巢、刘逊、卢珂等率众来投,而池仲容则拒绝投降③。阳明从投降者中选拔500人,使其参与了横水攻击战④。

正德12年10月至12月,平定了横水、桶冈、左溪一带之后,从13年正月初至3月初,平定了大帽(赣、粤交界山区)至浰头(三浰)地区的寇贼,实际作战时日不过20日⑤。从送去《告谕浰头巢贼》已过了多半年。在浰头地区的作战中,报效生员黄表、义民周祥、听选官雷济等参与了劝降和侦查,早在龙川被招抚并率三千余众的新民卢珂、郑志高、陈英等,

---

① 今湊良信(1986,p.157)亦如此认为。而《王阳明靖乱录》(pp.141—142)载,池仲容三兄弟系广东龙川县之大户,因受仇家向官府诬陷而一时激愤,聚集兄弟二人和家丁、庄户杀死仇家11口,"招集亡命,占住三浰"而成为盗贼,而与之对抗的卢珂、郑志高、陈英等,据说也是分别拥有千余人的豪族。
② 《全集》卷16,别录8,公移1,《告谕浰头巢贼》(正德12年5月),pp.560—563;《年谱》1,pp.1244—1245。当时阳明的意图是,在四省交界地域的诸贼中,首先平定横水地区,其次是桶冈,最后再聚集广东的军队逐渐平定浰头地区,但是在进攻横水时,恐浰头之贼乘机劫掠,从而为了安抚之,而首先下了告谕。另参见《全集》卷11,别录3,奏疏3,《浰头捷音疏》,pp.355—366;《年谱》1,p.1249。
③ 《年谱》1,p.1245。
④ 《全集》卷11,别录3,奏疏3,《浰头捷音疏》;《年谱》1,p.1249。
⑤ 参见唐立宗,2002,pp.181—185。

亦率领自己的部众参加战斗,积极予以协助。清点两个月的战果如下:以数千兵力破贼巢38处,擒斩大贼首29人、次贼首38人以及从贼2006人,合计2073人。并且俘妇女890人,缴获牛马122头,器械、兵器2870件,赃银70两①。然而经过数次的说服亦未果而不得不斩首时,阳明甚至达到了为之惋惜而不思进食的程度②。5月,奏请在广东省龙川西北,新设和平县。

阳明用时42天于正德14年(1519)7月,镇压了宁王宸濠的谋反③。即,6月福州三卫的军人进贵等人谋叛,9日阳明从赣州抵达福建勘事,6月15日到达南昌府丰城时,从知县顾佖获得宁王宸濠谋反的报告,随即返回吉安发布檄文募集义兵。7月20日收复南昌,26日在鄱阳湖南岸的樵舍逮捕了宸濠。然而此时阳明之起兵只是"义兵"④,而非受帝命之起兵,因而在专制君主制下,亦有可能被误解为"越权行为"乃至反体制的行为。因为如果说宸濠的谋反是私自的军事行动,那么阳明的义兵亦是私自的军事行动。从当时的逻辑来看,"谋反"和"义兵"的差异仅为一纸之隔而已。无论是从明朝的权威,还是体制的逻辑来看,阳明的勤王精神依然超出了一定的限度,从而是包含着危险的。北京的统治者一方的逻辑和南方的勤王精神之间存在着微妙的差异。

Ⅱ. 阳明的善后策

如上所述,15世纪末至16世纪初,以赣南为中心的四省交界地区接连爆发了无数寇贼势力的蜂起。因而导致了人民流离,农土荒废,社会严重混乱。而阳明讨伐寇贼的剿抚活动需要大量的军费,故江西人的困难无法一一详述。故此,阳明结束讨伐之后,细致关怀民生,并积极施行

---

① 《全集》卷11,别录3,奏疏3,《浰头捷音疏》,pp. 355—366。
② 《年谱》1,p. 1250称"先生自惜终不能化,日已过未刻,不食,大眩晕,呕吐"。
③ 奥山宪夫,1983。
④ 此时许多门人与阳明随行,参赞军务,并讲学、论事。李才栋,1993,p. 310;奥山宪夫,1983等参照。

了诸多善后策。因此,在从前,不乏讨伐与骚乱交替的恶性循环,而阳明平息了讨伐后,社会获得了相当的稳定。

1. 新民的安插和行政区域的重编

1) 新民的安插

阳明平定赣南四省交界地区寇贼势力的终极目标是,稳定该地区的社会秩序,维持长期和平。为此,需要将参与寇贼蜂起的大部分胁从者安插于乡村。这些新民在从前由于"投招未久,反侧无常",因此需要彻底的安插策略①。然而就如前文所述,由于长期的战乱,赣州府官府统计的户口数比洪武年间下降了50%以上,而南安府地区则减少了60%以上。在这种迫切的状态下产生的阳明新民安插策的具体内容,很好地体现于他在镇压横水、桶冈之贼以后,向县丞舒富做出的如下指示中:

> 县丞舒富,即将新民廖成授以领哨义官,廖满廖斌等各与巡捕老人名目,令其分统招出新民,编立牌甲,听候调遣杀贼,更立新效,以赎旧愆;就于横水新建县城内立屋居住,分拨田土,令其照例纳粮当差。……仍仰谕各新民俱要洗心涤虑,永为良善,毋得听信仇家恐吓,妄生惊疑,自取罪累。及照见今农时已逼,新民人等牛具田种,尚未能备,今特发去商税银一百两,就仰本官置买耕牛农器,分给各民,督令上紧趁时布种。其有见缺食用者,亦与量给米盐。②

在该内容中有如下几点令人关注。第一,对廖成、廖满、廖斌等贼首的处置。他们是横水之贼,他们被剿抚之后让其他山头的余党142人投降。于是阳明给予他们三人以"领哨义官"或"巡捕老人"的职衔,并统辖其招抚的142人。并且将他们全部编入牌甲进行统辖,当有命令时则使其出

---

① 《全集》卷16,别录8,公移1,《批汀州知府唐淳乞休申》(正德13年),p.565。
② 《全集》卷16,别录8,公移1,《牌行招抚官》(正德13年2月),pp.558—559。

动参与扫荡寇贼的战斗①。第二，为他们在即将新设的县城(崇义县)内建房，使其居住，并分给田地、农器具、种子等，为饥饿者则分发了盐、米加以安置。第三，让这些新民亦承担税役②。可见阳明招抚和安插新民的目的是，使其安居而成为良民，以恢复社会秩序，最终让他们也承担税役，必要时还要为军事效力。

但是，如此这样安插新民，存在如下两个问题。第一，在不久前遭受其掠夺或被抢占田地的受害乡民和新安插的新民之间，可能会产生矛盾③。因为尽管官府从大局出发，接受其投降之后，令其全部返还抢占的田地④，但是乡民(旧民)的立场则尚有不同⑤。故此还告谕县丞，"仍仰谕各新民俱要洗心涤虑，永为良善，毋得听信仇家恐吓，妄生惊疑，自取罪累"。尤其在后文说明的《南赣乡约》的绪论部分说服说：

> 民俗之善恶，岂不由于积习使然哉！往者新民盖常弃其宗族，畔其乡里，四出而为暴，岂独其性之异，其人之罪哉？亦由我有司治之无道，教之无方。……尔等父老弟子毋念新民之旧恶而不与其善，彼一念而善，即善人矣；……尔一念而恶，即恶人矣；人之善恶，由于一念之间，尔等慎思吾言，毋忽⑥。

---

① 如前文所述的"浰头捷音疏"介绍庐琢、王受、黄金巢、梅南春、庐珂、郑志高、陈英等。龙川县贼首卢源、陈秀坚、谢凤胜等，亦投降并被安置于新设的和平县之后，亦得到了严格约束于下甲众的命令(《全集》卷16，别录8，《行龙川县抚谕新民》，p.569)。这样贼首投降并被安置之后，仍然使其保持其影响力的措施，成了他们日后再次可能发动叛乱的祸根。这样的案例，从该地在正德年间至崇祯6年反复被招抚和发动叛乱的叶氏家族的案例中得到了体现。今凑良信，1986，pp.159—166参照。
② 这意味着根据"附籍主义"把这些新民编入了里甲。明中期，明朝以"附籍主义"替代"原籍发还主义"的始末，参照了吴金成，1986，第二篇。
③ 如前文所述，南安府上犹县"田地被其占据"，大庾县"田地贼占一半"，南康县"田地被贼阻荒，总计贼占田地六里有半"。其他文献则称，赣南地区寇贼占据的"居民田土数千万顷"。
④ 《全集》卷11，别录3，《添设和平县治疏》(正德13年5月1日)，p.368称"除良民产业被贼占耕者照数给主外"，将在后文说明的《南赣乡约》第11条亦称，"所占田产，已令退还"。
⑤ 据说高岱，《鸿猷录》卷13，《再平江西》，正德6年尽管陈金采取招抚策将寇贼安置为新民，但是由于同受其伤害的旧民之间的矛盾，最终未过几年便重新成为盗贼。
⑥ 《全集》卷17，别录9，《南赣乡约》(正德13年10月)，pp.599—600。

换言之，父老、弟子以及新民的善恶，即所有人的善恶均非来自"人性"，而是取决于是否有一念心修"善"，而无法实现它的原因在于"有司之无道，教之无方"，以此敦促了地方牧民官。还有在《南赣乡约》第11条称，尽管从前各寨居民（旧民）遭受新民（从前的寇贼）之害实为难以形容，但新民已经返还田产，所以旧民不因旧怨而同新民产生矛盾，使约长进行监督。在第12条称，"投招新民，因尔一念之善，贷尔之罪；当痛自克责，改过自新，勤耕勤织，平买平卖，思同良民，无以前日名目，甘心下流，自取灭绝；约长等各宜时时提撕晓谕，如踵前非者，呈官征治"。换言之，试图通过乡约来消除新、旧民之间的矛盾，以恢复村落的自治性秩序。

在安插新民时发生的第二个问题是，对于主动投降的新民保留了其下属原班势力。如前所述，无论是卢珂、郑志高、陈英的案例，还是廖成、廖满、廖斌的案例均属这种情况。乡村的权势者平日组织民兵进行自卫，然而一旦形势不利，便成为盗贼（大盗、贼首），而后如果再次发生不利形势则再次向官军投诚，从而以其完整的势力成为新民或义民[①]。在这种情况下，官府的监督就必须更加严密。因此一旦这样安插了新民，就以保甲法和乡约加以安顿，并且让地方官不断进行积极的抚慰，从而预防新民乃至旧里甲民不再成为"擅自犯国法"之顽民[②]。

2）新县的设置

平定各地的寇贼之后，阳明通过奏请设立新县，实现了安插新民和

---

① 今凑良信，1986，p.157参照。
② 《全集》卷17，别录9，《牌行崇义县查行十家牌法》，p.615称"大抵风土习尚虽或有异，而天理民彝则无不同，（为县官者）……尽其抚辑教养之道，虽在蛮貊，无不可化，况此中土郡县之区，向附新民，本多善类，我能爱之如子，后亦焉有不爱我如父者乎？……若此新民之中，及各县分割都图人户，果有顽梗强横不服政化者，即仰遵照本院钦奉敕谕事理，具由申请，即行擒拿，治以军法"。

善后策的同时进行①。阳明的想法是②,尽管平定了赣南寇贼势力的巢穴,然而千数百里的山地,由于山高路险而处于并未完全扫荡的状态,而且所辖县均位于"五日之程"、"三百余里"或"数日之程"的遥远距离,处于政教不通的状态,从而如果不设立新县,便不足一年"投招之人必皆复化为盗"③。

因而于正德 12 年 2 月至 5 月,首先平定了漳州府一带之后,5 月以《御盗安民之长策》或《拊背扼吭之策》,奏请在河头、平和地区的要冲河头设立平和县以及把河头巡检司迁往枋头。阳明的上奏获得嘉纳,南靖县和漳浦县共为之割让 12 个都而新设了平和县④。正德 12 年 10 月至 12 月,平定横水、左溪、桶冈地区诸寇之后,闰 12 月奏请在江西南安府新设崇义县和三个巡检司⑤。阳明的奏请内容是,"横水、桶冈、左溪盗贼之巢穴为 80 余处,与上犹、大庾、南康县相接,彼此相距三百余里(168 千米),官府号令不及,故变为盗贼雄据之处,'逃荒之民,不时啸聚',因而有必要建立县治而加以控制"。至 14 年 3 月,朝廷将县名定为崇义县。13 年正月至 3 月,平定大帽、浰头地区之寇之后,5 月奏请在广东省惠州府龙川县西北新设和平县及改编巡检司。该建议亦被嘉纳,割让龙川县

---

① 《重修虔台志》(天启 3 年刊) 卷 2,《开设》。
② 《全集》卷 11,《再请疏通盐法疏》称,"南赣盗贼,虽已仰仗天威,克平巢穴,然漏殄残党,难保必无。且地连三省,千数百里之内,连峰参天,深林蔽日,期间已招之新民,尚怀反覆,未平之贼垒,多相勾联,乘间窥窃,不时而有。方图保成之策,未有撤兵之期";《全集》卷 9,《添设清平县治疏》称,"地理遥远,政教不及,小民罔知法度⋯⋯两省居民,相距所属县治各有五日之程⋯⋯为照建立县治,固系御盗安民之长策⋯⋯旧因县治不立,征剿之后,浸复归据旧巢,乱乱相承,皆原于此";《全集》卷 10,《换敕谢恩疏》称,"江西南安、赣州地方,与福建汀、漳二府,广东南、韶、潮、惠四府及湖广郴州桂阳县,壤地相接,山岭相连,其间盗贼不时生发,东追则西窜,南捕则北奔。盖因地分各省,事无统属,彼此推调,难为处置"。
③ 《全集》卷 11,别录 3,奏疏 3,《添设和平县治疏》(正德 13 年 5 月初 1 日),p. 370;《年谱》1,p. 1242。
④ 《全集》卷 9,别录 1,奏疏 1,《添设清平县治疏》,pp. 318—321;同书 卷 11,别录 3,奏疏 3,《再议平和县治疏》,pp. 380—383;《年谱》1,p. 1242。
⑤ 《全集》卷 10,别录 2,奏疏 2,《横水桶冈捷音疏》pp. 338—349;同书,同卷,《立崇义县治疏》p. 350;《年谱》1,p. 1247;周用,《乞专官分守地方疏》,雍正《江西通志》卷 117;许怀林,1984,pp. 183—184 等参照。

的和平、仁义、广三图,河源县的惠化都,江西省龙南县的部分土地设立了和平县①。

2. 乡村秩序的重构

1) 保甲法的实施

阳明在平定了赣南四省交界地区的寇贼之后,采取的另一个善后策是,把已在城市地区实施的《十家牌法》,完善为《保甲法》而在农村和山区扩大了实施②。如前所述,正德12年正月实施的十家牌法旨在掌握城市地区的流动人口,防止走漏官府的情报,并从此打算在已经平定的整个四省交界地区实施新的保甲法。尽管寇贼得到了平定,然而如前所述,由于长时间持续的战乱,赣州府地区的户口比洪武年间下降了50%以上,南安府则下降了60%以上。重构的保甲法是在这种迫切的状况下产生的,其特征大致如下。第一,以前的十家牌法仅限于城市地区,从此范围被扩大到了农村和山区,即是:

> 仰本府(南安、赣州府)官吏,即将发去告谕,照式翻刊……印发所属各县,查照十家牌甲,每家给与一道。其乡村山落,亦照屯堡、里甲分散,务遵依告谕,互相戒勉,共兴恭俭之风,以成淳厚之俗。该府仍行各县,于城郭乡村推选素行端方、人所信服者几人,不时巡行晓谕,各要以礼优待,作兴良善,以励末俗,毋得违错。③

保甲法的第二个特征是,重新在各村"推选素行端方、人所信服者"设为保长,在要地建鼓楼,当盗贼出没时,击鼓通报,并使其统帅各甲,以谋求

---

① 《全集》卷11,别录3,奏疏3,《添设和平县治疏》(正德13年5月初1日),pp.366—371。
② 阳明自己在混用着《十家牌法》和《保甲法》。而且将十家牌法完善为保甲法而扩大实施于农村地区的正确年代亦不详。然而下文引用的《仰南安赣州印行告谕牌》称,"今幸盗贼稍平,民困渐息",从而可能是平定了三浰的寇贼之后师回的13年4月之后的某个时期。只是;《年谱》1(p.1256),将下文引用的《告谕父老子弟》(正德14年2月,《全集》卷16,别录8,公移1,pp.568—569)的内容,引自正德13年10月的《举乡约》条。由此来看,扩大实施保甲法的时期,最早可能为13年4月,最晚也应该是实施乡约的时期。
③ 《全集》卷16,别录8,公移1,《仰南安赣州印行告谕牌》,p.566。

防御盗贼和维持治安①。但,唯独禁止保长在平素干预各甲的诉讼案件,以防范保长在乡村为所欲为的可能性。

但是保甲法受当时条件的局限,无法按照阳明的意图施行。首先各处官员没能正确理解立法宗旨,而且施行意志亦很薄弱,更无精神上的动力。加上当时赣南地区乡村的条件,就如前文所述,早自明初以来里甲制这个维持乡村秩序的基础,处于日渐崩溃的状态,从而就连最基本的乡民的协助,都很难期待。

故此,对于在农村地区实施的保甲法,要求知县加以强力掌握,这是其特征之三。阳明重新阐明了此前十家牌法的内容和运用方式,并下令在牌上还记入"户籍、土地和租税的数额",继而下发告谕称:

> 凡十家牌式……有司果能着实举行,不但盗贼可息,词讼可简,因是而修之,补其偏而救其弊,则赋役可均……因是而修之,警其薄而劝其厚,则风俗可淳;因是而修之,道以德而训以学,则礼乐可兴。……一邑之治真可以不劳而致。②

换言之,同十家牌法相比,保甲法的规定被进一步强化,包含了地方官府欲强力掌控乡村的意志。而且还要求知县,"坊里乡都之内,推选年高有德,众所信服之人,或三四十人,或一二十人,厚其礼貌,特示优崇",而至深山穷谷进行晓喻③。同时"自今各家务要父慈子孝,兄爱弟敬,夫和妇随,长惠幼顺"④,在保甲法的实施过程中,还强调了以家族制度为基础的

---

① 《全集》卷17,别录9,公移2,《申谕十家牌法增立保长》,p.610称,从前在各甲不设牌头的理由,因为"所以防胁制侵扰之弊,然在乡村,遇有盗贼之警,不可以无统纪,合立保长督领,庶众志齐一……于各乡村推进才行为众信服者一人为保长,专一防御盗贼。平时各甲词讼,悉照牌谕,不许保长干与,因而武断乡曲,但遇盗警,即仰保长统率各甲设谋截捕"。
② 《全集》卷17,别录9,《申谕十家牌法》,p.609。
③ 《全集》卷31,续编6,《申行十家牌法》,p.1153。
④ 《全集》卷16 别录8,公移1,《十家牌法告谕各府父老子弟》,p.528。《全集》卷16,别录8,公移1,《告谕父老子弟》(正德14年2月),pp.568—569亦称,"今倡乱渠魁,皆就擒灭,胁从无辜,悉已宽贷,地方虽以宁复,然创今图后,父老所以教约其子弟者,自此不可以不豫。今特为保甲之法,以相警戒聊耳,父老其率子弟慎行之,务和尔邻里,齐尔姻族,道义相劝,过失相规,敦礼让之风,成淳厚之俗"。一方,在"年谱"1,p.1256,"道义相劝"的"道"为"德"。

父老、父兄的慈爱和子弟的孝悌①。

从而保甲法是阳明发挥在赣南地区体会的经验,在后述的同乡约相互补充的关系下,以原有的乡村共同体传统和宗族组织为基础,自律地谋求乡村教化、民众相互间的劝善惩恶、相互扶助、调停纷争、维持秩序等,以求得社会的稳定和移风易俗②。换言之,保甲法可以发挥防盗、军事、均税役、教化等诸多功能,只要很好地加以运用,便可恢复已经名存实亡的里甲制秩序,"一邑之治,真可以不劳而治"便是阳明的初衷③。

2) 社学的建立

阳明在江西实施"军事讨伐(破山中贼)"的过程中,决未忘记"破心中贼"和"教化"。而且在平定了三浰之寇并回师的正德13年4月,作为又一个善后策,下令在赣南各县建立社学④。当时阳明称:

> 近世之训蒙稚者,日惟督以句读课仿,责其检束,而不知道之以礼;求其聪明,而不知养之以善;鞭挞绳缚,若待拘囚。彼视学舍如囹狱而不肯入,视师长如寇仇而不欲见。⑤

在"民风不善,由于教化未明"的认识下,为了"移风易俗"下令建立社学。其中传至后世的有赣州以东的义泉书院、以南的正蒙书院、以西的富安书院和镇宁书院、以北的龙池书院等⑥。

---

① 这与明中期以来中国各地的宗族结合之风蔓延相关。
② 《年谱》1,p.1256。正德12年初,首次实施十家牌法时,阳明告谕,"见善互相劝勉,有恶互相惩戒,务兴礼让之风,以成敦厚之俗",该告谕亦很好地反映了这种性质。
③ 阳明还告谕赣南地区的百姓改正草草将父母之尸身投入水、火之中的风习,或大规模举办迎神赛会浪费财物等大量不良风俗(《全集》卷16,别录8,公移2,《告谕》,正德13年,pp.565—566参照)。然而有条不紊地施行保甲法的困难状况,可通过分别于正德15年10月和11月29日下发的《申行十家牌法》(《全集》卷31,续编6)、《批再申十家牌法呈》(《全集》卷31,续编6)以及嘉靖7年6月在两广地区下发的《批岭东道额编民壮呈》(《全集》卷18,别录10,公移3)等公移,进行监督激励的情况加以推测。
④ 《全集》卷17,别录9,《兴学社学牌》,p.604;"颁行社学教条",pp.610—611;《年谱》1,p.1252;毕诚,1992,pp.287—290。一方关于明初的社学建立和其意味,全淳东,1991,pp.167—182参照。
⑤ 《全集》卷2,语录2,《传习录》2,《训蒙大意示教读刘伯颂等》,p.88。
⑥ 赣州人统称阳明所立社学为书院。参见李才栋,1993,p.312。

为此,阳明一方面提出了每天的详细具体的指导法①,一方面告谕赣南下辖各县的父老子弟,在习得知识、遵守规则的同时,要教授礼仪规范。结果被夸大为,"久之,市民亦知冠服,朝夕歌声,达于委港,雍雍然渐成礼让之俗矣"②。然而社学基本上以未成年子弟作为对象。因此其父兄的言行淳化要先行。故而同下文拟考察的乡约的施行,具有互补的性质。

3) 乡约的施行及其意义

如上所述,阳明在一定程度上平定了四省交界地区的寇贼之后,采取了奏请在福建漳州府新设平和县、在江西南安府新设崇义县、在广东惠州府新设和平县,弥补十家牌法为保甲法并扩大实施于农村,设立社学等善后策,而作为最后的招抚策则实施了乡约。这是正德13年10月在赣南地区发生的事情③。此时,已经刊行了《古本大学》《朱子晚年定论》《传习录》,改建了濂溪书院。

尽管十家牌法在都市地区较为容易实施,但在农村和山区扩大实施,存在不大适合之处。加上长期的战乱,赣州府地区的户口比洪武年间下降了50%以上。因此,阳明施行乡约的背景是,为了不使在农村地区扩大实施的保甲法不流于形式,而一边对其加以补充,一边稳定乡村秩序。

表1-2-2 南赣乡约 任员组织表

约长	同约中推年高有德为众所敬服者1名
约副	(同上的人)2名

---

① 《全集》卷2,语录2,《传习录》2,"教约",pp. 88—89。
② 《年谱》1,pp. 1252。
③ 《全集》卷17,别录9,公移2,《南赣乡约》,pp. 599—604;《年谱》1,pp. 1255—1256;常建华,2004;李江,1994;曹国庆,1993;黄志繁,2002;宋正洙,1994;Hauf, Kandice,1996。对于这一连的过程,《年谱》1(p.1255)称,"先生自大征后,以为民虽格面,未知格心,乃举乡约告谕父老子弟,使相警戒"。然而对于阳明实施乡约的年代,嘉靖《虔台续志》(卷3纪事2)和万历《重修虔台志》(卷4纪事1)均载为正德12年8月。

续　表

约正	公直、果断者 4 名
约史	通达、明察者 4 名
知约	精健、廉干者 4 名
约赞	习熟礼仪者 2 名
作成三卷文簿而备置	第一卷即是,纪录同约的姓名和每日出入所为,而知约管理 第二卷即是,纪录表彰善行,而约长管理 第三卷即是,纪录纠过,而约长管理

阳明的《南赣乡约》大体分为绪论部分和 15 条正文构成。首先来考察一下正文各条的规定。第 1 条如表 1-2-2 所示,规定了共由 17 人构成的乡约组织结构。然而次年(14 年)6 月中旬,发生了宁王宸濠的叛乱,各地兵戈骚动,"兼值天时亢旱,秋收无望……中间恐有无赖之徒,乘机窃发,惊扰地方",大户催债,小民生计处于渺茫的状态。于是进一步增强了前一年规定的约长和约副的资格,同时将保甲组织和乡约结合为一体①。换言之,从前规定"同约中推年高有德为众所敬服者一人为约长,二人为约副",但这一次则"乡落居民各自会推家道殷实,行止端庄一人,充为约长,二人副之,将各人户编定排甲,自相巡警保守,各勉忠义,共勤国难"那样,劝勉地方官加强监督,受害人积极告发,以杜绝发生"约长乘机侵害众户"之事。

第 2 条规定每次集会时各自缴纳银三分作为其费用;第 3 条规定对于无故不参加集会者给予罚金一两的处罚;第 4 条规定了约所的设立和彰善、纠过的方法等;第 5 条规定当发生紧急或困难的事情时,应由约长以下的任职人员和同约之人共同处理;第 6 条规定对于寄庄户(不在地主)、不缴纳税粮和逃避徭役负担者,约长等要告发并使之受处罚的同时取消寄庄;第 7 条规定无论是本地的大户,还是外来客商,如有放高利贷

---

① 《全集》卷 17,别录 9,公移 2,《宽恤禁约》,p.574;曹国庆,1993 等参照。

者,就应告官;第8条规定琐碎的纷争由约长进行仲裁、判决①;第9条规定约长要监督军、民,使之不能私通盗贼;第10条规定如果胥吏、义民、总甲、里老、百长、弓兵等向乡村索要金品等,约长应告官;第11条规定不得再因旧怨而同已经返还田产的新民引起矛盾,约长要严加监督,若有不从者应告官;第12条规定约长等要晓谕新民不再犯错,若有重复旧错者则应告官;第13条规定约长应监督婚礼不过度铺张;第14条规定约长应监督葬礼不过度铺张。第15条详细规定了属同一乡约者在集会中应遵守的具体程序。

在《南赣乡约》的绪论部分指出乡里得不到统治的原因,并改进了乡约的指导理念、目的和意义,同时称,蜂起寇贼的品行并非原本就恶劣,而是有司的"治之无道,教之无方"和父老子弟的"愤怒相激,狡伪相残"造成的。还说:

> 故今特为乡约,以协和尔民,自今凡尔同约之民,皆宜孝尔父母,敬尔兄长,教训尔子孙,和顺尔乡里,死丧相助,患难相恤,善相劝勉,恶相告戒,息讼罢争,讲信修睦,务为良善之民。……一念而善,即善人矣……尔一念而恶,即恶人矣;人之善恶,由于一念之间,尔等慎思吾言,毋忽!②

从而该内容可以说是综合继承了"德业相劝、过失相规、礼俗相交、患难相恤"那样的,宋代吕氏乡约的规约和,"孝顺父母、尊敬长上、和睦乡里、教训子孙、各安生理、毋作非为③"那样的,明太祖《六谕》的理念。而设约所,置彰善簿和纠过簿,可以说是根据明初的里甲制进一步增强了,里老人曾经主管的申明亭和旌善亭的理念。六谕理念是在传统的乡村社会自然传承的共同体规范,明太祖以诏勅将其扩散至全国,阳明则将该内

---

① 该规定,从前是里老人的作用,但随着里甲制的日渐松弛,里老人的权威和功能亦逐渐弱化,从而被委任于约长。
② 《全集》卷17,别录9,《南赣乡约》,p.600。
③ 《皇明制书》卷9,《教民榜文》第19条。该六谕亦是,"孝顺父母,恭敬长上,和睦宗姻,周恤乡里。各依本分,修本业,莫作奸盗"那样的,从朱子对乡村父老层劝诫之语继承的。

容适用于当时里甲制秩序日渐显著崩溃的赣南地区。换言之,《南赣乡约》更加强调劝善惩恶的方面,从而使得乡村所有成员成为自行维护道德秩序的主体,进而搞活共同体所有成员之间横向的和自主性规约的功能。

综上所述,可将阳明施行的《南赣乡约》从政治和社会、思想和理念两方面展开探讨。首先,在政治和社会方面① 编入乡约的对象是乡村的所有成员,即不但包括编入里甲的正管户,还包括带管户和畸零户(佃户和奴仆户),使全体居民义务性地参与。非常细致地规定了从约会参与者的所有行动到简单问答内容的所有程序;② 约众的领导者从约众中推荐选拔,他要调解约众之间发生的纷争,根据舆论惩恶扬善。③ 约众参加约会,就是严格的义务事项;④ 同《保甲法》处于互补的关系;⑤ 从第6条至14条规定的内容,即"寄庄户"的存在及其税役逃避,大户和客商的高利贷问题,在乡村杂居的新、旧民之间频发的纷争,同盗贼仍存的私通,胥吏、义民、总甲、里老、百长、弓兵、机快等地方衙门中皂隶的蛮横,婚礼、葬礼、佛事中铺张等问题是,同赣南地区的社会经济状况有着极深的关联①;⑥自15世纪中叶日渐出现的绅士的社会支配力,和⑦以地方官府的强力介入为大前提②。

下面来看看思想和理念的方面。阳明的《南赣乡约》劝勉乡民行善事,并远离恶行,从而试图唤醒人人心中都存在的"良知"能力。阳明的想法是,只有"常人之心,如斑垢驳杂之镜,须痛加刮磨一番,尽去其驳蚀",才能恢复"良知"③。但是小人的良知容易受"人欲(私欲、物欲)"的干扰,所以为了从根本上杜绝农民蜂起,主张应该教育农民"去人欲,存天理",使其舍弃"物欲"回归"良知"。从而在以道德统治民众方面,阳明

---

① 参见吴金成,1985;吴金成,1986,第二篇第一章等。这种现象并非只是赣南的情况,几乎是全国性的现象。参见吴金成,2007A,第一篇第一章。
② 参见曹国庆,1993;Hauf,1996。
③ 《全集》卷4,文录1,《答黄宗贤应原忠》(正德6年),p.146。

施行的乡约与阳明学的平民倾向性一同起到了先行的作用①。换言之，《南赣乡约》的目的是消除农民的"心中之贼"，以去除原有的地主、佃户之间的社会矛盾，恢复和维持乡村秩序。同时可以说这是具体实践"天地万物一体之仁"和"致良知"的理念之场。

综上所述，《南赣乡约》是为了解决赣南地区面临的政治、社会问题，即为了解决国家权力统治乡村的基础——里甲制秩序日趋崩溃的赣南社会的复杂问题，从而为恢复遭受破坏的社会秩序而实施的。换言之，可以说乡约是在同保甲法的互补关系中，以宗族组织的管控力、原有的父老阶层以及绅士这个新出现的乡村新秩序担当者的社会影响力为基础，自律地谋求乡村教化、民众之间的劝善惩恶、相互扶助、调停纷争、维持秩序等，从而为防止不在地主、客商、高利贷的蛮横而劝勉实施的乡村组织②。

3. 税、役负担的缓解

平定寇贼之后，在阳明采取的善后策中，继而可以举出为农民缓解税役的负担。首先为了解决原有的行盐地（政府指定的售盐地区）的矛盾，做了试图暂时变更盐法的努力③。即正德12年6月和13年10月，通过两次上疏④，在原本是淮盐行盐地的赣南地区，暂时下令销售广东盐，从而急需补充军粮的要求获得了许可。

另一个是，请求减免江西地区的税役。阳明在正德14年7月30日的上奏中称：

> 吉安等一十三府所属庐陵等县申称，"本年自三月至于秋七月

---

① 沟口雄三（赵士林 译），1995，pp. 90—91。
② 铃木健一，1966；松本善海，1977；栗林宣夫，1971，第4章，p. 279。
③ 关于阳明暂时变更盐法的历史意义，参照了中村治兵卫（1971，214—218）；吴金成，1986，pp. 130—132 等参照。
④《全集》卷9，别疏1，奏疏1，《疏通盐法疏》，pp. 321—324；《全集》卷11，别录3，《再请疏通盐法疏》，pp. 383—387。但，《年谱》1(p. 1256)记录为11月。

> 不雨,禾苗未及生发,尽行枯死。夏税秋粮,无从办纳,人民愁叹,将及流离"。……续该宁王谋反,乘衅鼓乱,传布伪命,优免租税。小人惟利是趋,汹汹思乱。……江西之民亦已废耕耘之业,事征战之苦;况军旅干旱,一时并作,虽富室大户不免饥馑,下户小民得无转死沟壑,流散四方乎?①

奏请给予全免正德14年拟征收的江西税粮。然而该奏请非但未获嘉纳,反而得到户部的反复催办。为此,15年3月,再次上疏并更加迫切地称,

> 上下汹汹,如驾漏船于风涛颠沛之中,惟惧覆溺之不暇。……有目者不忍睹,有耳者不忍闻。……计穷势迫,匿而为奸,肆而为寇。……今富民则又皆贫民矣!……民之赖以生者,不能什一,民之坐而死者,常十九矣。

还称,"夫免江西一省之粮税,不过四十万石,今吝四十万石而不肯蠲,异时祸变卒起,即出数百万石,既已无救于难矣",奏请给予全免江西的正德14年、15年的钱粮②。此后,奏请可能被皇帝奏准。

然而这种税役的减免,不过是为了暂时稳定突遭灾害的社会动荡而已。如下文所示,阳明一边称,"世岂有不纳粮,不当差,与官府相对背抗,而可以长久无事终免于诛戮者乎?",一边公言平素非但要彻底征收应缴纳的税役,而且如果有逃避者,必将断然铲除这些"顽民"③。从而阳明的理想是通过解决当时农民所处的严重问题,即因土地集中而导致的

---

① 《全集》卷12,别录4,奏疏5,《旱灾疏》,p.407(正德14年7月30日)。然而十五年四月,江西九个府地区,"自春立夏,雨水连绵,江湖涨溢,经月不退。自赣、吉、临、瑞、广、抚、南昌、九江、南康,沿江诸路,无不被害。黎苗渝没,室庐漂荡,鱼鳖之民聚栖于木杪,商旅之舟经行于间巷,溃城决堤,千里为壑,烟火断绝,惟闻哭声。询之父老,皆谓数十年来所未有也"(《全集》卷13,别录5,奏疏5,《水灾自劾疏》,正德15年5月15日,pp.431—433;《年谱》2,pp.1271—1272)那样,亦遭大洪水。为此阳明奏请引咎辞职。
② 《全集》卷13,别录5,奏疏5,《乞宽免税粮急救民困以弭灾变疏》(正德15年3月25日),pp.426—429。
③ 《全集》卷17,别录9,《告谕顽民》(正德15年12月15日),pp.612—614。

税役不均衡问题,从而让农民安居于乡村社会,稳定社会秩序,提高农业生产力之后,再以他们为基础,顺利征收国家所需的税役。

为此,阳明积极推进了如下两点。第一,对于必要部分的土地丈量。即地方官彻查了官吏、绅士、势豪家族和宁王宸濠等王府抢占的土地,将之全部返还给原田主,而且还表示阳明自己要力所能及地进行确认①。第二,为了纠正因为官吏、绅士、势豪家族的腐败而在税役征收中导致的严重不均衡,在税役征收方面做了三本账簿,并在都察院、巡道和府各存一本,拟以突击检查的方法杜绝"府县肆意赋课"的腐败现象②。例如,江西宁王宸濠或抢占百姓的土地和房屋,或以低价强行购入,或以抢占官田等方法占有的土地,数以万顷为计。为此,阳明在正德 15 年 5 月,同巡按御史唐龙、朱节等一道,奏请将宸濠的"变产官银"或返还给原主人,或将其处理为百姓代缴税役③。该奏请亦为皇帝所嘉纳,9 月返回南昌,抄没并变卖宸濠的财产,救济贫民,代缴了税役,于是百姓才勉强开始复归稳定④。

Ⅲ. 阳明思想的理念

如前所述,明中期,包括江西在内的中国各地经历了极大的社会变化。阳明为平定寇贼势力,在赣南的江西、福建、广东、湖南等四省交界地区可谓呕心沥血,这些地区也是经历变化最大的地区。从正德 12 年(1517)正月,担任南赣巡抚以及江西巡抚的五年间,阳明为了解决当时江西社会存在的各种难题,恢复社会秩序,果断平定了寇贼势力和宁王宸濠的叛乱,实施了各种善后策。而后至任职的晚期,即正德 15 年

---

① 《全集》卷 30. 续编 5,《遵奉钦依行福建三司清查钱粮》(正德 14 年 5 月 27 日),p. 1092;《全集》卷 31,续编 6,《行南昌府清查占夺民产》(正德 14 年 8 月 16 日),p. 1130。
② 《全集》卷 17,别录 9,《额定里甲杂办》(正德 13 年),pp. 604—606。
③ 《全集》卷 13,别录 5,奏疏 5,《计处地方疏》(正德 15 年 5 月 15 日),pp. 429—431;《年谱》2,p. 1271。
④ 《年谱》2,p. 1277。

(1520)才提倡"致良知"说,并随着将"心"置于一切的中心,完成了其思想的基干。

那么正德12年(1517)至13年,阳明历经两年在四省交界地区展开的多少具有暴力性杀戮的军事活动①,和此后积极推行的诸多善后策,在其思想体系中是如何被协调和与整合的?

阳明渴望实现万物一体的大同的理想社会。考察阳明的理想社会论,他在《大学问》中称,"大人者,以天地万物为一体者也,其视天下犹一家,中国犹一人焉"②,在《拔本塞源论》中称:

> 圣人……推其"天地万物一体之仁"以教天下,使之皆有以克其私,去其蔽,以复其"心体之同然"。……"父子有亲,君臣有义,夫妇有别,长幼有序,朋友有信"五者而已。……天下之人熙熙皞皞,皆相视如一家之亲。其才质之下者,则安其农、工、商、贾之分,各勤其业以相生相养,而无有乎希高慕外之心。……全其"万物一体之仁",故其精神流贯,志气通达,而无有乎人、己之分,物、我之间。……正以大端惟在"心体之同然",而知识、技能非所与论也。③

即圣人推其"天地万物一体之仁"以教天下,使人复其"心体之同然"即为"大同",实践其方案之一即是"五伦"。

阳明试图通过"良知之学",实现这种大同的社会。这从他下边:

> "仆诚赖天之灵,偶有见于'良知之学',以为必由此而后天下可得而治。是以每念斯民之陷溺,则为之戚然痛心,忘其身之不肖,而思以此救之。"④

他还主张,若"使天下之人皆知自致其良知……去其自私自利之蔽,一洗谗妒胜忿之习"就能实现大同。换言之,曾在赣南的四省交界地区亲眼

---

① 因此,张显清,1979等中国的学者激烈批判了阳明思想的"反动性"。
② 《全集》卷26,续编1,《大学问》,p.968。
③ 《全集》卷2,语录2,《传习录》中,《答顾东桥书》,pp.53—55。
④ 《全集》卷2,语录2,《传习录》中,《答聂文蔚》,p.80。

目睹身陷"涂炭中人民"的阳明认为救济他们的唯一方法便是"良知之学"。

阳明的"良知"是,每个人与生俱来的"心"中辨别"是非善恶"的能力,而且是所谓"是非之心,不虑而知,不学而能,所谓良知也。良知之在人心,无间于圣、愚,天下古今之所同也"①的大前提之根本,这就是他基本的人类观。

阳明正是通过在江西省推行的诸多活动,确认了人的这种"良知"。即从正德12年10月开始,在平定横水、桶冈、左溪诸贼的过程中,擒获酋长谢志珊时,阳明问,"汝何得党类之众若此?",谢志珊答,"平生见世上好汉,断不轻易放过;多方钩致之,或纵其酒,或助其急,待其相德,与之吐实,无不应矣"。阳明归来对门人说,"吾儒一生求朋友之益,岂异是哉?"②。即,领悟了无论是士大夫的朋友之交,还是以贼首、酋长为中心的寇贼之朋友之交并无差异。阳明可能通过此,重新确认了以其"良知"作为根本的人类观。

阳明为了唤醒人人皆有的这种"良知",而做了不懈的努力。其一,这在同来自泰和县的一个叫杨茂的聋哑人进行笔谈的逸话中得到了很好的反映③。即阳明问:"你口不能言是非,你不能听是非,你心还能知是非否?"答曰:"知是非"。就此阳明再次启发说:"你口虽不如人,你耳虽不如人,你心还与人一般。此心若能存天理,是个圣贤的心;口虽不能言,耳虽不能听,也是个不能言不能听的圣贤。心若不存天理,是个禽兽的心;口虽能言,耳虽能听,也只是个能言能听的禽兽",并告诫日后要努力实践这种自发之"心"④。

---

① 《全集》卷2,语录2,《传习录》(中),《答聂文蔚》,p.79。
② 《年谱》1,p.1247。
③ 《全集》卷24,外集6,《谕泰和杨茂》,pp.919—920。
④ 《全集》卷24,外集6,《谕泰和杨茂》,p.920亦称,"你如今于父母,但尽你心的孝,于兄长,但尽你心的敬,于乡党邻里,宗族亲戚,但尽你心的谦和恭顺……见人财利,不要贪图,但在里面行你那是的心,莫行你那非的心。纵使外面人说你是,也不须听,说你不是,也不须听"。

然而阳明的人性论并未限于此,他宣言"满街人都是圣人"①,不再把对道德是非的判断只交给圣人、君子或官僚、绅士的权威,而是扩大至农、工、商等平民阶层,使得所有人民均成为独自判断"是非"的主体。而且阳明还通过提倡所谓"四民异业而同道"的"新四民论"②,希望实现四民皆参与的大同的理想社会③。进而如前所述,对新设崇义县知县称,"大抵风土习尚虽或有异,而天理民彝则无不同,若使为县官者……尽其抚辑教养之道,虽在蛮貊,无不可化,况此中土郡县之区,向附新民,本多善类"④。认为不用说由里甲析出而成为寇贼者,就连未开化的少数民族,亦能将其包容而使之成为良民。

由于人人皆有"良知",因此认为不能对无奈地暂时陷入恶行者残酷断罪,反而应该启发受欲望和罪恶短暂蒙蔽的本然的"良知"⑤。他剿抚和安插策的积极意义就在这里。然而并不是剿抚、安插了,便能保障新民自发地启发"良知"。无论是新民,还是旧民,如果不是积极不懈地"一念而善",便随时有可能成为恶人,因此一边敦促,"我有司与尔父老子弟皆宜分受其责",一边制定和实施乡约,积极推进建立社学、书院等乡村教化政策⑥,和教育、讲学活动。阳明屡次强调"改恶从善"、"去恶从善"、"改过迁善"或"洗心、格心、诚心、革心"等的原因亦在此。

阳明为了启发人们所具有的这种"良知"做出了许多努力,阳明无论如何也要将寇贼接纳为良民的案例,便很好地反映了他的这种努力。如

---

① 《全集》卷 3,语录 3,《传习录》(下),《答聂文蔚》,p. 116。
② 《全集》卷 25,外集 7,《节庵方公墓表》,p. 941。关于阳明"新四民论"的意味,余英时,1987,第 2 章"新四民论"参照。
③ 如此的四民平等观影响到,庶民的社会意识开始逐渐提高,而且商人的社会意识和社会地位亦开始逐渐提高。明代庶民意识和商人的社会意识开始逐渐提高的背景有:① "四民同道"、"满街人都是圣人"等阳明学"新四民论"的影响,② 宗族的结合与寺庙祭祀的普遍化,③ 伴随着全国的市镇和定期市的丛生,形成了市场共同体,从而信息的流通活跃,④ 日用类书的出版和戏剧、小说等庶民文学的发达,⑤ 戏剧演出的活跃,⑥鼓吹平等思想的西学传入等。
④ 《全集》卷 17,别录 9,公移 2,《牌行崇义县查行十家牌法》,p. 615。
⑤ 《全集》卷 16,别录 8,公移 1,《牌行招抚官》(正德 13 年 2 月),p. 559 称,"俱要洗心涤虑,永为良善"。
⑥ 多贺秋五郎,1971;李才栋,1993 参照。

前所述，在平定浰头贼（正德13年）之前的12年5月，首先为浰头之贼发放了牛、酒、银两、布匹等物的同时下发了告谕①，其告谕的主要内容如下。"尔等因税役和债务，为官府和势豪家所迫不得不为盗。吾欲尽所能挽救之，但尔等过于顽劣。故杀尔等者非吾乃是天。若父母有十子，其中八善而二恶，恶之二子欲杀其余八子，其父母之心必会除二子而得八子之安生。同为其子，何故父母之心欲杀二子？缘于无奈。吾对尔等之念亦同于此。若二子悔恶行善，泣而降，为父母者，必将悯然而纳之。何故？因不忍心杀子。此为父母之本心，吾心亦真如此②。若尔等细心思量，按吾言改行从善，吾亦视尔等为赤子而不问旧恶。然若继续蜂起，无论费时几载，吾必将剿讨③。民系吾同胞，尔等皆为吾赤子，吾终未能抚恤，不得以而杀，乃哀痛不已。"阳明的这种告谕以祸福和利害去说服寇贼。受该告谕之感动，有酋长三人率众而降。又13年正月至3月，平定了从大帽（赣粤交界山地）至浰头（三浰）地区的寇贼。此时阳明太怜惜最终亦没能教化他们"改行从善"，而到了不思进食的程度④。

一方，正德12年末，平定横水、桶冈地区的前后，阳明在给乡里的门人杨仕德的信中说，"破山中贼惊，破心中贼难。区区剪除鼠窃，何足为异？若诸贤扫荡心腹之寇，以收廓清平定之功，此诚大丈夫不世之伟绩"⑤。

那么对于人民而言"心中贼"是什么，该怎样扫荡呢？据阳明称，"天

---

① 《全集》卷16，别录8，公移1，《告谕浰头巢贼》（正德12年5月），pp. 560—563；《年谱》1, pp. 1244—1245。
② 在同史料亦称，"闻尔等辛苦为贼……何不以尔为贼之勤苦精力，而用之于耕农，运之于商买，可以坐致饶富而安享逸乐，放心纵意，游观城市之中，优游田野之内。岂如今日，担惊受怕，出则畏官避仇，入则防诛惧剿，潜形遁迹，忧苦终身，卒之身灭家破，妻子戮辱，亦有何好？"
③ 在同史料亦称："吾南调两广之狼达，西调湖湘之土兵，亲率大军，围尔巢穴，一年不尽，至于两年，两年不尽，至于三年。尔之财力有限，吾之兵粮无穷，纵尔等皆为有翼之虎，谅亦不能逃于天地之外矣。呜呼！吾岂好杀尔等哉？"
④ 《年谱》1, p. 1250。
⑤ 《全集》卷4，文录1，《与杨仕德薛尚谦》（丁丑＝正德12年），p. 168。只是《年谱》1(p. 1248)将该内容介绍于正德13年正月条。

理"和"良知"是自古便有的固有的、绝对的、永恒的,是"愚昧的百姓"也具有的东西,但是由于非常容易被"人欲(私欲、物欲)"阻断,只要消除这种人欲,便能很好地通向"良知",而能够"家齐国治而天下平",然而如果一旦不是那样,那么"一切之仁便会消失"①,进而成为"祸乱永久持续"的社会②。换言之,参加蜂起的农民亦具有"良知"的能力,只是处于被"心中贼"(即物欲)阻断的状态,因此"虽盗贼亦自知不当为盗,唤他做贼,他还忸怩"③。从而为了从根本上平息农民蜂起,应该教农民"存天理,去人欲",使其抛掉"物欲"而回归"良知"。

因此阳明在镇压蜂起军的过程中,多次发出《告谕》或《晓谕》,这种积极的宣抚活动在此前镇压蜂起军的将领中是不曾发现。在这些告谕中,阳明反复劝导"改行从善"或"悔恶迁善"。即他们的蜂起或反国家行为,本身属于"逆天叛伦"或"悖逆乱常"④。但他知道"其间想亦有不得已者,或是为官府所迫,或是为大户所侵,一时错起念头,误入其中,后遂不敢出",然而"乃是生人寻死路",故放弃蜂起归来遵守国法和礼仪,就是"改行从善"或"悔恶迁善",亦是"死人求生路"⑤。

但是,基于其以"良知"为中心的人类观,在阳明 49 岁的正德 15 年(1521)6 月至 9 月,他滞留于赣州,才开始以"致良知"为中心教义教授弟子⑥。这具有怎样的意义呢?

---

①《全集》卷 26,续编 1,《大学问》,pp. 968—969。同条亦称,"苟无私欲之蔽,则虽小人之心,而其一体之仁犹大人也";《全集》卷 2,《传习录》(中),"答陆原静书",pp. 62—63 称,"性无不善,故知无不良……但不能不昏蔽于物欲,故须学以去其昏蔽",有类似内容。
②《全集》卷 2,《传习录》(中),《答聂文蔚》,p. 80。
③《全集》卷 3,语录 3,《传习录》(下),p. 93 称"良知在人,随你如何,不能泯灭,虽盗贼亦自知不当为盗,唤他做贼,他还忸怩"。
④《全集》卷 16,《告谕父老子弟》(正德 14 年 2 月),p. 568 称,"彼冥顽无知,逆天叛伦,自求诛戮,究言思之,实足悯悼。然亦岂独此冥顽之罪,有司者抚养之有缺,训迪之无方,均有责焉";《全集》卷 17,别身 9,公移 2,《告谕顽民》(正德 15 年 12 月 15 日),p. 614 称,"夫父母之于子,岂有必欲杀之心,惟其悖逆乱常之甚,将至于覆宗灭户,不得已而后置之法,苟有改化之机,父母之心,又未尝不欲生全之也"。
⑤《全集》卷 16,别录 8,《告谕浰头》(正德 12 年 5 月),p. 561。如前所述,阳明的这种劝导为瓦解蜂起军的队伍,并安插居住,发挥了极大的作用。
⑥《全集》卷 5,文录 2,《寄薛尚谦》(癸未)称,"向在虔时,终日论此(致知),同知中尚多有未彻"。

朱子将"致知"解释为"拓展和深化知识",与此不同,阳明则认为"致知"是"逐渐实现人心中与生俱来的良知",即实现"良知"。阳明思想的这种发展,可以说是此前在龙场领吾的"心即理"和"格物致知"的深化,是必然的结果①。因为载有阳明"亲民"论的《古本大学》的刊行,以及其思想的最后阶段——"致良知"说形成于阳明的政治和军事活动到达巅峰的江西活动时期。

换言之,阳明直接目睹了因里甲制解体等各种矛盾引起的江西社会的危机和惨状,不但亲自多次平定了由此引起的寇贼势力的蜂起,还镇压了宁王宸濠叛乱的政治和军事经历,成了提倡"致良知"说的重要催化剂②。据说,50岁时他自己亦称"近来信得致良知三字,真圣门正法眼藏,往年尚疑未尽,今自多事以来,只此良知无不具足……我此良知二字,实千古圣圣相传一点滴骨血也。又曰,某于此良知之说,从百死千难中得来"③。这都说明他思想体系的完成是在江西的种种经历中确立的。即对于阳明而言,"致良知"说是在刻苦努力和各种考验之后获得的"真理"。

但是,阳明的人性论具备的另一个方面是,认为寇贼头目的本然之性是凶顽的,是"能言能听的禽兽",从而将其从具有"良知"之人的范畴中剔除。这种认识,同阳明所说的"草有妨碍,理亦宜去,去之而已"④或"一则剪除莨莠,免致延蔓,贻累尔等良善"⑤,是一脉相承的。阳明甚至还主张,"若十子中有极恶的二子欲杀死其余八子,且劝而不听,那么即便除掉二子,也应谋求八子的安生"。

之所以想要如此彻底消除恶之根源,是为了"悉拔根苗,无遗后患",这出于阳明对明中期江西社会深刻的忧患意识。对于阳明而言,为了纠

---

① 沟口雄三,1987,p. 312。
② 另参见奥崎裕司,1978,pp. 336—352;沟口雄三,1987,p. 325 等。
③ "年谱"2,pp. 1278—1279。
④《全集》卷1,语录1,《传习录》(上),p. 29。
⑤《全集》卷16,别录8,《告谕新民》,p. 539。剪除莨莠的内容亦有《全集》卷16,别录8,公移1,《批留兵搜捕呈》,p. 559。

正自明中期以来日渐迅速崩溃的里甲制秩序,使大多数人民安居于乡村社会,进而试图实现终极的"大同理想社会",铲除妨碍实现其理想的、具有"禽兽之心"的"首魁",反而是件很自然的事情。他认为,为了保护花坛的花朵,就必须铲除妨碍花朵生长的杂草——"莨莠"。这同"舜除四凶"是同样的逻辑。从长远来看,这些首魁可能亦有"良知",然而由于是出于极度混乱的急迫时期,从而可以说是一种"泣斩马谡"的心情。

换言之,"致良知"是自发的,所以尽全力劝导所有平民"一念而善",却认为首魁是"一念而恶"的主导者。阳明严格区分那些恶事做绝的寇贼之"首魁",和因受威胁而加入寇贼势力,但反省并顺应教化的无辜"良民",对前者加以彻底清除,对后者则进行剿抚,并作为新民使之安居。据文献记载,对于阳明而言,斩杀了万余名的、似乎毫不留情的军事活动,不过是铲除了"一念而恶"具有"禽兽之心"——同亿万良民相比不过是极少数—的"首魁",是铲除了妨碍花草生长的,极少数的"莨莠"而已。

阳明认为应剔除的对象中,还包括所谓的"顽民"。即对于顺应剿抚的新民欣然地加以安插,并保障其生活。同时他还称,"世岂有不纳粮,不当差,与官府相对背抗,而可以长久无事终免于诛戮者乎?",不论是新民,还是旧民,"不纳粮,不当差",并加入蜂起"与官府相对背抗"者,属于"沮逆王化"者,从而将予以彻底铲除①。正德12年正月,阳明在城市地区实施十家牌法时亦告谕,"小心以奉官法,勤谨以办国课",这些都是一

---

① 《全集》卷17,别录9,《晓谕安仁余干顽民牌》(正德15年2月),p.612。《全集》卷17,别录9,《告谕顽民》(正德15年12月15日),pp.612—614亦称,"本院(阳明)……闻三县间有顽梗背化之民数千家。……况查本院新行十家牌谕,而弭盗·息讼·劝善·纠恶,而各该县官又因尔等恃顽梗化,皆未曾编晓谕……夫父母之于子,岂有必欲杀之心,惟其悖逆乱常之甚,将至于覆宗灭户,不得已而后置之法,苟有改化之机,父母之心,又未尝不欲生全之也……尔能听吾言,改恶从善,惟免尔一死,限尔一月之内,释怨解仇,逃税者输其赋,负债者偿其直,有罪者伏其辜,吾则待尔如故"。

脉相承的原理①,明太祖洪武帝认识到"趋事执役以奉上者,庶民之事"②,亦适合的规定。因而违背国法,扰乱社会秩序者亦应严加铲除。

换言之,阳明主张,为了实现大同社会,对于很容易受"心中贼"蛊惑的小民,应积极加以教化,使其回归"良知"。而对做尽恶事,对抗官府的携"禽兽之心"的"首魁",阻碍花草生长的"莨莠",滞纳税金的"顽民"等,应该为了大善而予以彻底铲除。

阳明在江西表现出的对于剿抚和善后策的理解,只有在他的这种人性论基础上,才有可能形成。阳明在江西镇压寇贼势力和少数民族蜂起的过程中获得的经验是,"只靠刑法是不可能恢复和稳定社会秩序的"。换言之,"破山中贼易,破心中贼难",故此认识到人民自发的道德教化是必需的。因而他竭尽全力剿抚并安插寇贼势力,对于那些无奈的一念而恶者(首魁,能言能听的禽兽)和莨莠,则以"非我杀之,乃天杀之"的心情,进行了铲除。

小结

阳明以建设大同的理想社会为至高无上的目标。但是明中期的社会反而同阳明所希望的方向背道而驰。至当时为止,曾是社会统治理念的朱子学逻辑已无法再应对急速变化的社会现实。阳明恰巧利用被任命为南赣巡抚的机会,按照自己的思想和理念,试图实现大同社会。

首先,他为了消除导致赣南社会混乱的根本原因,似乎毫不留情地扫荡了寇贼势力。然而扫荡和镇压本身不是目的,而是为了区别首魁和胁从者,对于"首魁"或"莨莠"悉拔根苗,无遗后患,对于胁从者则以新民安插于乡村。完成平定之后,为了在该地区恢复社会秩序,而采取一系列的善后策便是缘于此。在必要的地区设立新县,将十家牌法完善为保

---

① 《全集》卷16,别录8,《十家牌法告谕各父老子弟》,pp. 528—531;《全集》卷16,别录8,《案行各分巡道督编十家牌》,p. 531。
② 明《太祖实录》卷111,洪武10年2月丁卯条。

甲法并扩大实施于农村和山区,施行乡约和社学,减免税役,实施必要的土地调查,整顿盐法等,阳明实施的这些善后策是基于国家的体制性立场而谋求的社会稳定。即照搬应用了由上而下的监督和乡村内部以绅士为中心的社会秩序。并且还通过书院的讲学和讨论,尽心于道破、传播"致良知"等所谓的阳明学,旨在唤醒庶民先天具有的良知良能,使其能够自救①。

阳明在平定和剿抚寇贼势力,继而实施各种善后策的过程中,确信了庶民的"良善"和"良知"的能力。这种确信既是对"龙场之悟"的再次确认,也是"致良知"说的体验性根据。即阳明思想的内在发展是和现实的政治、军事体验相互影响并发展,便是"致良知"说。从而在江西,阳明的思想和行动,试图通过确立体制,恢复社会秩序,通过个人先天的良知育能的自立,而实现大同的理想社会。

以心即理、知行合一、致良知说作为中核的阳明学,体现了15世纪末至16世纪初江西的混乱社会状况的思想,反映当时(15世纪末~16世纪初)庶民阶层的强烈要求的思想,进而是试图实现——以朱子学所不可能实现的——大同理想社会的,极为"实践性"思想。

面对着理想和社会现实间的,那么巨大乖离的阳明!在经历了漫长的痛苦思索之后,他终于找到了答案。令人惊讶的是,正是"动摇的江西社会"成了"阳明思想的摇篮"。

---

① 《全集》卷2,语录2,《传习录》(中),《答聂文蔚》,p.81。

第三章 "广东体制"的光与影

序言

今天很容易见到的是,小到地方经济,大到整个国家经济均受政府政策变化的巨大影响。这种现象在中国史上亦多有出现。其中代表性案例,便是本文拟分析的"广东体制"(乾隆22年—道光22年,1757—1842)。

广东贸易体制(亦称"一口通商")是指,清朝仅限于在广州港同西方进行贸易的体制,而且仅允许所谓"十三行"的特定商人垄断对外贸易的制度。于是,从首都北京↔大运河↔扬州↔长江↔鄱阳湖↔赣江↔大庾岭↔珠江↔广州的最短距离交通线备受瞩目,而且同西方贸易的大部分进、出口商品均经过该交通线运输。因此,向来同广州一起作为对外贸易港而繁荣一时的厦门、宁波、定海等三个港口的经济遭受极大萎缩,只有广州呈现了空前的繁荣,而江西地区尽管地处内陆,却得到了最大的恩惠。

广东贸易体制对江西地区的影响,可从如下两个方面加以分析。第一是积极的方面:作为对外贸易最重要通道的长江↔鄱阳湖↔赣江↔大庾岭一线的交通线,由南向北纵贯江西(面积为16万平方公里)。由于无数商人和商品经该交通线往来,因此不仅赣江沿岸的原有城市更加繁荣,还大量出现了新的中小城市和定期墟市(以下简称定期市),各地积极种植茶树、苎麻、棉花、甘蔗、烟草等商品作物,瓷器、纸张等手工业亦达到了空前的繁荣。同时还创造了船夫、纤夫、脚夫等运输劳动者,和从事种植商品作物的诸多岗位,从而整体拉升了江西的经济水准。第二,消极的方面:由于这种社会变化,非但江西省内出现了人口流动,福建、广东等外省人口亦大量流入了江西。随着内外人口的频繁往来,出现了严重的治安问题。另外,19世纪中叶,随着广东贸易体制的废止,江西经济急剧衰退,随之出现了诸多负面作用。

明清时代的地域史或社会经济史是形成现代中国的直接历史背景,有关该领域的研究主要集中于苏州和上海所处的江南地区,其次是引领当今中国经济的东南沿海地区(广东、福建等)。而关于明清时代的经济、文化发达地区之一的江西地区,不但研究人员的数量少,而且研究内容亦很落后。广东贸易体制之影响的研究现状亦大同小异①。

本章在考虑上述几点的同时,拟就广东贸易体制时期(1757—1842)的前后,江西社会出现的变化做如下几点的分析。即,在第一部分,拟选择四个案例进行分析,就大庾岭商路—赣江—鄱阳湖沿线的交通中心地区日渐城市化和商业化的过程以及该现象所具有的历史意义等进行讨论。第二部分,拟分析在乡村各地的交通中心形成大量定期市的过程及其历史意义,第三部分,拟分析江西的代表性商品作物—茶树、苎麻、烟草的种植、加工以及其包含的历史意义。

Ⅰ. 城市的繁荣

1. 大庾县城②

从广州至江南三角洲地区的最短路线中,连接大庾岭(梅岭)↔赣江

---

① 有方志远,2001;萧放,1987;刘石吉,1989(收入《山根幸夫教授退休记念明代史论丛》(下),汲古书院,1990);许怀林,1993;黄志繁,1998;许檀,1998等论著,但都是明清时代为中心的分析。
② 参见许檀,1998;许新民,2003;胡水凤,1992;胡水凤,1993;胡水凤,1999;黄志繁,1998等。

↔长江的交通线,贯通江西的中心地带。尤其是由南向北纵贯整个江西省的①,赣江全长七百余公里,流域面积达 83000 平方公里,相当于江西全省面积的 1/2。因此,南北货物经该交通线频繁往来为江西省,尤其为赣江沿岸地区的城市和农村地区的经济发展带来了不小的影响。早自明代以来,这条路便有"使节路"的别称,即是外国使节经常走的一条路②。尤其在广东贸易体制下,大部分货物经由该条路线运输。

大庾县城是位于大庾岭↔赣江↔长江交通线之最南端的城市。中国内地的货物,由大型船舶装载由长江经鄱阳湖抵达赣江的关门——吴城镇,再由此逆赣江而上,抵达赣州,由小船分装再逆章水而上抵达大庾县城。从大庾县城便雇佣脚夫(挑夫),经陆路翻过大庾岭③,再行 60 里(约 33.6 千米)到达广东省南雄州保昌县凌江驿(今南雄县城关镇)。由此以小船载货沿浈水(东江)而下,到达韶州府曲江县接受税官的检查之后,再换大船沿北江而下,抵达广州。由广州运往内地的货物经过与此相反的过程运往北方。

大庾县城位于商人往来频繁的地方④,早自明中叶便获得了"市廛倍密,商贾辐辏"的评判,嘉靖年间在章水南边修筑了新城,并隔着章水同北边的老城齐头并进,繁荣异常⑤。明末清初,大庾受战乱影响而出现了大规模萎缩⑥,但此后日渐恢复,至广东贸易体制时期达到了空前的繁

---

① 从南往北经过南安府(大庾→南康)→赣州府(赣县)→吉安府(万安→泰和→庐陵→吉水)→临江府(峡江→新淦→樟树《清江》镇)→南昌府(丰城→南昌、新建→吴城镇)→南康府(星子)→九江府(湖口)等七个府。
② 杨士奇,《送张鸣玉序》,雍正《江西通志》卷 130,艺文志。
③ 从广东省和江西省的边界大庾岭(梅岭)至南安府大庾县城(南安府城,今大余)南门的 25 里道路,被称为"大庾岭商道"。对于该道路的贸易繁荣景象,万历年间的李鼎(新建人)在《李长卿集》卷 19 的《借箸编》中称,"燕、赵、秦、晋、齐、梁、江淮之货,日夜商贩而南,蛮海、闽、广、豫章、楚、瓯越、新安之货,日夜商贩而北"。还有 16 世纪末走过该条道路的利玛窦亦在《利玛窦中国札记》(pp. 278—279);1839 年曾在中国旅行过的罗伯特·福琼(Robert Fortune)就茶叶、粮食其他货物经大庾岭商道运往广州的情况所作报告(姚贤镐,《中国近代对外贸易史资料》第 1 册,pp. 262—263)中,都言及该条道路的繁华。
④ 桑悦(成化元年学人),《重修岭路记》,乾隆《大庾县志》卷 18,艺文志 4。
⑤ 新编《大余县志》(大余,1990),大事记,p. 15。
⑥ 新编《大余县志》大事记,p. 16;另参见本书第二篇第三章。

荣。该时期县城内形成了丁字街、十字街等九条大街,四五百家商店和无数饭店、酒肆、茶楼、旅店、客栈林立于县城内和章水河畔。章水河畔有12个码头,每日停泊大小船舶百余只。这些船只全部为木帆船,小型可载重15—20吨,中型可载重40—60吨,大型可载重100吨。在唯一横跨章水的横浦桥上,道光年间已有商店和旅店等52间。随着大庾的如此繁荣,除了本地商人、南康和上犹等附近县的商人以及吉安、樟树、南昌、临川等本省其他府的商人之外,还有徽州、广东、福建、山西等外省客商亦云集该地①。

这些商人贩运的商品多达三、四百种,从如下记载中便可领略当时的繁荣程度。

(1) 外国所需内地货物惟福建黑茶、安徽绿茶、浙江湖丝三项最大,每年出口价值至四千余万两之多,其中脚费约计二千余万两。……江西之广信、南安,广东之南雄、韶州,沿途船户、挑夫,借此营生者不下数十万人②

(2) 负运茶叶及商货通过梅岭关的梅岭力佚人数共约几十万③

换言之,翻越大庾岭,并经广州出口的商品中,大部分为茶叶和湖丝,陶瓷器和盐也很多④。受交通条件的限制,这些商品的运输只能依赖船户和挑夫等日用工人(打短工者)的力量,在此消耗的金额占去出口价格的一半。在水路或陆路以运输劳动维持生计的船户和挑夫中,大庾县民最多,但亦有不少江西其他地区或广东的流散农民⑤,而在赣江流域其他地区则动员了该地区的脚夫。

一方,经大庾岭南北来往的商品中,南货居多。所以,围绕商税的缴纳,在江西南安府人和广东南雄府人之间,不断发生着利害冲突。因此

---

① 新编《大余县志》,商业,p. 282;胡水凤,1992,pp. 61—62。
② 黄赞汤(清),《请豫防失业民夫疏》,同治《庐陵县志》卷47,艺文志。
③ 姚贤镐,《中国近代对外贸易史资料》第1册(胡水凤,1992,p. 65再引)。
④ 如后述的"赣州"部分参照。
⑤ 许檀,1998,p. 110。

早自明代成化年间,南安知府张弼经多次同南雄知府协商,决定"中途博换"(即双方过境货物均运到南雄中站交货),以保护两府小民的生计①。至清代,随着途经该地货物的增多,脚夫和商人围绕翻山的脚价问题,纷争不断。于是乾隆 23 年,江西、广东两巡抚会晤规定了通过大庾领货物的脚价,"每货百斤给钱一百文,农忙寒冬每夫一名加钱十文",官货亦照此执行,江西、广东巡抚在两地各自刊刻了《木榜竖立通衢》②。

另外,大庾县城东关的南安大码头是大庾最重要的水运码头,云集了众多船行和船户。因此,本地人和外来人混杂,在货物运输费问题上,商人和船行、船户之间分歧较多,一旦货物装船完毕,不少船户便摇身变成盗贼坑害商人和游客。于是嘉庆 10 年 6 月,对雇佣的船舶和船行规定,"货客需船,仍归过载行代雇,船行取佣,无论长行短驳,俱按船价每两三分,不得例外多索分文"③,并将该规定凿刻于石碑之上,立于南安大码头南岸,迄今亦存于该地④。

2. 赣州

赣州⑤是赣南最大的城市,位于贡水(由东向西北流)和章水(流经大庾北上)合流而成为赣江三角洲地区。赣江由此向北贯穿江西省腹地流入鄱阳湖。早自唐宋时代,赣州便是赣江水路的始发站,是商业中心地带⑥。明清时代一直作为赣州府城和赣关的所在地而尽享繁荣。

明朝早白正德 6 年(1511),便在赣州设立赣关,征收了商税,并且沿

---

① 张弼,《梅岭路均利记》,乾隆《大庾县志》卷 18,艺文志 4。
② 江西布政司,《西江政要》卷 2,《过山脚夫议定脚价》。
③ 《南安府大码头奉巡宪示禁碑》(《大庾县交通志》第 15 章《杂记》,p. 173)。一方,隔着屏风关连接浙江、江西两省的,广信府玉山县同大庾具有类似的地位,为了防止客商、船户、牙行、脚夫之间随时可能发生的纷争和矛盾,乾隆初年江西按察使(雍正 11 年—乾隆 7 年)凌焘对于雇价做出了详细的明文规定。凌焘,"禁玉山行埠苛索牙用",《西江视臬纪事》,《清史资料》第 3 辑,中华书局,1982,pp. 211 - 212 参照。
④ 笔者于 1999 年 4 月 26 日至 27 日,曾访问大余和大庾岭。
⑤ 许檀,1998;廖声丰,1998;黄志繁,1998 等参照。
⑥ 《宋史》卷 175,食货(上)三称"广南金、银、香药、犀、象、百货,陆运至虔州,而后水运"。

袭至清代①。货物的关税率被刻在木榜,立于关口,从而预防了腐败的发生②。赣关所征关税,起初将盐税和杂税加在一起为近三万两,但是至万历27年(1599)则增至4.5万两,该数字相当于全国关税总额的14%,位列临清关之后的第二位③。

赣州亦在明清更替时期的动乱中遭到极大的破坏而大为萎缩④,之后逐渐恢复。清初赣关的年平均关税收入是93816.716银两,广东贸易体制期间是102701.84银两,商品流通量达500万两以上,甚至一度分别达到12万银两和600万两。但是广东贸易体制结束后的,同治年间至清末,迅速下降为22295.748银两。换言之,广东贸易体制期间的关税收入是清初的1.095倍,仅增加9.5%,可见广东贸易体制对赣关收入的影响并没有所期待的那样大。然而这一体制废止后,关税收入相当于清初的23.7%,是广东贸易体制时期的21.7%,从如此骤降的情况,可以推测广东贸易体制的废除和中国的开港,对赣关关税收入的影响之大⑤。

通过赣关的商品共有355种,是赣州繁荣的基础。具体而言,从中国内地向赣关→大庾岭→广东运输的商品有茶叶、湖丝、绢织物、瓷器、药材、木材、粮食、烟草、纸张、夏布等,从广东经大庾岭→赣州向内地运输的商品有粤盐、蔗糖等广东出产品,毛羽、纱缎等纺织品,香料、铅锡、犀角、象牙等进口商品。江西本地的桐油、茶油、瓷器、木材、烟草、纸张、夏布以及粮食等商品,亦经过赣关发往外地。但"赣关税货以湖丝、茶叶为大宗,其次则洋货、广货"⑥,其中全国性的大宗商品是茶叶和生丝,占整个商品流通量的70%以上。其中茶叶是广州最大的出口商品,占整个商品出口额的50%以上,而且其比重日渐增多,至19世纪30年代达到

---

① 同治《赣州府志》卷28,榷税,p.1。
② 乾隆《赣州府志》卷18,关榷;乾隆《赣县志》卷8,榷关。
③ 同治《赣县志》卷19,食货志,关榷;光绪《江西通志》卷87,榷税。
④ 本书第二篇第三章。
⑤ 廖声丰,1998。
⑥ 《钞档》,江西巡抚刘秉璋题本(光绪3年6月20日,许檀,1998,p.109再引)。

了66％①。茶叶除了产于江西当地的之外,还有产于福建、安徽、浙江等地,并在河口镇包装的②。生丝和绢织物是广州第二大出口商品,占20％以上,主要是江浙地区的商品③。

赣州不仅是赣江水路的起始点,还是赣关的所在地,从而曾有"西江第一要镇"、"地当闽粤之冲"、"雄城十万家"之名而非常繁荣。如果考察广东贸易体制时期的状况,从涌金门(赣州市的北门)至建春门的赣江沿岸一带,作为商业区非常繁荣。即,城内东部的贡江沿岸,分布有码头、仓库、商业区等,其中有米市街(濂溪路)、瓷器街(中山路)、棉布街(上下,解放路)、樟树街(药行)等专业市场,牌楼街(阳明路)等重要的商业街,迄今亦保留有清末建筑的会馆和民宅④,足以推测赣州当时的繁荣景象。城内西部主要分布有官署和衙门,章水沿岸建有盐仓,因而商贾辐辏,往来船舶络绎不绝⑤。人口亦有所增加,至嘉庆年间(1796—1820)已是"城乡烟火不下数万家"⑥。

然而由于清朝在鸦片战争中败于英国而签订了五口通商章程(1843),将上海、宁波、福州、厦门、广州等五个港口开放为对外通商港,随之中国对外贸易的中心亦从广州移向了上海,于是赣江↔大庾岭↔广州线路的重要性亦大为褪色。江西巡抚刘坤一在同治13年(1874)的奏疏中传达该状况为,

"查赣关征税,赢绌全视商贩赴粤旺衰。从前湖丝、茶叶皆由赣运赴广东,即洋货、广货亦由赣运内地。自五口通商之后,继以长江添设口岸,土货、洋货概由上海、九江,赣关僻处一隅,富商巨买绝迹

---

① 经广州港出口的商品中,茶叶是出口最多的商品。1817—1819、1820—1824、1825—1829、1830—1833期间,茶叶出口额年均分别增长909银元(50％)、1,166银元(60％)、1,218银元(64％)、1,167银元(66％)。姚贤镐,《中国近代对外贸易史资料》第1册,pp. 254-255参照。
② 参见本书第三篇第二章。
③ 姚贤镐,《中国近代对外贸易史资料》第1册,pp. 254—255。
④ 笔者于1999年4月28日,曾访问赣州。
⑤ 乾隆《赣县志》卷3,"城池";同治《赣州府志》卷首,《府城街市全图》;韩振飞,1998,p. 4。
⑥ 查清阿,《道署东偏新建义仓碑记》,道光《赣县志》卷31,艺文志。

不至,现收税银皆本省土产"①。

此后,赣关的关税仅剩,"仅赖本省所产杉木、白塘、茶油等项以及零星土产"②。因此曾是该线路的重要物资集散地的赣州亦日渐衰退③。

3. 樟树镇

樟树镇④隶属于临江府清江县,位于赣江中游的东岸,是南北贯穿江西省腹地的赣江和从湖南、江西两省边界发源向东北流经江西中部的袁江合流之处。从而非但是赣江运输的要冲,还是通往湖南的水陆要冲。

自明朝洪武年间,置巡检和税课局大使各一人,开始征收商税以来,至15世纪上半叶,成为户部瞩目的全国33个重要税课城镇之一⑤。从前赣江与袁江在临江府城(清江县城)附近合流之后向北流淌,从而至15世纪中叶,樟树镇不过是江西省中部驿道上的一个城市而已,并未紧靠赣江水路。此后,成化21年(1485)的暴雨,赣江泛滥,导致新淦县三湖乡龙窝口附近的堤坝垮塌,江流向北奔流,于清江县永泰市下游2.5公里处,吞并流经该地的蛇溪,沿着该水道流过樟树镇西侧。从此赣江和袁江的合流地点移向了樟树镇西南边,原本临江府城(清江县城)坐拥的两江合流处的水运利益,从此也移向了樟树镇,于是樟树镇连同此前享有的"药都"之利,又获得了水陆交通之利⑥。

至16世纪,樟树镇作为水陆交通之要冲的名声进一步扩大,正德年间宁王宸濠雄据南昌,南昌的商人为躲避宸濠的蛮横与掠夺,大举流入了樟树镇⑦。正德14年(1519)6月,宁王宸濠于南昌发动叛乱,于是副

---

① 光绪《江西通志》卷87,经政略,榷税。
② 《钞档》,《江西巡抚潘尉题本》(光绪10年9月初2日,许檀,1998,p.109再引)。
③ 同治《赣州府志》卷28,经政志。
④ 刘石吉,1989;许檀,1998;罗辉,1999;罗辉,1999等参照。
⑤ 明《宣宗实录》卷50,宣德4年正月 乙丑条,p.1203。当时列举的江西33个城市中有南昌、吉安、临江、清江(樟树)等四个。
⑥ 乾隆《清江显志》卷1,坊都,《樟树镇》。
⑦ 管大勋(隆庆年间临江知府),《樟镇关桥议》,乾隆《清江县志》卷25,艺文6。

都御史王守仁(阳明)在水陆交通要地的樟树镇召集各地官兵而起兵讨伐宁王,此时清江县乡绅黄绣实、阳明的弟子邹守益、生员敖英等绅士,也参与起兵积极发挥了参谋的作用①。

在万历年间,樟树镇的发展更加显著。当时广东佛山镇的商税仅为400两左右,与此相比,樟树镇的商税已达两千余两,由此可以推测当时樟树镇的交易规模②。万历初年的叶权(1522—1578)列举当时的天下大码头有"荆州、樟树、芜湖、上新河(南京)、枫桥、南濠、湖州市、瓜州、正阳、临清等处"③,同时期的王士性亦称,"(樟树镇)烟火数万家,江、广百货往来,与南北药材所聚,足称雄镇"④。在最近的研究称,上记"烟火数万家"为2万户计,"明代后期樟树镇的人口可达10万之众"⑤。至明末,樟树镇的店铺、商号及居民显著增加,形成了横贯东西的三条主要街道,镇区周围由10里7坊11巷构成⑥。

在明清更替时期,樟树镇同其他地区一样为战祸所笼罩⑦,但自康熙年间重新开始发展,且毫不逊色于明代,尤其在广东贸易体制时期获得了极大的发展。乾隆31年,临江府的粮捕通判进驻樟树镇;乾隆43年,照磨司迁入该地⑧。在广东贸易体制下的乾隆、道光年间,镇区增至四门、十四街、十三巷⑨。据文献记载:

---

① 乾隆《清江县志》卷32,杂志;同治《清江县志》卷6,武备志,《武事》。日后,敖英作为正德16年的进士出任四川右布政使(乾隆《清江县志》卷17,人物,敖英)。
② 民国《佛山忠义乡志》卷4,赋税;崇祯《清江县志》卷4,赋役,镇税。明代的商税为1/30税,当时樟树镇的商品交易额应该在六万两之上,如果考虑到官府未能掌握的部分,可能比这还多。
③ 叶权,《贤博编》,p. 22。
④ 王士性,《广志绎》卷4,《江南诸省》,江西。
⑤ 曹树基,2000,(第4卷),p. 346。
⑥ 萧放,1987,p. 142。
⑦ 同治《清江县志》卷6,武事;本书第二篇第三章。
⑧ 同治《清江县志》卷2,市镇。
⑨ 乾隆《清江县志》卷4,镇市,《樟树镇》。

(1) 樟树镇……舟车幅辏,为川①、广南北药物所总汇,与吴城、景德称江西三大镇。②

(2) 樟树镇……周遭十里许,水陆交冲,商买云集,为南北川广药物所汇,与吴城、景德、河口称江西四大镇。③

(3) 江省各处市镇,除景德镇外,以该县所属之樟树镇为最盛。④

以此樟树镇以江西三大镇之一而闻名,甚至还被称为江西第二大镇。明清时代,樟树镇能够如此繁荣的原因有:一、位于赣江中游同袁江合流之处,是南北水陆交通的要地,二、在广东贸易体制下,商品流通加速膨胀,三、是全国最大的药材专业市场等。

据记载,民国时代,全国各重要地区均形成了药市,而樟树镇居民中的80%仍从事药材经营⑤,维持了其作为药材专业市场的面貌。樟树镇早自唐代便以"药墟"问世,至宋代发展为"药市"⑥,自明代则取得了"药都"的名声。樟树镇在明代能够成为药都的背景有:第一,樟树镇药商的药材加工技术远胜于其他地区。即便是同样的药材,根据其加工工艺不同,药效亦有不同的差异。樟树镇的药工在药材的鉴别、精制、保管、加工⑦、炮制(考虑色、香、味、形等)的制药和铜刀、铜锅等制药工具的制造技术上,领先于其他地区⑧。

其次,樟树镇以药材生产地而闻名,明代临江府生产的药材有土茯

---

① 张应俞(纪凡 译注),1995,卷2,《高抬重价反失利》,pp.113—114 有,云南商人在四川购买当归和川芎,到樟树镇卖它过程中,被牙行受大损的故事。
② 乾隆《清江县志》卷4,镇市;道光《清江县志》卷3,镇市。
③ 同治《清江县志》卷2,市镇。
④ 傅春官,《江西农工商矿纪略》,第5册,清江县,商务,p.8b。
⑤ 方志远,2001,p.333—334。
⑥ 新编《清江县志》第11编 药都药业,p.186。
⑦ 樟树镇的药商切制技术超群,例如将约一寸长的白芍切成360片,从而保障了药材的药效。许怀林,1993,p.592参照。
⑧ 萧放,1987,p.147,156;新编《清江县志》pp.196—200。

苓、沙参、乌药、葛根、首乌、天门冬、枳实、黄枝子等共30余种①。

第三,樟树的药商为了补充药材缺口,向省内的药材产地②以及四川、陕西、广东、湖广、云南、贵州等,全国各地的药材产地派人收集药材。自明中期,江西商人深入全国各地③收集药材输往樟树镇。在整个明清时代,江西商人中的药商大部分为清江药商。从而集散于樟树镇的药材中,除了本地出产的30余种之外,大多为外地输入药材④。

第四,从全国各地收集的药材经樟树镇的加工、炮制之后,再重新转销全国各地,从而樟树镇获得了"药码头"的名声。樟树镇的水陆交通亦非常便捷,所以发展成为全国的药材集散地,亦形成"药不到樟树不齐,药不过樟树不灵"的谚语。至明末,仅专业制矾作坊便达到100余家,矾锅160余口,每年生产约5万担。万历年间,明皇宫派遣宦官到该地置办药材。万历27年(1599),由于宦官的勒索,镇内商人罢市抗议⑤。第五,随着樟树镇药业的如此发展,为购买药材,全国各地客商亦云集于此。云集于樟树镇的药材商人中,除了樟树附近和江西本省人之外,还有不少广东、四川商人⑥。

樟树镇的药业在广东贸易体制时期达到了巅峰⑦。该时期,樟树镇药商拥有号、行、店、庄200余家,其中3/4为本地商人,1/4为安徽和河南等地客商。道光初年,樟树镇居民共计12163人,其中从事药业者达30%以上,专业制药技术工人亦达二三百人。药商中,规模最大者称为"字号",其主要经营是药材的远距离销售和批发。其字号中的"西北号"

---

① 嘉靖《临江府志》卷9,杂志8;乾隆《清江县志》卷8,土产,《药之属》。樟树镇周边的农民或种植药材,或上山采药,将药材出售到樟树镇。江西内河航运史编审委员会,1991,p.90参照。
② 方志远,2001,p.333—334。
③ 本书第三篇第三章参照。
④ 崇祯《清江县志》卷1,风俗;乾隆《清江县志》卷8,土产,《药之属》。
⑤ 新编《清江县志》,《大事记》,p.14。
⑥ 管大勳(隆庆年间·临江知府),《樟镇关桥议》,乾隆《清江县志》卷25,艺文6。
⑦ 萧放,1987;许怀林,1993,pp.591—592;新编《清江县志》,p.189—192;罗辉,1999。

主要经营四川、陕西、河北、河南等地出产的药材,"广浙号"则主要经营两广和浙江、福建等地出产的药材。这是为了加强同外地药商的竞争力,避免樟树药商内部的竞争,以瓜分药材市场而采取的分工经营方式①。字号的资本少则10万银元,多则100万银元,店员少则四五十人,多则七八十人。他们在全国重要的药材产地设"庄"(字号或药行的派出机构),并派庄客(驻庄人)采购或租借山地种植所需药材,甚至建立工场,加工药材,并运往本号。

规模比"字号"稍小者称为"药行"。药行负责为来自各地的客商和药材生产者购买、销售、保管、运输药材以及贷款、住宿等,具有专门经营药材的牙行(经纪人)功能。几个大药行还批发药材,并在药材产地设庄采购药材。药行不论资本大小,经营比较稳定,从而还有代代相传数百年的情况。中等规模的药行雇佣的店员便达20余人。其著名的药行有大源行、福泰行、隆泰行、庆隆行、金义生行等。在药商中,最小的称为"咀片店"(饮片店),是"前堂卖药,后堂加工"的普通药店。樟树镇也有"庄",大部分为外地药商的派驻者,樟树的字号或药行在全国的药材产地开设了庄。樟树药商的字号占40%,药行占20%,店家占15%左右。

明代,樟树镇药商到全国的药材产地收集药材,并运向樟树镇加工之后,再销往全国。但是至清代,他们依旧在各地的药材产地收集药材运往樟树,同时居住于各地进行经营的药商亦有所增多②。据记载,

> "民勉贸迁,或徒步数千里,吴、粤、滇、黔无不至焉,其客楚者尤多,惟簰木药材之利甲诸郡"③

---

① 然而至清末,其他省亦逐渐出现了当地的药材商,陕西商人等其他省的商帮亦开始经营药材,随之竞争变得非常激烈。参见田培,1993,pp. 88—89。
② 明清交替的动乱时期,镇民向各地逃散,这成为清代的各地药业发展的背景。参见新编《清江县志》第11编 药都药业,p. 187。
③ 乾隆《清江县志》卷8,风俗;道光《清江县志》卷1,建置,风俗。

可见，樟树药商近则在省内和湖南、湖北、广东，远则在四川、广西、贵州、云南、河南、山西、陕西、河北，甚至辽东和青藏地区，几乎在全国的山林药材地区，留下了他们的足迹。他们在外省地区亦建立行、号、店、庄等，从而形成了全国性的"樟树药业网"。道光年间（1821—1850），形成了在全国药材交易产生较大影响力的"樟树帮"，同京帮、川帮并称为全国三大药帮①。尤其湖南的湘潭、湖北的汉口、四川的重庆、广西的梧州是樟树药商的四大据点，湖南和江西的药材行几乎全部为樟树人。例如，至清末湖南的湘潭有樟树药铺200余家，每年的销售额达800万元以上②。关于琉球商人从福建大量购买，清朝禁止对外出口的"大黄"一事，清政府进行调查的结果是：

> "各种药材，俱由江西樟树镇贩运来闽销售。但江西亦不产大黄，闻得陕西泾阳县为大黄汇集之所，转发汉口、樟树等处行销"③

由此可以推测，当时樟树镇药商们的活动范围。然而自清末，各地逐渐出现了当地的药材商，而且随着陕西等其他省的商人开始从事药材经营，竞争日趋激烈。至清末，在四川重庆发生的樟树药材商和广东药材商之间的诉讼，不过是其中的案例之一而已④。

如上所述，樟树镇在五口通商前的乾隆、嘉庆、道光年间发展至巅峰，以江西第二大镇闻名全国。然而至五口通商后的清末，樟树镇的商业"十减八九"。尽管如此，该时期"其贸易品以药材为多，税额数十万元"⑤，20世纪初在樟树交易的药材仍达数百万斤。由此来看，在广东贸易体制时期，樟树镇每年交易的药材可能达数百万元。因此，清末以商

---

① "樟树帮"实际是清江、峡江、新喻、新淦、丰城等五个县药商的总称。
② 清江药材公司，1982，pp. 100—107；许怀林，1993，p. 591—592；新编《清江县志》第11编 药都药业，pp. 187—193；喻达志，1985，pp. 115—138；方志远，2001，p. 384。
③ 清《高宗实录》卷1382，乾隆56年7月乙亥条。
④ 田培，1993。
⑤ 傅春官，《江西农工商矿纪略》第5册，清江县，商务，pp. 8b—9a。

部大员的身份被派遣至江西的,傅春官曾详细言明乾隆、嘉庆、道光年间,即在广东贸易体制下,樟树镇享有江西省内第二大镇的声望,由于樟树镇和吴城镇的繁荣,"江西商务,可谓极盛时代",根据《南京条约》,五口通商之后,两镇交易额"十减八九"等情况①。

据道光二年的地方志统计,当时樟树镇的人口有烟户3132户,男妇大小口12163人②。但是,同极盛时期的广东贸易体制时期相比,在"十减八九"的民国初年,樟树镇人口亦达三万,是继南昌、九江、吉安县城、景德镇之后的大城市③。由此来看,道光二年的12000余人,不过是清朝掌握的登载于户籍的人口而已,然而还是太少。此外应该还有很多没有被誊录于户籍的商人、船工、脚夫、日佣工人、无赖,以及类似娼妓等从事服务业者的流动人口④。总之,樟树镇的繁荣是,因为它位于南北和东西水陆交通的中心地带,是全国最大的药材专业市场,是岭南和中原百货的集散地。在广东贸易体制下,樟树镇尽管不是县治,却享有了如此极大的繁荣。

4. 吴城镇

吴城镇⑤位于江西北部鄱阳湖西岸的,赣江和修河(从江西省西北部向东南方向流淌)合流的三角洲地区。前文所述的傅春官就嘉庆、道光年间吴城镇的繁荣称,"(江西)各处市镇,除景德镇外,以临江府之樟树镇、南昌府之吴城镇为最盛"⑥。赣江沿岸的各种农副产品以及翻越大庾岭而来的进口商品和岭南商品均沿赣江而下,至吴城镇转载于大船。而修河则是山区性的河道,水深较浅,因而至吴城只能依靠小船

---

① 傅春官,《江西农工商矿纪略》第5册,清江县,商务,pp. 8b—9a;傅春官,1906。
② 道光《清江县志》卷5,赋役,《户口》。
③ 刘石吉,1989,p. 187。
④ 清朝地方官衙在掌握人口方面非常消极,这在江南亦大同小异。吴金成,2007-A,第三篇第一章"江南的都市社会"参照。
⑤ 萧放,1987;刘石吉,1989;沈兴敬,1991;梁洪生,1995、1999;许檀,1998 等参照。
⑥ 傅春官,1906。

通行,到达吴城后方能换载大船。故此吴城镇既是水路交通的中心地区,又是依靠百货的集散而繁荣起来的转运贸易的中心,是赣江和修河的咽喉①。

早在明嘉靖年间,吴城镇便有水次(水边的望楼)②,但自明末才开始繁荣③。清代康熙年间,吴城镇具有来苏、里仁、福民等六坊体制④,发展成为"吴城,西江巨镇也。……大江环其三面,民萃族而居。日中为市,商艘趋之"⑤。至乾隆初年,有记录指出,"天下之市镇不一处,豫有朱仙,楚有汉口,江右有吴城,其远近商贩,肩摩接踵,率与佛山同"⑥,乾隆45年的记载称,"吴城……四方商旅所辏集,往来舟楫所停泊……舳舻十里,烟火万家"⑦。由此可知,吴城镇非但已经是江西的大镇,而且已经发展为中国的大商镇。随着吴城镇的如此发展,开始出现了商税征收和治安问题。于是清初将南昌府的"军捕水利同知"派遣至该地⑧。

广东贸易体制时期是吴城镇发展的鼎盛时期。该时期,吴城镇东西四五里,南北约两华里,社区由6坊8码头9垄18巷构成⑨,镇内常住人口为7万余人,流动人口为2万余人,至1938年镇区的人口尚达4万余人⑩。然而在最近的研究称,"鼎盛时期的吴城拥有10万常住人口和流动人口"⑪。

---

① 沈兴敬,1991,p.96。
② 王在晋,《通漕类编》卷3,《征兑运纳》。
③ 梁洪生,1995,pp.104—105。西方的传教士利玛窦自1595至1598年滞留于江西南昌,曾三次来往于吴城镇附近,但是在他的《利玛窦中国札记》(中华书局,1983)中,却只字未提吴城镇。
④ 康熙《新建县志》卷7,坊乡考。
⑤ 杨周宪,《吴城石堤记》,康熙《新建县志》卷15,艺文志。
⑥ 陈炎宗,《佛山镇论》,乾隆《佛山忠义乡志》卷1。
⑦ 梁份,《重修望湖亭记》,《怀葛堂集》(《豫章丛书》第197册)卷4。
⑧ 光绪《江西通志》卷14,职官表。
⑨ 道光《新建县志》卷7,坊乡《当代吴城镇建设》。
⑩ 永修政府调查组,《当代吴城镇建设》(未刊本。梁洪生,1995,p.105再引);萧放,1987,p.150;魏双凤,《重修望湖亭记》,道光《新建县志》卷79,艺文志。
⑪ 曹树基,2001,(第5卷),p.767

吴城镇涉及的江西当地的重要商品,有木材、茶叶、纸、盐、苎麻、粮食等。在以赣南为首的赣江及其支流沿岸以及江西西北地区出产的所有木材,首先到达吴城镇之后,再构成大规模的木排经鄱阳湖和长江发往江浙及其他地区。根据《南京条约》,五口通商之后,通过赣江水运的交易额在"十减八九"的情况下,只有木材业成为吴城镇唯一的经济支柱①,吴城镇是江西最大的木材集散地。另外,在修河上游的山区各县,有义宁州的茶叶、奉新和靖安等县的纸张、武宁的茶叶和竹木等产品沿修河汇集于吴城镇。

在汇聚于吴城镇的商人中,以瑞州帮、宁都帮、吉安帮、抚州帮、广信帮等江西本地商人居多。《新建县志》记载了广东贸易体制时期重修吴城镇万寿宫(江西会馆)的过程:

> "万寿宫,在吴城后河。顺治年间建,乾隆间毁。嘉庆十一年,合镇绅商捐费万金复建。……道光二十年,正殿中梁坠,绅商复捐金万余修葺"。②

即,嘉庆11年(1806),修建了正殿、玉皇阁、观音堂等,道光20年(1840)重修了正殿。30年间重修两次,足见江西商人的势力之大,每次重修时,绅、商相互协作的情况较为奇特。吉安商人亦修建了自己的会馆,称"合德堂"。吉安会馆的始建年代不详,据尚存于会馆旧址内的《重修吉安乡祠合德堂记》记载,由于年久失修,绅、商合资两万余两,从嘉庆20年夏至23年秋,历经三年,将原来的两进建筑物扩建为三进,堂内修建了莲花池,堂外修建了魁星阁、客厅、旅舍等③。武宁县绅、商亦在吴城镇修建会馆,除了为商业提供方便之外,还为武宁绅士的旅行提供了方便④。

---

① 江西省政府经济委员会,1971,pp. 21—22;梁洪生,1995。
② 道光《新建县志》卷66,二氏志,《寺观》;同治《新建县志》卷70,《寺观》。
③ 吴城镇尚较为完整地保存吉安会馆的门首建筑,由此可以推测当时豪华建筑物的模样。笔者曾于2002年8月3日访问过吴城镇。
④ 同治《武宁县志》卷32,艺文,《吴城武宁公馆记》。

在吴城镇,除了这些本省商人之外,还有很多徽州、山西、湖广、福建、广东的客商。他们各自在吴城镇建立会馆和公所①,清末其数量估计达到了 20 余所,其中十所为徽州、山西等客商所建,工商业同业的公所亦有 30 余所②。其中以盐、木材、纸张等力夫(脚夫)为中心的人们还修建了太子庙。吴城镇的商人起初多为江西本地商人,然而至清代逐渐为徽州商人所替代。至清末的咸丰、同治年间,由于曾国藩、彭玉麟等率湘军水师进驻吴城镇,并给予扶持,于是湖南商人逐渐增多,还建立了会馆。

1907 年,吴城镇成立了商会,据 1909 年的记录,26 名董事中,有江西人 16 名,徽州人 6 名,福建人 2 名,直隶和浙江人各 1 名,总理朱锡龄亦为徽州人。考察这 26 人的身份,具有绅士头衔的商人有 23 人,监生 2 人,生员 1 人。从而 26 人全员是"绅商"③。清末民初的新政时期,"绅、商"或"绅商"活跃于社会的支配阶层是中国全境的普遍现象④,但是像吴城镇这样全员是"绅商"的情况并不多⑤。

Ⅱ. 乡村定期市的丛生

自明中期以来,中国乡村的定期市大量形成现象是城乡商品经济发展的重要标志。中国的定期市被称为墟、市、集、场、埠、店、圩等,这些定期市有十天两次或三次不等的固定集期,而且周围还有一定数量的固定居民。为了更加清楚地了解广东贸易体制下的江西省定期市的发展状况,将明清时代江西省定期市的发展趋势加以表格化,便如表

---

① 参见吴城镇最早的会馆是康熙年间福建商人建立的"八闽会馆"。李光坡,1999,p. 203。
② 梁洪生,1995、1999。
③《东方杂志》第 3 年 3 期;梁洪生,1995. pp. 106—108。
④ 参见马敏、朱英,1993;马敏,1994;马敏,1995;阮忠仁,1988;汪林茂,1990;王先明,1997;朱英,1991;金衡钟,2002;吴金成,2007 - B;曾田三郎,1997;萧邦奇,1982;冉玫莉,1986;周锡瑞、冉玫莉,1990 等。
⑤ 前文所述的樟树镇亦于光绪年间成立了商会,据 1909 年的组织结构图,在总理和议董共 10 人中,有绅商 5 人,士人 3 人,商人 2 人,其中 8 人是"绅商"。参见罗辉,1999,p. 37。

1-3-1所示①。

表1-3-1 明清时代江西省的定期集市变化表

地区名	府县名		明中期	16世纪后半叶—17世纪前半叶	康熙年间	乾隆年间	19世纪前半叶	19世纪后半叶
赣北区	九江府	德化县	3	3		9		9
		德安县				13		13
		瑞昌县	5					
		糊口县	2		4	6	6	7
		彭泽县				13	15	15
		府合计	10(100%)	3	4	41	21	44(440%)
	南康府	星子县			7			25
		都昌县			9			22
		建昌县			17			17
		安义县			5			12
		府合计			38(100%)			76(200%)
	饶州府	鄱阳县	6		11		12	20
		余干县	7		8			21
		乐平县	5		17	17		19
		浮梁县	2		9	10		
		德兴县	2		2			
		安仁县	4		9			14
		万年县			4			5
		府合计	26(100%)		60	27	12	79(304%)

---

① 方志远(2001.pp.476—480)亦整理制作了类似的表格,并进行了一定的参考,但是其分析中存在不少的谬误,因此笔者在参考其表格基础上,另作了一份表格。

续 表

地区名	府县名		明中期	16世纪后半叶—17世纪前半叶	康熙年间	乾隆年间	19世纪前半叶	19世纪后半叶
赣北区	南昌府	南昌县		7		34	34	34
		新建县		7	8		8	29
		丰城县	5	10	5		57	57
		进贤县	6	4	17			27
		奉新县		3	7		4	6
		靖安县						10
		武宁县	8	7	12	24	29	37
		宁州	15	14			38	38
		府合计	34(100%)	52	49	58	170	238(700%)
	瑞州府	高安县	5	17	8	8		
		上高县	10	14	4	6		30
		新昌县	16	18	20	20		36
		府合计	31(100%)	49	32	34		66(213%)
	区合计		101(100%)	104	183	160	203	503(498%)
赣中区	袁州府	宜春县	6		6	6		14
		分宜县	4			6		11
		平乡县	6		9	9		20
		万载县	6		11	11		30
		府合计	22(100%)		26	32		75(341%)
	临江府	清江县	8	9	9	24		24
		新淦县	4	7	7			27
		新喻县	10	13	20			59
		峡江县	4	8	8	11		11
		府合计	26(100%)	37	44	35		121(465%)
	吉安府	庐陵县				28	34	34
		泰和县				17	17	18

续 表

地区名	府县名		明中期	16世纪后半叶—17世纪前半叶	康熙年间	乾隆年间	19世纪前半叶	19世纪后半叶
赣中区	吉安府	吉水县				22	22	22
		永丰县			18			43
		安福县				25		30
		龙泉县				20		21
		万安县						21
		永新县						17
		永宁县				5		
		府合计			18	118(100%)	73	206(174%)
	抚州府	临川县	42		8			40
		崇仁县	12		12		25	28
		金溪县	10		17	19	19	24
		宜黄县	18		10		22	27
		乐安县	14		17			21
		东乡县	11		11			17
		府合计	107(100%)		75	19	66	157(147%)
	广信府	上饶县	2		2	3		3
		玉山县	3		3	4	2	5
		弋阳县	2		2	2		2
		贵溪县	2		2	2		2
		铅山县	4		7	11		12
		广丰县				7		12
		兴安县				2		2
		府合计	13(100%)		16	31	2	38(292%)
	建昌府	南城县	17		15	25		31
		南丰县	9	11	9	18		18
		新城县	2		7	8		7
		广昌县	5		12	12		12
		泸溪县		8		5		13
		府合计	33(100%)	19	43	68		81(245%)
	区合计		201(100%)	37	162	249		678(337%)

续　表

地区名	府县名		明中期	16世纪后半叶—17世纪前半叶	康熙年间	乾隆年间	19世纪前半叶	19世纪后半叶
赣南区	赣州府	赣县	23	23			40	40
		雩都县	29	27	28	47	41	53
		信丰县	44	41		55	25	25
		兴国县	21	21	8		20	20
		会昌县	7	11		19	31	35
		安远县				9	33	33
		宁都县	41	6		38	49	
		瑞金县	11	6			34	35
		龙南县	12	12	11	16	16	16
		石城县	2		3	24	25	
		定南县		1		10	20	20
		长宁县		4		18	22	24
		府合计	190(100%)	152	50	226	356	301(158%)
	南安府	大庾县	11			8		16
		南康县	19	21		20		28
		上犹县	4				7	11
		崇义县					25	25
		府合计	34(100%)	21		28	32	80(235%)
	区合计		224(100%)	173	50	254	388	381(170%)
全省合计			526(100%)	333	455	717	732	1562(297%)

《资料》

《江西通志》(嘉靖4、万历25、康熙22、康熙59、雍正10、光绪7年刊本)。

《九江府志》(嘉靖6、康熙12、同治13年刊本);《德化县志》(乾隆45、同治11年刊本);《德安县志》(同治10年刊本);《瑞昌县志》(隆庆4、乾隆20、同治10年刊本);《湖口县志》(康熙12、乾隆21、嘉庆23、同治13年刊本);《彭泽县志》(万历10、乾隆21、嘉庆24、同治12年刊本)。

《南康府志》(正德10、康熙15、康熙60、同治11年刊本);《星子县志》(同治10年刊本);《都昌县志》(康熙33、同治11年刊本);《建昌县志》(康熙14、同治10年刊本);《安义县志》(同治10年刊本)。

《饶州府志》(正德6、康熙22、同治11年刊本);《鄱阳县志》(康熙22、道光4、同治10年刊本);《余干县志》(康熙23、同治11年刊本);《乐平县志》(乾隆17、同治9年刊本);《浮梁县志》(康熙21、道光3年修,12年增补刊本);《德兴县志》(康熙23、道光3、同治11、民国8年刊本);《安仁县志》(同治11年补刊本);《万年县志》(同治10年刊本)。

《南昌府志》(万历16、乾隆54、同治12年刊本);《南昌县志》(乾隆16、乾隆59、道光29、同治9、光绪32年修,民国8年刊本);《新建县志》(康熙19、同治10年刊本);《丰城县志》(嘉靖42、康熙3、道光5、同治12年刊本);《进贤县志》(嘉靖42、康熙12、道光3、同治10、光绪24年补刊本);《奉新县志》(道光4、同治10年刊本);《靖安县志》(嘉靖44、乾隆28、同治年刊本);《武宁县志》(嘉靖22、康熙6、隆51、道光4、同治9年刊本);《宁州志》(嘉靖22、道光4、同治12年刊本)。

《瑞州府志》(正德10、崇祯元、同治12年刊本);《高安县志》(康熙10、同治10年刊本);《上高县志》(嘉靖33、康熙12、同治9年刊本);《新昌县志》(康熙22、同治11年刊本)。

《袁州府志》(正德9、嘉靖22、嘉靖40、乾隆25、咸丰10、同治13年刊本);《宜春县志》(康熙47、民国29年石印本);《分宜县志》(康熙22、道光2、同治10、民国29年刊本);《萍乡县志》(康熙22、同治11、民国24年刊本);《万载县志》(康熙22、雍正11、同治11、民国29年刊本)。

《临江府志》(嘉靖15、隆庆6、康熙7、同治10年刊本);《清江县志》(乾隆45、道光4、同治9年刊本);《新淦县志》(康熙12、康熙54、同治12年刊本);《新喻县志》(康熙12、道光5、道光29、同治12年刊本);《峡江新志》(乾隆32、同治10年刊本)。

《吉安府志》(万历13、顺治17、乾隆41、光绪元、民国30年铅印本);《庐陵县志》(乾隆46、道光5、同治12年刊本);《泰和县志》(万历7、乾隆18、同治11、道光6、光绪5年刊本);《吉水县志》(道光5、光绪元年刊本);《永丰县志》(嘉靖22、庆熙23、同治23年刊本);《安福县志》(康熙18、乾隆47、同治11年刊本);《永丰县志》(嘉靖36、同治12年刊本);《万安县志》(同治12年刊本);《永新乡志》(庆熙22、乾隆11、同治13年刊本);《永宁县志》(乾隆15、同治13年刊本)。

《抚州府志》(弘治15、嘉靖33、崇祯7、康熙27、雍正7、光绪2年刊本);《临川县志》(康熙19、嘉庆22、同治9年刊本);《崇仁县志》(康熙12、道光元、同治12年刊本);《金豁县志》(康熙21、乾隆16、道光6、同治9年刊本);《宜黄县志》(康熙3、道光5、同治10年刊本);《万安县志》(康熙23、同治10年刊本);《东乡县志》(嘉靖5、康熙4、同治8年刊本)。

《广信府志》(嘉靖5、康熙22、乾隆48、同治12年刊本);《上饶县志》(乾隆49、道光6、同治11年刊本);《玉山县志》(康熙20、乾隆49、道光3、同治12年刊本);《弋阳县志》(万历9、康熙22、同治10年刊本);《贵溪县志》(康熙22、同治10年刊本);《铅山县志》(嘉靖4、万历46、康熙22、乾隆8、乾隆49、嘉庆刊本、道光刊本、同治12年刊本);《广丰县志》(乾隆49、同治11年刊本);《兴安县志》(同治10年刊本)。

《建昌府志》(正德12、万历41、乾隆24、同治11年刊本);《南城县志》(康熙19、同治12年刊本);《南丰县志》(万历14、康熙22、乾隆30、同治10、民国13年刊本);《新城县志》(正德11、康熙12、乾隆16、同治9年刊本);《广昌县志》(康熙22、同治6年刊本);《泸溪县志》(乾隆16、同治9年刊本)。

《赣州府志》(嘉靖15、天启元、乾隆47、道光28、同治12年刊本);《赣县志》(乾隆21、同治11年刊,民国20年重印本);《雩都县志》(康熙元、乾隆22、道光10、同治13年刊本);《信丰县志》(乾隆16、道光4、同治9年刊本);《兴国县志》(康熙22、乾隆15、道光4、同治11年刊本);《会昌县志》(康熙14、乾隆16、同治11年刊本);《安远县志》(乾隆16、道光3、同治11年刊本);《宁都县志》(万历26年、道光4年刊本);《瑞金县志》(嘉靖22、万历31、康熙2、康熙49、道光2

年刊本);《龙南县志》(康熙 48、道光 6、光绪 2 年刊,民国 25 年铅印本);《石城县志》(顺治 17、乾隆 46 年刊本);《石城县志》(顺治 14、乾隆 44、道光 5、同治 11 年刊本);《长宁县志》(乾隆 14、咸丰 5、光绪 2、光绪 25 年刊本)。

《南安府志》(嘉靖 15、康熙 49、乾隆 33、同治 7、光绪元年刊本);《大庾县志》(乾隆 13、咸丰元、同治 13、民国 8 年刊本);《南康县志》(嘉靖 34、康熙 49、乾隆 18、同治 11 年刊本);《上犹县志》(康熙 36、道光 3、光绪 19 年重订本);《崇义县志》(嘉靖 32、同治 6、光绪 21 年刊本)。

从表 1-3-1 中可以看出,从定期市真正开始出现的明中期至清末,定期市总数由 526 个增至 1562 个,密度上,从平均每 310 平方公里有一个定期市增长至每 104 平方公里即有一个定期市,每县平均有 20 个,而农民的活动半径 5 公里有余,净增长 197％。还又清代,从康熙年间的 455 个增至清末的 1562,净增长 243％。广东贸易体制时期尽享繁荣的广东省则由清初的 1549 个增至清末的 2438 个,净增长率不过为 57.4％,可见同期江西地区的定期市增长率远远高出广东地区①。

江西省的定期市大多始现于明中期,至明末已有相当数量的增长,但其增长幅度并不大②。在 17 世纪中叶的明清交替时期,由于长期的战乱,江西省所有地区均有人口流失,城市和定期市亦大部分遭到破坏③。因此至顺治和康熙前半期,定期市的数量尚不及明末的情况较多。此后自平定三藩之乱后的康熙中期开始逐渐恢复,从乾隆年间各地的定期市开始丛生,在乾隆—嘉庆—道光年间,即广东贸易体制时期达到了巅峰。整体而言,尽管可以说同治、光绪年间维持了广东贸易体制时期的水平,但从表 1-3-1 来看,也有减少的地区。

然而如果考察明清时代定期市的增加情况,明代定期市发展较早的地区日后增长率并不大,而明代定期市发展缓慢的地区日后增长率很高。如果将明中期的定期市数量视为 100,那么属于前者的抚州府的净

---

① 许檀,1997,p.24,表 3 参照。只是也有象吉安府和南康府那样,全然没有明代的记录情况,所以这种统计也只能理解其大概的趋势。
② 早期地方志记载的定期市,而后世的地方志却没有给予记载的情况也较多,但是不能因此认为该地区的定期集市完全消失。因为尽管一些地方志称,(1)"昔日定期集市今已消失",(2)"或设或废,无定",(3)"各墟,间有兴废无常者",但是没有这种记录的地方志亦很多。
③ 康熙《新城县志》卷 1,镇市;康熙《湖口县志》卷 1,镇市;吴金成,1991;本书第三篇第二章等参照。

增长率不过47％,赣州府则不过为58％左右。而属于后者的南昌府的净增长率则为600％,临江府为365％,九江府为340％,袁州府为241％,饶州府为204％,其下是广信府192％,建昌府145％,南安府135％,瑞州府113％。另外,赣北区的南康府地区则没有明代的记录,清代从康熙年间至清末增加了100％。在江西省,文化发展程度仅次于南昌府的吉安府,从明代至康熙年间没有关于定期市的记录,只有从乾隆年间至清末增加了74％的记载①。

明中期,定期市分布最稠密的地区是,赣中地区的抚州府和赣南地区的赣州府。整个江西省平均310平方公里便分布有一个定期市("定期市空间覆盖面积"＝平方公里/市,以下简称为覆盖面积),10619平方公里的抚州府共有107个定期市,覆盖面积为99平方公里,农民的活动半径是5公里左右;30905平方公里的赣州府有190个,覆盖面积为163平方公里,活动半径是7.5公里左右。而在明代,定期市发展最滞后的是赣北地区的南昌府和饶州府。尽管南昌府有省城,而且是经济发达地区,但是在22169平方公里的地域内只有34个定期市,覆盖面积为652平方公里,活动半径是13公里左右;饶州府在15947平方公里的地域内有26个,覆盖面积为613平方公里,活动半径是12公里左右②。

然而清代的发展却迥异于明代。整个江西省定期市的平均覆盖面积在105平方公里(100平方公里定期市的密度是0.96个)的趋势下,定期市分布最稠密的地区是赣中的临江府。临江府的人口密度在江西最高,人均耕地是2.27亩,也比其他府要高出一倍以上③,定期市的平均覆盖面积是46平方公里(100平方公里定期市的密度是2.2个),农民的活动半径仅为3.5公里左右。继而依次是抚州府68平方公里,南康府71

---

① 尽管不能认为明代南康府或吉安府地区就没有定期集市,但是目前除了地方志的记录之外,没有其他可考证的办法。因而这种比较不过是为了理解明清时代的大趋势,不得已而为之的方法。
② 各地的面积参照了江西省测绘局,1996的数据。对于完全没有明代记录的南康府和吉安府以及记录不完整的九江府和广信府则没有予以考虑。
③ 许檀,1997,p.25,表4;方行 等,2000,pp.1064—1069。

平方公里,瑞州府和南安府87平方公里,定期市的增长率最高的南昌府是93平方公里。位于赣北东部的广信府的覆盖面积是334平方公里,饶州府是202平方公里①。

如果把江西的地理位置大致分为北部5个府(以下称赣北区,南昌、瑞州、九江、南康、饶州),中部6个府(以下称赣中区,广信、建昌、抚州、吉安、临江、袁州)和南部2个府(以下称赣南区,赣州、南安),清末赣北区有503个定期市,覆盖面积是110平方公里,每百平方公里有0.9个定期市,赣中区有678个定期市,覆盖面积是103平方公里,每百平方公里有0.96个定期市,赣南区有381个定期市,覆盖面积是99平方公里,每百平方公里有1个定期市。清末,整个江西共有定期市1562个,每县平均20个,每百平方公里有0.96个,平均104平方公里有1个,农民的活动半径是5公里有余。然而明清时代,赣北的经济和文化发展程度最高,其次是赣中和赣南。如果仅从上述现象来看得出的结果,可能是定期市的发展并不完全同经济或文化的发展程度成正比。

然而有省城的赣北南昌府却能看到另一种现象。南昌府是从鄱阳湖的西岸和南岸一直向赣北西部的,湖南、湖北、江西三省交界地区延伸得较长一个府,把其中间的腰部(狭窄部)分,分别从南北被瑞州府和南康府所夹呈"长鼓"状。南昌府的地理环境是,以腰部为中心被两分为东部四县(鄱阳湖西岸的南昌、新建、丰城、进贤)和西部四州县(奉新、靖安、武宁县及宁州)。南昌府东部地区位于鄱阳湖西岸和南岸,赣江贯穿中轴,是江西省经济和文化发展最先进的地区。西部则是山区,所以这两个地区尽管同属一府,明代在经济发展方面却多有不同②,定期市的发展亦是如此。如前所述,南昌府是明清时代定期市增加最快的地区,清末南昌府定期市的平均覆盖面积是93平方公里,东部地区是平均65平

---

① 用这种方法理解定期市的发展状况,尽管可以了解大致的趋势,但是却无法了解确切的趋势。总之这种方法参照了方志远的论述(2001. pp. 476—491),但是由于其分析中有不少的谬误,因此笔者自己又做了重新分析。
② 吴金成,1986,pp. 96—98。

方公里。西部地区则为138平方公里。由此可见,经济和文化发达,交通便利的东部地区和在这三个方面都落后的西部相比,定期市发展得更为迅速。这种现象,在赣中的吉安府也有类似的情况。吉安府位于赣江中游,有赣江贯穿,可分为经济、文化发达的东部五5县和位于山区,经济和文化落后的西部四县。然而清末东部五县的定期市平均覆盖面积是98平方公里,而与此相比西部四县则为153平方公里,同南昌府的现象非常相像。

那么本章关注的,从大庾岭商道→赣江水路→鄱阳湖→长江的贸易线路沿岸地区的定期市是,怎样变化的呢?

首先来考察一下从广东翻越大庾岭之后首战到达的赣南地区。赣南有位于大庾岭商道沿线的南安府大庾县和由此沿章水而下到达的南康县。大庾县的定期市由乾隆年间的8个增至19世纪后半叶的16个,其中9个位于大庾岭商道上①。随着大庾岭商道的发展,商道沿边的定期市日渐增加。然而随着该商道过境贸易规模的扩大,影响了大庾县城和商道沿线,但对内陆地区的定期市却并未产生太大影响。而伴随大庾县城一同繁荣的定期市,则随着大庾县城的衰落而衰退或消失。南康县由16世纪后期至17世纪前半期的21个反倒降至乾隆年间的20个,19世纪后半叶又增至28个。从南康沿章水北下,便会到达同贡江合流,从而成赣江三角洲的赣州府城。该府赣县的定期市由天启年间的23个增至道光年间的40个②。赣南地区的定期市基本形成于交通要地,在水路交通的要地尤为密集。定期市的集期有1、3、7日,2、5、8日,3、6、9日等不等,大体上附近的三个定期市形成了一个小循环单位,这可能是为了给附近农民的农产品交换提供便利。这些定期市大体上输出粮食和竹木,输入食盐和棉布。在赣南地区,宗族的影响力为定期市的形成和变

---

① 乾隆《大庾县志》卷2,疆域;同治《大庾县志》卷3,建置,《墟市》;胡水凤,1993,p.59;谢庐明,1998;谢庐明,2001;黄志繁,1998等参照。
② 天启《赣州府志》卷3,舆地志3,街市,《巷井墟镇埠》;同治《赣县志》卷10,建置志。

化发挥了极大的作用①,然而开店者基本上是远乡的大贾②。

从赣南的赣县沿赣江北下便会到达赣中地区。在该地区可逐次到达吉安府的万安、泰和、庐陵、吉水四县,继续沿江而下便会依次到达临江府的峡江、新淦、清江三县。首先,万安县在19世纪后半叶的记录始称,有21个定期市③;泰和县在乾隆年间和19世纪前期均为17个,至19世纪后半期变成了18个④;庐陵县由乾隆年间的28个增至19世纪前半期的34个,并延续至19世纪后半期⑤;吉水县在乾隆年间便有22个,此后未再发生变化⑥。而临江府的峡江县则由康熙年间的8个增至乾隆年间的11个⑦;新淦县由康熙年间的7个增至19世纪后半期的27个⑧;樟树镇所属的清江县由康熙年间的9个增至乾隆年间的24个,并延续至光绪年间,其中一半位于水路沿边⑨。

从赣中的清江县沿赣江北下,沿途依次是赣北南昌府的丰城、南昌、新建县,过了位于新建县边界的吴城镇,经鄱阳湖便会依次到达南康府的星子县和九江府的湖口县。丰城县的定期市由万历年间的10个锐减至康熙年间的5个,19世纪前半叶则又增至57个⑩。南昌县由万历年间的7个增至乾隆年间的34个,其中6个位于水路之上,7个位于官道之上,尤其是三江口镇、市汊镇、茌港市等繁荣的大市镇悉数位于水路之

---

① 黄志繁,1998,pp.37—54。
② 同治《赣州府志》卷20,"风俗"称"郡邑列肆而居者,皆远乡大买……异乡作客,赣人节少"。
③ 同治《万安县志》卷2,建置志,《市墟》。
④ 乾隆《泰和县志》卷4,舆地,《乡里》;道光《泰和县志》卷2,舆地,《墟市》;同治《泰和县志》卷4,舆地志,《廂乡》。
⑤ 乾隆《庐陵县志》卷5 地舆志4,《墟市》;道光《庐陵县志》卷2,地舆志,《墟市》;同治《庐陵县志》卷2,地舆志,《墟市》。
⑥ 道光《吉水县志》卷3,《市墟》;光绪《吉水县志》卷4,地理志,《市墟》。
⑦ 乾隆《峡江县志》卷2,《市墟》;同治《峡江县志》卷2,《市墟》。
⑧ 康熙(54年)《新淦县志》卷2,《市墟》;同治《新淦县志》卷3,《市墟》。
⑨ 康熙《临江府志》卷3,镇市;乾隆《清江县志》卷4,镇市;道光《清江县志》卷3,镇市;同治《清江县志》卷2下,疆域志,市镇。
⑩ 万历《南昌府志》卷5,坊里,丰城县;道光《丰城县志》卷1,地理志,《市镇》;同治《丰城县志》卷1,地理,《墟市》。

上。换言之,南昌县的定期市有 1/3 以上位于主要交通干线①。新建县由万历年间的 7 个增至康熙年间的 8 个,19 世纪后半叶进一步增至 29 个,其中 17 个位于水路沿边,7 个位于官道之上。尤其是以吴城镇为首,一度尽享繁荣的生米、樵舍二镇均位于水路沿边②。星子县由康熙年间的 7 个增至 19 世纪后半期的 25 个;湖口县由康熙年间的 4 个增至乾隆年间的 6 个,19 世纪后半叶进一步增至 7 个③。

在这些定期市交易的商品,基本上以粮食、菜蔬、茶、盐、农具等农民的日常用品为主。然而这种定期市也有类似江南专业市场那样,大量交易特殊商品的市场。例如,南昌府南昌县是江西的粮仓地区,从而:

> "每七八里或三数里,辄有墟市。……所积之货皆日用所需,其运售远道者独米谷,其来则以棉花。……商买争集,帆樯林立"④

那样,米谷专业市场亦多。对临江府新淦县称,"城东墟,花布专行……迎春门外墟,米市及牲口行,宾旸门外墟,米市及猪行"⑤;南康府都昌县周溪市以烟草市场,徐家埠和高家埠以木材市场而闻名⑥。至二十世纪二十年代为止,夏布被称为江西省第二大特产⑦,在赣州府的兴国、石城县以及宁都州还有多处夏布专业市场⑧。而大量生产夏布的袁州府万载县,每定期市均有三四家乃至六七家布行售布,大约每年 3 月至 5 月,湖

---

① 万历《南昌府志》卷 5,坊里,南昌县;乾隆(59 年)《南昌县志》卷 3,舆地,《市镇》;道光《南昌县志》卷 3,舆地,《市镇》;同治《南昌县志》卷 1,舆地,《市镇》;曾国藩等,《江西全省舆图》卷 1,南昌府属,《南昌县舆地图》;方志远,2001,p. 529。
② 万历《南昌府志》卷 5,坊里,新建县;康熙《新建县志》卷 5;道光《新建县志》卷 7;同治《南昌府志》卷 6,地理,《市镇》;曾国藩等,《江西全省舆图》卷 1,南昌府属,《新建县舆地图》;方志远,2001,pp. 529—530。
③ 康熙《湖口县志》卷 1,地舆志,《镇》;乾隆《湖口县志》卷 5,建置志,《镇市岭坂》;嘉庆《湖口县志》卷 2,建置志,《镇市岭坂》;同治《湖口县志》卷 2。
④ 光绪《南昌县志》卷 4,《市镇》。
⑤ 同治《新淦县志》卷 2,建置志,《墟市附》。
⑥ 同治《南康府志》卷 5,建置,《乡里街巷坊塔市镇》。
⑦ 姚淑贞,1947(《江西近代贸易史资料》,p. 247 再引)。
⑧ 道光《兴国县志》卷 12,"物产";道光《石城县志》卷 2,"物产";道光《宁都直隶州志》卷 12,《土产》。

南、湖北的客商便"直接到乡采办",清末民初,大布号还前往安徽乃至苏浙地区进行营销①。吉安府龙泉县大汾墟制扇业发达,多生产油纸扇,早自明代便成为贡品②。在广信府③,上饶县的应家口市紧靠煤炭产地,从而形成行铺百余家,上泸坂作为纸张生产地,有行铺二百余家。广丰县洋口墟作为烟草专业市场,有行铺千余家。兴安县葛源街是米谷、葛粉、桐油的集散地,拥有店铺四百余家,居民两千余户;姜里村墟是竹木和纸张的集散地。铅山县自明代以来便有外来客民(尤其是棚民)云集,他们开发山区耕作了经济作物。随之石塘镇形成了纸张和茶叶专业市场,湖坊市形成了纸张和煤炭专业市场,陈坊市形成了纸张专业市场。在广信府一带生产的纸张首先集中于河口镇,然后被徽州、福建、山西等商人销往外地④。

这些商品作物或商品多数被外来客商直接到当地采办,在这一过程中,外来客商和当地的牙行、船行(埠头)、脚夫之间多发生纷争⑤。尤其是往来于赣江的商船,在滨江近湖经常遭遇风浪,于是常有匪船"借救护为名,乘危抢夺"的事情发生。实际上这是船户勾结匪船所行之事。严重的时候,船户、水手、衙役、汛兵、无赖等狼狈为奸实施掠夺,同强盗抢劫并无差异,事后商人们即便告官,亦因为掠夺者早已逃匿而无可奈何。为此,当时的江西巡抚陈弘谋为了保护商船,在赣江沿岸一带的塘汛安排了巡船⑥。另外,在乡村定期市还有不少商人、牙行、手工业者、打短工者、脚夫、无赖等非农业人口,因此多发生纷争和争讼,从而亦有设"墟

---

① 胡邦宪,1936《〈江西近代贸易史资料〉,pp. 248—249 再引)。
② 傅春官,《江西农工商矿纪略》第 4 册,吉安府龙泉县,《商务》。
③ 乾隆《广信府志》卷 2,地理,《乡都》;同治《广信府志》卷 1,《地理》;本书第三篇第二章。
④ 本书第三篇第二章。
⑤ 江西布政司,《西江政要》卷 2,《严禁牙行拖骗客本》《过山脚夫议定脚价》;《西江政要》卷 3,助教;陈宏谋,《培远堂偶存稿》,文檄 卷 13,《禁埠头索用檄》。叶权,《贤博编》(中华书局,1987),p. 22 亦称,"今天下大码头,若荆州、樟树、芜湖、上新河、枫桥、南濠、湖州市、瓜州、正阳、临清等处,最为商货辏集之所,其牙行经纪主人,率赚客钱"。参见方行等,2000,pp. 1332—1352;吴金成,2001 等。
⑥ 陈宏谋,《培远堂偶存稿》,"文檄"卷 14,《禁乘危抢货檄》(乾隆 7 年 7 月)。

长"进行管理的情况①。非但如此,在这种社会变化过程中,随着流动人口的增加:

> "江西各属城市乡村,俱有一种恶乞,名为练子行,以乞丐为生。人非疲癃残疾,实皆年力精壮,强横无赖之徒,三五成群,到处蜂拥,登门入室,索讨钱米,少不遂意,喧闹不止。茶坊酒市,肆行无忌。遇人节庆婚丧等事,则饱索无餍,使人难堪。甚有日则以乞食为名夜则潜行鼠窃,为非作歹,无恶不作。城市犹少,村庄尤甚。②"

那样,乞丐亦变得非常蛮横,可见这些乞丐实际已经变成的无赖。

综上所述,第一,定期市大体形成于航道或官道之上。换言之,经济和文化的发展是定期市发展的要素之一,但是在经济整体发展的状况下,定期市基本上形成于地处水陆交通要地的人口聚集处。尤其在航行便利的河道上尤为密集,越是繁荣的市镇,就越是位于航道线路上,航道的大小和便利与否,左右了其城市的规模。第二,乡村的市场可分为不定期市、定期市和常设市(镇大体是常设市)。定期市是,为附近农民的农产品交换提供方便的集期,有1月1集、10日1集、5日1集、3日1集(10日3集)、2日1集等许多种。其中5日1集被安排为1、6日,2、7日,3、8日,4、9日,5、10日;3日1集(10日3集)则被安排为1、4、7日(或1、3、7日)、2、5、8日、3、6、9日等,三个定期市构成了一个小循环单位。2日1集则由2、4、6、8、10日而成。第三,通过定期市交易的商品基本上是粮食、菜蔬、茶、盐、农具等日用杂货,但是有些定期市亦有专业市场。第四,从定期市的发展来看,即便是大庾岭商道和赣江水路两岸沿边地区,也并不是在广东贸易体制时期达到巅峰的。这种现象可能是,因为广东贸易体制时期经过江西省的商品,即前文所述的湖丝、茶叶、瓷器、洋货、广东货等大部分是,过境贸易的性质所决定的。

---

① 乾隆《信丰县志》卷2,疆域志(下),《街市—巷井墟镇附》,p.125;康熙《铅山县志》卷1,舆地志,《疆域》。顺治《定南厅志》卷2,舆地,《墟市》。
② 陈宏谋,《培远堂偶存稿》,文檄 卷15,《严禁恶乞檄》(乾隆8年4月)。

Ⅲ. 经济作物的种植与手工业的发展

上文考察的大城市、中小城市和定期市的发展,尽管存在规模上的差异,但是大体上是伴随经济作物的种植以及手工业的发展共同发展。仅从上文涉及的地区来看,清末大庾县形成 16 个定期市是,以大庾县城形成的铁器、木器、竹器、酿酒等 40 余个手工业的发达和繁荣为背景的,五口通商之后,随着大庾县衰落而一并衰退和消失①。吴城镇在赣江下游发展时,在修河上游山区各县积极种植着商品作物。据记载,武宁县瓜源口,"烟火不下五千余家,岁出茶、栋、竹木以万计"或"货泉出入,商旅往来,无日不踵相接也"②。河口镇之所以在广信府铅山县获得发展,除了交通条件之外,还有利用附近盛产竹子的条件繁荣了造纸业,而且还有大量出产茶叶等原因③。

如前文所述,清代通过赣州赣关的商品共有 355 种,商人贩运的主要商品多达三、四百种。其中在江西生产的主要经济作物是,苎麻、茶叶、烟草、甘蔗、落花生、薄荷、柑橘、棉花、蓝靛、漆、桐柏油等,主要手工业、加工业有陶瓷器④、制纸⑤、夏布、棉布、制茶、制糖、造船业等⑥。以下介绍其中主要内容。

第一是茶树的种植和制茶业。江西省早自唐代,便以制茶和茶叶输出地区而闻名⑦。而且据 1162 年(南宋时代)的记录,在当时 1,781.5 万斤的中国茶叶总生产量中,江西地区的茶叶生产量是 538 万斤,占全国总生产量的 30.2%,位居首位。而且在当时的江南东路的饶州、信州、南

---

① 胡水凤,1992,p.59;胡水凤,1993。
② 同治《武宁县志》卷 32,艺文。
③ 本书第三篇第二章。
④ 梁淼泰,1991;许怀林,1993,pp.529—533;本书第三篇第一章等参照。
⑤ 本书第三篇第二章。
⑥ 许怀林,1993;方行 等,2000;方志远,2001。
⑦ 许怀林,1993,pp.132—135,523—524;方志远,2001,pp.252—253。

康军,明清时代亦隶属于江西地区,因而如果包括这些地区,江西的产茶比重就会更高①。南宋时代的汪肩吾称,"富则为商,巧则为工。……士与工商,皆出四方以就利。……其货之大者,摘叶为茗,伐楮为纸,坯土为器,自行就荆湘吴越间,为国家利"②,就江西生产的利润最大的商品是茶叶、纸张、瓷器等,这便是基于江西上述背景形成的。

至明代,江西几乎全境产茶,其中尤以赣北的南昌、饶州、南康、九江府,赣中的吉安、广信府闻名③。清代,赣北的瑞州府、赣南的南安府、赣州府亦成为著名的茶叶产区。其中大量输出茶叶的地区有两处。一个是赣北南昌府西北以修水县为中心的武宁县地区。该地区出产的茶叶被制成红茶,并以"宁红"之名经吴城镇输往广州。直至二十世纪三十年代,该地区居民的 80—90% 从事采茶叶和加工,生产量亦在江西最多④。另一个是赣中的东部,以广信府铅山县为中心的信江沿岸诸县(玉山、广丰、上饶、铅山)地区。产于该地和闽北武夷山南麓的茶叶,几乎全部被集中于铅山县的河口镇制成红茶,以"河红"的名经广州和中国北部的恰克图出口⑤。因此河口镇在广东贸易体制时期尽显其巅峰时的繁荣,在铅山县从事茶叶生产的人口多达两、三万⑥,河口镇有茶庄 48 家,交易额达 200 万元⑦。另外,在赣北东北部的饶州府浮梁县一带亦出产优质的茶叶。据二十世纪三十年代的如下文记载,亦可了解其大致的轮廓。

> "本省所以茶产著称,而尤以红茶为大宗,其产于修水、武宁、铜鼓者为宁红,铅山、上饶等县者则为河红,浮梁及欢声之祁门、建德

---

① 《宋会要辑稿》,食货 29-2。
② 汪肩吾,《昌江风土记》,康熙《浮梁县志》卷 8,记。
③ 《明史》卷 80,食货志 4,《茶法》。
④ 上官俅,1937。
⑤ 福琼,1852,pp. 197—198,262—270(《江西近代贸易史资料》,pp. 194,216—219 再引);波多野善大,1961,pp. 129—130;本书第三篇第二章。
⑥ 新编《铅山县志》,铅山,1990,p. 280。
⑦ 光绪《铅山县乡土志》,物产类,茶,《红茶》。

三县所产者则祁红"①。

第二是苎麻种植和夏布生产②。江西与福建、广东、湖北、湖南、四川、安徽、浙江、江苏等地一起以种植苎麻而闻名③。尤其赣北的饶州,赣中的袁州、抚州、建昌、广信,赣南的赣州、南安等诸府地区较为有名,其中尤以赣中的西部袁州府宜春、万载、分宜等3县地区,赣中抚州府的宜黄、临川两县,建昌府的新城、广昌等两县地区,赣南赣州府的兴国、宁都、石城、瑞金四县地区闻名。苎、麻通常每年三、六、九月各收获一次。这些地区除了江西内地人流入之外,还有闽、粤流民大举流入聚居,并生产苎麻④。在大量生产苎、麻的地区,还大量生产夏布,从而从清中期至二十世纪二十年代,夏布发展成为仅次于瓷器的,江西省第二大特产⑤。

但是,因为各地的技术水平和市场条件的不同,夏布的产量和质量上存在很大的差异⑥。清中期之后,以宁都县为中心的赣南地区、以宜黄县为中心的赣中地区、以万载县为中心的赣中西部地区发展成为江西夏布生产和输出的中心地区⑦。据宁都的记载:

> "州俗无不缉麻之家,缉成名为绩。敏者一日可得绩三四两,钝者亦可得一两以上。四五两织成一丈布为最细,次而六七两,次而八九两者,粗矣。……总计城乡所出夏布,除家用外,大约每年可卖银数十万两。……夏布墟则安福乡之会同集、仁义乡之固厚集、怀

---

① 江西《经济旬刊》第7卷13—4期,《皖赣红茶运销委员会设立经过及其成绩》。
② 方志远,2001,pp. 266—276。
③ 郑昌淦,1998。
④ 同治《兴国县志》卷12,《土产》;道光《宁都直隶州志》卷12,《土产》;康熙《新城县志》卷1,镇市;傅春官,《江西农工商矿纪略》第2册,建昌府 广昌县,《商务》;道光《分宜县志》卷12,物产;胡邦宪,1936(《江西近代贸易史资料》,pp. 248—249 再引);曹树基,1997;方志远,2001,pp. 266—276。
⑤ 姚淑贞,1947(《江西近代贸易史资料》,p. 247 再引)。
⑥ 乾隆《石城县志》卷1,《物产》称,"宁都·石以苎麻为夏布·宁都制者尤佳·石布虽不及宁(都)细密,近数十年来,城乡编织,岁出数十万匹。……外贸遍吴、越、亳州间,子母相权,女红之利普矣"。
⑦ 方志远,2001,p. 270—271。

德乡之璜溪集,在城则军山集"①

那样,随着宁都大量生产夏布,在城乡还形成了夏布专业市场,每年从整个宁都州地区售出的夏布交易额达数十万两白银。赣南的石城县亦有很多夏布行市,其中对固厚墟的记载称,"岁出夏布数十万匹,外贸吴越燕亳"②。此外,兴国县亦生产许多夏布,而且也有夏布专业市场③。尽管赣中宜黄县的夏布产量和质量不及赣南,但该地区的夏布分为白夏布、漂白夏布、上等夏布、女儿机夏布等四个等级,其中女儿机夏布的质量毫不逊色于赣南夏布④。因此:

"县中无地不种苎,妇人无人不缉苎。……每岁二三月间,必有山西买人至县贩买夏布,一年贸易亦得银四十万两也"⑤

那样,山西商人还远行至此购买夏布而归。

如前所述,曾是江西第一夏布生产地的赣中万载县,每定期市便有三四家乃至六七家布行,每年湖南、湖北的客商于三月至五月到该地收集夏布而去,清末民初,万载县的大布号还到安徽或苏浙地区进行了营销。清代,万载夏布被认为是"江西出产之大宗"⑥。但是,

"万载夏布为万载、宜春两县夏布之通称。万载产麻不多,夏布原料,多从宜春输入。宜春产麻甚丰,且质地优美,但织布之法,不及万载,故宜春夏布,多在万载制造"⑦。

那样的记载来看,恰似广信府信江沿岸诸县和闽北武夷山南麓出产的茶

---

① 道光《宁都直隶州志》卷 12,《土产》。
② 道光《石城县志》卷 2,《物产》。
③ 道光《兴国县志》卷 12,《物产》。
④ 江西地方志农产资料汇编编辑委员会,《江西地方志农产资料汇篇》(下),江西人民出版社,1964,p.586。
⑤ 道光《宜黄县志》卷 31,艺文志,《宜黄竹枝词》第 69 首。
⑥ 《江西物产总会说明书》(宣统 2 年),《万载县》(《江西地方志农产资料汇篇》《上》,p.90 再引)。
⑦ 民国 36 年 4 月版,《经建季刊》,《万载夏布》(方志远,2001,p.273 再引)。

叶几乎全被收集,在铅山县的河口镇以"河红"之名制成红茶一样,以袁州麻(宜春、万载、分宜三县地区生产的苎麻)为原料纺织的夏布①,则以"万载夏布"之名进行了外销。此外,夏布还在建昌府的新城县和广昌县等地被大量生产和出售②。如此发展的江西夏布生产技术最终被传授至邻近的湖南省各地③。

第三是烟草的种植和加工业。烟草又称蔫或烟,明末从菲律宾和日本传入中国的重要经济作物。天启、崇祯年间,由福建人传入江西开始种植④。因此,在江西最初是邻近福建的赣州府石城、瑞金县,建昌府新城、广昌县,广信府广丰、玉山县等地区开始种植,继而传播至整个赣南地区和吉安府、饶州府等江西的其他地区,34个县种植了烟草,其中赣南地区尤为著名⑤。如后文所述,尽管在同等面积内烟草种植所需劳动力要比粮食生产多出许多,但是利润却是其三倍⑥。对赣南赣州府地区,"属邑遍植之,甚者改良田为烟畲,致辞妨谷收,以获厚利"⑦或"近多闽广侨户,栽烟牟利,颇夺南亩之膏"⑧那样,烟草种植已经非常普遍,这些烟草种植者多数是福建和广东的流移民。瑞金县和新城县还因种植烟草而成为"缺粮"县⑨。赣中广信府的广丰县是全国最大的烟草种植区⑩,但是制烟技术则属邻近玉山县最优,所以形成了"广丰种烟,玉山制烟"的分工,在玉山从事制烟的工人"每日有数千人"⑪,他们大多是福建人,

---

① 《江西之特产》(民国38年4月版)、《袁州苎麻》(《江西地方志农产资料汇篇》《上》,pp. 57—58 再引)。
② 康熙《新城县志》卷1,镇市;傅春官《江西农工商矿纪略》第2册,建昌府 广昌县,《商务》。
③ 方志远,2001,p. 276。
④ 方行等,2000(上),p. 704。
⑤ 方志远,2001,pp. 290—293;黄志繁,2003。
⑥ 方志远,2001,pp. 302—303。
⑦ 乾隆《赣州府志》卷2,"物产"。
⑧ 乾隆《赣州府志》卷2,地理志,"风土"。
⑨ 方志远,2001,pp. 297—298。
⑩ 《江西之特产》(民国38年4月版)、《广丰烟叶》(《江西地方志农产资料汇篇》《上》,pp. 342—343 再引)。
⑪ 道光《玉山县志》卷11,《风俗》;道光《玉山县志》卷12,《土产》。

而且以此起家的案例亦有不少①。

就这样随着烟草的种植、加工以及吸烟的蔓延,引起的弊害亦日渐增多,烟草种植导致的田地被蚕食和缺粮问题,成了比健康问题更重要的争论点。清初,在中国烟草种植最繁荣的福建省"因耕地之七八成,种植烟草,故引起粮食不足,而不得不从江西、浙江、台湾等地输入",并曾主张禁止种植②。江西亦出现了这种现象。康熙年间,瑞金县绅士谢重拔具体列出了如下理由,主张禁止种植烟草。

"烟草……今则无地不种,而瑞金(受其害)为最(毒)。瑞金,山多田少,(地瘠民贫),约计田止二千八百余顷,岁收谷二十八万石,尽瑞谷,仅足以供瑞人,况田有肥硗,岁有丰歉,(又加以邻邑之贩运消耗)……乃连阡累陌,烟占其半,不思谷所以养人,(多一亩烟,即少一亩谷)……然缘乡比户往往以种烟为务者何哉。彼以为谷之利薄,而烟之利厚耳。……及当收采之时,(正值饥歉之候),富商巨买乘其急,而以贱价售之……此种烟之人,已不能受种烟之利矣。至城郭乡村开锉烟厂不下数百处,每厂五六十人,皆自闽粤来。凡米盐鸡豚蔬果油炭之属,尽皆腾贵,此不种烟之人,更受种烟之害也。……夫通一邑之田,既去其半不树谷,又岁增数万锉烟,冗食之人且日引领,仰食于数百里外下流之米"。③

首先由于农民被烟草种植和加工带来的利益蒙蔽了双眼,争先恐后地种植烟草的结果,原本粮食能够自给自足的瑞金县沦为了缺粮地区,其次因为采烟叶的时期恰好同青黄不接期重叠,所以种烟的实际利益进入了大商人之手。

赣中建昌府新城县的情况亦是如此。嘉庆 10 年(1805)遭遇大灾,

---

① 同治《玉山县志》卷 1,《物产》,"闽人之来玉者,率业此以起其家"。
② 郭起元,《闽省务本节用疏》,清《经世文编》卷 36。
③ 谢重拔(邑人,康熙 36 年 拔贡,侯选教谕),《禁烟议》,道光《瑞金县志》卷 11,艺文志。但是,最初介绍该文的康熙《续修瑞金县志》卷 8,《纪言志》中,到处存在修改的痕迹。括号内的内容是为了帮助理解而写上的《续修瑞金县志》部分。

城乡的绅士联合制订了《大荒公禁栽烟约》，试图以此禁止种植烟草①。其内容列举了烟草种植妨碍稻作的六条理由。（1）烟草必定种植于肥沃的土地，谷物反倒耕种于贫瘠的土地。（2）本应浇于农土的粪尿被农民施于烟田，反倒被洒上了石灰。（3）由于烟草种植大量消耗劳动力，所以无暇顾及粮食生产。（4）新城县原本是烟草输入县，但如今却变成了烟草输出县②。（5）以前新城县的每石谷价是六七百文，如果到了八九百文便认为是灾荒之年，但近年随着烟草种植的逐年增加，谷价上涨至两千文以上，所有的物价比从前上涨一倍。（6）"栽烟甚于凶岁"，随着城乡出现富益富贫益贫的现象，常常发生抢米（食粮掠夺）事件③。

然而瑞金县对于上述禁止种植烟草的主张，还提出了反对意见。即《瑞金县志》的编者称，

"烟……今遂无地不种，无人不食，竟为日用必需之物，利与盐，茶等矣。……故漳、泉之人，麇至骈集，开设烟厂。销售既广，种者益多。当春时，平畴广亩，弥望皆烟矣。议者谓，脱稼穑之地以种烟，则产谷无几，又聚千百锉烟之人以耗谷食，则谷价日涌。为害滋甚。不知瑞邑山多田少，一邑所产之谷，原不足以供一邑之食，故常仰给下流之米。卖烟得钱，即可易米。而锉烟之人，即生财于众，非游手冗食者比。地方繁富，则商贩群集，又何忧其坐耗易尽之谷乎。且每岁青黄不接，民用空乏，人见烟草在田，有无可以相通，最为生活计也"④

其逻辑是，瑞金县地区山多地稀，且土质贫瘠，因此种植烟草，以其利润输入粮食反倒更为有利。在经历150余年过程，对于种植烟草出现了相

---

① 同治《新城县志》卷1，风俗。
② 同治《新城县志》卷1，《风俗》亦称，"吾邑莲叶，向凭客商贩自土地广饶有闲地栽烟处，今则外郡客商转贩烟于新城"。
③ 傅衣凌（1775），以《大荒公禁栽烟约》的内容为中心，论述了清代的"农业资本主义萌芽"问题的文章。
④ 道光《瑞金县志》卷2，物产，《烟》。

反的和极为肯定的逻辑。能够变成这样的一种认识的背景中,可能有在广东贸易体制下,江西的经济在整体上升,尤其是商品流通的重要性浮出水面的结果。

小结

江西省位于中国水陆交通的中心——长江中游,北京至广州的交通捷径线路上,位于连接长江↔鄱阳湖↔赣江水路↔大庾岭商道的核心地区。到了18世纪上半叶,江西省在粮食生产、商品作物种植以及手工业的基础上逐渐发展了起来,而文化上则步入了中国领先地区的行列。清朝完成对中国的统治之后,认可了中国同西方的贸易(1685),特别是随着广东贸易体制(1757)的建立,从18世纪后半期至19世纪上半期的约八九十年间,江西省迎来了空前的繁荣,于是便作为经济和文化先进地区而名声大噪。

在广东贸易体制期间(1757—1842),除了省城南昌之外,大庾、赣州、樟树镇、吴城镇等城市得到了极大的发展和繁荣,尤其是吴城镇成了江西四大镇之一。在这些城市的发展背景因素中,它们均位于交通要地,尤其是位于水陆交通要地的因素发挥了极大的作用。该期间还是定期市在江西全境大量形成和繁荣的时期。从定期市的形成条件来看,尽管经济或文化的发展是定期市发展的重要因素,但定期市基本上形成于水陆交通的要地,尤其是在人口和商品聚集的水路交通要地。越是繁荣的城市,越是位于航道干线,航道的大小和便利与否决定了城市的规模和繁荣。赣江沿岸的赣州、樟树镇、吴城镇便是其例。

一方面,尽管交通条件稍逊一筹,但利用周边出产的商品作物,发展手工业的地区也出现了大城市。位于赣北东部昌江沿岸,被称为"瓷都"的景德镇和位于信江沿岸,进行茶叶和纸张中转贸易的河口镇便是其例。尤其是位于袁江和赣江合流之处,被称为"药都"的樟树镇是,具备了所有这些因素的案例,其发展和繁荣是值得瞩目的。在这些大城市和部分中小城市,非但有江西商人,还有无数外来客商建立会馆,积极开展商业活动,购买商品而归,这些省内外商人的势力,随着时代发展出现了兴衰沉浮。而且随着城市规模的扩大和城市社会的日渐复杂,绅士通过会馆发挥的作用亦日渐扩大。上述诸多现象在江西的邻省湖南、湖北也以相似的情况发展①;由于水路发达,形成大量市镇,因此已经从"定期市"阶段进入"常设市"阶段的江南地区,亦以同样的逻辑加以分析②。

　　大城市和定期市的如此丛生和繁荣,同商品作物的发展以及以此为基础的手工业的发展是并行的。在广东贸易体制时期,江西各地种植了诸多种类的商品作物,而且加工这些作物的手工业亦获得了发展,尤其是采茶叶和红茶制造、苎麻种植和夏布生产、烟草的种植和加工等诸多手工业活动非常活跃。在江西,这些经济活动活跃的原因,除了省内人口之外,还有南部的福建和广东人口大举流入传授技术,并提供劳动力的结果。

　　如上所述,在广东贸易体制期间,江西社会的繁荣在历史上是空前绝后的,因此社会变化也非常大。尤其是大庾岭商道↔赣江水路沿岸地区获得了极大繁荣,而且其余波逐渐向江西内陆地区扩散。但是江西社会因为广东贸易体制能够获得的收益处,除了瓷器和茶叶之外,大部分是通过过境贸易所需的服务业而实现的。因此该时期在内陆地区出现的定期市的发展、商品作物的种植以及手工业的发展等现象,与其说是直接受到广东贸易体制的影响而搞活了其背后的内陆地区,倒不如说是伴随着江西社会的整体发展而出现的。

　　江西在广东贸易体制期间享受了空前绝后的繁荣。但是随着鸦片战争的战败,清朝同英国签订的《南京条约》,开放了上海等五个港口,广东贸易体制遂崩溃。于是鄱阳湖↔赣江水路沦落为中级河流。江西

---

① 谢宏维,2001,p.9;方志远,2001,p.529。
② 刘石吉,1987;樊树志,1990;陈学文,1993;陈学文,2000;蒋兆成,1994;范金民,1998;张海英,2002;森正夫,1992;吴金成,2007-A,第三篇第一章《江南的都市社会》等参照。

再次退居于内陆地区,经济开始急剧衰退,今天已经被列为中国落后的中西部地区之一。由于广东贸易体制的形成和废止,江西不为江西人意志所转移地经历了繁荣与落后。只是随着1997年京九铁路的开通,江西省被展望为香港和深圳的内陆基地,而其实际效果亦正在缓慢出现。

第二篇
江西的绅士

第三篇

第一章 南昌教案：最早的反基督教运动

序言

16世纪末17世纪初，中国在政治上，处于东林党和反东林党政治斗争的时期，社会经济上，一方面在全国范围内有大量城市形成，工商业快速发展，一方面全国性的民变、抗租、流民蜂起不断，思想上，在"三教合一"的背景下，受阳明影响的泰州学派试图展开新的社会运动。恰在此时，打着科学技术和天主教旗帜的西学传入了中国。西学的传入为中国的社会、思想和学术带来了不小的冲击，受这种冲击的主体是社会支配阶层——绅士。

明末，西学传入时，已经达到58万余人（占人口总数的0.38%—0.58%）的绅士面对当时激荡的社会变化和西学的冲击，做出了各自不同的反应。具体来看，有西洋的宗教和学术都接纳的群体，有仅接受宗教的群体，有仅接受学术的群体，有排斥西学，试图驱逐传教士的群体等①。其中最后一种群体的绅士占大部分。

---

① 崔韶子，1987，第二篇第一章《明末、清初汉人士大夫的西学认识》；韩延妧，2000。

关于明末西学的传入及其影响,在学术、思想史、东西文化交流史、传教士个人或与其建立关系的中国人的人物论,中国基督教史,西学对中国的影响,中国科学技术史等方面,迄今已经积累了不少的研究成果①,最近还有以"中西文化的冲突"问题开展的研究②。然而关于明末反基督教运动,进行较为广泛分析的只有1616年的"南京教案"③,对于"南昌教案",仅有两三篇文章,做了"出现过"的介绍而已。然而上述研究大部分忽视了当时的社会变化,只是单纯研究了学术和思想而已。

本章从上述问题出发,拟分析明末西学传入时期,以江西南昌为中心的耶稣会传教士同当地绅士间的具体关系。南昌是省城,1607年便拥有天主教信徒600余人,是中国重要的传教基地之一,就在当年,生员们为了驱逐南昌的传教士,联名向地方官府提交了控状,即是"南昌教案"的发生地。既然最初由利玛窦(Matteo Ricci,1552—1610)打下基础,此后亦由传教士倾注心血展开了同官僚、绅士的交往,为何最终还是发生了教案?它有怎样的历史意义呢?

为了综合性地理解南昌教案的背景和历史性质,在第一部分拟整理利玛窦在南昌的停留和在南昌的早期传教问题。第二部分探讨1607年南昌教案发生的始末和教案终结后的神父与绅士的关系,第三部分思考南昌教案的社会经济背景及其历史性质。这项工作是我们理解自明末以来在中国各地发生的诸多教案的一个头绪。

---

① 上述内容不同于本文涉及倾向的研究,所以为了避免烦杂,省去了参考文献。但不完全的参考文献是,徐海松,2001。
② 赵世瑜,1992;林仁川、徐晓望,1999。
③ 罗晓翔,2005;宝成关,1993;李志跃,1998;张力、刘鉴唐,1987,pp. 36—65;金子省治,1957;申周贤,2009;Dudink, Adrian,2001。

Ⅰ. 利玛窦在南昌的停留和早期宣教

1. 利玛窦与南昌绅士①

  1595年(万历23年)年4月18日,利玛窦在同石姓兵部侍郎一起离开广东省韶州,前往南京的路上②,暂时停留南昌参观了铁柱宫。铁柱宫又称万寿宫,是供奉许真君,即许真人的道观,由于焚香人很多,是个非常拥挤的地方,庙宇内外开设了常设市场。南昌人看到陌生的外国人利玛窦来到该处,便充满好奇观看了一阵。当发现他不敬拜许真君神像时,便要强行使之叩拜,而使其受到了侮辱③。此后,利玛窦到达南京,并希望能够定居该地,但未能如愿。1595年6月28日,利玛窦重返南昌定居。在此后的3年多时间里,他在南昌穿着唯有绅士才能穿着的儒服④,

---

① 如无特殊说明,本章所参考的文献如下:利玛窦、金尼阁(何高济等译),1983,第3卷 第9,11—13章;利玛窦、Semedo(矢泽利彦等译),1983,第3书 第9,11—13章参照。《利玛窦中国札记》是Gallagher,Louis J.,1953的中译本,中译者在译者注中纠正了不少英文版的谬误,目前在我们周围最容易购得,因而作为底本使用。然而该书亦有模糊不清的部分,而且与参考其他底本的日译本《中国キリスト教布教史》(1—2)进行比较时,还有不少相异之处。因此本文同时参考了《利玛窦中国札记》和《中国キリスト教布教史》。以下将《利玛窦中国札记》简称为《札记》,《中国キリスト教布教史》简称为《布教史》。
② 在利玛窦的原文中被标记为Scielou的人物,大体上被认为是石星,但是也有异议。林金水,1996,p.38;平川祐弘(庐英姬译),2002,p.229。
③ 罗渔译,《利玛窦书信集》(上),台湾,辅仁、光启联合出版社,1986,"利氏致罗马总会长阿桂委瓦神父书"(1595年11月4日)。《利玛窦书信集》以下简称《书信集》。
④ 利玛窦停留于广东省肇庆和韶州的13年时间里穿着的是僧服,但是他却接受瞿太素的忠告,在韶州裁制了绸缎儒服(《书信集》上》,《利氏致罗马总会长阿桂委瓦神父书,1595.11.4》)。1595年5月中旬,在前往南京的途中,在赣江中游的樟树镇访问当地出身的韶州知府时,首次换穿了儒服(《书信集(上)》,《利氏致澳门孟三德神父书,1595.8.29》)。此后非但利玛窦,所有的神父均开始穿着儒服。据利玛窦称,这是因为尽管中国大部分百姓信奉的是佛教和道教,然而佛教的僧侣和道教的道士却反倒遭受绅士的蔑视。当时明朝严格区分绅士、凡庶(农、工、商)以及胥吏的服饰,而作为西洋人的利玛窦与学校和科举全然无关,却在穿着儒服,这具有非常重要的意义。关于明代绅士的服装,王材,《皇明太学志》卷1,典制(上),《生员巾服》;明《太祖实录》卷213,洪武24年 庚申;《明史》卷138,列传26,薛祥传,附《秦逵》等参照。关于明代庶民的服饰规定,周绍泉,1990参照。关于利玛窦穿儒服的本末,计翔翔,2001参照。

尽可能地动用所有方法全身心地展开了传教。

当时江西的省城南昌是长江以南地区的文化重镇,居住着许多王族和绅士(后述),他们常常会集举办讲学或文社,推敲学术,巩固友谊。利玛窦首先通过同居住于南昌的王族和绅士的交往,试图获得他们的支持和同情。南昌是建安王和乐安王的封地①。建安王首先将利玛窦邀请至自己的王府(1595年8月)。利玛窦穿着儒服,准备了地球仪、日晷等几样礼物拜访,继而还拜访了乐安王。利玛窦还交了许多绅士,其中有阳明学派的大儒章潢(1526—1608)和江西巡抚陆万陔②。这期间,利玛窦还以60金币(ducat)购置了新宅,并于1596年6月迁居③。

在南昌停留期间,利玛窦尽量隐蔽传教的终极目的,利用西洋科学接近官员和绅士。利玛窦的住宅中,陈列着地球仪、日晷仪、浑天仪、棱镜等西洋珍奇的科学仪器,每当有官、绅来访,便赠送礼物,带领参观,同时不失时宜地传播"福音"(耶稣会教理)。利玛窦还利用西方记忆术炫耀自己的记忆力,以引起绅士们的注意④。于是准备参加科举考试的绅士和读书人争先恐后地拜访利玛窦,请求学习记忆术。

为了传教,利玛窦决心尽量杜绝令本地人不顺眼的事情。于是就把服饰和生活方式改成中国式的,修建"论道堂"代替"教会"的名字,以对话的方式传播教理。而且还从思想上排斥佛教和道教,并引用儒家经典说明天主教的教理,以减少两种文化之间的冲突。按利玛窦的想法,儒

---

① 万历《南昌府志》卷11,宗藩;《明史》卷102,诸王世表,建安王、乐安王条。
② 利玛窦同章潢的交游尤为敦笃。在章潢任白鹿洞书院院长(后述)时期,利玛窦似乎曾经拜访该书院,并为学生们传授了几何、天文、化学等西方自然科学,还与他们展开了讨论。邓洪波,2002,p.105;《书信集》(上),《利氏致高斯塔神父书,1595.10.28》、《利氏致罗马总会长阿桂委瓦神父书,1595.11.4》。
③ 当时还发生了附近的里长和居民还诉求"阻止外国人购买房宅居住"的事情。《书信集》(上),《利氏致罗马总会长阿桂委瓦神父书,1596.10.13》。
④ 《书信集》(上),《利氏致澳门孟三德神父书,1595.8.29》、《利氏致罗马总会长阿桂委瓦神父书,1595.11.4》。

家伦理道德性的教训同天主教并无差异①。

1595年11月,利玛窦首次刊行中文著述《交友论》,受到了南昌绅士的极大欢迎。日后赣州知县亦刊行之,以此为契机该著述流布全国,为利玛窦的名声大振起到了推动作用。另外根据陆万陔巡抚的托付,利玛窦还撰写了《西国记法》,并将《四书》译成了拉丁文。1596年,完成了《关于我们的信仰问题的公教要理》的原稿,该内容日后在北京被刊行为《天主实义》,在中国乃至东亚诸国产生了巨大影响②。

由于利玛窦的全身心投入,逐渐打开了南昌传教的局面,而且与他交往的绅士数量亦与日俱增,其中大部分是生员。他收到的名帖有七八包之多,有时因为客人太多,不用说休息,就连用餐时间都得不到保障,以致伤害了健康③。他认为在南昌之所以能够在如此短的时间内获得名声,是因为以下几个原因④:第一,来自遥远西方的外国人穿着绅士的衣冠,精通官话和中国典籍;第二,为了学习他展示的惊人的记忆法;第三,听说他精于数学和天文而为了拜访;第四,为了看他的稀奇的器物(地球仪、棱镜、油画、制本精良的书籍等);第五,对他所掌握的"炼金术⑤"的高度感兴趣;第六,为了听宗教讲学等。

---

① 参见《书信集》(上),《利氏致罗马总会长阿桂委瓦神父书,1595.11.4》、《利氏致罗马总会长阿桂委瓦神父书,1596.10.13》;《札记》,pp.101-104;林仁川、徐晓望,1999,pp.93-94;沈定平,2001,pp.362-363;崔基福,1988等。
② 《书信集》(上),《利氏致罗马总会长阿桂委瓦神父书,1595.11.4》、《利氏致罗马总会长阿桂委瓦神父书,1595.11.4》;《札记》,p.307;平川祐弘,1997。
③ 参见《书信集》(上),《利氏致澳门孟三德神父书,1595.8.29》、《利氏致耶稣会某神父书,(1595.10.28)》;《利氏致罗马总会长阿桂委瓦神父书,1595.11.4》、《利氏致高斯塔神父书,1599.8.14》;林金水,1996,p.49;裴化行(Henri Bernard著,管震湖译),1998,pp.199,203等。
④ 《书信集》(上),《利氏致耶稣会某神父书,1595.10.28》、《利氏致高斯塔神父书,1595.10.28》、《利氏致罗马总会长阿桂委瓦神父书,1595.11.4》、《利氏致罗马总会长阿桂委瓦神父书,1596.10.13》;沈定平,2001,pp.345-346;林金水、邹萍,2000,p.36;平川祐弘,1997。
⑤ 进入中国的传教士们的所有传教费用均由澳门的葡萄牙传教总部支付。但是由于传教士完全隐瞒这种事实,因而中国人认为传教士是通过炼金术筹措居留中国的费用。

2. 在南昌的早期宣教情况①

当时同利玛窦进行交流的南昌的绅士们,不是为利玛窦传播的天主教教理所吸引,而是被他的学术能力、人品以及西洋的珍贵物品所倾倒。因此尽管利玛窦做出了全身心的努力,但实际的传教成果并不大。对自己来到中国的十四五年间受洗者仅有百余人的原因,利玛窦是如下分析的②。第一,中国地大物博,所以不需要他国的文物制度。第二,中国人只关心国泰民安和伦理道德,对死后世界或灵魂问题并不大关注。第三,中国尽管有儒释道三教,但实际对哪一种宗教都不予以积极信仰,只是极度专注于偶像崇拜。第四,中国人基本上对外国人抱有猜忌和排斥心理③。第五,中国的普通百姓不能自由活动,从而难以听到传教的声音,因此传教活动受到了极大的制约。

利玛窦为了打破这种困境,想尽一切办法要到北京觐见皇帝。利玛窦确信,只要获得皇帝对中国传教的许可,在短时间内中国就能成为"福音化"的国家④。所以他在南昌停留期间,千方百计地寻找去北京的方法,最终听说居住于海南岛的前任南京礼部尚书王忠铭(王弘海)⑤为赴任新的官职而经南昌去北京的消息,遂于1598(万历26)年6月25日,随他离开了南昌⑥。

利玛窦离开之后,苏如望(Giovanni Soeiro,1566—1607)神父继承了南昌的传教衣钵。由于他的努力不少百姓皈依了天主教。然而皈依的绅士却非常少。其中年过八旬的老生员(受洗名保罗)撰写了很多关于

---

① 参见《札记》第5卷 第4章;《布教史》第5书 第6章。
② 《书信集》(上),《利氏致高斯塔神父书,1596.10.15》;林仁川、徐晓望,1999,pp.96—97;沈定平,2001,pp.366—367。
③ 《书信集》(下),《利氏致罗马总会长阿桂委瓦神父书,1607.10.18》。
④ 《书信集》(上),《利氏致罗马富利卡提神父书,1596. 10.12》;《利氏致高斯塔神父书,1596.10.15》;沈定平,2001,pp.367—368。
⑤ 昔日,王忠铭被解职南下时,曾到韶州拜访利玛窦结下了深厚的友谊,并约定若日后重新归任,便一同前往北京修正历法中存在的错误,从而二人是熟识的关系。
⑥ 《札记》,pp.313-316。

天主教教理的文章。南昌的信徒们在信仰方面称得上是模范。每逢星期日他们一致来到教会做弥撒,举行葬礼时,杜绝所有的异教仪式,并公开表明天主教信徒身份行走。南昌市外一居民,妇人出门之后便断了消息,于是便向占卜师询问了妇人归来的时日,此后归来的妇人患了鬼上身。因此许多人到其家使用各种迷信的方法,试图恢复该妇人的精神,但都无济于事。此时,一个信徒到他家背诵圣经句子,向该妇人一边划十字圣号,一边厉声斥责恶鬼立刻离开。从此妇人的精神重新恢复稳定。

1604年,南昌的传教活动奠定了一定局面。是年,李玛诺(Emanuele Dias,1559—1639)神父同丘良厚修士一起来协助传教。恰在当年包括一名高官和一名生员在内的受洗者达到了200余人。继而到次年年底,受洗者又增加了一倍,共达400余人。1606年,受洗者有33人,1607年1—9月受洗者多达182人①。在如此激增的信徒中,还有几名皇亲及其家族成员,此外还有儒学的教师和生员等绅士。

中国人在正月初,有在大门立神像的习俗。据此,信徒们将刻有耶稣和圣母之名的牌位立于大门,从而既遵守了中国人的传统,又堂堂正正地公开了自身的天主教信徒身份。

Ⅱ. 南昌教案与绅士

1. 1607年南昌教案的始末②

苏如望神父患结核病死亡(1607)之后,尽管到中国已经十余年,但仍讲不好汉语的李玛诺神父在丘良厚修士的协助下专心传教。然而神父们居住的房屋是利玛窦于十余年前购买的,随着信徒的激增变得非常

---

① 《书信集》(下),《李玛诺神父致罗马阿耳瓦列兹神父书,1604.11.29》;《利氏致罗马总会长阿桂委瓦神父书,1607.10.18》;《札记》,p.496;《布教史》(2),p.51等参照。
② 《札记》第5卷 第14章;《布教史》第5书 第15章。

狭窄,加上位于靠近湖水的地势低洼地带,因此偶尔还会遭湖水侵袭,非常不便。为此1607年8月,李玛诺神父以1200金币(ducat)购买了较为宽敞的房子。由于神父一次拿不出那么多的金额,因此便约定先支付定金600金币(ducat),剩余部分于次年结清。在600金币(ducat)定金中,一部分是靠神父的私房钱和出售此前一直居住的住房所筹得的资金。因此必须赶紧时间迁到新居才行。

就在此时,有几名生员(秀才)以此挑起事端,将写有"外国人随随便便地传播宗教并买大房子"内容的诉状,先提交至省城的兵备道。然而兵备道却不以为然地将其抹杀。遭兵备道拒绝的生员们愤怒之余,召集更多的生员,聚在供奉孔子画像的孔庙进行谋议,最后决议干脆将神父驱逐出南昌。

这一次生员们向南昌知府卢廷选进行了控告①。卢廷选在北京任工部郎中时,同利玛窦有交情,而1606年在其赴任南昌知府时,利玛窦更赠送礼物,并拜托照顾南昌的神父。因此他接到诉状之后,也全然没有对其加以重视。为了引起他的注意,生员们试图通过讼师②,再次提交诉状,但是同样没有产生任何变化。见状,生员们决定,等到所有主要官吏和绅士按照惯例每月初聚在孔庙时,再采取行动。当日仪式结束后,生员中的一人代表众人,当场向地位最高的布政使王佐抗议说,"居住在市内的外国人传授新的宗教并聚集群众"。意识到无法继续保持沉默的布政使,将该案件交由提学官处理③,提学官命令生员们"将详细内容写成诉状提交"。

如果整理上述生员们的行动,起初只有少数生员试图控告。但是当依靠少数力量无法实现自身的意愿时,便呼吁士人的"同类意识",以引导集结更多力量的"士人公议"。之后,又利用每月初官僚和绅士在孔庙

---

① 乾隆《南昌府志》卷30,《职官》(p.2350)。
② 关于讼师的作用和社会的地位参照夫马进,1993;吴金成,2007A,第三篇第二章。
③ 关于提学官的作用,吴金成,1973参照。

聚集的机会呼吁"绅士公议",遂使得官府接受控状①。这是因为儒学的孔庙是形成"绅士公议"的重要温床和结节点。

就在当日,27名生员联名拟写内容大致如下的两份诉状,一份提交给提学官,另一份则提交于布政使。

> 利玛窦、苏如望、李玛诺以及其他西国教士,对皇上犯有谋逆不道之罪,他们在广东、福建、浙江、江西、南北直隶等六个省份内散布在我们人民中间。他们不断彼此交接,到处在河上肆行剽掠,聚敛钱财,然后散发给百姓以讨好群众。他们经常受到官员、显贵和军官们的访问,和这些人秘密盟誓,结成死党。这些人教导我们不要礼拜祖先遗像,这一学说意在绝灭后世子孙对祖先的敬爱。他们有的人捣毁偶像,使庙宇空虚,神灵遭劫而无主。一开始他们只住在小屋里,但今天他们已经购置华堂广室。他们教导邪恶的学说。它引诱愚民入其狡诈的罗网,这类人成群结伙在他们的屋里聚会。他们的教旨远越城墙之外,散播到附近的城镇和乡村并传入旷野;而百姓们受其虚伪所蒙骗,以致学生不务正业,工人不做工作,农夫不耕田亩,商人放弃经商,甚至妇女无心家计。全城均蒙骚扰。最初信其教者不过百余人左右,现今为数已超过二万。这些教士散发某个鞑靼人或撒拉逊人的画像,称之为上帝,说他从天上下凡来拯救并教导全人类,而且按造他们的教义,只有他才能赐给人财富和幸福,这种教义使愚民极易受到欺骗。这些人是大地之上的祸害。现在有正当的理由担心,一旦他们建立起自己的庙宇,他们就要发动

---

① 如后文所述,生员的这些集体行动是,基于其"同类意识"的"士人公议"的表露。明中期之后,以生员为首的未入仕学位所持者之间广泛存在,作为士大夫的自我意识或出自共同利益关系而表露的"同类意识",至明末这种类型的集体行动有时还被称为"士人公议"。另外,乡绅和未入仕士人之间亦存在"同类意识"和收集其舆论的"绅士公议"。这种"士人公议"和"绅士公议"等"地方公议"是全国性的现象。夫马进,1980;吴金成,1986,65-70;吴金成,2007-A,第二篇第一章等参照。

叛乱,一如有消息说他们近来在福建和南京省之所做所为①。因此,申诉人为了有意维护公益,保卫国家,保存古法完整,谨上呈这份诉状,并以全省名义请求将抄件上奏皇帝,请求把这些外国人处以死刑,或者驱逐出境流放到海上的荒岛。②

另一方,受生员控告的李玛诺神父亦向官府控告了生员。他在诉状的末尾恳请官府给予充分的调查,并写下了"如果发现有罪,就甘愿受依法惩罚"。兵备道和提学官亦接受了他的诉状。

该事件的主审官布政使"恶意地"向李玛诺神父询问了如下内容:

> "为什么你们惹起学士们的仇恨之后还不离开这个城市?你们传播的是什么教义?你们犯的这种罪是什么?为什么你们禁止百姓敬奉祖先?你们拜的是什么邪神?你们买这些房子的钱是哪里来的?"

李玛诺神父通过翻译向布政使做了诚实地说明,然而布政使似乎对此完全持怀疑态度。一方,而控告了神父的生员们仿佛就像胜利者似的肆意妄为。一些生员还到信徒家,毁坏了耶稣画像。他们拜托居住于南昌的大乡绅,向官吏催促"早日将神父逐出南昌"。而且还招集更多的生员,拟了同样内容的两份诉状提交给了南昌府附郭的南昌知县和新建知县。其中一人称,"这些外国人宗教的正确与否不成问题,仅以外国人在中国传教这一点就可以赶走他们",并扬言"万一没有把诉状提交上级官府,他本人就可以赶走他们"。

然而对神父较持有好感的兵备道发现了,诉状中神父的所谓罪状大多是虚假的。从而劝告提学官:

> "李玛诺神父是利玛窦神父的同伴。利玛窦在朝廷极受尊敬,

---

① 可能是指,1606 年 12 月 21 日,刘天绪带领三千多人在南京发起的谋叛事件,或是 1607 年末,在吴建和白莲教徒的带领下,荷兰人在福建省上岸的事件。《布教史》(2),p. 142。
②《札记》,pp. 569—570。

而且从皇库中领取津贴。而且神父们已经在南昌住了十二年,而且从来没有人真正指责他们犯过法。希望对案情进行仔细调查。"

当时,作为最高主审官的布政使王佐亦下达了同样的命令。与此同时,兵备道首先传唤提交诉状的生员展开了调查。

> 兵备道:"任谁也完全可以相信这些外国人是诚实的人,而且你们说那一房子中有二十名神父,事实上只有两人。"
> 生员:"神父虽有两名,但是很多人正成为他们的信者。"
> 兵备道:"他们是我们的百姓,为什么我们要怕自己的百姓?"

进而他还做了如下的敷衍说明。"他们的同僚利玛窦在北京受到人人的款待,还领到皇库的津贴。住在皇城之外的官员,怎么胆敢驱逐获允住在宫廷里的人?我命令神父们不得买那么大的房子,百姓不得信他们的教。"然后就在法庭之上,他非常和善地向招呼李玛诺神父说,要购买稍微小一点的房子,坚持信仰是自由,但不要向百姓传播等。布政使王佐亦对提学官说:

> "不要在找李玛诺神父的麻烦。生员们是为了勒索钱财而编造的。……允许神父们买房子吧"

2. 教案终结后的神父与绅士①

生员们提交诉状的数日后,兵备道拟定事件的判决文,由布政使和提学官分别盖章承认了该内容。判决文被贴在行人易见的南昌城门之上。其主要内容大致如下:

> 审查了李玛诺神父和他同僚的案情后,发现这些人因慕中华帝国的名声从西方来此,他们已在国内居住有年,并未表现任何恶意。应该允许他们奉行自己的宗教,但百姓们出于好奇而信奉上帝,则

---

① 《札记》第 5 卷第 15 章;《布教史》第 5 书第 16 章。

不得视为正当。因此奉上官之命,告诫该神父不得蛊惑百姓,诱使他们接受外国宗教。应购买一所足敷所需的小房子,安分地住在里面。……吾命军官,没收所说的天主的神像,凡抄得到的都拿走。禁止百姓任何人信奉外国的宗教,也不允许聚众祈祷。违反这些规定的人一律以跟随白莲教者一样严加惩处,如果军事长官执行不力,将被控以同样的罪行。

提学官亦添言,"禁止百姓信奉外国人的宗教,我准备在神父们住宅的门上张贴禁止神父与外部人过度地经常接触的告示。"

由于生员们提交的控状中存在许多捏造和夸张的内容,因此他们失去了可信度,使得事态反倒向有利于神父的方向发展。第一,在控状所说的"谋逆不道之罪"和"叛乱"等均为毫无根据的诬告。第二,控状中提及利玛窦和苏如望神父,但利玛窦早在十余年前便离开南昌定居于北京,而苏如望神父则早已死亡。第三,"肆行剽掠""聚敛钱财""讨好群众"与受到官员。显贵和军官们的访问并结盟难以共存,彼此相左,第四,信徒人数亦被无休止地放大。

对于担心判决会非常糟糕的神父们而言,这种判决是意外的收获。当时定居于北京的利玛窦的影响力为解决遥远南昌的事件,也发挥了极大的影响。至此,神父们终于洗刷罪名,还获得了宗教信仰的自由,尤其是还获准居住于南昌。判决同生员们期盼的正相反。

判决书的规定不过是为了迎合生员们的要求而作的,形式上的东西。信徒们亦不大在意该规定,也不认为违反它会犯罪。因此,信徒们此后亦继续出来做弥撒。

判决下来之后,官衙派遣了两三名胥吏去通知神父。神父根据当时中国的惯例,送了他们些金钱。但是他们却为了自己的信仰,要求以耶稣的画像替代金钱。他们全然没有考虑自己带来的判决书中指明的禁止规定—"以重刑严格惩治拜画像或家里存放画像"。当神父面带犹豫之情时,恰巧画师带着新制的几幅画像走了进来。见状,他们看都不看神父给他们钱,便拿上其中的一幅就走了。日后,他们之中的一人患病,渴望受洗,并于受洗第五日死亡。

此后不久,布政使王佐升任广东省的高级职位。在他出发时,李玛诺神父前往其乘坐的船舶依依惜别,为了感谢裁决时对神父的支持,还赠送了利玛窦编撰的《天主实义》及其他一些礼物。他翻了几页之后,感到非常高兴,还对旁边的其他官员说,"说这些人禁止他人礼拜自己的祖先,该是多么荒谬,他们的教诫中所写的恰好相反"。继而对神父说:"提学官也已经相信神父并没有犯所控的罪行,并且以指定兵备道做你们的保护人,以后可以放心地住在南昌。"

而拟写诉状的生员们不但其目的遭到挫败,反而还成为百姓们的笑柄,为此愤恨不已。由于告示中明示了他们的名字,因此不但是他们本人,就连他们的家族和亲戚都觉得丢尽了脸面。而且提学官还公言,"万一他们再次诬告神父,就剥夺他们的学位"。

事态发展至此,生员们为了辩护自己的行为,刊行介绍该事件的来龙去脉的小册子,分发给南昌的绅士和官僚,还送到了神父手中。其内容大致如下。

"他们不是出自任何个人考虑才反对外国人的,动机是基于保国家的完整,维护祖先的法制。由于百姓与外国人交往,中华帝国从一开始就遭受了很大的灾难。神父们拒不承认中国的辽阔,这些人为了模仿中国人称国家为'大明',也就把欧洲称为'大西',同时皇帝称为'天子',遂把他们的神叫做'天主',从而把跟他们有关的一切事物都置于中国事物之上。他们认为欧洲历史的起始年代早于中国。神父们只崇拜耶稣和玛利亚,因此让他们住在这里是很危险的。①"

最后在该册子的末尾,还将李玛诺神父描绘为狼和狗。

---

① 《札记》,pp. 578—581。

神父们认为对付这种憎恶和诬告行为的上策是置之不理,保持沉默。小册子被散发后不久,在生员中发挥核心作用的两人暴亡。一人是教唆生员提交非难神父的诉状者,一人是皇亲,他同亲戚一起商议了提交非难神父的诉状。此外,还有两名南昌的重要绅士死亡。他们均为伪善者,表面上他们同神父交往,但背地里却煽动和唆使生员非难神父。

刚刚购买新宅时,神父们以迁至新居后腾房的条件将住宅售予皇族。然而在尚未搬迁的状况下,他们便带着居家器物试图赶走神父。皇族的这种无礼行为恰巧同生员们谋划阴谋的时期重叠。此后经过一番曲折之后,终于以 500 金币(ducat)的价格,在市门附近的大路边购买了一处相当舒适宽敞的住宅。然而这一次却又遭到了房主亲戚和邻居们的诸多骚扰。夜间甚至还有损毁住宅的事情发生,但是也只能忍耐别无他法。但是,日后他们均为神父的品行所感化,成为朋友。

该期间有另外两三个集团的生员原本也各自准备提出诉状,但随后又放弃。因为恰在当时有新任巡抚和察院将赴任南昌,因而提学官下了如下禁令:"万一有向新任巡抚或察院投诉状的生员就剥夺其生员资格。"这种迫害直至翌年(1608)才停止,神父亦终于迁至新居。但是在这迫害期间,信徒却新增了六十余人,实令人感到惊奇。

Ⅲ. 南昌教案的背景和历史性质

1. 明末南昌绅士的生存状况

那么绅士,尤其固执推进上述南昌教案的运动中的生员,具有怎样的历史性质呢?为此拟首先考察明末南昌的绅士,尤其是在绅士中占大部分比例的生员的生存状况是怎样的。

众所周知,至明代位于绅士阶层之底层的生员,亦享有相当于九品官的特权而成为社会的支配阶层[1]。然而至明末,全国的士人数量激增,

---

[1] 吴金成,1986,第一篇第一章;吴金成,2007A,第二篇第一章。

引起了不少的社会问题。明初,生员不过 3 万至 6 万人(不足全国人口的 0.1%),但是自 15 世纪中叶开始逐渐增多,至明末达到了 50 余万(全国人口的 0.33%以上)①。于是生员升为监生和贡生的竞争率,从明初的 40∶1 左右,上升至 300—400∶1,同时期乡试的竞争率亦从 59∶1 上升至 300∶1。从而 60%—70%的生员,属于下一代无法再出生员的"断代生员"。由于生员地位的流动性如此之强,因此顾炎武(1613—1682)称:

"一得为此,则免于编氓之役,不受侵于里胥,齿于衣冠,得以礼见官长,而无答捶之辱。故今之愿为生员者,非必其慕功名也,保身家而已,以十分之七计,而'保身家'之生员,殆有三十五万人。"②

那样,大部分生员只能一边享受国家给予保障的特权,一边在乡村追求可实现的个人利益,不得不过起了"保身家"的生活。

另一方面,监生(贡生、例监生)亦从明中期开始有 12500—22500 人无法获得出仕的机会,而定居于乡村。举人的会试竞争率亦进一步激烈,从 16 世纪开始提高至 15∶1 左右,于是有四五千人无法获得出仕的机会而同样不得不定居于乡村。在乡村社会,生员和监生的现实地位或生存状况变得几乎没有什么差异。尽管国家和社会对未入仕举人的认识尽管稍好于监生,然而无论是他们的生活方式,还是世界观同监生和生员均无多大不同③。

士人阶层在地方社会表现出的这种活动,尽管有不少是个人性的,

---

① 顾炎武,《顾亭林文集》卷 1,《生员论》(上)。一方,在其以前,即万历 25—29 年之间曾任南京国子监祭酒的郭正域也指出,"今天下府州县学,其大者生徒至一二千人,而小者至七八百人,至若二三百人而下,则下县穷乡矣"(郭正域,《合并黄离草》卷 1,奏疏,《遵祖制复监规疏》)。朱国桢《涌幢小品》卷 11,《雍政》的记载是前记文章转载的)。明末的宋应星(1587—ca. 1650)也指出,"国初大乱之后,人民稀少,州邑青衿,数目多者不过百人……今则郡邑大者已溢二千人矣"(宋应星,《野议》,《学政议》)。
② 顾炎武,《顾亭林文集》卷 1,《生员论》(上)。
③ 关于生员、监生、举人等未入仕士人阶层之社会地位的上述内容,参阅了吴金成,1986,第一篇。

但大多具有通过集体行动争取权益的色彩①。作为16世纪中期名宦的，曾任赣南兴国县知县的海瑞(1514—1587)指出：

> "或一士见陵于乡党，则通学攘臂争告于有司，或一士见辱于有司，则通学抱冤奔诉于院、道。"②

还又16世纪末，礼部尚书冯琦(1558—1603)称：

> "近来士习大坏，一人有事，群起扛帮，或挟制上司，或侵损小户，或包揽钱粮，或捏造歌谣，揭官保官肆行无忌，法纪荡然。"③

而曾经以生员的地位，参加了明末文社运动的顾炎武则评论称：

> "今天下之出入公门，以挠官府之政者，生员也。倚势以武断于乡里者，生员也。与胥史为缘，甚有身自为胥史者，生员也。官府一拂其意，则群起而抗者，生员也。把持官府之阴事，而与之为市者，生员也。前者唱后者和，前者奔后者随。上之人欲治之而不可治也，欲锄之而不可锄也。小有所加则曰是杀士也坑儒也。百年以来以此为大患。"④

生员们的这种集体行为是基于其"同类意识"的"士人公议"的表露，是在全国各地均能看到的现象。

这种现象在江西亦不例外。万历年间，江西省由13府1州77县构成，共有91个儒学，南昌地区由1府1州7县构成，共有9个儒学⑤。据江西《万载县志》载，"明初弟子员多不过数十人，后渐次加额，县庠常三

---

① 可将其大致分为如下几个类型：ⓐ 代言民众舆论的性质：公益事业、反宦官、税役减免运动；ⓑ 反官方的性质：反地方官的集体运动；ⓒ 拥护个人和阶层利益的性质：文社运动、出版活动、介入包揽钱粮和诉讼，控制乡论和市场；ⓓ绅与士之间的矛盾性质：反官僚、反乡绅阶层的集体运动等。吴金成，1986，第一篇第三章参照。
② 海瑞，《海瑞集》上编(二)，"规士文"，中华书局，北京，1962/1981。
③ 冯琦，《宗伯冯先生集》卷57，"为遵奉明旨开陈条例以维世教疏"。
④ 顾炎武，《顾亭林文集》卷1，《生员论》(中)。
⑤ 万历《大明会典》卷15，户部2，州县1，江西等处承宣布政使司。

百六十七人"①。由于靠近江西中西部的山区，从而县势并不大的袁州府万载县的儒学生员直至明末才达到 367 人。那么，江西其他繁荣县域的儒学，就如郭正域指出的那样，可能达到七八百人到千余人。江西巡按徐元正亦称，"西江士子几九十学，不啻数万计，儒童之多，又不啻十数万计"②。从而就如顾炎武指出的那样，每个儒学的平均生员数至少有 300 人，如果以此来计，江西有三万余人，南昌府则有三千余名（占整个江西的 1/10）生员，这个数字还同徐元正的上疏内容一致。

由于江西地区的生员如此众多，所以他们的阶层上升同样非常困难。无论成为监生和贡生，还是成为举人之路均非常困难，这同其他各省的情况相同。自景泰 4 年，江西的举人定员为 95 人，自万历 43 年（1575）为 100 人③。从而如果把江西的生员大致计算为三万余人，那么 16 世纪后半叶江西的乡试竞争率为 316∶1。而自万历之后，在乡试之预试的科考中，每 30 人生员考一名举人④，从而通过科考的生员的乡试竞争率也达到了 30∶1。但是这种数字不过是大致的数字。万历 10 年（1582）的应天乡试有生员 4500 余人参加，及第者为 135 人，从而竞争率是 33.3∶1。万历 25 年（1597）的江西乡试有 4000 余人参加⑤，如果按规定有百名举人及第，那么竞争率便是 40∶1。天启 7 年（1627）的江西乡试有生员 5300 余人参加，其中有 102 名及第成为举人，从而其竞争率是 52∶1⑥。因此，江西的生员也只能选择"保身家"的生活。

另外，明代江西的进士人数之多，也在全国数一数二。据近年的分析⑦，整个明清时代，全国共出 51624 名进士，其中江西籍为 4935 人，占

---

① 康熙《万载县志》卷 5，学宫，《生徒》条。
② 《神宗实录》卷 412，万历 33 年 8 月癸卯朔，pp. 7714—7716。
③ 赵子富，1995，pp. 240 - 246。
④ 万历《大明会典》卷 78，礼部 36，学校，《风宪官提督》。
⑤ 林金水、邹萍，2000，p. 37。
⑥ 赵子富，1995，p. 246；和田正广，1978。
⑦ 许怀林，1993，pp. 608 - 609。

进士总人数的 9.6%①。南昌府出身的进士,明代有 715 人,清代有 413 人。而载入《明史列传》的江西籍人有 408 人,宰辅有 18 人。而在整个江西地区的 78 个州县中,培育出进士最多的地区是南昌县,共培育了 232 人,安福 211,丰城 195,泰和 178,吉水 165,临川 121,庐陵 103,进贤 98,新建 74,其次是贵溪县 70 人。如果包括南昌府的附郭南昌县和新建县,那么进士共达 306 人。在江西进士数如此众多了②。

然而,自明中叶以来,江西地区又出现了急剧的社会变化。一方面,农业和工、商业迅速发展,另一方面逃散者不断涌现,山区不断发生民众蜂起③。因此仅靠原来的社会统治理念——朱子学伦理已无法加以应付。就在这种状况下,王阳明刚好被任命为南赣巡抚,确立了阳明学。换言之,自明中期开始快速变化的江西社会发挥了确立阳明学的温床作用④。

阳明在江西忙碌于军务中,亦不时同门人展开学术讨论,"所到之处,定乡约,兴社学,建书院,以致为讲会"。因此,其弟子广泛分布于江西,而且被《明儒学案》立传者亦有邹守益、欧阳德、罗洪先、邹元标、邓元锡、冯应京、章潢等 33 人。阳明死后,阳明的门人和他们的弟子在江西各地建立书院,聚徒讲学,钱德洪、王畿、王宗沐等十余名浙中阳明门徒,亦出仕或游学江西,或建立书院,或主管、参与了会讲⑤。尤其是既为内阁首辅,又是大学者的徐阶曾担任三年的江西省提学官,为江西的阳明学发展做出了巨大贡献⑥。

由于阳明及其门人以及受此影响的江西绅士的积极建立,江西的书院在全国最多,而且绅士的文会和文社活动亦非常活跃。为了了解其大

---

① Ho, Ping-ti, *The Ladder of Success in Imperial China: Aspects of Social Mobility*, 1368—1911, New York, 1962, p. 227 中,明代 22980 名进士中,江西籍为 2400 名,居全国第 3 位。
② 谢宏维,2000。
③ 参见本书第一篇第一章、第二篇第三章等。
④ 参见本书第一篇第二章。
⑤ 李才栋,1993,pp. 312—313、318—324。
⑥ 吴宣德,1996,pp. 356—360。

致趋势可见下表：①

表 2-1-1 明中、后期书院的发达

	河北	山西	江苏	浙江	安徽	福建	江西	山东	河南	湖北	湖南	广东	广西	四川	贵州	云南	陕西	其他	总计
正德	3	8	5	4	4	23	26	6	6	5	6	8	2	6	1	5	3	1	122
嘉靖	25	16	23	50	41	38	82	25	28	17	35	68	28	18	10	23	8	14	549
隆庆	3		5	4	3	7	12	3	1		1	4		2	5	12			66
万历	16	11	14	35	16	10	65	10	36	12	15	38	12	5	7	14	6	6	328
总计	47	35	47	93	64	78	185	44	73	35	57	118	43	31	23	54	17	21	1,065
明代总计	70	61	66	199	99	107	287	69	112	69	103	156	65	63	27	68	28	29	1,678

自阳明赴任江西南赣巡抚（正德12年正月）至明末，阳明学系统的书院共有88处②。从而如果将这个数字同上面的表2-1-1的287处进行比照，有30.7%的书院是阳明学系统的书院③，而这88处中有13个隶属于南昌府。

对于当时的书院讲学有记载指出：

"其人自缙绅外，宗室、武弁、学、监、儒、吏、星相、山人、商买、技艺，以至亡命罪徒，无所不收。其事则遥制朝权，掣肘边镇，把持有司，武断乡曲，无所不为。其言凡内而弹章建白、外而学劾条陈、书揭文移，自机密中正以及词讼细事，无所不关说。"④

那样，可见从绅士到庶民的各阶层聚在书院，不但讨论学术性的问题，还讨论中央和地方的政治及地方市井的事情等诸多问题，并付诸实施。他们通过这种聚会，增强绅、士之间的"同类意识"，进而以"绅士公议"主导

---

① 李国钧，1994，pp. 1037—1084。但是在同书第555—556页，李国钧自己计算提出的数字比表2-1-1略少。
② 吴宣德，1996，pp. 270-277。
③ 李才栋，1993，p. 363认为288处。
④ 《熹宗实录》卷62，天启5年8月 壬午条。

乡论。

在江西,绅士的讲学活动也是以书院为中心展开的①。利玛窦称,南昌"闻名于知识人数多和培养出了很多官吏。……知识人形成了一个阶层并定期聚会。其中还有讨论'德'问题的'信心会'②"。当时已年过古稀的章潢(1527—1608)是阳明学派的大学者,是江右四君子之一,他曾同利玛窦有过交往。章潢系南昌人,年轻时在南昌的东湖边建立"洗堂",与同志一起讲学,"从游者甚众"。他尽管多次被推荐为顺天府儒学训导等官职,但均未出仕。从晚年的万历20年(1592),他开始担任白鹿洞书院院长,并主持书院,并在江西各地主导了会讲。当时白鹿洞书院是拥有常住学生300余人的大书院,尤其在科举考试的大比之年,为了听讲而聚于书院的生员达数千人③。而乡绅舒曰敬亦在滕王阁、杏花楼、龙光寺等地主导了讲学④。在这些会讲或讲会中,少则有百余名,多则有千余名绅士相聚,他们互称"同志",分享"朋友之情谊",增强绅、士之间的"同类意识",进而以"绅士公议"主导了乡论。从而对于南昌的绅士而言,除了儒学的孔庙之外,还有比它数量更多的书院是开展"绅士公议"的又一个温床和结节点。

南昌的生员们正是利用江西地区的这种社会条件推进了教案。早在发生南昌教案的2年前(1605年),江西巡按徐元正上疏称:

> "(江西)近年以来,一切以挟持官长为业,小大之讼,多以庠衿列名,亦多以庠衿为证。稍不如意,辄率数十人,争于府县之庭,争

---

① 本篇第二章参照。
② 《札记》,p.293;《布教史》(1),p.333。
③ 黄宗羲,《明儒学案》卷24,"江右王门学案"(9);《明史》卷283,章潢传;乾隆(16)《南昌县志》卷33,人物,儒林,《章潢传》;裴化行,1998,p.200;陈东原,1937;L. Carrington Goodrich and C. N. Tay,1976,Vol. 1,pp.83—85等参照。一方,《书信集》(上),《利氏致罗马总会长阿桂委瓦神父书,1595.11.4》称,张潢的弟子有千余名。
④ 乾隆(16年)《南昌县志》卷30,人物3,贤良,《舒曰敬》条(pp.1084—1086)。尽管明末的绅士具备了儒家教养,但并不介意讲会场所是寺庙,还是道观。另参见本篇第二章。

之不得,辄刊数十款,揭于藩臬之堂。"①

而对于两年后发生的南昌教案的始末,笔者将利玛窦的记载整理如下:

> 少数生员向兵备道提交的控状被压下→多数生员聚于孔庙决议驱逐神父→他们向南昌知府提交的控状亦遭压下→通过讼师再次提交的控状同样被压下→次月初,在孔庙向孔子表示敬意之后,向布政使抗议→布政使向提学官委托该案件→提学官命令生员提交控状→当日27名生员联名书写两份诉状,一份提交提学官,一份提交布政使→此后,托付大乡绅向官吏催促"尽早驱逐神父"→增做了两份同样内容的诉状,分别提交给南昌知县和新建知县。②

综合上述徐元正的上疏文和利玛窦的记录,可了解江西地区,尤其是省城南昌,生员们通过在数量远多于各府、州、县孔庙的书院召开集会,形成了乡绅和生员之间的"同类意识",并且在此基础上进行"绅士公议"。因而可以说,1607年的南昌教案是生员基于这种"绅士公议"或"地方公议",有计划且顽固地进行策划的事件。

2. 南昌教案的历史性质

以利玛窦为首的传教士们为了避免中国人产生疑心或反感,穿着儒服,学习儒学和汉语,假儒学说明天主教教义。尽管如此,广东就曾多次发生迫害神父的事件③,自1582年利玛窦进入中国传播天主教至1616年发生南京教案,在全国共计发生54次教案,其大部分系绅士和官吏主导④。从他们的立场上来看,天主教是无法同中国的传统文化融洽发展的冲击和挑战,这种冲击随着信徒的增加愈加尖锐。

如果从同神父的关系来区分绅士的话,可将南昌绅士区分为从文化

---

① 《神宗实录》卷412,万历33年8月 癸卯朔,pp.7714—7716。
② 《札记》,pp.568—569。
③ 《札记》第2卷4—6,9—12,14章,第3卷7章,第4卷18章。
④ 张力、刘鉴唐,1987,p.40。

的目的对神父持有好感而同其交往的绅士,信仰天主教的绅士,反对并憎恶神父在南昌居住和传教的,具有敌对心理的绅士等三个类型。当然大部分绅士属于第三种类型。

那么对神父具有敌对态度的南昌绅士,尤其是生员发动反教运动的原因是什么呢?综合首次27人的诉状和教案终结后的辩护书,当时生员的情绪应该属于以下四个类型。

第一,是国家的自尊和祚命问题。(1)生员的辩护书称"祖父们拒不承认中国的辽阔,这些人为了模仿中国人称国家为'大明',也就把欧洲称为'大西',同时皇帝称为'天子',遂把他们的神叫做'天主',从而把跟他们有关的一切事物都置于中国事物之上。他们认为欧洲历史的起始年代早于中国"。作为沉浸于所谓"中华帝国"之华夷思想的绅士而言,这种表述伤到了中国的自尊心和优越感。(2)神父们模仿"天子",称自己的神为"天主",这是对皇帝的侮辱,是"大逆不道"。在诉状中更有,"神父们是对皇上犯'谋逆不道'之罪的人",便是缘于此。(3)在诉状称"叛乱"等亦是有其缘由的。自1517年葡萄牙人首次在广州出现以来,葡萄牙人以澳门,西班牙人以菲律宾,荷兰人以台湾为根据地,不断地在东南沿海制造紧张。而且就在发生南昌教案的前一年(1606),南京刘天绪谋反事件被发现之后,民间便流传了其叛乱策划者是传教士的流言蜚语①。此时,传教士们已在六省地区形成了据点,因而从表面上来看是足以产生危机感的。加上自元末以来,以白莲教等民众宗教的名义蜂起的案例已很多②,从而南昌的大部分绅士亦将天主教视为了"邪教"。对于诉状,判决文在末尾称,"违反这一布告令的人,一律以跟随白莲教的人一样严刑"。该部分启示了许多内容。

第二,是破坏中国传统风俗的问题。(1)首先祖先崇拜问题成了攻击的目标。尽管神父们认为祭祀祖先是优良的风俗,但是除了上帝之

---

① 《札记》,pp. 590—591;《布教史》(2),pp. 173—174。
② 谷川道雄、森正夫,1982/1983(3,4卷),东京,1982/1983;野口铁郎,1986。

外,他们禁止信仰其他任何神祇。这被认为他们视中国人的"祭祖为迷信而加以禁止",从而是"忘本"的行为。(2)尽管绅士是因为领会了儒学而获得特权身份者,然而明末的绅士们却沉浸于"三教合一"的思想。纲常礼教是伦理的中心,三世因果是社会性信仰。对于中国人而言,偶像崇拜是一种社会习惯。家家侍奉的各种神像是祖上崇拜之表现,同时也是精神的支柱和保佑者。让这样的他们禁止偶像崇拜,对于儒释道三教均是极大的冲击,被认为是对固有宗教的破坏。(3)不仅如此,天主教信徒在举行弥撒时,男女共聚一处,这在当时是无法被允许的事情。就在同一时期,利玛窦亦曾见过的李贽带领追随自己的女弟子做了这种行为。众所周知,这被当时批判为"反儒教的暴举"①。

第三,是中国人传统的优越意识和排外心理的表现。自古中国人便充满了基于华夷之辨的优越意识,因此曾经蔑视周边的种族为四夷。明代的大部分时期实施了禁止对外贸易的海禁。1596年,利玛窦在南昌购买小宅子时,附近的保甲长还警觉地报告知府,"外国人买了住宅"。从而有了非难传教士们徘徊于河道上掠夺财物的控诉,表面上是传教士们的传教资金来路不明而导致的恶意的陷害,但是隐藏于其心灵深处的便是排外心理。这同南昌的绅士们认为利玛窦用炼金术解决传教费用的推测是相通的。就中国人的这种排外心理,利玛窦亦曾多次指出。

第四,是生员们感受到社会影响力萎缩的问题。(1)称神父们同官僚、绅士、王族展开交流的控诉是 种不安的表现,即当时乡绅和士人之间形成的"同类意识"和"绅士公议"日渐弱化,而他们却在被这种交流日渐疏远。加上神父们穿的是只有经过学校和科举考试的绅士才能穿的儒服,这分明触犯了"国法"。还有神父们作为礼物向官僚赠送西洋的神奇物品,从而博得他们的欢心,这可以说是在贿赂收买他们。(2)从广东省韶州发生的诸多事件,或者从南昌的王族在南昌教案过程中曾多次试图加害神父,但是由于顾忌神父们同高官的私交而产生犹豫的事情,或

---

① 申龙澈,2006,pp. 284—301。

者从提学官阻止了生员们的这种氛围的事件中看到的那样,以生员为首的部分绅士成为天主教信徒的事情,被理解为曾经广泛存在于绅士阶层之间的"同类意识"产生了松弛。(3)不用说省城,就连周边乡村的百姓都受传教士们"邪恶的说教"所迷惑,信徒数超过两万之众的说法,包含了生员们的最大的忧虑。

就在发生南昌教案(1607)的前夜,这个具有南昌人之精神支柱功能的,铁柱宫,即万寿宫的部分建筑被烧毁。为此南昌的绅士决定募集一万金币(ducat)重修铁柱宫①,并推举曾任大学士的大乡绅张位为推进该事情的代表②。根据其计划,在征收捐款时,不但是基督教徒,还有部分非信徒为了逃避捐款称,"我们是天主教徒,所以不能缴纳捐款"。征收人受到对天主教持有反感的生员的唆使,向张位倾诉了该情况,然而张位的回答却是,"以施舍的方式募款一定不能用强迫,同时也不要使任何人为难"。于是征收人又说,"李玛诺神父传播新的教说"。张位答曰:"那人是善人,他传的教说也是优秀的。南昌只有一个外国人,怕什么?北京和南京里有好几千撒拉逊人平平安安地住着,他们不是按时得到学位吗?"③拒绝协助绅士,以及支持南昌人的精神支柱的万寿宫的修建工程,这在从前是无法想象的。该事件很好地反映了,当时在南昌社会存在于官僚、乡绅、生员、神父、信徒和一般百姓之间的复杂微妙的情绪。

换言之,生员们表面上打出了作为士大夫所应表露的使命意识,如国家的自尊和祚命、中国的传统美风良俗被破坏等问题。但是他们的内心深处却充满了对天主教的恐惧,即天主教的传播会削弱绅士尤其是生员的社会影响力。因为自明中期以来,江西一方面农业和工商业获得

---

① 据乾隆16年版《南昌县志》卷45,杂志,寺观,《妙济万寿宫》(p.1713)载,妙济万寿宫即铁柱宫修复于万历28(1600)年。但是本文出现的铁柱宫的消失和修复,可能发生于其后的1604年至1607年之间的某个时期。因为生员言及的,开展传教活动的李玛诺神父是于1604年11月下旬来到南昌的。《书信集》(下),1604年11月29日,《李玛诺神父致罗马阿耳瓦列兹神父书》参照。
② 《明史》卷219,张位传。
③ 《札记》,p.581;《布教史》(2),p.158。

了发展,另一方面人口向外流出,周边山区不断发生民众蜂起。由于"矿税之祸",在全国各地接连发生反宦官、反乡绅民变的氛围中①,江西的景德镇、上饶县、横峰镇分别发生了十次、两次和一次民变②。自阳明学的"新四民论"强调平等性以来,泰州学派积极展开了社会运动③,所以绅士的社会支配力受到了极大的威胁。就在这种状况下,天主教的进入使局面雪上加霜,它直接向百姓鼓吹平等观念,提升了庶民意识。

小结

以利玛窦为首的,明末进入中国开展传教活动的耶稣会传教士们,试图同官僚、绅士、皇族建立友善的关系,以构筑稳定的传教基础。他们还为了避免同中国的传统文化和价值观发生冲突,强调了儒教和基督教的共同之处。由于这种传教战略,不但保障了不少对基督教持友善态度的绅士,其中的一部分还入了教,全国的信徒人数则如表2-1-2所示,日渐增多④。

表2-1-2 明末清初天主教信徒数

年度	信徒数	备考	年度	信徒数	备考
1585	20		1627	1300余	
1586	40		1636	38200余	
1589	80		1650	15000余	
1605	1000余		1667	26380余	教堂183座
1610	2500余	利玛窦死亡	1700	30000余	

① 吴金成,1994、2007-A,第三篇第三章等参照。
② 参见康熙《广信府志》卷1,疆域,《兴安县》;刘炎,1975;日野康一郎,2005;本书第三篇第一章等。
③ 余英时,1987,下篇,第二章《新四民论》。
④ 张力、刘鉴唐,1987,pp.34—36。

如果考虑到当时中国人对外国人的强烈排斥心理,可以说这已经取得了可观的成果。然而如果从拥有一亿五千万人口的巨大中国而言,这不过是微乎其微的成果。绝大多数的绅士和百姓对天主教极具否定心理。早在南京教案(1616)发生之前,全国便已发生 54 次教案。传教士们试图主要依靠官僚和绅士努力传播天主教,然而反倒是这些绅士或官僚成了反天主教运动的主导者。而且在绅士阶层中,底层绅士——生员们的排斥心理更大。

同其他地区的生员一样,南昌的生员亦不得不采取了"保身家"的生存方式,为了完善他们自身的这种弱点,只能以"同类意识"团结一致。1607 年,在推进南昌教案过程中,起初生员们试图以少数人的力量贯彻他们的计划。但是当仅靠他们的力量无法实现时,便以平日在生员中间广泛存在的"同类意识"和"士人公议"号召更多的生员聚集,当感觉这些力量仍显不足时,便以"绅士公议"进一步扩大了其号召面。生员的这种"同类意识"和"士人公议"乃至"绅士公议"的聚集点,便是孔庙和众多的书院。

在推进南昌教案时,生员们打出的名分是,作为士大夫所理应表现的使命意识。然而在内心深处,他们更惧怕自身的社会地位和影响力会萎缩。其中还隐含着原本在绅、士之间形成的"同类意识"亦可能会被传教士的传教活动削弱的忧虑感,换言之其中亦隐含着生员的疏远感。

南昌教案以生员的失败告终,包括生员在内的绅士的不满情绪似乎得以平息。然而绅士的反天主教情绪却并未因此完全消失。只是在利玛窦奠定基础之后,来到南昌的传教士们均同南昌的地方官或部分乡绅建立了交情,从而绅士们不过是暂时在忍耐而已。就如南昌教案所反映的那样,南昌教案后,其他地区亦随着信徒的增加,绅士们的反天主教情绪亦有所表露。从这种意义而言,在中国史上,生员们有组织、有计划地主导的"南昌教案"是,绅士们展开反天主教运动的开端。

第二章　阳明学派的书院讲学运动

序言

明初,以体制教学确立的朱子学逐渐被教条化和形式化,从而至明中期便无法有效适应社会的急剧变化。因此王守仁(阳明,1472—1528)按自己的思想和理念进行了所谓实现"大同"的理想社会的摸索。他自上任南赣巡抚(1516)伊始,便为了消除江西、福建、广东三省交界地区不断发生社会动荡,而残酷镇压了寇贼势力①。

然而仅仅镇压不是目的,他甄别首魁和胁从者,对首魁一网打尽,对胁从者则使其安居于乡村。为此,阳明在适当的地区设置新县,扩大实施保甲法,施行了乡约和社学。非但如此,他还在江西各地建立书院,尤为倾注于讲学,他通过同绅士和读书人的讨论,以心即理、知行合一、致良知等为核心,道破了阳明学。阳明的学说和这种实践行为获得了无数绅士的响应。此后不仅阳明的嫡系弟子,就连其徒孙或受其感化的绅士们,亦在全国范围为了实践阳明的理想做出了许多努力,因此明末阳明

---

① 参见本书第一篇第二章。

学还被评价为一种改革思想。

继承阳明遗业的绅士的社会活动,在江西得到了尤为活跃和形式多样的发展①。这种现象在阳明的门人最多的江西吉安府地区最为活跃。但是目前对于这种现象的具体情况以及其所具有的历史意义,尚无认真的研究。

本着这种问题意识,本章拟关注如下几个历史事实。即自明中期之后,江西省吉安府地域受阳明学乃至阳明实践行动影响的绅士们展开的、形式多样的实践性社会参与活动有哪些;这些活动同地方政府或地方社会是在怎样一种关系下展开的;这种活动以及因此而产生的结果具有怎样的历史意义等。

其实,明代的吉安府绅士广泛参与了水利开发②,修建桥梁和渡口③,实施乡约④,建义仓⑤,为了族人创立义田,创立义塾⑥,协助明朝政府丈量土地⑦和建立学校⑧,建立书院和讲学⑨等公益活动⑩。其中最为突出的活动是建立书院,施行讲学。明末,在江西除了江西籍的绅士之外,其他地区出身的绅士们也来到江西建立书院,参与讲学的案例亦不

---

① 吴宣德,1996;李才栋,1993。
② 欧阳铎,《欧阳恭简公遗集》卷1,《重修万家陂记》;乾隆《泰和县志》卷3,陂塘,《云亭阜济渠》(p.197);项悼(龙泉人,景泰2年进士,工科给事中),《重修大豊陂记》,同治《遂川县志》卷16,艺文;乾隆《吉安府志》卷7,陂塘,《龙泉县陂塘》。
③ 康熙《庐陵县志》卷7,津梁,《吟溪桥、大栋桥》;乾隆《庐陵县志》卷5,地舆志,渡,《凌波渡》;乾隆《安福县志》卷2,舆地志,桥梁,《凤林桥》(有邹守益记,p.1444)、丽泽桥、望云桥、亭桥、朱村桥、东荫桥等多处。
④ 衷海燕,2004;Hauf,Kandice(郝康迪,余新忠 译),1999。
⑤ 道光《庐陵县志》卷33,行谊,明,《刘应春》。
⑥ 万历《吉安府志》卷15,学校志。
⑦ 傅维鳞,《明书》卷67,土田志,《邹守益》(安福县)。
⑧ 关于永丰县儒学建设过程,万历《吉安府志》卷15,学校志,《永丰县儒学》称,"嘉靖癸卯,县丞杨继儒增修之"。然而在邹守益,《永丰县重修学记》,万历《吉安府志》卷15,附录4,《纪述》(下)称,把文庙、明伦堂、尊经阁、棂星门、号舍、名宦乡贤祠等,"嘉靖癸卯冬,益适至永丰双江聂子豹与乡大夫士出赀议新学宫,时中丞净峰张公岳主其议"。所以学校实际是绅士们携手修筑的。
⑨ Meskill, John,1982。
⑩ 衷海燕,2004。

在少数。因而本文在明代吉安府绅士的形式多样的社会参与活动中,通过着重分析其建立书院和参与讲学的活动,拟探究其政治和社会作用的一面。

Ⅰ. 吉安府的社会、文化传统

吉安府位于江西省赣江中游的丘陵地区,是被称为"山七一水二分田"的山多地区,然而从经济上来看,在宋元时代它同南昌地区是较为富庶之地①。但是自元末的动荡期进入明代之后,吉安府的经济状况逐渐恶化。为了对此加深了解,首先拟考察江西全境的情况。

宋元时代,江西的赣江中下游地区农业发达,该地出产的米谷销往省内外。然而在元末的动荡期,几乎江西全境被动荡的社会所笼罩,尤其自1352年至1363年,陈友谅的军队未被朱元璋军队彻底击败之前,米谷的主产地遭受了巨大的损失②。此后,江西地区被纳入朱元璋的势力而建省:

(1)尔江西之民,未归附时,豪强割据,狼驱蚕食,赀财空匮,及归附之后,供亿更繁,今已九年,其为困苦,朕甚愍焉。今年秋粮尽行蠲免,以济民艰。③

(2)昔我太祖高皇帝开基创业,首得江西,资其供给以定天下。三十余年,屡加恩泽。④

那样,是在生产力尚未完全恢复,便为明朝创业担负了所需财源的地区。例如,当洪武帝新建南京城时,令南直隶(江苏和安徽)、江西、湖广(湖南和湖北)三省地区的136县和其他卫所地区供给砖石,其中令江西的12府62县供给砖石。目前无法具体了解砖石的供给量,但是从县的数量

---

① 地浓胜利,1977。
② 吴金成,1986(→日本语译本,1990),p.88。
③ 明《太祖实录》卷65,洪武4年5月己卯条。
④ 明《太宗实录》卷11,洪武35年8月甲子条。

来看,江西占整个供给县的 46%①。因此是洪武帝和永乐帝均认定的重赋之地。而且,江西省:

> 常德府武陵县民言,武陵等十县自丙申(1356)兵兴,人民逃散,虽或复业,而土旷人稀,耕种者少,荒芜者多。邻近江西州县多有无田失业之人,乞敕江西量迁贫民开种,庶农尽其力,地尽其利。②

明成化年间(1465—1487),亦有"豪强之徒挟其富盛之势,又伴当(个人奴仆)为爪牙,使贫民佃其田,虽凶灾水旱,亦勒取全租,钱债已还而重行勒取,勒写其田宅以为己有,使小民不得安生而多逃移他处"的现象③。而几乎处于同时期的丘浚(1420—1495)亦认为该地是:

> 以今日言之荆湖之地,田多而人少,江右之地田少而人多。江右之人大半侨寓于荆湖,盖江右之地力所出盖足以给其人,必资荆湖之粟以为养也④。

换言之,自明初以来,江西社会便面临着人口过剩和重赋的艰难。随着富益富贫益贫现象的日渐蔓延,逐渐转变为人口四散的地区。

这种情况在 16 世纪中叶依然如此。江西巡抚胡琏指出,江西省"田少人多,粮繁差重",故诡寄、飞洒、虚粮包赔等各种弊端和逃亡现象频发⑤,张瀚亦称,"江西……地产窄而生齿繁,人无积聚,质俭勤苦而多贫,多设智巧,挟技艺以经营四方,至老死不归⑥"。而且至 16 世纪后半叶,亦有:

> 江、浙、闽三处,人稠地狭,总之不足以当中原之一省,故身不有技则口不糊,足不出外则技不售,惟江右尤甚。……又其出也,能不

---

① 参考《明南京城墙城砖烧造地域表》(在南京城上案内所)。
② 明《太祖实录》卷 250,洪武 30 年 2 月丁酉条。
③ 古典研究会,《皇明条法事类纂》(东京,1966)卷 20,《债主关俸问不应》中《江西布政司吉安府庐陵县民王集典言(成化 10 年)》(上卷,pp. 500 - 501)。
④ 丘浚,《江右民迁荆湖议》,《明经世文编》卷 72。
⑤ 明《世宗实录》卷 136,嘉靖 11 年 3 月 庚午。
⑥ 张瀚,《松窗梦语》卷 4,《商买纪》。

> 事子母本,徒张空拳以龙百务,虚往实归,如堪舆、星相、医卜、轮舆、梓匠之类,非有盐商、木客、筐丝、聚宝之业也。故作客莫如江右,而江右又莫如抚州。①

等记载。由于在人口过剩、重赋、富益富贫益贫现象基础上,诡寄、飞洒、虚粮包赔等各种弊端的蔓延,人口或逃散,或到外地经商延命,因此江西商人大多为小商人。

江西省自明初以来便人口众多,赋重②,富益富贫益贫现象蔓延。因此江西除了在国家有目的的徙民政策下的人口移动之外,由于逃户和流民等原因,还是自然流散较多的地区。这些江西人向西大举流入邻省湖广,以劳力、技术、经商等生存打拼,逐渐成长为大地主或大商人,而科举及第的案例亦很多,从而甚至出现了"江西填湖广"的谚语③。

江西的这种现象在吉安府亦更加严重。明初,吉安府的人均耕地面积不过2.8亩,相当于江西省平均五亩的一半水平,由于人口众多而农田过于狭小。如果将当时江西省耕地开垦率(登录田地与总面积之比)最高的瑞州府视为100,吉安府则仅为33,列江西的后列。④ 自15世纪,这种状况反而更加严重。吉安府永丰县绅士罗伦(1431—1478)在15世纪中叶写给永丰知县的书信中称:

> 吾邑之民,困于苛敛,其患甚矣。……欲民之不流离而去为盗也难矣。……况里书作弊、飞洒、诡寄……凡有科差,吏胥舞文,里老受托,以上而为下,以下而为上,田连阡陌者,许诸科不兴,室如

---

① 王士性(万历5年 进士),《广志绎》卷4,江南诸省,《江西》条。一方,萧近高(万历23年 进士)亦称,"大都江右土瘠民贫,无他奇产,民皆仰食糊口于四方"(萧近高,《参内监疏》,康熙《西江志》卷146,艺文)。
② 明代中国赋税最重地区是苏松地区(森正夫,1988),其次是江西。
③ 曹树基,1997A(第五卷),第三、44章;方志远,2001,pp.55—80;本书 第一篇第一章;本书第三篇第三章等参照。
④ 吴金成,1986,第二篇第一章参照。至明末,吉安府的耕地增加率也只比明初增加了13%,属于经济条件不大充裕的地区。(同书,pp.92—105参照)。

> 悬罄者,无差不至,可痛也,可悲也。今所征人户,卖屋者有矣、卖田者有矣、卖牛者有矣、卖子女者有矣、脱妇人之簪珥者有矣。①

因为官府的苛捐杂税和胥吏的徇私舞弊,不用说下等、中等户,就连上等户(里长户)亦遭没落。

之所以如此,是因为巨室在平时购置田产,而制定赋役黄册时,勾结胥吏采取诡寄、花分、飞洒等各种不当手段,例如以丁少差重、田少粮重,甚至以产去税存、户逃役留的方法逃避税役所致。因此如果每里产生虚粮数十石,整个县则产生数千石,不足的税粮便让粮长、里长乃至小户赔偿,从而狱讼频发。他们之中不堪于此而没落逃亡者层出不穷,成为盗寇的情况亦不在少数。这种弊端在江西的吉安府最为严重,其次为临江府②。换言之,由于人口过剩和赋役繁重,财富集中现象和极度贫困化的两极分化现象日渐加重。

15世纪中叶,吉安知府许聪亦上奏称:

> 吉安地方虽广而耕作之田甚少,生齿虽繁而财谷之利未殷。文人、贤士固多而强宗豪右亦不少。或互相争鬭或彼此侵渔嚣讼大兴。刁风益肆近则投词状于司府,日有八九百,远则致勘合于省台,岁有三四千,往往连逮人众,,少不下数十多或至百千。……良善被其枉害,小民不得安生。况赋役浩繁路当冲要,且遭饥荒之年若非请敕权宜处置,则法欲立而职有窒碍,志欲行而事有御肘,望其兴利除害弭灾安民难矣。③

认识到了吉安府田少人多,强宗豪右横霸以及由此引起的争讼过多④等

---

① 苏伦(成化2年 进士),《与府县言上中户书》,《明经世文编》卷84。
② 唐龙,《均田役疏》,陈子壮 编,《昭代经济言》卷3。
③ 明《宪宗实录》卷56,成化4年7月癸未条。
④ 就如明太祖朱元璋所警告"两浙、江西之民,多好争讼,不遵法度,有田而不输租,有丁而不应役"(明《太祖实录》卷150,洪武15年11月丁卯条)那样,南直隶的苏州、松江、浙江的杭州、湖州、嘉兴和江西的南昌、抚州、吉安是以多争讼而著称的地区。关于明代吉安府争讼多的问题,参考方志远,1987。

严重性。然而明朝政府非但不改善这种弊端，反而在江西省增设参政1员，再向吉安等7府各增设同知一员，使其专门负责征收税粮，嘉靖15年再增设参政1员专门负责征收税粮①。故此，万历初年，《吉安府志》编纂者指出，吉安因"赋役繁重，豪民巧为规避，故民之穷困，十户而九"②。就如罗伦所指出的那样，"欲民之不流离，而去为盗也难矣"的状态③。

吉安人的流散方向大致可分为省内和省外。首先从省内来看，流入了临江府地区。临江府的土豪招集吉安流民使之居于庄园，还教习其武艺，同乡人展开械斗④。但是流入最多的地区是在江西经济最为落后的赣南地区。流入赣南地区的吉安人自然以农村的没落农民居多。阳明亦在记录16世纪初赣南情况的内容中称，"万安、龙泉等县避役逃民并百工技艺游食之人，杂处于内，分群聚党，动以万计⑤"，曾任赣州府兴国知县（嘉靖41年1月—43年9月）的海瑞（1535—1587）⑥亦称：

(1) 今吉、抚、昌、广数府之民，虽亦佃田南、赣，然佃田南、赣者十之一，游食他省者十之九。⑦

(2) 此等客户，居税户之庄所，资税户之牛谷，大概无妻子无家当，一有警闻，孑孑一身挈而去尔。⑧

吉安人大多只一身进入赣南地区，多数以佃户或奴仆的身份居住在地主的"庄所"生活。但是除了这些贫民之外，就如下面的记载所指出的：

(1) 正德以后……产之归于吉安之寄庄户者已十之二三矣。……近日外郡寄庄利他处学者寡少，买田数亩希图冒籍，彼籍

---

① 《宪宗实录》卷45，成化3年8月丙申；《世宗实录》卷192，世宗15年10月乙未条。
② 万历《吉安府志》卷13，赋役志，《徭役》。
③ 关于明代吉安府经济事情的难境，肖文评，2005亦指出。
④ 《皇明条法事类纂》卷13，《禁约侵占田产例》(上卷，pp. 321—322)。
⑤ 王守仁，《王阳明全集》(在以下《全集》略称)卷10，别录2，奏疏2，《立崇义县治疏》。
⑥ 海瑞从嘉靖41年(1562)1月到43年9月，历任过兴国知县。参考吴金成，1984。
⑦ 海瑞，《海瑞集》，兴国八议，《地利》。
⑧ 海瑞，《海瑞集》，兴国八议，《隘所》。

仕宦如林，乃复系籍于此。①

(2) 泰民附籍吾龙者最多，以数招致得二十人，分置各乡递相效做百弓并学，凡复阅月而事俊。②

(3) 其中富者操大航通货上都，或客籍赣土，田连阡陌。③

那样，亦有吉安的富户为了获得仕宦之机，冒籍于经济和文化落后的南部地区，君临为寄庄户而发挥影响的情况。

但是，就如海瑞所指出的那样，在吉安人的流散方向中，向省外流散者远多于省内流散者。早在元末明初的动荡期，吉安人就已大举向湖南流动。据最近的推算，湖南26.2%（73.1万）的人口，或78.5%的氏族移居自江西，而且似乎其中一半以上为吉安人④。就如表2-2-1⑤所示，据实际统计的吉安府户口来看，自明初以来，吉安府的人口持续减少，至万历初骤减。

表2-2-1　明代吉安府登录户口、田地

年度	洪武24年	弘治间	嘉靖初	万历10年
户数	343791户	315560	310998	279807
口数	1717933人	1283129	1118068	402833
田地山塘	48528顷/人均2.8亩			55031顷/比洪武增长13.4%

如后文所述，江西省地区同时又是在明代科举及第者大量涌现的地区。换言之，江西省的生员、监生、举人、仕宦者等绅士众多，从而他们所享受的徭役免除和滥免部分⑥，自然便被转嫁至庶民，于是庶民的痛苦亦

---

① 康熙《雩都县志》卷4，《户口》。
② 张先登，《均田书》，康熙《龙南县志》卷4，食货志，《田赋》。
③ 万历《吉安府志》卷11，风土志，《万安》。
④ 曹树基，1997A，pp. 125—127。
⑤ 嘉靖《江西通志》卷24，户口，《吉安府》；万历《吉安府志》卷13，户赋志，《户口》参照。但是，在乾隆《吉安府志》卷33，赋役志，《户口考》，洪武24年的丁口记载为2061723口。还又江西布政司，《江西赋役全书》（万历39年刊）记载为，吉安府52万余户，田地4万9千余顷。
⑥ 吴金成，2007A，第二篇第三章。

要大于他省,吉安府又大于江西的其他府。如前文所述,江西各地诡寄、飞洒、虚粮包赔等弊端层出不穷,绅士众多便是其中的原因之一。

如上所述,至明代,吉安府并不丰足,加上各种社会矛盾蔓延,因而有许多农民流散。然而从文化上来看,吉安府自宋代以来长期延续了文化传统,进行学业和科学所必须的基础设施配备得非常完善。换言之,吉安府地区早自宋代便有被称为"贡士庄"(意为会试应试者之土地)的义庄,1272年的基金达6100石,义庄交由吉州府学运营①。因为有这种背景,从而早自宋代:

> "开宋三百年,文章之盛士相继,起者必以通经学古为高,以救时行道为贤……家诵诗书,人怀慷慨,文章节义遂甲天下。故家世胄,族有谱家有祠,岁时祭祀必以礼。"②

获得了"文章节义之邦"或"忠义文献之邦,冠冕江右"③的美称。欧阳修、胡铨、杨万里、文天祥等大儒的故乡均为吉安府,是文运远扬的地区④,从而科举及第者亦很多。北宋时代吉安府出身的进士及第者占全国总数的1%—2%,南宋初的七十多年其比例与北宋相似,但到了末期更增至4%⑤。

元代著名学者272名中有93人为江西籍,34人出身于吉安府;全国407个书院中73个在江西,是文化传统悠久的地区⑥。由于拥有上述文化传统,江西自明初便成就了文化发达的地位。其中吉安府,明代的进士及第者占到了江西进士总数的1/3,自洪武至成化年间的百余年间,出身该地的进士占全国的1/10,一甲进士占1/4,状元占1/3,由此可见吉

---

① 周藤吉之,1954,pp.204—207;杨联陞,1961。
② 万历《吉安府志》卷11,《风土志》。
③ 乾隆《庐陵县志》卷6,地舆志,《风俗》。
④ 何佑森,1955;许怀林,上海,1982;李国钧等,1994,第1,2篇 参照。
⑤ 荒木敏一,1969,附篇;万历《吉安府志》卷5,《选学》。
⑥ 何佑森,1956A、1956B;李国钧等,1994,第3编 参照。

安府深厚的文化底蕴①。

因为拥有这种文化传统,所以就连《明儒学案》亦称:

"姚江之学,惟江右为得其传,东廓、念庵、两峰(刘文敏)、双江其选也。再传而为塘南(王时槐)、思默(万廷言),皆能推原阳明未尽之旨。……盖阳明一生精神,俱在江右。"②

明中期,阳明学在江西获得奠定和发展,其中吉安府的阳明文人尤为众多。换言之,形成阳明学的学术性土壤正是缘于江西和吉安的这种文化风土背景。而阳明学则:

"江右讲学之盛,始于朱、陆二先生,鹅湖、白鹿兴起斯文。本朝则康斋吴先生与弼、敬斋胡先生居仁、东白张先生元祯、一峰罗先生伦,各立门墙,龙翔凤起。最后阳明先生发良知之说,左朱右陆。而先生勋名盛在江右,古今儒者有体有用无能过之。故江右又翕然一以良知为宗,弁髦诸前辈讲解,其在于今,可谓家孔孟而人阳明矣。……后之为阳明之学者,江右以吉水、安福、盱江为盛。"③

"正嘉之际,新建伯倡明理学,一时游其门者数十余人,而王氏之学独传于吉安,至今称盛焉。……言理学,自王新建,而邹祭酒、罗赞善衍性命之传。"④

又等于为这种文化环境插上了翅膀⑤。因此,如后文所述,明代在全国书院最多的地区是江西,而且尤以吉安地区为最多。

---

① 方志远,2001,p.186。
② 《明儒学案》卷16,江右王门学案1,《序》。一方,东廓邹守益是安福人,念庵罗洪先是吉水人,两峰刘文敏是安福人,双江聂豹是永新,就是都吉安府的人。
③ 王士性,《广志绎》卷4,江南诸省,《江西》。
④ 万历《吉安府志》卷11,风土志。
⑤ 何炳棣,1987,p.256。

Ⅱ. 明代吉安府的绅士培育

江西自宋元时代以来便是文运发达之地,其中吉安府地区至明中叶已是中国第一的进士培养地,高官辈出亦多①。《明史·列传》登录的江西籍人408人,宰辅18人,其中10人系吉安人②。因此王世贞亦曾经指出:

> "建文庚辰(1400)壮元胡靖,第二名王艮,吉水人,第三名李贯,廬陵人,俱吉安府。……永乐甲申(1404)壮元曾棨,永丰人,第二名周述,第三名周孟,俱吉水人,第二甲第一名杨相,第四名王直,俱泰和人,第二名宋子环,吉水人,第三名王训,庐陵人,(王)相又会元也,七人皆吉安府。"③

换言之,1400年和1404年连续两次吉安府独占第一甲三人,该记录此后亦未曾打破。而且如前文所述,洪武至成化年间的百余年间,吉安籍进士占全国的1/10,一甲进士占1/4,状元占1/3。明初的杨士奇和中期的陈循甚至称这种现象为:

> (1)"四方出仕者之众,莫盛江西,江西为县六十有九,莫盛吉水……天下之大,士之出于学校者,莫盛于江西、两浙,吉安又江西之盛者。"④

> (2)"国初文运,江西独盛。故时有翰林多吉水,朝内半江西之谣。"⑤

所以,"自昔,四民之中,其为士者有人,而臣江西颇多,江西各府,而臣吉

---

① 何炳棣,1962,pp.272-273。
② 许怀林,1993,pp.608-609。
③ 王世贞,《弇山堂别集》卷3,《一郡三及第》。
④ 杨士奇,《东里续集》卷10,《送徐崇威金宪致仕还乡序》。但当时江西省有77个县,而杨士奇只称69个。
⑤ 《皇明贡学考》卷1,《取士之地》。

安府又独盛"①那样的,吉安出身大学士陈循之语,便是暗示这样的现象。

那么自明中期以来,在江西和吉安实际有多少绅士呢?这个问题是大家普遍关注的对象,但是事实上无法计算出特定单位时间的生员、监生(包括岁贡生和例监生)、举人、进士的人数②。所以本文将推算其大致的数字。

首先来考察生员的情况。明中期,江西省由13府1州77县构成,共有91个儒学,吉安府下辖9县,有1个府学和9个县学共10个儒学③。如果以明中期每个儒学平均有生员300人计,④那么江西就有3万余名,吉安府有3千余名生员。

那么监生的情况是怎样的呢?明代自正统6年起规定府学每年推荐1人为生员,州学每3年推荐2人为岁贡,县学每2年推荐1人为岁贡⑤,因此如果以每一代为30年计,那么可推算江西省共有1565名岁贡⑥。而且当时还存在几乎同岁贡人数相当的例监生⑦,如果以例监生与其人数相当来计,那么可以计算监生共有3千余名。而拥有1个府学,9个县学的吉安府想必有165名监生和与其同数的例监生,共330余名监生存在。

表2-2-2 明代学人定员的变化

年度	洪武3年	洪熙元年	正统5年	景泰4年	万历43年	崇祯15年
全 国	510	550	740	1145	1265	1387
江西省	40	50	65	95	100	110

---

① 明《英宗实录》卷268,景泰7年7月丙申条。
② 衷海燕,52004。
③ 万历《大明会典》卷15,户部2,州县1,《江西等处承宣布政使司》。
④ 可以计算江西的儒学至少平均有生员300余名的依据请参照本篇前章。而实际各儒学在读的生员远超这300人,从而对于升为举人的生员人数忽略未计。
⑤ 万历《大明会典》卷77,贡学,岁贡,《凡岁贡额数》条。
⑥ 就是13个府学390人,1个州学20人,77个县学1155人。这个数字只是想考察其大致的趋势,从而对于监生中升为举人者忽略未计。
⑦ 吴金成,1986,pp.45—48。

表 2-2-3　明代吉安府的学人

	洪武—正统 1368—1449	景泰—嘉靖 1450—1566	隆庆—崇祯 1567—1644	总计
庐陵县	108 名/④ 位	220 名/④ 位	142 名/② 位	470 名/④ 位
泰和县	209 / ②	344 / ②	107 / ③	660 / ③
吉水县	295 / ①	319 / ③	77 / ④	691 / ②
永丰县	125 / ③	90 / ⑥	28 / ⑦	243 / ⑤
安福县	93 / ⑤	411 / ①	221 / ①	725 / ①
龙泉县	25 / ⑧	31 / ⑧	4 / ⑧	60 / ⑧
万安县	37 / ⑦	99 / ⑤	49 / ⑤	185 / ⑥
永新县	47 / ⑥	79 / ⑦	42 / ⑥	168 / ⑦
永宁县	5 / ⑨	5 / ⑨	2 / ⑨	12 / ⑨
合计/每次平均	944 名/37.8 名	1598 名/41 名	672 名/25.9 名	3214 名/35.7 名

那么举人情况又是怎样的呢？综合明代乡试额变化，就如表 2-2-2①所示。据该额数，江西省的乡试额自洪武 3 年为 40 名→自洪熙元年为 50 名→自正统 5 年为 65 名→自景泰 4 年为 95 名→自万历 43 年为 100 名→自崇祯 15 年为 110 名。在这种乡试数额中，有明一代，江西始终位居南、北直隶之后的第三位。在一代 30 年的时间里举行 10 次乡试，自景泰 4 年，江西的举人额数达 95 名，从而 30 年共培育举人 950 名。但是自明初，各省及第者超出乡试定员 20％左右的案例较多②，从而在江西亦可以计算每代大约培育了千余人的举人。其中进士及第者为 300 余

---

① 综合万历《大明会典》卷 77，礼部，《科学》；《神宗实录》卷 533，万历 43 年 6 月庚寅条；孙承泽《山书》卷 15，《乡试价额》等，洪武 3 年为 510 人（在《皇明贡学考》称 525 人），但对于人才众多地区则要求不拘额数；洪武 17 年 亦令不拘额数；洪熙元年 550 人→正统 2 年不拘额数→正统 5 年 740 人→景泰 4 年 1145 人→此后随时允许特定省份的增额→万历元年 1190 人→万历 43 年大幅增额为 1265 人→崇祯 15 年增额为 1387 人。
② 如果参照后述的吉安府事例及赵子富，1995，p. 246；巫仁恕，2011，pp. 81—83；和田正广，1978，p. 43 等，自明中期，各省及第者超出规定乡试额的案例较多，从而江西亦应培育出了比配额更多的举人数额。

名①,亦有少数仅以举人资格出仕者,从而实际存在的举人至少有700余人。而在吉安府就如下面的表2-2-3②和表2-2-4所示,在明中期以后平均每次培育举人35名,进士10.5名,从而可以计算每代出举人245名。

然而从表2-2-3来看,明代吉安府共培养举人3214名。其中在明初的80余年间,平均每次培育37.8名,中期的110余年间平均培育41名,合格率在增加,但是在明末的80年里平均培育25.9名,培育率反而出现下降。从各县来看,安福县从明初位于吉安府的第五位上升为明末的首位,庐陵县从第四位上升至第二位,而吉水县则从首位下降至第四位,永丰县从第三位跌至第七位③。

另外,明代在吉安府培育的举人中,最大特点是在外地冒籍及第现象突出④。有明一代,吉安人共有291人(占明代吉安府举人总数的9.1%)在11个省冒籍及第。依次为湖广88名(30.2%)⑤→应天(南直隶)61名(21%)⑥→顺天(北直隶)56名(19.2%)⑦→河南19名(6.5%)⑧→广西15名(5.2%)→山东13名(4.5%)→广东11名(3.8)→

---

① 谢宏维,2000,p.24。
② 乾隆《吉安府志》卷28、29,选学表,《学人》1、2。
③ 安福县上升现象自景泰年间凸显,吉水县的下跌现象则从弘治年间凸显。出现这种发奋和下跌现象的原因是什么,这是日后有待研究的课题。
④ 这种现象可能同明代江西人和江西商人大举进入外地,尤其是吉安府人的进入有着深厚的关系。(请参照本书第三篇第三章)只是自明初依法严禁生员在外地冒籍进入儒学或应考乡试,不知为何发生此事。
⑤ 如前文所述,自明初无数江西人移民湖广,亦形成了"江西填湖广"的俗语。尤以吉安府人流入湖广著称,吉安府人在湖广首次出现冒籍及第者是在永乐18年(1420)有吉水人和永丰人各1人。这可能是因为移民湖广的江西人在湖广定居,并在经济上实现稳定需要一定的时间。吴金成,1986,第2篇;本书第三篇第三章参照。
⑥ 在应天首次及第者是洪武17年的永丰人。
⑦ 最初在顺天的及第者是景泰元年的庐陵、吉水和安福人各一名。
⑧ 早在洪武5年便有永丰人在河南及第,在河南冒籍及第的泰和人为8名,人数最多。关于江西人的河南省进出,吴金成,1986,p.122参照。

四川 8 名→陕西 7 名→云南、贵州各 6 名。① 考察各县在外地冒籍及第者人数的排序,安福人为 80 名(占安福举人的 27.5%)→泰和人 62 名(21.3%)→吉水人 59 名(20.3%)→庐陵人 43 名(14.8),这四个县在外地冒籍及第者为 244 名,占整个在外地及第者的 83.8%。冒籍及第在永乐至成化年间最多,该期间以吉水和泰和人居多。冒籍地以应天最多,吉水人达 17 名,泰和人达 16 名。在 11 个冒籍及第地中,除了永宁县一名冒籍者都没有之外,其他县均有在应天和顺天冒籍及第者。这可能是因为这两地有国子监,从而通过岁贡课程升入监生并在该地及第所致。②在湖广冒籍及第的 38 名安福人中刘氏最多,在应天及第的 17 名吉水人中罗氏最多。

与吉安府人进入其他地区乡试及第相反,亦有外地人进入吉安冒籍及第的案例。即在江西省有广信府人和赣州府的宁都人各 1 人。另外,外省人在吉安冒籍及第者湖广省人 3 名,广东省人 2 名,云南省人 2 名,南直隶人 2 名,河南省、广西省、娇声(不明)人各 1 名等共有 12 人。③

如上所述,吉安府有生员 3 千余名、监生 330 余名、举人 240 余名,共 3570 余名士人存在,从而其进士及第者亦很多。明清时代共有 201 次科

---

① 在广西正统 6 年有泰和人首次及第,在山东永乐 21 年有龙泉人,在广东永乐 21 年有泰和人,在四川永乐 15 年有吉水人,在陕西宣德 10 年有吉水人,在云南天顺 3 年有安福人,在贵州景泰 4 年有吉水人首次及第。

② 在明代,监生在其在籍的国子监(北京国子监或南京国子监)地区亦能参加乡试。从而可以认为有两种情况,即在南京和北京及第的举人作为南京国子监生或国境国子监生分别在各自地区及第的情况和吉安人进入南直隶或北直隶之后冒籍及第的情况。

③ 在《穆宗实录》卷 26,隆庆 2 年 11 月乙卯条"江西万洋山跨连湖广福建广东之地,旧称盗薮,而各省商民亦尝流聚其间,以种蓝为业"的记载是,提供其头绪的内容。吉安地区早自成化年间(1465—1487)便从福建汀州地区传入了优质的蓝(光绪《泰和县志》卷 2,土产,《青靛》条)。此后,各地流民聚集山区耕山种蓝,有时山主募集流民耕种蓝。这些流民还在旱魃或灾年群起叛乱。张翀,《鹤楼集》卷 1,虔台疏集,《题为流寇出劫惨酷力破群议勷平见今地方宁靖疏》、《奏为议论太多行事未便恳乞放归以延残躯疏》、《题为虔平积年剧贼一旦畏威听抚见今地方安堵以完钦依疏》等参照。

考,共有51744名进士及第。其中江西籍为4583名,占进士总数的8.86%。①仅有明一代,在全国的24608名进士中,江西籍进士有2997名(12.18%),继浙江和南直隶之后居全国第三位②。然而自洪武4年(1371)至成化2年(1466)的近百余年间,在全国施行的共29次科考中,共有5406名进士及第,其中江西籍为1054名(占19.5%),位居全国之首。③另外,在永乐4年的472名进士中,庶吉士有28名,其中江西为17人,吉安人占一半④。

而且在明代,中国全部科举及第者中第一甲进士为267名,依次为南直隶62名→江西55名(状元17,榜眼16,探花22名)→浙江54名,如果以府为单位来看,江西的吉安府为33名(状元、榜眼、探花各11名)位列全国之首,其次为浙江的绍兴府20名,南直隶的苏州府和福建的福州府各14名,浙江的宁波府为13名⑤。吉安府出身进士及第最多的永乐2年及第112名,在全国470名中占23.8%,永乐13年为94名,在全国351名中占26.8%,永乐19年为73名,在全国201名中占36.3%⑥。

仅以江西省内部来看,如果认为明代江西的进士及第者为2728名,那么吉安府出身的进士为837名,占江西进士的30.7%,从而位居首位。

---

① 谢宏维,2000。另外,许怀林,1993,pp.608—609以为明清时代共有203次科考,共出进士51624人,其中江西籍为4935人(占进士总数的9.6%)。而何炳棣认为共49727名进士中,江西人占4295人(占进士总数的8.6%,何炳棣,1999,p.3)。范金民(1998,p.342)则称,明清时代共出进士51681人。
② 该部分的分析遵照了生驹晶(1990)的观点。以前的分析者均以《明清进士题名碑录索引》为基础,但结果却各异。以为生驹晶参照同《明清进士题名碑录索引》和《皇明贡学考》,所以可以说信凭性较高。关于明代江西出身进士数,方志远,2001,pp.172—173称2690名;谢宏维,2000称2728名;在郑建明,1999根据康熙《西江志》卷49—52,《科目》为3008名;许怀林,1993,pp.608—609称3148名;何炳棣,1987,pp.209、252(何炳棣,1999,p.3)称2400名;生驹晶,1990称2997名。然而认为江西籍的进士人数在明代占全国第三的观点一致。
③ 谢宏维,2000,p.24;方志远,2001,p.172参照。如上所述,研究者们关于明清时期科考及第者的统计各自不同。尽管清楚该情形,却仍然部分引用其他统计是为了去除繁杂,不得不引用前人的研究。从而只能满足于了解其大致趋势。
④ 沈德符,《万历野获编》卷14,科场,《关节壮元》。
⑤ 万历《吉安府志》卷6,选学表3,《进士》;生驹晶,1990,pp.54—56;谢宏维,2000,p.24。
⑥《皇明贡学考》《明清进士题名碑录索引》。

继而依次为南昌府643名→抚州府252名→饶州府238名→临江府175名①。在有明一代,吉安府亦仅次于南直隶的苏州府居第二位。② 还有在江西78个州县中,出进士较多的地区依次为南昌县(南昌府)232人→安福211人→丰城195人→泰和178人→吉水165人→临川121人→庐陵103人→进贤98人→新建74人→贵溪70人,从而南昌府四县培养599人,吉安府的安福、泰和、吉水、庐陵四县培养657人,上述十县所出进士占江西整体的53%。而且仅从吉安府来看,上述四县的进士占吉安整体的78.5%③。

然而从表2-2-4④来看,明代吉安府共出1020名进士。其中,明初的80余年间,平均每次出14.7名,中期的110余年间出12.5名,明末的80年间出了7.5名,及第率持续下降。从各县来看,安福县从明初在吉安府内的第四位升至明末的首位,庐陵县从第五位升至第二位,而吉水县则从第一位降至第四位,永丰县从第三位降至第七位⑤。这种上升或下降的现象同举人的情况相似⑥。

从另一方面来看,吉安府出身的进士几乎占了明代江西进士总数的1/3。而且被《明儒学案》立传的207位明儒中江西人有54人,占总数的26%,位居全国之首。在江西学者中,吉安人有24人(44.4%),居江西之首。

---

① 谢宏维,2000,pp.25—26。关于吉安府出身进士数字,何炳棣以为1020名,许怀林以为994名,方志远,2001以为837名,郑建明以为963名。但,乾隆《吉安府志》卷25,选学表,进士为1020名。
② 何炳棣,1987,p.271表35;何炳棣(999,p.5)把明代吉安府出身的进士计算为1020人,认为超过绍兴(977)、南直隶的苏州(970)、江西南昌(713)位居第一位。
③ 谢宏维,2000,p.26。如后文所述,据乾隆《吉安府志》卷25,选学表,《进士》,尽管明代吉安府的进士为1020人,但是为了整体比较江西省,从而遵照了先前的研究。
④ 乾隆《吉安府志》卷25,选学表,《进士》。
⑤ 安福县的上升现象和吉水县的下降现象均从景泰年间凸显。至于出现这种上升或下降现象的原因是什么,是留待日后研究的课题。
⑥ 安福县在吉安府内是阳明学者最多,而且还是书院讲学运动最活跃的地区,另可见后文p.184注④。

表 2-2-4　明代吉安府的进士

	洪武—正统 (1368—1449)	景泰—嘉靖 (1450—1566)	隆庆—崇祯 (1567—1644)	总计
庐陵县	33 名/⑤ 位	58 名/④ 位	43 名/② 位	134 名/④ 位
泰和县	84 / ②	90 / ③	31 / ③	205 / ③
吉水县	97 / ①	94 / ②	26 / ④	217 / ②
永丰县	49 / ③	26 / ⑦	6 / ⑦	81 / ⑤
安福县	37 / ④	148 / ①	67 / ①	252 / ①
龙泉县	7 / ⑧	7 / ⑨	3 / ⑧	17 / ⑧
万安县	16 / ⑥	27 / ⑥	11 / ⑤	54 / ⑦
永新县	15 / ⑦	35 / ⑤	7 / ⑥	57 / ⑥
永宁县	1 / ⑨	1 / ⑨	1 / ⑨	3 / ⑨
合计/每回平均	339 名/14.7 名	486 名/12.5 名	195 名/7.5 名	1020 名/11.6 名

那么就如前文所述,吉安府地区尽管学术传统悠久,但经济上却并不富饶,尽管如此为何能够培育出如此众多的绅士呢? 就此,15 世纪中叶吉安府泰和县出身的大学士 陈循(泰和人)称:

"江西及浙江、福建等处,自昔,四民之中,其为士者有人,而臣江西颇多,江西各府,而臣吉安府又独盛。盖因地狭人众,为农则无田,为商则无赀,为工则耻卑其门地,是以世代务习经史,父子叔侄兄弟族姻,自相为师友十常二三,往往散至四方,训教社学,取束修以为生。其风俗如此,其心初皆望由科学出仕。"①

正是因为存在这种经济上的弱点,所以通过搞活文化传统,奋发向上,才得以克服了这种弱点②。同江西的其他地区相同,吉安府地区亦聚族而居,而且父子、叔侄、兄弟、族姻大多以师友或师承关系相聚,彼此切磋琢

---

① 明《英宗实录》卷 268,景泰 7 年 7 月丙申条。
② 无论是明初侍奉五位皇帝的的杨士奇(《明史》卷 137),还是名臣刘崧(《明史》卷 148)均是典型案例。

磨亦可能成为背景之一。另外,还会有早先出走外地的吉安商人致富之后,为故乡宗族致力于举业而提供财政支持的情况①。但是仅凭文化传统不足以解释明前半期吉安府人中出现如此众多的进士及第者。除此之外,也不能忽略了明初吉安府出身的官僚掌控中央政治和科举考试的政治背景②。

Ⅲ. 吉安府绅士的书院建立和讲会

1. 阳明的教学

阳明在江西军务繁忙时期,亦随时展开同门人的讨论,所到之处均订立乡约,建立社学和书院,进行讲会③。结果,其弟子遍布天下,尤以江西和浙江居多,在江西尤以吉安地区居多④。如前文所述,宋至明初,吉安地区读书之风盛行,登科之人甚多,随之仕宦者亦多。这可能成为了其背景。总之,为《明儒学案》所立传的207人明儒中,江西人有54名,占总数的26%,位居全国首位,江西学者中,吉安人有24人(44.4%),是江西省内的首位。而且在54名江西人中,阳明的门人多达33人,其中吉安府出身者高达21名。其中安福人有邹守益(1491—1562)和子邹善,孙邹德涵、邹德溥、邹德泳,刘文敏、刘邦采、刘阳、刘秉监、刘晓、王时槐、刘元卿、罗大纮等13人,在卢陵陈嘉模,在泰和欧阳德、刘魁、胡直,在吉水罗洪先(念庵,1504—1564)、邹元标,在永丰聂豹(1497—1563)、

---

① 肖文评,2005参照。曹国庆(1999)指出的,明代江西铅山县费氏崛起为世家的背景中有"以商致富,科第守之"的事实,以及致富后的徽州商人向故乡提供财政支持,为徽州人的举业提供了极大帮助的事实(这是众所周知的事实)可成为佐证。
② 生驹晶,1990,pp.57—62。然而,就如后文所述,由于阳明和阳明学的影响,江西尤其是吉安府培养出了其大量弟子。由于他们的努力,建立了大量的书院,且讲学亦非常盛行。当时从整体来看尽管属于第一集团,但是在进士和举人的培育率方面,吉安府反而在下降。这种现象应该同江西省内的社会经济变化一并加以考察。
③ 多贺秋五郎,1971;李才栋,1993,pp.292—315;本书第一篇第二章等参照。
④ Hauf,Kandice,1987。

宋仪望等人①。

尽管陈献章、湛若水（甘泉，1466—1528）亦为明代书院的建立和讲学做出了努力②，但是说明代书院是由王守仁的努力而发展起来的亦不为过。阳明从以下两个方面主张了建立书院和讲学的必要性。第一，尽管官学甚至将"堂名"命名为明伦堂以示尊崇"三代之学"，但实际仅停留于准备科举考试之学校的性质，教师和学生却遗忘了原本的目的——"明伦"③；第二，由于士人极端地追求功名，天下没有得到应有的治理④。换言之，建立书院，进行讲学是为了完善官学尚未完成的部分，即明"明伦"，变士风，以实现"天下之治"，这正是阳明基本的教育观⑤。

阳明的这种教育观是以如下的"新四民论"⑥支撑的。第一，"良知之在人心，无间于圣愚，天下古今之所同也"⑦，"四民异业而同道"⑧，或"满街人都是圣人"⑨等存在"平等性"和"民众性"。第二，每个人都有"良知"，能成为圣人，然而在现实社会，良民同山野的禽兽或水田中稗子似的"莨莠"（恶人）共存而引起了社会混乱，从而必须彻底铲除"莨莠"；第三，对于良民则应通过书院、社学、乡约等唤醒民众先天的良知能力，使其自救（使天下之人皆知自致其良知）⑩。

自明中期，随着中国全境发生社会变化，农村人口流散，各地农民蜂

---

① 黄宗羲，《明儒学案》卷16—24，江右王门学案1—9. 还有南昌府人为万廷言、章潢、魏良弼、魏良政、魏良器、邓以赞等6名，其他王钊、陈九川、黄弘纲、何廷仁、邓元锡、冯应京等也在明儒学案被入传的文人。
② 李国钧 等，1994，pp.713—714；林友春，1958；多贺秋五郎，1971。
③ 王守仁，《全集》卷7，文录4，《万松书院记》，pp.252—253。
④ 王守仁，《全集》卷22，外集4，序，《送别省吾林都宪序》，p.882。
⑤ 对于明中期官学教育的停滞和要求八股文的科举之弊端等，不仅是王守仁自己的观点，也是当时社会的一般性观点，就连现代学者亦持同样的观点。参见艾尔曼，2000，第7章。
⑥ 余英时，1987，第2章新四民论。
⑦ 王守仁，《全集》卷2，语录2，《传习录》（中），《答聂文蔚》，p.79。
⑧ 王守仁，《全集》卷25，外集7，《节庵方公墓表》，p.941。
⑨ 王守仁，《全集》卷3，语录3，《传习录》（下），《答聂文蔚》，p.116。
⑩ 王守仁，《全集》卷2，语录2，《传习录》（中），《答聂文蔚》，p.81.。

起蔓延。明初被采用于体制教学的朱子学已经被教条化和形式化，从而无法有效适应当时的社会变化。以心即理、知行合一、致良知说等为核心的阳明学反映了这种社会状况，是为了克服这种社会混乱，恢复社会秩序，最终试图实现"大同的理想社会"的"实践性"思想，它还反映了当时中国社会庶民阶层之要求[①]。阳明亲自建立社学和书院，施行乡约，同时积极在各地讲学便是出于他的这种思想。

阳明生前亲自建立或产生影响的书院有龙冈书院(贵州省龙场)、贵阳书院(贵州省贵阳)、濂溪书院(江西省赣州)、白鹿洞书院(江西省星子)、稽山书院(浙江省钱塘)、南宁书院(广西省南宁)、敷文书院(广西省苍梧)等。本文拟考察其中同江西省相关的书院。

首先来考察濂溪书院(江西省赣州府雩都县)的情况。阳明于正德12年(1517,46岁)正月作为都察院左佥都御使，持南赣、汀漳巡抚的职责到赣州开府。正德13年6月，晋升为都察院右副都御史(正三品)。赴任之后，阳明在繁忙的军务间隙，随时同学者讨论学问。起初寄寓于射圃，但随着聚集的学者日众而无法接纳，便于正德13年(1518)9月，修缮被废弃的廉溪书院，用作教场[②]。随着阳明以南赣、汀漳巡抚实施讲学，"至王阳明讲学虔州，邹文庄北面首事之，一时受业之徒，三十余人"[③]那样，邹守益以下吉安的众多学者受学于阳明。

白鹿洞书院(江西省星子县)位于江西北部鄱阳湖西岸的名山庐山五老峰麓，至今亦保存完好。白鹿洞书院建于宋代，朱熹亦曾对其重修进行讲学，具有悠久历史。正德14年(1519)，阳明的门人蔡宗衮(浙江山阴人)作为南康府学教授任白鹿洞书院院主。以此为契机，正德16年

[①] 本书第一篇第二章。
[②] 《全集》卷33，《年谱》1(p.1255)；多贺秋五郎，1971，p.236。在以下《全集》卷33、34、35的《年谱》1、2、3只《年谱》略称，卷36、37是《年谱附录》1、2是以《年谱附录》略称的。
[③] 万历《吉安府志》卷11，风土志，《安福》。

(1521)5月,在阳明离开江西南昌前后,在此聚集众多门人实施讲学。当时南昌知府吴嘉聪为了编撰《南昌府志》,在白鹿洞书院设置了府志编集局,参与该编集的有以"江西四谏"而著称的夏良胜、舒芬、万潮、陈九川等多位著名的阳明的门人①。

稽山书院(浙江省钱塘)的情况是,嘉靖元年(1522),自阳明 53 岁时回到钱塘,其周围便汇聚诸多门人。嘉靖 3 年,绍兴府知府南大吉对阳明自称为门人,复建荒废的稽山书院,请阳明任主讲。其时,汇聚的门人多达 300 余人,其中亦不乏外省人,还有 7 名江西人,亦有吉安府安福的刘邦采、刘文敏,泰和的曾忬等人②。

受阳明上述教育观和书院讲学运动影响的门人们同样积极建立书院,参与了讲学,受其影响的其他绅士们亦在中国各地积极建立了书院。有记载如下:

> 嘉靖末年徐华亭以首揆为主盟③……凡抚台泹镇,必立书院,以鸠集生徒。……于是三吴间竟呼书院为中丞行台矣。④

那样,曾是内阁首辅,又是阳明学大家的徐阶(1494—1574)为全国书院的大量形成发挥了决定性影响。徐阶自赴任江西提学官的 1536 年(嘉靖 15 年)至退任内阁首辅的 1567(隆庆元年)的 30 余年间为积极传播阳明学,建立书院发挥了影响⑤。结果,中国各地在地方官和绅士的协助

---

① 《年谱》2,p.1280;《明儒学案》卷 11,《督学蔡我斋先生宗衮》;《明史》卷 189,夏良胜、万潮;邓洪波,2004;陈东原,1937;多贺秋五郎,1971,p.237 等。
② 王守仁,《全集》卷 7,《稽山书院尊经阁记》;《年谱》3,p.1290
③ 黄宗羲,《明儒学案》卷 27,南中王门学案 3,《文贞徐存斋先生阶》称,"聂双江初令华亭,先生受业其门,故得名王氏学。及在政府,为讲会于灵济宫,使南野(欧阳德)、双江(聂豹)、松溪程文德分主之,学徒云集,至千人",《明史》卷 283,列传 171,《欧阳德传》称"当是时,(欧阳)德与徐阶、聂豹、程文德并以宿学都显位。于是集四方名士于灵济宫,与论良知之学。赴者五千人。都城讲学之会,于斯为盛"。
④ 沈德符,《万历野获编》卷 24,《书院》。
⑤ Carrington Goodrich and Chaoying Fang, N.Y. ed,1976,Vol. 1,p.572 ; Meskill,1982,p.131。

下,书院和讲学逐渐普遍①。下表2-2-5②是为了了解明代建立书院的大致趋势而统计的。

表2-2-5　明中、后期书院的发展

	河北	山西	江苏	浙江	安徽	福建	江西	山东	河南	湖北	湖南	广东	广西	四川	贵州	云南	陕西	其他	总计
正德	3	8	5	4	4	23	26	6	6	5	6	8	2	6	1	5	3	1	122
嘉靖	25	16	23	50	41	38	82	25	28	17	35	68	28	18	10	23	8	14	549
隆庆	3		5	4		7	12	3	1		1	4	1	2	5	12			66
万历	16	11	14	35	16	10	65	19	36	12	15	38	12	5	7	14	6		328
都合	47	35	47	93	64	78	185	44	73	35	57	118	43	31	23	54	17	21	1065
明代全体	70	61	66	199	99	107	287	69	112	69	103	156	65	63	27	68	28	29	1678

如表2-2-5所示,明代建立的书院在江西地区最多,继而依次是浙江、广东。自阳明以南赣巡抚赴任江西(正德12年正月)至明末,阳明学的相关(江西王门或其他地区阳明的弟子来江西所立书院)书院共88处③。从而将该数字同上面的表2-2-5的287处相比,30.7%的书院同阳明学相关。在这88处书院中,吉安府地区所建最多,有34处(38.6%),其次为南昌府,有13处。而李才栋称,正德至嘉靖年间新建的107个书院中,隶属吉安府的有28个,隶属南昌府的有14个;隆庆至

---

① 结果,社会流于空洞理论的弊端日益蔓延,通过谈迁,《国榷》卷66,隆庆穆宗四年,三月戊辰朔条,古籍出版社,p.4128,"禁提学宪臣聚徒讲学……华亭讲学,为天下倡,世群而效之,学社棊置,舍官守而语玄虚,薄事功而课名理,下至巨奸元盗,窃入而影附焉。如颜山农何心隐之流,不可缕指。故戒谕学宪,敦崇实行,有以哉"的记载可以知道。而自明中期之后,布、按两司、提学官、御史、知府、知州、知县等地方官至赴任之地建立书院进行讲学的内容参阅《天下书院总志》(全3卷),台北,广文书局影印本,1974。
② 李国钧,1994,pp.1037—1084。然而在该书(pp.555—556)中,李国钧自己计算提示的数字略少于本表2-2-5。对明清时代的书院也不可能进行完整的统计。因为明代的书院有修复前代书院的情况,有期间关闭之后重新修复的情况,有更名的情况,有实际是书院,但名称不同的情况,有在会馆进行讲会的情况,有实际是会馆或社学,但名称是书院的情况等等,内容过于复杂,从而就连当时时的人们亦无法完全掌握。因此本表2-2-5认为明代所建书院有1678处,但曹松叶(1930)认为有1200余处,李才栋(1993,p.363)则将创建年代明确的265处和不明确的23处相加,认为有288处。
③ 吴宣德,1996,pp.270—277。

万历年间新建的 77 个书院中,隶属于吉安的有 21 个,隶属于南昌府的有 12 个;崇祯年间新建的 19 个书院中,隶属于吉安和南昌的分别有 4 个①。从而如前文所述,吉安府至明中期是中国培养进士最多的地区,同时又是明代阳明的门人和书院最多的地区。

然而在阳明之前,吉安府的书院并不多。阳明的门人在阳明生前亦修建了书院,但在阳明死后,为了祭祀阳明,同阳明祠一起修建了大量的书院。尤其

> "自阶典江西学政,大发师门宗旨,以倡率诸生。于是同门吉安邹守益、刘邦采、罗洪先,南昌李遂、魏良弼、(魏)良贵、王臣、裘衍,抚州陈九川、傅黙、吴悌、陈介等,与各郡邑选士俱来合会焉。"②

那样,曾是内阁首辅,又是大学者的徐阶自嘉靖 15 年(1536)的 3 年间,以江西按察副使的身份担任提学官为契机,为江西的阳明学发展和书院建设做出了极大的贡献③。非但如此,钱德洪、王畿、张元冲、王宗沐等 10 余名浙江籍的王门或出仕或游学江西,建立书院,主管或参与了会讲④。这些书院是各地阳明学派的据点,成了思想文化运动的中心。下面将仅考察其中的江西吉安府的情况。

2. 书院和讲会的发展

1) 白鹭洲书院的发展

代表吉安府的白鹭洲书院⑤同南康府的白鹿洞书院一起成为江西的代表性书院。该书院位于府城东侧的白鹭洲。始建于南宋淳祐元年(1241),其后经屡次改建,在元末的动荡时期遭到破坏。嘉靖 5 年

---

① 李才栋,1993,pp. 293—298、341—345、356。
② 《年谱附录》1,《嘉靖 18 年己亥》,p. 1334。
③ 吴宣德,1996,pp. 356—360。
④ 李才栋,1993,pp. 312—313、318—353。
⑤ 本内容中没有别注部分,请参阅乾隆《庐陵县志》卷 18,学校志,《书院》;邓洪波,2000,pp. 131—144。

(1526),知府黄宗明(浙江人,王门弟子)①下令重建书院的文庙、讲堂,聘师讲学,并向诸生提供了"膏火杂费"②。然而此后又被搁置,至嘉靖21年(1542),知府何其高在府城南关外被荒废的仁寿山慈恩寺寺基上重建书院并称为白鹭书院。在书院内,修建了聚秀楼、崇正堂、道心堂、集义堂等堂、斋、门、阁、祠,召集吉安府内10个儒学(9个县学和1个府儒学)的优秀生员进行讲授③。考察其工程的前后始末,府内绅士们协商将位于频发水灾的白鹭洲之上的书院移往慈恩寺寺基之后,向知府何其高建议了其内容,知府向当道申请并获许可。工程费的筹措和工程监督均有绅士负责。知府何其高为闻讯而来的学者,准备了些许学田④。

隆庆6年(1572),根据生员的恳请和庐陵知县龚懋贤的申请,巡按任春元(余姚人,与阳明同乡)将位于仁寿山的白鹭书院改为庐陵县学,至次年万历元年(1573),将原来庐陵县学的明伦堂改为书院,名称依然是白鹭书院。于是白鹭洲书院从白鹭洲移至城南的仁寿山,而后又被移至郡城北隅⑤。然而,万历7年张居正下令裁撤全国的书院。于是吉安府的地方官不知如何是好,便将白鹭书院的大门临时更名为"湖西公

---

① 《明儒学案》卷14,浙中王门学案4,《侍郎黄致斋先生宗明》。
② 乾隆《吉安府志》卷18,学校志,吉安府书院,《书院息银田租》称,"按鹭洲书院有田租,养赡师生。宋知军江万里置田八百石及绕城濠租,均以赡学。元代迄明初无考,嘉靖间,知府何其高、万历间知府汪可受捐输,皆称极盛,而佃户、胥吏交相侵隐",可以说此时知府黄宗明亦为了书院置办书院田。
③ 关于此时书院再建立状况,罗钦顺,《城南白鹭书院记》,乾隆《庐陵县志》卷18,学校志,《书院》称,"(何其高)尤加意学校,恒念诸生散处,躬勤弗克周,乃作书院于城南,聚九邑之士之敏于学者食而教之,劳来殷勤,亦以为散处者劝也。……其费凡若干金,皆收诸公帑之余,罚锾之入。经始于嘉靖壬寅仲夏,逾年工乃告完,士夫之得于达观者罔不嘉悦"。
④ 罗钦顺,《城南白鹭书院记》,乾隆《庐陵县志》卷18,学校志,《书院》;刘绎,《白鹭书院志》卷5(同治10年刊本,陈谷嘉等,《中国书院史资料》(上册),浙江教育出版社,1998,pp. 521—523 再引);尹台,《白鹭书院学田记》,《洞麓堂集》(文渊阁·四库全书·本)卷4;邹守益,《聚秀楼记》、欧阳德,《集义堂记》、聂豹,《道心堂记》,刘绎,《白鹭洲书院志》卷5(同治10年刊本,陈谷嘉等,《中国书院史资料》(上册),浙江教育出版社,1998,pp. 523—524 再引)。在下文只称《白鹭洲书院志或书院史资料》。
⑤ 万历《吉安府志》卷15,学校志,《白鹭书院》、《庐陵县儒学》;曾于拱,《城北白鹭书院记》,《白鹭洲书院志》卷7(《中国书院史资》,pp. 535—536 转引);乾隆《庐陵县志》卷18,学校志,《书院》。

署",而继续维系了书院的功能。当时由于张居正的命令而被关闭的江西书院共有18个①。然而就如上面的表2-2-5所示,正德、嘉靖、隆庆时期,江西所建书院有118个,由此而言并不算多。

然而尽管将位于郡城北隅的庐陵县学的明伦堂做成了书院,但是徒有书院之名,由于空间狭小,且规制亦不完整,因而来此的学生很少。加上自万历7年书院又更名湖西公署,从而"士习日污,民俗愈敝,家鲜孝悌廉靖之风"。见此情形,知县钱一本于万历14年(1586)重新把湖西公署更名为白鹭书院,并新建道心堂②。同年,知府杨维乔和知县钱一本在北城白鹭书院内修建了王阳明祠。宋代,为祭祀理学六贤(二程、周、张、邵、朱)而建的白鹭洲书院最终祭祀了阳明,不久也开始祭祀阳明的门人等乡贤。数年之后,阳明祠被迁建于南门外仁寿山庐陵县学的遗址,并独立为景贤堂③。然而就如后文所述,主导白鹭洲书院讲学的学者大多为阳明的门人,从而对学生们传授的可能亦是阳明学。

明代,使得白鹭洲书院取得划时代发展的是知府汪可受。万历20年(1592),他在宋代的白鹭洲书院遗址(白鹭洲)上重建书院,修建吉台、内堤、永堤等堤坝,种植大量树木,在鹭池架桥,并在其上增建号舍百间,按故名修建了祠堂、亭子和楼阁。而且还建先贤祠,同时祭祀二程子、罗伦和罗钦顺,在白鹭池外则修建了理学、忠节、名臣的三坊,以念宋代以来的先贤④。刘应秋将重建原本位于白鹭洲的白鹭洲书院,替代位于郡城北隅之白鹭书院的过程做了记载。大致如下,吉安府内的绅士们在事先商量之后,以吉安府10个儒学的廪膳、增广、府学生员们的名义向知

---

① 就是紫阳、明经、东山、叠山、怀玉、象山、玉溪、白鹿洞、濂溪、绵江、道源、一峰、复古、白鹭洲、筠阳、锦江、复真、文江书院。
② 王时槐,《重修白鹭书院记》,乾隆《庐陵县志》卷18,学校志,书院。
③ 乾隆《吉安府志》卷18,学校志,吉安府书院,《书院祠祀》。
④ 汪可受,《请复祀二程子文》,乾隆《吉安府志》卷18,学校志,吉安府书院,书院祠祀;邹善,[鹭洲书院建坊记],《白鹭洲书院志》卷6(《书院史资料》,pp.531—53再引)。在理学坊安置欧阳修、罗伦、罗钦顺、邹守益、罗洪先、聂豹、欧阳德、刘阳、刘文敏、刘邦寀,忠节坊安置陈乔、杨邦乂等42人,在名臣坊安置宋代的周必大、杨万里等和明代的解缙、杨士奇、周忱、李时勉等总26人,表现出"以风示多士"。

府汪可受提出建议。汪知府详细记录修复书院的历史意义,工程费用的明细和筹集方法、工程规模和动用人力的方法、工程监督者等整个计划,交于监察御使和巡抚,获得了许可。工程于万历20年10月开工,22年3月落成。工程费的筹集、人力的动用、工程监督等整体计划与实施、书院竣工后的所有桌椅器皿的准备亦大体上由绅士分担。吉水的曾同亨尚书、南昌的万廷言金使、安福的邹善(邹守益之子)太常卿、庐陵的习孔教侍郎、陈嘉模参政、彭应时金使等乡绅亦参与其中。书院全部恢复了宋代的祠、堂、阁、亭、楼,并增建了吉台、永堤、桥梁、号舍等。

书院竣工之后,知府汪可受一边编撰《白鹭洲书院志》,一边聘参政龚道立、知府吴士奇和王门弟子王时槐(安福人)、邹元标(1555—1624,吉水人)等人做书院主讲,并筹集府学的些许学租和知府本人及绅士们的捐资,备置学田,为院生每月提供银3钱。为阳明学所倾倒的汪可受制定了《书院馆例》和《护洲禁约》,来严格管理居于书院内的号房而研习学业之院生的言行,而且还于每月朔望进行考试①。天启年间,当宦官魏忠贤裁撤天下书院时,白鹭洲书院成了其生祠,其死后重新恢复为书院。此后于崇祯8年(1635),知府林一柱重修,并增建号舍,乡绅李邦华亦捐租助学生的学业,并担任数年的主盟。

在白鹭洲书院主导讲学的学者有罗钦顺、邹守益(安福人,1491—1562)②、欧阳德(泰和人)、聂豹(永丰人)、罗洪先(吉水人)、尹台、胡直(泰和人,1517—1587)、王时槐(安福人)、邹元标(吉水人)、李邦华、陈钟等百余人,大多为阳明的门人③。嘉靖36年,邹守益在此讲学时,"学使

---

① 刘应秋,《重修白鹭洲书院记》,乾隆《庐陵县志》卷18,学校志,书院;王命爵,《永堤记》,上同书,同条;彭应时,《吉台记》,上同书,同条;汪可受,《呈请修复白鹭书院详文》,刘绎,《白鹭洲书院志》卷8(《中国书院史资料》,pp.528—530);汪可受,《白鹭洲书院馆例》、《白鹭洲书院禁约》,《中国书院史资料》,pp.747—749;Meskill,1982,p.126等。
② 乾隆《吉安府志》卷18,学校志,吉安府书院,《青原会馆》(pp.1892—1899)称,"正德间,姚江王守仁令庐陵,安福邹守益从游青原山,讲良知之学。其后会讲者,吉水罗洪先、永丰聂豹、泰和欧阳德,于是,青原讲学称邹罗聂欧"。一方邹守益在阳明镇压宁王朱宸濠的反乱时也帮助过。请参阅Meskill,1982,p.78。
③ 吴宣德,1996,pp.281—282。

王宗沐率生儒以千计听讲"①。曾于拱(泰和人,嘉靖20年进士,都御史)称,非但他本人于罗洪先和欧阳德门下受学,当邹守益和欧阳德讲学时,汇聚的学生尤其多,从而"大半出其门"。王时槐系嘉靖26年进士,历任太仆寺少卿和陕西参政,后来被任命为贵州参政和鸿胪寺太常,但并未赴任,而是担任了多年白鹭洲书院主讲。邹元标是东林派领袖之一,因反对张居正而被发配贵州都匀卫6年,张居正死后升任吏科给事中,万历11年,奏请恢复天下书院并获奏准,而其祖师便是欧阳德。邹元标不久归乡居家30余年,期间于万历20年受汪可受的聘请为契机,担任多年的白鹭洲书院主讲。

如果考察汇聚于白鹭洲书院的绅士们的面面,主导讲学的学者是拥有当官僚经历的乡绅,大多为阳明的门人,学生是从吉安府内10个儒学的生员中选拔出来的②。这些绅士们不但彼此称呼"同志",还称他们的团体为"吾党",显示出了其"约束力"和"同类意识"③。从而自明中后期,白鹭洲书院作为江右王门的学术和教育活动的中心,不仅担负了吉安府最高学府的功能,还同南康府的白鹿洞书院④一起,作为江西省绅士活动的向心点,培养了大量的人才⑤。

2) 青原会(青原惜阴会)的成立和发展

江西的阳明弟子们除了在各地建立书院,励行讲学之外,还积极组织了如下的讲会⑥。起初,讲会的聚会大多利用书院,有时还利用诸如寺

---

① 耿定向,《东廓邹先生传》,《耿天台先生文集》卷14。邹元标(吉水人)是东林书院的主要成员,所以可以说当然同东林派人士交流。还又,其后,复社同人中亦有吉安府出身18人,可以说当然同其他地域的复社同人有交流。请参阅陆世仪,《复社纪略》,吴应箕,《东林始末》,台北,广文书局,pp.197—198。
② 关于当时书院的学生多大是官学的生员,请参阅 Meskill,1982,pp.37—38,124。
③ 曾于拱,《城北白鹭书院记》,刘绎,《白鹭洲书院志》卷7(同治10年刊本);欧阳德,《集义堂记》,刘绎,《白鹭洲书院志》卷5(同治10年刊本)。
④《白鹿洞书院古志五种》(上下),中华书局,1995;李才栋,1985。
⑤ 在明末,明朝为两个书院安排了几个学人定员。请参阅 Meskill,1982,pp.150—151。
⑥ 明清时代学者的聚会大概分为讲会和会讲两种。讲会是以学术组织乃至学术团体的性质,定期招请有名学者,让他担负主讲,定规约而交流学术,互相切磋琢磨,会讲是不定期的讲学活动。

观等能够聚会的任何场所。随着这些聚会的持续发展,还置办了学田,修建了固定的建筑,这又被称作"会馆"①。明代,江西的讲会组织有 30 余个,聚集于这些讲会的人员,多时达千余人,少时亦达百余人乃至数百人②。

江西最早的讲会组织是吉安府安福县的惜阴会。如后文所述,惜阴会是在嘉靖 5 年(1526)阳明的门人刘邦寀③与刘晓等安福的同志结成的讲会,讲会隔月聚会 5 天,聚集的人员达百余人。阳明亦赞扬和劝勉了惜阴会的聚会。然而起初并没有能讲学的会馆,也没有具备强大领导力的学者。此后,惜阴会向两个方向发展。其一,如后文所述,从惜阴会经四乡会,形成了安福县的复古、复真、连山等书院④。其二则被扩编为青原会(青原惜阴会)。即,从下面的记录中能够了解其大概。

(1)"师在越时,刘邦寀首创惜阴会于安福,间月为会五日。……既后,守益以祭酒致政归,与邦寀、刘文敏、刘子和刘阳、欧阳瑜、刘肇衮、尹一仁等建复古、连山、复真诸书院,为四乡会。春秋二季,合五郡,出青原山为大会。凡乡大夫在郡邑者,皆与会焉。于是,四方同志会,相继而起,惜阴为之倡也"⑤

(2)"青原山在府城东南十五里……其中广衍,净居寺在焉。……明嘉靖间,邹守益、欧阳德、罗洪先辈宗阳明致良知学,春秋于此会讲。乙卯岁(万历 43 年,笔者),邹元标、郭子章移会馆于翠屏山之阳,建五贤祠"⑥

(3)"净居寺……嘉靖间,绅士创会馆讲学寺旁,万历末,迁会馆

---

① 从以,同明末以后,又其清代在全国城市丛生的商人主动的"会馆",其性质有差。
② 康熙《西江志》卷 21,书院,《吉安府》;吴宣德,1996,pp. 302—307。
③ 安福人,嘉靖 7 年学人,嘉兴府 同知。
④ 《年谱》3,嘉靖 5 年 12 月,"作惜阴说"p. 1303;邹守益,《新建复古书院记》,乾隆《安福县志》卷 19,艺文志,《记》。
⑤ 《年谱附录》1(p. 1330),嘉靖 13 年条。
⑥ 康熙《西江志》卷 9,山川,吉安府,庐陵,《青原山》条。

于山之阳"①

(4)"正德间,姚江王守仁令庐陵,安福邹守益从游青原山,讲良知之学。其后会讲者,吉水罗洪先、永丰聂豹、泰和欧阳德,于是,青原讲学称邹罗聂欧。"②

嘉靖12年(1533),青原会由邹守益召集,此后邹守益、罗洪先、聂豹、欧阳德等人担任了主讲,继而王时槐、胡直、刘方兴、刘文敏、钱德洪、刘元卿、王畿、甘采等人接连担任讲会的主盟③。换言之,他们不分出身地域,彼此协助主管讲学。此后修建传心堂(先贤祠)和五贤祠,祭祀阳明和邹、罗、聂、欧阳5人。青原会馆至此算是得以完成。然而由于场地狭小,而利用寺庙的情形,对于孔庙而言具有不适之处。从而万历43年(1615),吉水的邹元标、刘同升,泰和的郭子章等根据寺僧的劝导和众议,在翠屏山南移建传心堂和五贤祠,并在其周围分别建9邑会馆,以便让士人肄业。青原会于春秋胜日集会,会集的范围有吉安府9县和赣州府、抚州府等地的绅士④。会集于清原会的人彼此称"同志",称集会的学者为"吾党"⑤。

"以此为契机四处出现了同志会,等于惜阴会首开其端",可见惜阴会非但在吉安府产生影响,对于遥远的外地亦产生了影响。嘉靖11年(1532),北京在大学士方献夫的主持下,同编修欧阳德、程文德等40余名阳明门人一起组织了所谓"同志会"的讲会,定期召集讲学会。翌年(1533),欧阳德等阳明的门人在南京和江南各地同样组织了所谓"同志会"的讲会,主管讲学⑥。

---

① 乾隆《吉安府志》卷10,建置志4,寺庙下,寺观。
② 乾隆《吉安府志》卷18,学校志,吉安府书院,《青原会馆》(pp.1892—1899)。以下内容中,关于"青原会馆"的记载,没有别注,请参阅本注和上记引用文。
③ 邹妙芬,2003,p.116。
④ 邹守益,《东廓集》卷5,《简方时勉》。
⑤ 乾隆《吉安府志》卷18,学校志,吉安府书院,青原会馆,《罗大紘记》(p.1894)。
⑥ "年谱附录"1,嘉靖11、12年,p.1329—1330。

3）安福县的情形

自白鹭洲书院和青原会成立，以讲学为中心发展起来之后，就如《年谱附录》所指出的那样，四处出现了同志会，这些大多发展成为了书院。首先，在安福县成立了复古书院。复古书院是在江右王门建立的书院中，成立最早的书院。嘉靖15年(1536)，该书院由阳明的门人邹守益(东廓，1491—1562)倡导，并同知县程文德(1497—1559)一起建于县东儒学的旧基，祭祀阳明①。关于复古书院的诞生契机要由此追溯至10年前，其始末如下②。即，如上所述，嘉靖5年(1526)12月，安福的阳明门人刘邦寀同刘晓等同志组织了所谓"惜阴会"的讲会，并隔月聚会5日，每次会集的豪杰达百余人③。然而，当时既没有能够讲学的建物，也没有能够发挥领导力的主盟者。因而是没有主盟者领导的简单的定期聚会，距离实现切磋学问的目标尚有不足④。嘉靖9年，知县孙懋赴任，并聚集

---

① 邹守益，《新建复古书院记》，乾隆《安福县志》卷19，艺文志，《记》；程文德，《创建复古书院记》，乾隆《安福县志》卷19，艺文志，《记》；乾隆《安福县志》卷5，学校，书院，《复古书院》；万历《吉安府志》卷15，学校志，《安福县》；《年谱附录》1(p.1330)。但，《年谱附录》称把"嘉靖15年"为嘉靖13年，可以说这是误谬。请参阅李才栋，1993，pp.321、324—332；吴宣德，1996，pp.282—284 。

② 邹守益，《新建复古书院记》，乾隆《安福县志》卷19，艺文志，《记》称，"初毅庵孙侯(孙懋，嘉靖9年临安福知县)萃讲于学宫，环听者不能容，乃即四乡为惜阴会，以间月为期五日。而散邑大夫士谋于诸父老曰，是暴寒无恒也，盖敛义为居肆之规，有先为倡矣。而无主之者，迄十年未克。就嘉靖丙申(15年)，以程侯(程文德)量移而至，以朔望讲学于学宫，闻是议以趣之，乃躬相度得旧学基于东郊，《年谱》3，(p.1303)，嘉靖5年12月条称，"(嘉靖5年)十二月，作惜阴说。刘邦寀合安福同志为会，名曰惜阴，请先生书会籍。先生为之说曰。"同志之在安成者，间月为会五日，谓之惜阴，其志笃矣"，"年谱附录"1(p.1330)，嘉靖13年条称，"师在越时，刘邦寀首创惜阴会于安福，间月为会五日。……于是，四方同志会，相继而起，惜阴为之倡也"。

③ "年谱"3，嘉靖5年12月，《作惜阴说》(p.1303) 。

④ 讲会或书院讲学的目标就是，如前所述，为了官学无法担负的部分，即 明"明伦"而发奋士风，而完成天下之治的。施闰章(1619—1683，康熙年间以湖西道，在青原会馆的传心堂主道会讲)，《复真书院记》，乾隆《吉安府志》卷19，学校志，安福县书院称，"一邑之中，所在有会，岁必数举，学以累日，有入相砥以勿懈，有入其中而戾其教者，则人目笑而背指之，曰夫夫也。与讲学者耶，其人闻之必惭。于是，君子有所诱而为善，小人有所惮而不敢为恶，浅者习威仪守绳墨，深者略言语而优入于性命。田夫、孺子、市贩之徒，皆耳习其言，目习其事，若日用饮食之相，循而不废也。故其教立而俗以不偷，则此数君子力也"的内容那样，不勤绅士就连老百姓，聚会那个地方的人都可以被教化和驯化。

179

儒学的学生经常进行讲学,每次讲学均有大量的环听生,从而无法全部容纳。为此尽管绅士们商讨决定物色能够讲学的场所,却未能付诸实施。

10年后的嘉靖15年(1536),浙中的王门诸子程文德赴任安福知县。他于每月朔望,聚集儒学生员进行讲学,聚集的生员达600名,从而无法全部容纳。此时,刚好从南京国子监祭酒退位归乡居家的邹守益与刘邦案、刘文敏、刘子和、刘阳、欧阳瑜、刘肇衮、尹一仁等向知县程文德发出建议,由绅士醵出工程款,并监督工程,修建了复古书院,祭祀阳明。书院建成之后,知县程文德令大门的匾额为"复古书院",仪门的匾额为"惜阴",并让邹守益担任主盟。从而所谓"惜阴会"的讲会发展为"复古书院",由于在该地组织"惜阴讲习之会",持续进行了讲学,因此复古书院成为阳明学的中心。此外,同年徐阶赴任江西提学副使之后,进一步激励了这种活动。

隆庆年间,知县李忱重修复古书院的尊经阁。万历7年,尽管曾有过张居正裁撤书院的命令,然而直至万历9年才更名为三贤祠。张居正死后,至万历12年,知府余之正、知县闵世翔根据诏饬恢复旧额,增置田租百桶粮,并在书院内建三先生祠、同德祠、二贤祠等祠堂,祭祀阳明、邹守益、程文德以下儒学者和安福籍的阳明门人,修建过化祠,祭祀湛若水等人。31年,知县潘浚(又名潘玶)修茸院宇,还修建了湛若水、邹守益等11名先贤祠堂,而且进一步增加田租,最终达到了1193桶粮。天启年间,尽管有过宦官魏忠贤的关闭书院和建生祠的命令,然而知县高赉明(广东人)重建。复古书院曾有钱德洪、王畿(1498—1583)率门徒于1548、1556年两次集会,罗洪先(1504—1564)亦三次来集会,湛若水亦曾以90岁高龄来访,其时邹守益和吉安绅士会集。复古书院有绅士协力筹集建材、藏书、农土、现金等而修建,聚于书院的绅士们非但彼此称"同志",还将自己的集会称为"吾党",显示了其约束力①。

---

① 程文德,《创建复古书院记》,乾隆《吉安府志》卷19,学校志,书院,安福县书院,复古书院;吕妙芬,2003,p.117。

与邹守益一起建立复古书院的阳明的门人们，还在安福县南和县北建立了复真书院(1588,亦称复贞书院)和连山书院。安福县南的门人受惜阴会的刺激，组织松云会(四乡会之一)在松云庵实施讲学。嘉靖37年，在邹守益等阳明门人的帮助下，于县南洲湖的北贞观废址建立了复真书院。书院建成之后，每年召开一大会和三小会，绅士们彼此切磋学问。日后，复真书院逐渐建立诸多祠堂祭祀邹守益、刘邦寀、王时槐、刘文敏、刘阳、尹一仁等人①。一方连山书院(亦称连山书屋)则在嘉靖32年建于县北桑田。在邹守益首倡，刘阳的积极协作下，同弟子们一起经三个多月建成，书院每个节气均举行会讲②。

隆庆6年，由生员刘元卿倡议，安福县西部士民24姓合力，共同修建了复礼书院。复礼书院亦是受惜阴会的影响而诞生的书院。对其修建的前后始末刘元卿称③，首先在邹守益的劝导下，自己倡议在西乡组织讲会(四乡会之一)，于每年年末聚集一次，进行5日会讲，尽管效果很好，但认为终究不是永久之计，于是便获得县西士民的协助，建立了复礼书院。日后，该书院祭祀了阳明、邹守益、刘阳、耿定向等人。万历12年，监生陈国相捐田30亩，用作会费④。

万历10年，下令废止书院的张居正死后，如前文所述，大部分书院复活，还有新书院建成。万历19年(1591)，在县城西部的九都建立了识仁书院。该书院同样是得力于前文所述的举人刘元卿的建议和绅士们的捐资，由知县吴应明创建的。书院内修建了志学堂、复初堂、传心堂等六堂和三先生祠⑤。万历21年，乡绅刘淑唐同东乡的同志一起在县东建立了道东书院，并以复古书院为样本，结成"惜阴讲习之会"，每年召集县

---

① 万历《吉安府志》卷15,学校志，《安福县》；《年谱附录》1(p.1330),嘉靖13年条；施闰章，《重修复真书院记》，乾隆《安福县志》卷19,艺文志；乾隆《安福县志》卷5,学校,书院,《复真书院》；李才栋,1993,pp.327—328；吴宣德,1996,p.282。
② 李才栋,1993,pp.327。
③ 刘元卿,《复礼书院记》，乾隆《吉安府志》卷19,学校志,书院,安福县书院。
④ 万历《吉安府志》卷15,学校志,《安福县》；乾隆《安福县志》卷5,学校,书院,《复礼书院》。
⑤ 乾隆《安福县志》卷5,学校,书院；刘元卿,"识仁书院记",乾隆《安福县志》卷19,艺文志。

内绅士进行讲学,切磋学问。万历32年,乡绅周懋相发现书院环境不够好,便在县东20里处,扩建讲堂和左右协厅,建祠堂祭祀李时勉等6人。聚于该书院的绅士们,彼此称"同志",称聚集的学者为"吾党"①。万历31年,举人刘元卿和绅士协作,在县西建立了中道会馆②。由此来看,安福县的东、西、南、北4乡均有从惜阴会发展而成的书院③。

如上所述,安福县建立了诸多书院,学者们以四乡会为中心彼此切磋学问。《安福县志》对明中后期安福县地区的社会经济状况做了如下记载,

> "俗重故家,尚诗书,安勤俭,比屋统诵不缀,良子弟争趋为士,农夫辛苦力稼穑,田野无弗辟,商买负贩徧天下,工作坚致不为奇技。……邑多望族,族有谱家有祠,岁时祭祀必以礼,女妇工纺绩,有夜理机而旦成布者,亦能从事陇亩,其勤劳如此。……户口蕃庶,土地饶裕。迩年,物力渐耗减,俗亦侈靡。自正统中,李祭酒抗师法,刘侍讲死忠谏,严毅正直之气薰而成俗,虽负贩贱夫句读,竖子居然,慕名教而耻非义。至王阳明讲学虔州,邹文庄北面首事之,一时受业之徒三十余人,故良知之学安成独盛,流风所暨莫不根抵,行谊称尚修能,士不谭道,即以为非类。四乡书院,岁时会讲,赢粮负笈冠,盖相望,盖有西河稷下之风焉。"④

---

① 乾隆《安福县志》卷5,学校,书院,《道东书院》;王时槐,《道东书院记》,乾隆《安福县志》卷19,艺文志。
② 乾隆《安福县志》卷5,学校,《书院》。隆庆4年刘元卿以学人身份当礼部主事。总之他建立复礼、识仁书院和中道会馆等3个书院而"聚徒讲学"了。请参阅乾隆《吉安府志》卷29,选学表,《学人》;乾隆《安福县志》卷11,儒林,《刘元卿》。
③ 乾隆《安福县志》卷2,舆地志,《风俗》(p. 137);吕妙芬,2003,p. 117。
④ 乾隆《安福县志》卷2,舆地志,《风俗》,p. 137。一方,万历《吉安府志》卷11,风土志,p. 173称,"旧志称,户口蕃庶,土地饶裕,然总之,地不给于口……正统中,李祭酒抗师法,刘侍讲死忠谏,严毅正直之气薰而成习,虽负贩贱夫句读,竖子居然,自谓大家,而耻非义。至王阳明讲学虔州,邹文庄北面首事之,一时受业之徒三十余人,故良知之学安成独精……三书院为岁时会聚讲,赢粮负笈冠,盖相望于路,缙绅处士高年有学行者,阔然见其乡弟子,乡弟子鴈行列次第,据经问难敩其燕居独行质而就正先生答问已,群诸子竦然正襟私相唯曰善哉守其说,至老弗与易也,盖有西河稷下之风焉"。所以,可以说乾隆《安福县志》就是根据《万历志》进一步阐述的。

换言之，安福县地区土地肥沃，百姓勤勉地从事农业和工商业，从绅士到百姓背诵诗书，尊重名教，以非义为耻，这种现象自明中期开始逐渐凸显。尤其随着阳明来赣州讲学，以邹守益为首的众多学者成为其门人。受其影响，四乡建立书院，召开了讲会。如前文所述，自明中期安福县的举人和进士及第者明显增加，成为吉安第一的绅士培养地，其背景恐怕应从这种现象中寻找。

4）其他地区

庐陵县亦受安福惜阴会的影响成立了西原会（西原惜阴会）。西原会于隆庆元年（1567），由王时槐（安福人）、陈嘉模等阳明门人发起，贺沚等5名绅士赞助而组织，建立了西原会馆。此后，除王、陈、贺之外，还有安福县出身的刘文敏、刘邦寀以及不问出身地的各地的阳明门人来到主盟会讲。万历8年才置田地，万历12年陈嘉模等人捐金买地建立了求益堂。崇祯2年，发生火灾之后，根据众绅士的发议，在知府吴炳的捐俸和绅士们的协助下重建求益堂。每年季月召集小会，9月召集大会，自四方汇聚的绅士们多达千余人。原则上，会费由会田的田租充当，但是由于欠收而常常出现不足，于是便有绅士醵出①。

万安县的云兴书院亦是从讲会发展成书院的案例之一。嘉靖27年（1548）8月，朱衡等万安同志7名，邀请钱德洪（绪山）于白云山麓的精修观讲学。其时，亦有150余名生员聚集，钱德洪向同志们表示遗憾说，"万安百姓多而富饶，然此地无他处均有的阳明祠"。因而，会聚于讲会的绅士们醵出的资金多达200金。期间由于存在异论而一度中断之后，嘉靖43年（1564）建筑竣工，并且完善祭祀规定之后，将其命名为云兴书院，并供奉阳明②。

---

① 万历《吉安府志》卷15，学校志，《庐陵县》；贺沚，《西原惜阴会记》、刘遇奇，"西原会馆序"，乾隆《吉安府志》卷18，学校志，吉安府书院，《西原会馆》(pp. 1915—1919)。
② 《年谱附录》1(pp. 1336—1337)；多贺秋五郎，1971, p. 244。然而王圻，"云兴书院记"，乾隆《吉安府志》卷19，学校志，书院，《万安县书院》称，"云兴书院是绅士的倡议捐资、知县王圻的帮助，在白云寺故址创建的"。

永宁县的郑溪书院亦是从讲会发展至书院的案例之一。先前由永新县乡绅龙遇奇倡议,在禾川召开讲会,其时会聚的坐众提出培养人才的方法。于是龙遇奇巡访各乡,募集资金,同合邑绅士协作,于万历年间创建①。

除上述书院外,祭祀阳明之处有吉安府庐陵县的报功祠、南昌府城洪都的仰止祠、赣州的阳明公祠、赣州府信丰县的阳明王公祠、南安府南康县的王公祠、赣州府安远县的王公报功祠、赣州府瑞金县的王公报功祠、南安府崇义县的阳明公祠等。这些公祠亦召集讲会等,成为了普及阳明学的据点。非但如此,建阳明王公祠的南赣都御史张煊在城中建立了义泉书院、正蒙书院、富安书院、镇宁书院、龙池书院等五个社学,均以书院命名②。

小结

自明初以来,江西地区便是重赋和人口过剩地区。自明中期则出现了两种相反的现象。一方面农业、工商业和城市发展,一方面富益富贫益贫的现象日益蔓延,不用说里甲户,就连中等户和里长户亦没落、逃亡的人口众多。尽管如此江西却处于智力先进地位。

吉安府亦存在这种现象。换言之,尽管吉安府在经济上并不大富饶,但是自宋代以来便获得了"文章节义之邦"的美称。欧阳修、胡铨、杨万里、文天祥等大儒的故乡均为吉安府,是文运远扬的地区。至明代,吉安府在培养绅士方面亦处于领先地位。明中期之后,吉安府同时存在生员、监生、举人等未入仕士人3500余名。进士及第者达江西进士总数的1/3,洪武至成化年间的百余年间,吉安出身的进士占全国的1/10,一甲进士占 1/4,状元占 1/3。

在这种矛盾现象共存的江西,王阳明被任命为南赣巡抚确立了阳明

---

① 邹元标,《郑溪书院记》,乾隆《吉安府志》卷 19,学校志,书院,永新县书院。
② 多贺秋五郎,1971,pp. 246—247。

学。阳明赴任后,在繁忙的军务之间隙,亦同门人们随时讨论学问,在诸多地区实施乡约,建立社学和书院,召开讲会。因此其弟子遍布天下,尤以江西和浙江居多,在江西尤以吉安地方居多。为《明儒学案》所立传的207名明儒中,江西人为54名(占总数的26%)居全国之首,其中阳明的门人多达33名,而出身于吉安府者占21名,其中安福人有邹守益(1491—1562)等13人。泰州学派的主要人物颜钧、何心隐等亦为吉安出身。

由于阳明及其门人,还有受其影响的江西绅士们的积极建立,明代吉安地区的书院最多,从而绅士的文会或文社活动亦非常活跃[1]。江西的王门学者在江西参与儒学或书院的建设,从而发挥了阳明学的教育影响力。外地的王门学者亦利用仕宦或旅游江西的机会,助力传播阳明学。吉安府的绅士亦受阳明的影响,在参与各种公共领域的过程中,积极建立书院,实施乡约。换言之,明代吉安地区的举人和进士辈出特别多的情况,为阳明学的根植提供了学术性土壤,而阳明的活动和阳明学又为吉安的这种文化环境插上了翅膀。

吉安地区的书院分为两个系统。其一是像白鹭洲书院那样,建于前代的书院,在明代继续发展的过程中,多多少少受到阳明学影响的书院[2],其二是受阳明和阳明学影响而新建的书院。在新建的书院中,亦有不少起初讲会活动而发展至书院的案例。

这种讲会活动亦发展为两条线路。例如,安福的惜阴会一方面发展为四乡(惜阴)会→青原(惜阴)会,始终保存为讲会组织。然而,一方面安福的东、西、南、北乡的书院(复古、复真、复礼、连山、道东书院等))则受惜阴会的影响发展为书院。从而无论是建于前代的书院,还是新建的书院,江西的书院大体上都属于阳明和阳明学的影响圈。尽管如此,并不是说因此而抛弃了宋代以来先贤的传统。各地的书院直至清代,还同宋

---

[1] 明清交替期,帮助南明军而展开反清活动的,绅士勤王起兵军领导部内,亦可以确认绅士的座主门生关系的存在,便是通过如此的背景可以了解。吴金成,1999;本篇第三章参照。
[2] 陈东原,1937;Meskill,1982。

代的先贤一起祭祀着阳明的门人。

　　建立、修葺和重修书院时,大体上绅士们均积极参与其中。经他们事先协议,继而向地方官提出建议,经过巡抚以下的地方官协商同意工程建设。之后,在绅士们的积极协助(形成舆论、动员人力、筹措工程款、监督工程)下,工程完工。此后书院的维持亦是绅士的分内之事。偶尔亦有地方官率先提议的情况。即便是这种情况,地方官亦必定同绅士协商,唯有在绅士的协助下才可能完成建设。赴任吉安府的地方官无论是否是阳明弟子,均以书院为向心点,同地方绅士维持紧密的协作关系,其结果是获得了"政治清明,讼事减少,胥吏的跋扈减少,教育和学问繁盛"的称颂。如果地方官和绅士互相协作,以书院为中心形成良好的关系,那么地方官的政绩评价自然就会良好,同时绅士的社会支配力也会获得巩固。

　　吉安府的绅士们通过建立书院、讲学,或讲会活动,加深了他们之间的同类意识,通过"绅士公议"维系了社会支配力,从而"书院之兴废与吉之人文,相与为盛衰"①。讲会或书院每年举行多次,聚集时又合宿多日,从而会集于此的绅士们均能够切磋学问,增强同类意识,到此地观看的庶民亦能获得教化和驯致②。聚于讲会或书院的绅士们彼此称"同志",称自己的集会为"吾党",其约束力非常强。在这种背景下,阳明的门人们不论出身何地,不但往来于吉安府内的其他县域,还往来于江西省的其他府地区主管讲会,担任书院主讲,进而还在湖广长沙的岳麓书院③等其他省地区讲学,同绅士们进行交流。

---

① 陈嘉模,《白鹭书院庐陵号房记》,《白鹭洲书院志》卷6(《中国书院史资料》,pp. 535–536再引)。
② 施闰章(1619—1683,康熙年间以湖西道身分,在青原会馆的传心堂主道会讲),《复真书院记》,乾隆《吉安府志》卷19,学校志,安福县书院称,"一邑之中,所在有会,岁必数举,举以累日,用相砥以勿懈,有人其中而戾其教者,则人目笑而背指之,曰夫夫也。与讲学者耶,其人闻之必大惭。于是,君子有所诱而为善,小人有所惮而不敢为恶,浅者习威仪守绳墨,深者略言语而优入于性命。田夫•孺子•市贩之徒,皆耳习其言,日习其事,若日用饮食之相,循而不废也。故其教立而俗以不偷,则此数君子力也"。
③ 乾隆《长沙府志》卷34,流寓,明,《罗洪先》。

地方官学(府、州、县的儒学)和书院是产生绅士同类意识最凸显的地方,但是作为私学的书院比官学更强。因为官学的教师大体上为举人、监生出身,不过是流外官,而书院不但在数量数倍于官学,而且主管书院讲学的学者大多为进士出身,从而或是具有当官经历的高官,或是大学者,而学生则大体是从吉安府内10个儒学中选拔的生员。

吉安培育的阳明学的影响不久传播至邻近的湖广地区。明代江西人进入湖广者甚多,从而有"江西填湖广"之说,吉安人之中,还有不少冒籍于湖广而在当地的乡试中及第的情况。结果,在湖北有沙市、刘家隔、汉口镇、皂角市等许多新兴城市。据称,承天府竟陵县皂角市的三千户居民中,土著不过1/10,而来自江西者多达7/10,全体居民中,农民为20%,商人为80%,江西人中大多数为吉安府的永丰人[①]。万历、天启年间,竟陵出现了竟陵学派,其中何心隐和钟惺同吉安永丰相关[②]。

[①] 李维桢,《大泌山房集》(万历39年刊本)卷87,《刘处士墓志铭》。
[②] 方志远,2001,186—187。

第三章 明清更替与绅士

序言

明朝后期,东北地区的少数民族女真(满族)入主中原,从人数对比上讲是一件不可思议的事情。那么到底为何发生了这样的事情? 当时的中国社会环境是怎样的? 在满族征服中国内地的过程中,清军的诸多环境条件又是怎样的? 各地各界各阶层的汉人是在怎样的环境下,如何应对的?

迄今为止,关于明末清初动荡期的研究大多是从"民乱史"和"阶级斗争史"的视角[1]进行的,而对清朝征服中国的过程大多是从南明史的研究视角[2]进行的。从明末清初地域社会的实际状况着眼研究清朝权力向地方渗透过程的研究并不多见[3]。

本章试图主要以江西南部(赣南)地区为中心,考察入关之后清朝权力向地方渗透的过程。该地区是从长江经鄱阳湖和赣江连接广东地区

---

[1] 李文治,1948;顾诚,1984;佐藤文俊,1985;吉尾宽,1988。
[2] 谢国桢,1957/1988;Parsons, James B.,1970;Dennerline, Jerry,1981;Struve, Lynn A.,1984。
[3] 小野和子,1996;吴金成,1996、1998;李成珪,1977;李俊甲,1991;郑炳喆,2008。

的商业和交通枢纽。又是同浙、闽、粤、湘在五岭接壤的五省交界地域，从而自明初便被指定为禁山区的山岳地域。然而实际该地区是可开垦为自给自足的区域，于是便从周边流入了大量的客民。从而该地区自明中期以来，社会逐渐重构，叛乱和骚乱从未间断，是治安上的死角和军事上的要冲地带①。而且在清军基本掌控江西地区之后，该地以南的福建、广东地区仍然雄踞着以复兴明朝为目标的南明政权。我们拟以地理和军事上处于特殊地位的该地域为中心，考察当时清军向江西地区渗透过程中出现的几个问题，即① 绅士反清勤王起兵的实际状况，② 在明末清初动荡期，流寇、土贼的活动以及因此引起的地方社会的诸多问题，③ 在这种危机状况中，得以维系生命的绅士的存在状况以及同清朝权力的关系等，希望能够部分揭示清朝成功入主中原的原因。

Ⅰ. 清军入赣和绅士的勤王起兵

顺治2年(1645)5月，英亲王阿济格的清军首次进入江西地区，追剿从湖广地区逃走的李自成残部而进入九江②。其时，左良玉之子左梦庚同后营总兵金声桓一起率36营10万军队投降清军。不久，英亲王奉摄政王多尔衮之命撤军时，金声桓请命"平定江西之地"，于是英亲王便授他以"提督抚剿总兵"之职平定江西③。从此至顺治6年正月，江西省的清军、南明军以及绅士自卫军之间复杂的张力大体上以金声桓为轴心展开。

金声桓同李自成军的降将王体忠的军队一起驻扎于九江，从6月起正式开始平定其周边地区。他一面向九江、南康、南昌等地送去檄文，威

---

① 张瀚，《松窗梦语》卷4称，"南赣谷林深邃 实商贾人粤之要区也"，《清代农民战争史资料选编》(以下略称为《选编》)1—下，《马国柱揭帖》，pp. 283 - 284 亦称，赣南地域为"四省咽喉重地"或"江西之门户，全省之安危系焉"。还又请参阅吴金成，1986, pp. 88 - 135。
② 乾隆《南昌府志》卷19，武备，《兵事》条称，传顺治元年5月，李自成军残部步骑数万名自湖广兴国州进入江西武宁"所过焚掠惨毒"。
③ 《清史列传》卷80，逆臣传，《金声桓》；Struve, 1984, pp. 67 - 68, 125 - 127。

胁称 20 余万清军不久将攻击江西，从而只有速速投降，才能免遭屠戮①。一面又向各地派遣军队，6 月占领南康、九江、南昌，7 月分别占领袁州、临江、吉安、建昌、抚州等地区。结果，至同年 8 月江西 13 府中的 11 府一度被成功占领②。

入赣之初，清军在江西的军事作战过程中实施了残忍的杀戮。当时的史料记载中，不但随处可见"屠"、"尽杀其半"、"杀死贼众无算"的记录，而且从顺治 3 年 3 月至 4 月，在抚州、饶州、广信等三府交界地区的东乡、安仁、贵溪县等地区的一系列攻防战中有杀 7300 余，俘 2500 余的记录③。因此，在江西省内各地有许多反清起兵。本文拟分析其中绅士反清起兵的代表性案例，即以抚州、建昌为中心起兵的益王、永宁王的案例，以赣州府为中心的绅士反清勤王起兵，一度投降清军之后又反清起兵的金声桓、王得仁的案例。

1. 益王、永宁王的起兵④

当金声桓率领的清军平定鄱阳湖周边而南下时，建昌的在籍绅士王养正（崇祯元年进士，福王时作为副使分巡建昌）和同为在籍绅士的夏万亨（举人，福王时的江西布政使）、王域（建昌知府）、刘允浩（推官）、史夏隆（南昌推官）等人拥益王（朱由本）起兵（顺治 2 年 6 月）⑤。然而由于益

---

① 徐世溥，《江变纪略》卷 1。
② 徐鼒，《小腆纪年附考》（以下略称为《附考》）卷 10、11；李天根，《爝火录》（浙江古籍出版社，1986）卷 12；《明清史料》丙编第五卷，pp. 499（以下将"丙 - 5 - 499"形态记载），《总务江西等处佟揭帖》（顺治 2 年 8 月）；《明史》卷 278，《万元吉传》等参照。
③ 《明清史料》甲 - 2 - 156ab，《江西巡抚李翔凤揭帖》。根据道光《泸豁县志》卷 9，人物，《魏一柱》条，王得仁军队在建昌府泸溪县还下令对丁、傅、魏三姓进行灭族。
④ 如果没有别注，《附考》卷 11、12；佚名氏，《思文大纪》钱秉镫，《所知录》卷上，《隆武纪年》；李天根，《爝火录》卷 12-15；徐鼒，《小腆纪传》（以下略称为《纪传》）卷 8；《曾亨应传》；《明史》卷 278，《曾亨应传》；黄宗羲，《行朝录》卷 1，《隆武纪年》；邵廷采，《东南纪事》卷 4，《万元吉传》；杨陆荣，《三藩纪事本末》卷 2，《益藩抚赣东》；同治《南城县志》卷 8-3，人物志，《朱由橷》；《明清史料》甲 - 2 - 156ab，《江西巡抚李翔凤揭帖》等参照。
⑤ 据顺治 2、3 年有关在江西的军事活动记录，根据史料亦有存在 1—2 个月差异的情形。本文系笔者自行整理。

王年少柔怯,且不谙武事,从而有关军事活动的问题皆委任于永宁王(朱慈炎)和罗川王。于是罗川王在抚州府与东乡县举人艾南英①、艾命新一起和诸多绅士誓约,并获得刘琦、杨独龙以及僧人丹竹等36人的协助之后,在艾南英家歃血为盟。以此为契机,众多绅士捐赀助饷,其中王、谢两绅士的捐资最多。他们以此为基础,募集七八千义勇人士加以训练,固守了饶州、抚州、广信三府交界地区的贵溪、东乡、安仁县地区。

但是由于益王、永宁王军中的保宁王(称来自河南)同清军王体忠私通背叛而遭清军奇袭,建昌陷落(2年7月)。王养正、夏万亨等人被俘往南昌处死。其时,建昌府南城县生员邓思铭同其他百余名生员组织"庠兵",誓言"为国报仇",并进入王域麾下参战,当县城陷落时,同样被俘而死。② 益王逃往福建唐王处栖身,之后在福州被清军攻陷时被俘而死。永宁王逃往赣州府宁都,罗川王等抚州军则退往许湾。

永宁王逃往宁都栖身,在处境艰难之时,招抚江西、福建交界地区的峒贼(大帽山峒蛮)数万人作为羽翼(顺治2年10月)。当时,峒贼在江西、福建的交界地区虽以义勇自居,却"时出剽掠,百姓苦之"。这些峒贼被编成由阎罗总、萧升等人率领的四个营。其中,前左营最强,永宁王得了其一部的张安军队。永宁王率张安军队,仅一个月便收复了建昌府五县和抚州府六县。而罗川王则于贵溪、安仁得兵士2万,当永宁王收复抚州和建昌时,重新回来协助。此时,乡村的绅士自卫集团亦积极相助③。永宁王

---

① 其学风同明末清初时为中国社会产生巨大影响力的复社的作风不同,尤其同复社主宰者之一的张溥志不相投。但是遭遇国难时,亦同复社同人联合起兵(谢国桢,1988,pp.126;同氏,1982,pp.129参照)。因而当艾南英起兵时,在共同参与的绅士中,可能有不少是江西复社同人。
②《附考》卷11,pp#.3b-4a;《纪传》卷52,邓思铭传参照。此前,他听说北京陷落的消息,曾经劝诱建昌的益王起兵。
③ 同治《新城县志》卷10,人物志,忠义,《冯栢》条称,"冯栢,诸生……初从永宁王起兵,身先士卒,屡著奇功,受隆武官。其后,同武举刘泰开及南丰诸生谭昌,复新城,被执死之"的内容亦其一例。

还于12月写信给抚州府临川乡绅曾亨应①给予协助。于是他同在籍乡绅揭重熙②协力募集义勇数百人,同永宁王形成了掎角之势。此后,他为了使大姓协助军饷举行宴会时,遭王得仁突袭被俘而死。当时,与他们共同举事的同县举人王秉干(复社同人?)和生员汤仲发亦被杀③。此后数月,鄱阳湖东部和南部地区在清军和永宁王以及其他绅士的勤王起兵势力之间,县城多次反复陷落和收复④。

当永宁王以张安军队为核心收复建昌和抚州一带时,雄踞于福建的南明唐王为张安的军队赐号"龙武新军"。然而此后,永宁王军内部的峒贼集团和罗川王集团之间发生内讧,罗川王死亡。顺治3年4月,清军进攻抚州的永宁王时,永宁王向当时率南明军驻扎于广信的郑彩(郑芝龙之弟)求援,郑彩反而逃往福建。福建的唐王令监军给事中张家玉的三荣军前去救援,但抚州城终遭陷落。断粮的永宁王逃往建昌,不久被王得仁的清军抓捕而死。

上述的益王、永宁王的起兵是由于反抗金声桓的清军入侵而发生的。积极响应他们起兵的是,因为战乱而归乡的绅士或原有乡村绅士的武装自卫势力。在这些绅士中还有很多复社同人。然而仅靠这些绅士的协助对抗清军,不但兵力不足,还缺乏训练。永宁王依赖在赣、闽、粤三省交界地域以义勇自居,实际却依赖恣意施行掠夺和杀戮的峒贼势

---

① 作为崇祯7年的进士,曾任吏部主事,是复社同人。顺治2年6月,王得仁的清军向抚州入侵时,他同在籍乡绅揭重熙、东乡举人艾南英一起决议武装自卫,开始募兵。但是尚未完成战斗序列之前,因清军到达而解散。《纪传》卷48,《曾亨应》;陆世仪,《复社纪略》卷1;吴山嘉,《复社姓氏传略》,卷6,江西,抚州,《曾亨应》等参照。一方根据《复社姓氏传略》同卷,铅山的胡梦泰、新城的徐伯昌亦以复社同人勤王起兵。

② 临川人,崇祯10年进士,曾任福州知府,是复社同人。明亡之后,归乡呼应益王起兵,在抚州府临川起兵。此后来往于江西和福建,同峒贼四营军等叛乱势力协作骚扰清军,顺治9年5月被杀。有关他具体的活动,请参阅北村敬直,1978,pp. 117;森正夫,1978;谢国桢,1988,pp. 126;《纪传》卷27,《揭重熙》;陆世仪,《复社纪略》卷1;《明清史料》丙-8-752a-754a,《南赣巡抚刘武元揭帖》等。

③《附考》卷11;《纪传》卷48,《曾亨应》;陆世仪,《复社纪略》卷1;同治《南城县志》卷5-5,武事。

④ 邵廷采,《东南纪事》卷4,《万元吉传》。

力,便是缘于此。然而这些峒贼亦是乌合之众,加上是突然汇集的群众,所以在起兵军内部蔓延着不和与矛盾。而且又不能期待其他反清起兵势力的广泛协助。福建的唐王政权由于内部自身的弱点,不可能同江西的起兵势力采取积极的联络。益王、永宁王的起兵势力在经验、准备、恢复明朝的积极意志等,三方面均存在不足①。

2. 赣州府城的攻防②

在江西活动的绅士勤王起兵中,对清军平定江西产生最大影响的是以南赣为中心的勤王起兵。顺治2年5月③,赣州府城的乡绅杨廷麟④、刘同升⑤、李永茂(南赣巡抚)将若干名绅士聚集在明伦堂,以收复南京为口号,约定勤王起兵,并劝说共助兵饷。当时,乡绅王其宏(其宏)、其窦、刘明保(民保)、赵曰諏等分别率家丁,载兵饷而至⑥。在当时参与聚会的宁都乡绅曾应遴的劝说,宁都的魏兆凤亦捐赀300金。于是,得以募集乡勇2万余名。9月,他们将集会称为"忠诚社"⑦。杨廷麟、刘同升等从清军手中收复吉安和临江府地区之后,恳请驻扎于福建的南明政权的唐

---

① Struve,1984,pp. 68。
② 本内容中没有别注部分,请参阅《附考》卷11-13;《纪传》卷25,杨廷麟;同书,卷27,刘同升;《明史》卷278,《杨廷麟》、《万元吉传》;李天根《爝火录》卷12-14;钱秉镫《所知录》卷上,《隆武纪年》;邵廷采,《东南纪事》卷1,《唐王聿键》;同书,卷4,《万元吉》;黄宗羲《行朝录》卷1,《赣州失事》;康范生,《仿指南录》;彭孙贻,《湖南遗事》;佚名氏,《思文大纪》;《明清史料》丙-6-573ab,《江西提督金声桓揭帖》等。
③ 在《附考》卷11,pp. 4b 称7月。
④ 临江府清江人,崇祯4年进士,曾任翰林院编修。日后被任命为唐王政权的,兵部尚书兼东阁大学士,是江西文社的巨头,是豫章九子社主宰者。《纪传》卷25,杨廷麟;《明史》卷278,《杨廷麟》;谢国桢,1982,pp. 126-127等参照。
⑤ 吉安府吉水人,崇祯10年进士,曾任翰林院修撰,复社同人。后被任命为唐王政权的祭主和兵部左侍郎兼江西巡抚,顺治3年12月卒。《纪传》卷27,《刘同升》;陆世仪,《复社纪略》卷1参照。从杨廷麟和刘同升是文社或复社同人来推断,在参与赣州府城攻防战的绅士中,亦有很多复社同人。
⑥ 北村敬直,1978,pp. 105。
⑦ 从李天根,《爝火录》卷12,pp. 565,"庐陵诸生萧建侯,从杨廷麟起义,屡战立功,被土寇击死挈山"记载推断,可见,忠诚社军队之敌不但有清军,还有土寇和流贼。

王移驻赣州①。10月,李永茂的副将徐必达败于清军而再次失去吉安地区。然而此时恰逢广东的南明援兵赶到,从而清军暂时撤往峡江地区②。

顺治3年正月,杨廷麟和彭其生③剿抚江西、福建交界地区的峒贼数万,命其帮助赣州府城的防御作战④。而此时,云南援兵⑤亦到达,于是杨廷麟令峒贼停留于吉安。在此时,闻听唐王将由汀州来赣州的消息之后,杨廷麟为了迎接唐王而将吉安交于万元吉⑥前往赣州。然而万元吉仅相信张安的四营兵,却不顾云南兵两名将领接连立下战功而加以轻视,对广东的援兵亦同样加以蔑视,因此来自两地的援兵全部解散。该事件源于文官万元吉的短见和决定性失策。然而其信任的四营兵原本是流寇,从而被杨廷麟军剿抚之后,实际亦四处劫掠,毫无战意。3月,杨廷麟遣其救援湖西地区时,他们沿途恣意劫掠⑦。而在清军进攻吉安时,反而在战斗开始之前便逃之夭夭。因此吉安府城再次陷落(3月24日),万元吉退往赣州。

自4月,清军围赣州府城,攻击猛烈时每天进攻三四次。此时,江西全境实际已被清军平定,独存赣州府城。唐王闻4月永宁王失抚州而亡

---

① 当时湖南省的何藤蛟请唐王去湖南,浙江的诸将则请唐王去衢州。唐王似乎想先去赣州,最终去湖南,但由于郑芝龙的阻止而未能成行。

② 根据乾隆《吉安府志》卷35,武事。从张家玉,《张文烈遗集》卷2—上,《报明江西情形疏》(顺治2年9月10日),当时,吉安地区的勤王部队有福建、广东的八千援兵和李永茂的九千军队等,约17000名左右。

③ 海盐人,万历44年进士,崇祯16年之后作为江西的湖西兵备佥使驻扎于吉安。吉安陷落后,合力于赣州。《明史》卷278,《彭其生传》参照。

④ 在峒贼四个营中,张安的军队为永宁王所剿抚曾参与过抚州、建昌收复战,同罗川王的军队产生矛盾之后,便到宁都同其他营驻扎在一起。为此,宁都乡绅曾应选派其子传灿再次剿抚张安等四营。唐王称其四营为龙武营。

⑤ 崇祯末年遣中书舍人张同敞到云南募兵,直至此时才到达江西。

⑥ 南昌人,天启5年进士,历任南京郎中。唐王任命他为总督巡抚。见《明史》卷278,《万元吉传》。

⑦ 关于此时四营兵的横暴,钱秉镫,《所知录》卷上,《隆武纪年》,pp. 244参照。康范生,《仿指南录》,pp. 298亦评四营兵为"事骄悍而实怯弱,能为寇而不能为兵也"。然而从佚名氏,《思文大纪》卷6,pp. 246称,"督辅(萧)观生疏陈阎兵始末。上曰,阎兵自当招抚,但初抚未易受我操纵……无粮与饷难禁不掠,事势诚有必然"推断,当时兵饷不足可能亦是峒贼四营实施掠夺的原因之一。

和赣州府城被围的消息之后,惊恐地下令各地兵马支援赣州①。唐王派遣的兵科给事中杨文荐②此时亦到达赣州,并按万元吉的劝说,率五百民兵防卫西门。杨廷麟一边派人征广西的狼兵,一边亲自前往宁都重新剿抚张安等峒贼数万③,使其援救赣州府城。5月,张安在赣州附近的梅林败于清军逃向雩都,于是杨廷麟解散其部。在梅林战斗中,亦有附近乡村的绅士自卫军参加④。江西巡抚刘广胤亦率两千福建兵和五百艘战船到达同围城清军展开战斗,但同样败退。

自6月,杨廷麟回赣州府城,同万元吉共同指挥防御。唐王为了鼓舞被围两个月以上的赣州赐名赣州府为"忠诚府"。18日,原南赣巡抚李永茂令其部将吴之蕃和游击张国祚携捐金500金和五千广东兵救援赣州⑤。他们数次击败围城清军。清军恐又有援军到达而暂时撤围。广东援兵恐清军卷土重来而趁机退驻南康。

7月,唐王于5月派遣的郭维经⑥和御史姚奇胤率沿途征募的8千余人抵达赣州。在此前后,作为援兵集结于赣州府城周围的兵力大约有4万余人⑦。此外中书舍人袁从谔的三千沙兵和吏部主事龚棻、兵部主

---

① 钱秉镫,《所知录》卷上,《隆武纪年》推断,唐王为固守赣州城而采取的这些措施,为了其最终希望去赣州。
② 此前,唐王派杨去湖南,此时刚好到达赣州城。杨文荐系万元吉的乡试门生。关于前近代中国官场中的座主门生间关系的性质参照吴金成,1986,73—74。
③ 3月从吉安逃至宁都。
④ 光绪《长宁县志》卷2,忠义传,《凌一综》称,"郡庠生……明末疳抚万元吉召募各县义勇三百名,准给箭付把总官一员。一综招勇三百名赴疳守城,顺治三年五月大兵至,战于梅林,一综死节"。
⑤ 4月,清军围赣州府城后,城内不但缺少防御士兵,而且兵饷亦日渐枯竭。为此,万元吉曾令康范生(《仿指南录》作者,赣州府城防御战的唯一幸存者,是复社同人)前往李永茂处求援。康范生,《仿指南录》,pp. 298;李天根,《爝火录》卷15,pp. 663参照。
⑥ 吉安府龙泉人,天启5年进士。崇祯时期曾任南京御史,福王时期曾任大理寺少卿。此时,任唐王政权的吏部、兵部尚书兼湖广、江西、广东、浙江、福建军务。其子应铨、应衡、应煜等已于临川起兵,在数十次战斗中创下战果,从唐王为他们授予郎中或主事之职。《明史》,卷278,郭维经传;《纪传》,卷27,《郭维经》参照。
⑦ 其主要兵力有,郭维经、姚奇胤的八千,万元吉部将汪起龙的数千人(6月24日到达),云南总兵赵印选的三千人(6月24日到达),大学士苏观生的三千人,广东兵三千人,两广总督丁魁楚的四千人,杨廷麟招抚的士兵数千人。而清军亦遣总兵柯永盛增强了兵力。

195

事黎遂球的四千水兵则驻扎于南安。8月,孙仲奎(身份不详)亦率乡勇,备军粮入城。

因此赣州府城守备军的士气大振,将领们主张速战速决。但是万元吉主张待驻扎于南安的水兵到达后一起进攻。此时,兵部主事王其宖(其宏)主张,"水师帅罗明受海盗也,桀骜难制,(龚)棻、(黎)遂球若慈母之奉骄子,且今水涸,巨舟难进,岂能如约?",却被万元吉所拒①。8月23日,清军得到南安水师前来的情报,便于当晚阻断多条江而待其到来,最终烧毁巨舟80余艘。此时,水师的死亡者不计其数,主将罗明受则逃亡。舟中的火药和武器或被掳,或被烧毁。见此情景,两广和云南的援兵不战而溃,其他营亦逐渐解散。

如今,城内仅剩汪起龙的三百余名,郭维经等的四千余名的士兵,城外只有作为水师的后营而赶来的黄志忠所率两千名左右。尽管参将谢之良(赵之良)的万余人驻扎于雩都,却不肯移动,杨廷麟募集的广西八千狼兵尽管已经越岭,但尚未到达。9月15日,传来唐王已于八月在汀州被清军捕杀的消息,从而人心更加涣散。加上赣州府城已被清军围了六个月,所以城内的防守群众处于筋疲力尽的状态。而且自5月以来,城内缺粮,斗米高达8钱,路上的饿死者比比皆是。

因此康范生和兵部主事王其宖等率领各自统领的乡勇和各社长,第二次聚在明伦堂表明决意。万元吉和郭维经分别拿出300金和400金,鼓舞守备部队的士气,同时随时巡查督励。结果,士民之心稍微稳定了一些②。

10月3日夜,清军在向导的引领下开始攻城。此时,清军已是高进

---

① 李天根,《爝火录》卷15,pp. 666。这是文官万元吉的第二次决定性的失策,同时亦是守备军内部文、武官之间争斗的表象。

② 康范生,《仿指南录》,pp. 301。在计六奇,《明季南略》卷9,《万元吉固守赣州》称,"丙戌年九月,万元吉率义勇守赣州……清兵攻围急,元吉出旧库元宝数十万,陈列几案,谓众曰,能杀贼一人者,赏元宝一,众遂奋勇出战……[赣州友人口述]"([ ]内是割注)的内容,似是传此时的事情。

库10万军队和总兵柯永盛军队合力的大军①。尽管杨廷麟等绅士分别督励乡勇或家丁参与巷战,但终因寡不敌众,4日黎明,在清军的全面进攻下赣州府城陷落②。此次战役中,除了从唐王接受官职的杨廷麟、万元吉等官吏之外,仅战死的乡绅、举人、贡生、生员等勤王起兵的,知其姓名的绅士就达百余人③。彭孙贻传载的当时情况是:

(1) 文武官吏死者百十人,诸将刘天驷、徐日彩等皆降,城中室庐焚毁殆尽,屠僇数十万人,士女被俘者数万。④

(2) 时城内纵火三日后乃息,合郡煨烬……城中士民与北军格斗而死者无算,亦有自焚其居者,诸池井积尸几溃,皆义士烈女。⑤

回顾赣州府城防御战,勤王起兵军是① 江西籍绅士在动荡期归乡之后,以复社、文社、座主门生等绅士的同类意识和亡国之士大夫的使命意识集结的;② 在明亡国两年前开始在云南和广东募集的正规军在南京陷落后刚好集结于此地,且士气高昂;③ 背后有唐王的南明政权,有充分的合法性以勤王之名起兵;④ 兵力和周边环境反而不利于刚刚进入的清军。相对而言,清军无论在兵力上,还是在周边环境上均处于劣势⑥。

尽管赣州府城的防御军在初期占据数量上的优势,但是由于兵力是由匆忙募集的绅士的乡勇或家丁、乌合之众、匪盗团伙峒贼、外省赶来救援的客兵等,彼此之间几乎没有凝聚力。而指挥他们的文官不具备将各军有效集结加以指挥的能力,而且无军纪,军粮又不足。更甚的是万元

---

① 屈大均,《皇明四朝成仁录》卷9,赣州死事传,《万元吉》。
② 《明清史料》丙-6-573ab,《江西提督金声桓揭帖》。
③ 《纪传》卷25,《杨廷麟》;《明史》卷278,《杨廷麟》;乾隆《赣县志》卷17,忠义传,《刘思光》、《萧廷上》。
④ 彭孙贻,《湖西遗事》,pp.10b。
⑤ 康范生,《仿指南录》,pp.302。
⑥ 金声桓报告称,顺治2年末,金的兵力为2万左右,而江西省内抗清势力中,仅绅士勤王兵号称30万,加上土贼势力亦与其联合,所以南昌上游百里之内均为叛人(《明清史料》丙-6-508,《江西招抚孙之獬揭帖》;同书,丙-6-519,《江西提督金声桓题本》参照)。然而从钱秉镫,《所知录》卷上,《隆武纪年》,pp.234,"乃请以鸿逵出浙东,郑彩出江西,各有兵数千,号为数万"推断,当时反清起兵军的数量不能完全相信上述数字。

吉继吉安败北之后，又犯了致命的错误——在赣州府城不是信任从两广和云南赶来支持的正规军，反倒更加信赖张安等峒贼①。在该战斗中幸免于难的康范生自评称：

"忠诚府丙戌十月四日之事，余辈捍御无方，宜咎人而不咎天也。②"

便是缘于此。

3. 金、王的反清起兵③

为清军平定江西立下汗马功劳的总兵金声桓及其部将王得仁于顺治 5 年正月 27 日在南昌祭反清大旗，加入了以广东为根据地的南明永历（桂王）政权。金声桓自以为"立不世之功，即将封侯"，然而清朝的待遇并未达到其所期待的，加上同新派遣的地方官经常发生摩擦与不和。因此，受尚未彻底投降清朝的江西诸多绅士和南明的策反，决定起兵④。于是就以"生为明人，死为明鬼，敢有他志？⑤"的决心，举起了反旗。他首先请来在籍乡绅姜曰广⑥做盟主，继而向省内各地发出檄文，劝说"复归于明"。结果，得到了江西省内清朝官吏和绅士的极大呼应，对此当时清

---

① Struve,1984,pp. 98 – 99.
② 康范生，《仿指南录》《自跋》。根据吴山嘉，《复社姓氏传略》卷 6，江西，安福，《康范生》，康范生亦是复社同人。
③ 没有别注部分，请参阅《附考》卷 15 – 16；《纪传》卷 65，《金声桓》、《李成栋》；李天根，《爝火录》卷 18 – 19；钱秉镫，《所知录》卷中，《隆武纪年》（上）；徐世溥，《江变纪略》；王夫之，《永历实录》卷 1，《大行皇帝纪》；同书，卷 11，《金王李陈列传》；戴笠，《行在阳秋》卷上；陆世仪，《江右纪变》，《行朝录》卷 5；乾隆《赣县志》卷 11，戎事；蒙正发，《三湘从事记》；谢国桢，1957, pp. 154 – 157；Struve,1984, pp. 125 – 127 等。
④ 谷口规矩雄，1990, pp. 7 – 8。
⑤ 蒙正发，《三湘从事记》。
⑥ 南昌府新建人，万历 47 年进士，任佥事。福王时礼部尚书兼东阁大学士。《明史》卷 274，《姜曰广传》；《纪传》卷 11，《姜曰广》参照。

朝的江西巡抚朱延庆称,"五年正月内,金、王二逆叛乱,全省闻风蚁附"①。然而唯独赣州府城都督高进库没有呼应②。

2月1日,王得仁占领九江,但金、王直至此时尚未能决定前进的路线。金声桓的幕僚胡淡③提出了"攻南京为上策,攻湖广之武汉为中策,拔县城而游走为流寇是下策"的三计策。王得仁等副将主张进攻南京。而姜曰广和金声桓的另一幕僚黄人龙则举出明中期宁王宸濠的故事④,指出赣州府在地理和军事上的重要性,力陈进攻赣州府城的必要性。金声桓亦从之,决定首先进攻赣州府。

2月18日,金声桓亲率大兵开始进攻清朝南赣巡抚刘武元和都督高进库防守的赣州府城。此时,吉安府龙泉的在职乡绅刘士桢⑤使其子肇履募兵,随刘一鹏参加进攻赣州府城的战斗。然而赣州府城都督高进库等人,尽管面对兵饷的严重不足,却坚守了三月有余⑥。4月,广东省南雄的李成栋亦发出反清宣言,并向附近各地发送檄文,于是广东有十余府同其合力⑦。

金声桓没有前往既是中国经济的中心,又是入关之初,绅民抗清最为猛烈的江南地区⑧,而是向南进攻了赣州府城。而刘武元和高进库又是坚守得出奇地顽强,从而得以将金的兵力牵制于一处,使得清朝轻而易举地获得了反击的机会。3月15日,清军以谭太为征南大将军,拨步、

---

① 《明清史料》甲-3-260ab,《江西巡抚朱延庆揭帖》(顺治6年11月30日)。其他佚名氏,《东明见闻录》;陆世仪,《江右纪变》,黄宗羲,《行朝录》卷12;乾隆《南昌府志》卷19,武备,《兵事》等参照。
② Struve(1984,pp.136、138)认为,"因此金声桓不但被斩断了同广东的李成栋直接联系的道路,还失去了进攻南京的机会。而且由于让金声桓首先进攻赣州,从而为清提供了反击的时间",笔者以为这是卓见。
③ 为金声桓作幕僚而来的生员胡以宁之子。
④ 奥山宪夫,1983;阪仓笃秀,1990。
⑤ 曾任工部侍郎。早在2年7月起兵,曾经收复泰和与庐水。3年4月,吉安陷落时,还曾经使其四子肇履,前往福建的南明政权求援。《附考》卷11;《纪传》卷48,《刘士桢》参照。
⑥ 《选编》,1-下,pp.283-284,《马国柱揭帖》。
⑦ 金声桓在起兵前后向李成栋送了密信,此时才下定决心。《纪传》卷65,《李成栋》;《所知录》卷中,《隆武纪年》(上)等参照。
⑧ Dennerline,1981;Struve,1984等参照。

骑兵20万从水陆加以反击①。谭太将总兵力分为两队,一队进攻南康、九江,4月28日克九江,从而保障了长江水路要冲;二队进攻南昌,5月9日负责守备的金声功(金声桓之兄)投降。闻听此信的金声桓对赣州府城解围,撤军南昌,19日进入南昌府城。从此至翌年正月南昌城被清军攻陷,金、王持续孤守八个多月。6月,南明永历帝封金为豫国公,王为建武侯加以慰藉。

双方之间进入持久战之后,谭太在南昌城附近开设行营,挖濠沟,垒土城,以此斩断了通往南昌的粮道。被投入该作业的附近百姓和俘虏们因为疲劳、疾病、饥饿、酷暑而亡者达数十万之多。而且周边数十里(当时1里等于0.56千米)的房屋、农田、山野荒芜,社会极度衰败。南昌城内则由于长期处于孤立无援的被围状态,从而粮食和燃料日渐枯竭②。谭太通过筑高台,对城中的这种动态了解如指掌③。

10月,广东李成栋的3万援兵④至赣州府城附近,被清军击败而退往信丰。11月,揭重熙和乡绅傅鼎铨⑤率张自盛⑥部来援南昌,却败退于三江口。与此前后,都昌在籍乡绅余应桂(万历47年进士、侍郎)同龙泉乡绅刘士桢、建昌人孔彻元、彻哲、蔡观光等各自募兵来援南昌,但均同样败退。

6年正月,已经被围7个多月的南昌城内,由于没有粮食,斗米高达

---

① 清《世祖实录》卷37,顺治5年3月庚戌。
② 据说,起初从斗米1金暴涨至6金,最终涨至升米2金。
③ 徐世溥,《江变纪略》,pp. 116 - 120。
④ 反清起兵于4月,出兵于8月12日。率号称20万的军队前往江西途中,以义兵称号惭愧地"专恣好杀,劫掠百姓",因此沿途乡民结寨自保,但对其亦"辄攻屠之"。《附考》卷15;李天根,《爝火录》卷18,pp. 781 - 782参照。
⑤ 抚州府临川人,崇祯13年进士,曾任翰林检讨。顺治3年8月,在抚州府宜黄募集乡勇收复宜黄之后驻于乐安。10月初,赣州府城陷落后隐遁山林。金声桓反清起兵时,与之呼应,再次起兵。此后亦联系张自盛、曹大镐持续开展抗清武装活动,顺治8年在广信被捕而死。《附考》卷13;《明史》卷278,《傅鼎铨传》参照。
⑥ 与曹大镐、洪国王、李安民同为金声桓的裨将,被传为四营军。他们在金、王死后入山,活动于广信和福建的邵武之间,同揭重熙、傅鼎铨形成掎角之势。其中张为最有力的指挥者,曾率数万兵马活动于赣州府的宁都和石城,有时还进入到广东省。《纪传》卷27;顺治《石城县志》卷8,《武事》等参照。

80金,陷入了人相食的混乱状态。由于姜曰广的威信和影响力,尽管南昌周边尚有很多追随他的绅士,但终因金声桓的跋扈和对其不信任而叛离①。散守各地的金声桓部将的军队亦受压于清军的威势而持观望态度。因此南昌城内的驻军早已丧失战意。对此了解如指掌的谭太待到正月19日对南昌城发动总攻而克之。金、王、姜曰广等诸将或自杀或战死,其中还有"为人所食"者。李成栋亦于3月在信丰败死于清军参将杨恩明②。

江西省内反清起兵军的主力至此告一段落。从顺治2年清军开始屠戮江西至6年正月南昌陷落,江西的反清起兵始于金声桓而终于金声桓③。

如果对其加以回顾,首先,金、王的反清起兵是为了获得更好的条件和机会,而降清的明朝将领由于在清朝之下亦得不到满足而发动叛乱;第二,这成为理清带有这种性质的诸多叛乱的头绪。在这两点上,金、王的反清起兵是意义重大的事件。尽管金、王的反清起兵仅一年便被平息,但其影响却非常大。

首先为江西省内的氛围产生了极大影响。如前文所述,顺治3年10月初,以赣州府城的陷落,清军对江西的平定一度宣告完成。尽管因为长期动荡而无法短时间内完全恢复社会秩序,但至少到县城地区,清朝派遣了其任命的官吏。然而金、王树反清旗帜,发送檄文之后,各地绅士募乡勇而响应。金驱逐各地的清朝地方官,并以永历帝的名义任命了地方官④。另外,金、王起兵之后,期间受压于清军的威势而沉寂一时的诸多叛乱势力乃至不满势力,即激发了土贼、流贼、抗租的运动势头。在袁州府,甚至还有棚民响应⑤。尤其赣州府下辖各县是同福建、广东的交界

---

① 王夫之,《永历实录》卷6,《陈、姜》列传。
②《明清史料》丙-8-727,《南赣总兵胡有陞揭帖》。
③ 徐世溥,《江变纪略》卷2称"今江右之难,以金叛始,以金叛终"。
④ 康熙《南丰县志》卷1,分野,灾祥;顺治《石城县志》卷8,纪事;道光《宁都直隶州志》卷14,武事;康熙《瑞金县志》卷10,祥异,《杂记》等参照。
⑤ 张桂林,1986。

的禁山区,所以这种动向尤多,有时还发生这种势力长期占据县城的事情。因此在这些地区中,有些地区时隔一两年清朝才得以重新派遣地方官①。

金、王起兵不仅为周边各省,还为中国全境带来了极大的影响,再次成为大规模反清起兵的契机。近处有湖广何藤蛟和广东李成栋的起兵,远处的华北地区有山东、山西、河南、陕西、甘肃,西部有四川乃至大同的反清复明起兵。从而金、王起兵和与之呼应而起的全国的反清起兵,反映了直至当时清军尚未完成对地方的渗透②。发生金声桓的反清起兵时,清朝大为惊慌,兹引史料如下:

> (1)"警报至江宁,守臣皆震恐失色,江南北人心岌岌欲动。"③
>
> (2)"声桓兵势强盛,江右人士习夸大,四出呼召,闽、楚、南畿皆震动。"④

而清朝江西、江南、河南总督马国柱亦疏报称:

> "江西总兵金声桓据南昌以叛……攻陷郡邑,劫掠船艘,声言将浮江东下,窥伺江南,请速发大兵以图扑灭。"⑤

结果就如所预期的那样,几乎在中国全境发生了反清起义。当时南明永历政权直接和间接的影响圈从近处的两广、福建、浙江、江西、湖南达到远处的山西、陕西、云南、贵州等地,从而这或许是明室复国的最后机会。顺治5—6年,随着中国全境军务蔓延,清朝将中央大臣遣往各地负责守备⑥。

---

① 《明清史料》丙-8-752a-754a,《南赣巡抚刘武元揭帖》;《选编》1—下,pp. 285,《朱延庆揭帖》;森正夫,1978(三);本章附录等参照。
② 萧一山,1962,第1卷,pp. 340-350;谢国桢,1988,pp. 146-177;Struve,1984,pp. 125-138等参照。
③ 陆世仪,《江右纪变》,黄宗羲,《行朝录》卷12。
④ 王夫之,《永历实录》卷11,《金王李陈》列传。
⑤ 清《世祖实录》卷36,顺治5年2月甲戌条(pp. 9)。
⑥ 萧一山,1962,pp. 343。

而清朝入关后,即刻将入主中原的名分宣扬为"为明雪耻",且在顺治帝《即位诏》中,明确表示认可和保护明朝制度和绅士的所有既得利益,之后还在《陕西恩诏》(顺治2年4月)、《河南、江北、江南恩诏》(6月)、《浙东、福建恩诏》(4年2月)、《广东恩诏》(7月)中曾经接连反复言明和承诺包容优待绅士①。结果,清朝在河北和山东较为顺利地取得了绅士的协助②,在江南亦能看到类似的状况③。那么顺治初年清朝权力在地方确立的过程中,江西频频发生反清起兵事件的原因是什么呢?

第一,由于战线的扩大,清军在诸多方面处于相对劣势,或者至少不是占据决定性优势。英亲王阿济格撤军后,江西的清军不是八旗兵,而是金声桓、王得仁等明军或作为明朝的叛军降清的军队形成了主流。但是这些兵力同绅士的勤王兵相比,在数量上无奈地处于劣势。而且如后文所述,清军的军纪亦不如入关之初的八旗兵,军粮亦供应不足④,从而为了保障军粮肆意掳掠,同流寇或土贼并无二致。由于以上诸多原因,至顺治3年10月初赣州府城为清军所攻克为止,江西各地的绅士勤王起兵军和南明援军同清军之间反复上演了攻陷和收复县城的故事。而且即使清军占领某一个地区,亦不过是县城及其附近地区⑤。甚至还出现了清朝派出的招抚官被杀的事情⑥。不但如此,至顺治4年末,在饶州、吉安、抚州、建昌、赣州等各府地区有诸多流寇和土贼横行⑦。在镇压了金、王的反清军之后的顺治6、7年,仍有统治秩序不稳定的报告传

---

① 吴金成,1981;吴金成,2007-A,第二篇第二章参照。
② 李成珪,1977;郑炳喆,2008参照。
③ 吴金成,1989。
④ 《选编》,1—下,pp.283-284,《马国柱揭帖》;谢国桢,《清初农民起义资料辑录》(以下以《辑录》略称),上海,1956,pp.295,《南赣巡抚刘武元谨题奏》。
⑤ 同治《兴国县志》卷14,武事;同书卷22,名宦,《柴震龙》;本章附录参照。
⑥ 《明清史料》丙-6-508,《江西招抚孙之獬揭帖》。
⑦ 《明清史料》丙-7-616,《江西巡抚章于天揭帖》(4年8月2日);同书丙-7-646,《江西巡抚章于天揭帖》(4年12月26日);本章附录参照。

来①。第二,尽管是象征性的,但是背后却存在南明政权。因此不论出身何处,可以"勤王"的名分或凭借从南明政权获得的官衔为背景募集乡勇而起兵。

第三,江西的绅士勤王起兵的背景中有文社或复社的同人,或以结成的座主门生关系进行募兵或参战的情况较多。在江西,至明朝和南京的福王政权灭亡之后,归乡的绅士们捐赀聚集乡勇和家丁进行起兵的案例很多。在他们之中,杨廷麟、刘同升、揭重熙、曾亨应、王秉干等文社或复社的同人主导了起兵。还有在前文提及了受唐王之命前往湖南的兵科给事中杨文荐顺路进入赣州府城时,在座主万元吉的劝说下参与了赣州府城防御战。顺治2年7月,为了避开郑芝龙在唐王政权内的专断,以前往江西募兵为由欲离开唐王政权的黄道周(天启2年进士,唐王政权的吏部尚书兼兵部尚书武英殿大学士)在奏文中说,"江西自己的门生故吏较多,从而应该有响应自己的募兵而积极给予协助的绅士"②。在这句话中亦有所体现。

那么背后有南明政权,且军队数量亦比清军占优,江西绅士的勤王起兵军最终只能败于清军的原因是什么呢?第一,无论是勤王起兵军,还是福建南明政权派出的援兵,除了部分正规军之外,大部分是乡勇或绅士的家丁③等匆忙募集的军队,或是被称为峒贼的流贼出身,由于是乌合之众,从而具有战斗力弱,武器不足,军纪极为混乱的问题。而且在这些性质不同的士兵之间,彼此之间时而存在纷争而无法形成有效的协作。尤其是先后被永宁王和杨廷麟剿抚的峒贼张安等龙武军只是"假义

---

① 谢国桢,《辑录》,pp. 295,《南赣巡抚刘武元谨题奏》称"以今日之地方言之,广逆虽除,余孽实繁有徒",《明清史料》丙-8-743,《南赣巡抚刘武元揭帖》亦称"江省虽云底定 然逆孽狂逞实繁有徒"。
② 《附考》卷11,pp. 7a和《纪传》卷23,黄道周,pp. 4a同样称,"江西多臣门生故吏,必有肯效死力者,且可连杨廷麟何藤蛟为进取计",还有pp. 10b称,他到赣闽间的分水关时,宁化诸生李世熊送黄道周的书信里称,"先生之行也,召募市人才三千耳,饷不给于国帑,而资于门生故友之捐助"。
③ 在明代军事上,家丁具有的意义参照马楚坚,1985。

兵名色以行盗"①而已,实际并无战意。还有响应绅士募兵的乡勇亦被清军击败之后,没有解散而是成为匪盗的情况较多②。从而在明末清初动荡期的极度无政府状态下,在军纪和行动上,官兵、流寇、土贼之间并不存在明显的区分。

第二,没有能够整合而指挥这些军队的体制和指挥官。顺治3年5月,在赣州府城被清军围城的危急状态下,杨廷麟请求援兵时,唐王还曾经做了如下的回信:"见在收拾残败,亦即中兴根本,粤兵狼兵三万余人,准卿召募。但作何招集,作何约束,必先议定。近日地方苦兵尤甚于贼,经过不慎号令不严,驱虎进狼,绿林四起,岂必寇作戎首哉"③。而且在此之前的顺治二年8、9月,根据唐王的命令,巡视江西情况的张家玉(监军永胜营兼江西军务)指出,由于明军的残兵或绅士起义军在乡村肆意劫掠,因此他们同乡民之间亦多有混战,从而重新募兵只会更加错综复杂,建议"今为虔计,皇上不宜再设兵,止宜设治兵之臣,设兵是乱丝而益以丝也,不若设督抚以为治丝者"④,亦缘于此。

第三,无论是唐王的南明政权,还是江西起兵军,均存在严重的兵饷不足问题。顺治3年4月,清军围赣州府城之后,总督万元吉等向唐王请求迅速征募派遣云南和贵州的兵马。此时唐王答复称,"东南只此幅员,民生止此膏血,不难于调兵,难于措饷,虽土司官兵,忠义勇敢,必先议饷银出于何处,然后召兵不难也"⑤。由于当时处于无政府状态的动荡

---

① 李天根,《爝火录》卷18,pp. 783。同治《兴国县志》卷14,《武事》亦称,"国初,乡曲无赖假义兵以纵劫夺,寻私怨屠及赤子,横行邨聚,大江以南逮岭表,所在多有"。以响应反清起兵的金声桓进攻赣州府城而向江西移动的李成栋的案例亦是如此。
② 《明史》卷278,《陈邦彦传》称,"初,赣州万元吉遣族人万年募兵于广,得余龙等千余人,未行而府州失。龙等无所ןֹ,聚甘竹滩为盗,他溃卒多附,至二万余人,总督朱治憪招捉之"。还又顺治2年5月,流贼曹志坚诈称总兵官率兵进入南安府上犹县城停留150余日,由于期间恣意劫掠和施暴,因此城民悉数入山避身,然而赣州府城的杨廷麟和万元吉被兵所率领的数量所迷惑而剿抚并使其助赣州城的守备。然而当顺治3年10月初,赣州府城陷落时重新劫掠上犹。康熙《上犹县志》卷2,《祥异》;光绪《上犹县志》卷7,兵防,《兵事》参照。
③ 李天根,《爝火录》卷15,pp. 655。
④ 张家玉,《张文烈遗集》卷2,上,《报明江省情形疏》(顺治2年9月10日)。
⑤ 佚名氏,《思文大纪》卷6,pp. 238。

205

期,因此生产活动几近中断,背井离乡的流民数不胜数,从而只要能解决粮食问题,暂且不论其质量如何,募兵本身并非难事。所以不论是流寇,还是土贼,在被南明政权或绅士起兵军剿抚之后,一边以义兵自居,一边肆意劫掠,由此亦可推测解决粮食问题比忠于明朝更重要。当苏观生报告阎贼(后述)掳掠情况时,唐王称"无粮与饷,难禁不掠"①,亦是很好地反映当时状况的记载。为了解决这种兵饷不足,无论是唐王政权,还是绅士起兵军都广泛鼓励绅士助饷,尤其是唐王政权实施了积极的捐纳制②。

第四,在唐王政权内部③或江西绅士起兵军内部,文武官员之间存在不和与反目,从而在清军入侵面前亦难以实行有效统一的战略。顺治3年3月,万元吉失守吉安城案例、7—9月四万余名赣州府城援兵失败的案例、金声桓在南昌城孤军奋战的案例等均属此列。从而无论是《附考》的作者徐鼒的评语指出的:

> 以新募不教之兵、当百战百胜之敌,驱群羊而斗猛虎、抢枋雀以逐苍鹰,忠材而言,不亡何待! 况乎文武不和、粮饷不给,参商讧于朝右,庚癸呼于首山,其于安内、攘外先后缓急之序,又倒置焉! 然则何嘉乎尔? 天命已去,人谋胡臧。④

还是唐王自己表白的:

> "天下之坏,不坏于敌而坏于兵,不坏于兵而坏于官,殊可痛!"⑤

---

① 佚名氏,《思文大纪》卷6,pp. 246。
② 萧一山,1962,pp. 327;Struve,1984,pp. 86等参照。一方,当时清军亦兵饷不足,例如《明清史料》兵-7-643ab,《江西巡抚章于天揭帖》(顺治4年11月18日)称,"兵马血战日久 缺乏粮草";《选编》1-下,pp. 283-284,《马国柱揭帖》(5年11月22日)称,"赣营兵丁,自去年七月起,缺米至今",还有《明清史料》丙-8-752a-754a,《南赣巡抚刘武元揭帖》(7年6月);同书丙-8-755,《南赣巡抚刘武元残揭帖》,谢国桢,《辑录》P. 295,《南赣巡抚刘武元题奏》等参照。
③《明史》卷255,《黄道周传》称"文武不和",《附考》卷11,p7a和《纪传》卷23,黄道周,pp. 4a亦称,"文武不睦"。
④《附考》卷11,pp. 12a。
⑤ 佚名氏,《思文大纪》卷8,pp. 142。

均为一语中的。尽管这些都是对唐王南明政权指出的，但对江西绅士的勤王起兵军亦可下相同的评价。

Ⅱ．动荡期的赣南社会

1. 治安不在的空洞社会①

明清交替期的南赣地区由于其地理特征，呈现出比其他任何地区更复杂的社会状况。直至明末、南明、清初，从地方官层面上向南赣诸多地区多次派遣署知县的案例，证明了不用说中央的政令，就是地方的政教亦极为不稳定的状况。知县的政教仅仅局限于县城及其周边有限地域的情况较多，严重时还会发生流寇或土贼势力占领县城数月乃至数年的情况。这种混乱的社会在顺治3年至6年之间最为严重。

形成这种背景的原因非常复杂。随着清军入赣，江西省绅士以反清勤王起兵之名，将从前的流寇和土贼势力亦剿抚编入士兵之中。但是这些流寇或土贼出身士兵之所以被招安是为了糊口，而不是国家意识，他们是不具备战斗力和军纪的乌合之众。他们在为同清军对决而出战的征途中亦肆意进行掳掠。而在战斗中败退下来的残兵们，劫掠就更加严重。

清军为了获取兵饷而实施掳掠亦不例外。于是在自明末经南明、清军入赣、降清明武将反清起兵至清朝完全掌控江西前后的动荡期，不论是明军、南明军、绅士勤王起兵军，还是清军，在其结构或掳掠形态上，同流寇或土贼无丝毫区别。为此，在乡民眼中，但凡携武器者均为盗贼。

非但如此，乡村为了防御流寇和土贼而募集的乡勇横霸的案例亦不少②。其中既有绅士为了自卫而募集的乡勇长横霸的情况，也有知县募

---

① 本章附录参照。
② 同治《会昌县志》卷22，人物志，忠义，《赖士圣》。

集的乡兵长(其中亦有受县民推戴的武生员或地主)凶狠、横霸的案例。甚至还有类似明末举人温应棨(其父为明布政使)那样,绅士成为"客纲"头领的案例。然而知县对县境的政令几乎未能得以确立,所以"强凌弱,众暴寡",亦有土著结党联族,趁动乱横行者。明清交替时期的南赣地区真是治安不在的空洞社会。

2. 客民的流入及其影响①

南赣地区是以"盖江右为泽国,而赣独为山国"②的山岳地区。然而这不过是指相对全府的面积,山地所占比重偏大而已,并非全然不能进行农事之地。尽管是山区,且是禁山区域,但"各属地处万山之中,无不可垦之土"③那样,可开发性较高,而且亦是有可能自给自足的地区。而对于府廓的赣县地区则称为"沃野千里"④,或"富饶"之地⑤。宁都、石城、定南县则自明末便是米谷输出地域⑥。瑞金县亦以自给自足的乐土而闻名⑦。而对于明末的赣州府则称为:

"赣无它产,颇饶稻谷,自豫章吴会咸仰给焉,两关转谷之舟,日络绎不绝,即俭岁亦橹声相闻。"⑧

这是反映赣州府地区农业发展状况的直接案例。

因而自明中期以来,南赣地区不但大量流入了由江西北部先进农业

---

① 本章附录参照。
② 乾隆《赣州府志》卷2,地理志,《物产》。
③ 《西江政要》(二卷本)卷1,《劝谕种茶做油并禁河道建设水碓》。
④ 嘉靖《赣州府志》卷1,地理志,形胜,《赣县》。
⑤ 康熙《西江志》卷26,《风俗》。
⑥ 万历《宁都县志》卷3,《物产》称,"所饶惟谷,贫富诸需给亦惟谷……邑之田率他境人,希树艺之利";康熙《南城县志》卷2,《物产》称,"每仰给于广昌宁都石城,三邑岁或少敛,则抚州之籴踵";顺治《定南县志》卷2,舆地志,《物产》等参照。
⑦ 杨兆年,《上督府报田贼始末》,同治《瑞金县志》卷16,《兵寇》称,"无他产殖,惟树五谷承平之时,家给人足,闽广民及各府之人,视为乐土,绳绳相引,侨居此地"。
⑧ 天启《赣州府志》卷3,舆地志,《土产》。

地区析出的农民，南部交界的福建和广东地区的客民亦多有流入①。从而有些地区的人口比例还出现了土著二三成，客民六七成的现象②。结果，明初以"地广人稀"而闻名的南赣地区至明末成为江西省内开发率最高，能够输出米谷的地区③。而且由于这种开发结果，该地区的农产品变得非常丰富，其中自明末以来从外国新传入的商品作物亦很多④。结果，还出现了原本种植粮食的耕地转变为商品作物种植地的案例⑤，苎生产还出现了先贷制⑥。这种现象可谓是客民流入的积极影响。

一方面，由于客民的流入还出现了消极功能。进入南赣地区的外来客民由于开垦农土实现了经济地位的提高。清初，宁都生员魏禧称：

> 宁都属乡六，上三乡皆土著，故永无变动。下三乡佃耕者，悉属闽人。大都建宁、宁化之人十七八。上杭、连城居其二三，皆近在百余里。……土著田主（因税役繁重），所收仅得佃户五分之一，佃户省去二重，一切不与，而所收四倍于田主。故闽佃尝赤贫赁耕，往往驯致富饶，或挈家返本贯。⑦

---

① 参见乾隆《大庚县志》卷2，地舆志（上），《土俗》；同治《兴国县志》卷46，杂记；傅衣凌，1982；曹树基，1985，pp. 22-26；徐晓望，1987；吴金成，1986，pp. 115-118，124-135；今凑良信，1986，pp. 166-172；大泽显浩，1990等。
② 朱三锡，《严禁退脚科敛名色示》，同治《瑞金县志》卷16，兵寇。
③ 吴金成，1986，pp. 92，图表2-1-2。
④ 本书第一篇第一章；康熙《南康县志》卷3，舆地志，土产，《按》。主要商品作物是除米谷外，还有甘蔗、烟草、蓝、苎、茶、茉莉等。
⑤ 参见谢重拔，《禁烟议》，同治《瑞金县志》卷11，艺文志。在乾隆《赣州府志》卷2，地理志，《风土》，引用以前张志称，"近多闽广侨户栽烟牟利，颇脱南亩之膏"，乾隆《大庚县志》卷4，地舆志，物产，《草类》称，"种谷之田半为种烟之地，粮食安得不日少而日贵乎"。另可见本书第一篇第三章。
⑥ 乾隆《赣州府志》卷2，地理志，《物产》称，"闽贾于二月时放苎钱，至夏则收苎以归"。关于这种现象的历史性评价，田中正俊，1984，pp. 41参照。
⑦ 魏禧，《魏季子文集》卷8，《与李邑侯书》。一方，《西江政要》卷1，《严禁佃户私佃并侵占报垦》称，"一、……查江省田土，半皆山麓，因闽粤民人素善耕山，来江承佃者十居五六……多贪退价，将田私佃他人，竟有以一主之佃，分佃至数十人，甚有任意典卖得价回籍者"，尽管该记录是乾隆年间的内容，但是关于客民的这种现象就如清初的魏禧所言，应该可追溯至明末，而且地域亦并不仅限于南赣地区，亦可适用于江西省内的其他地域。

那样，福建出身的客民进入南赣地区经数代乃至十余代的生活实现经济成长之后，还有向其他客民转让田产后归乡的案例①。但是由于这些外来客民，尤其是福建、广东出身的客户和商人，江西土著反而在竞争中失利而最终没落流向外地的"人口对流（convection）现象"亦不少②。这些福建、广东客民在明末清初的动荡期：

>"（瑞金）无他产殖，惟树五谷，承平之时，家给人足，闽广民及各府之人，视为乐土，绳绳相引，侨居此地。土著之人为士为民，而农者商者牙侩者衙胥者皆客籍也。即黠徒剧贼窜匿其中，亦无分别。明季谢、阎二贼交炽，凡闽广侨居者思应之。皂隶何志源、应捕张胜、库吏徐矶，广东亡命徐自成、潘宗赐，本境惯盗范文贞等，效宁化、石城故事倡立田兵。"③

那样，他们趁无政府状态作乱，兴田兵成为土贼，又依赖联合石城、宁都和福建宁化县等地区的客民组织的客纲组织，结成"纲义约"，劫掠赣州府一带。顺治2年至6年间，还以兴国和雩都县为中心横行的烟兵也是他们。明末清初动荡期的南赣地区由于阶级矛盾、土客纠纷、明朝灭亡和清朝入关引起的战争等，属于极度不稳定的社会。

进入南赣地区的福建、广东客民大量成为土贼的现象缘于明末清初动荡的特殊环境是无可厚非的。然而亦不能忽视在其背景中具有借该地流寇集中横行之机的因素。在流寇活动中，广贼的侵害最广，最长久④。尽管广贼侵犯赣南地区始于洪武年间（1368—1398），此后随着南赣地区的开发和外来客民的聚集而不断持续。这种现象越是至明末，越

---

① 外来客民的成长的主因（魏禧，《魏季子文集》卷8，《与李邑侯书》参照）是在该地区的税役脱免，另一方廖宪（乾隆《信丰县志》卷12.艺文.《敬俗论》）又列举了这些客民勤劳、勤俭节约、精打细算、从小学习技能、积极走向异乡等优点。
② 乾隆《赣州府志》卷2，地理志，物产，《论》称，"其土着之民，各志并称，害于闽广客户商贾之采贩消耗"。另可参见吴金成，1986，pp.108-135。
③ 杨兆年，《上督府报田贼始末》，同治《瑞金县志》卷16，兵寇。
④ 关于广贼形成于广东怎样的社会环境中，为何集中向南赣地区进犯，参照了吴金成，1996。

严重①,崇祯 15 年,从十余种广贼进犯南赣地区至顺治 6 年出现得尤为集中。而在该地区遭受灾难最多的地区是处于省境的定南县地区,因此乾隆 38 年将其编入定南听②。

这些流寇和土贼的活动形式多样,且极为公开。他们少则数百,多则数万,不仅仅是一个地区的析出民,而是诸多地区诸多阶层的众多民众联合的连带性,狭则攻击一个乡,广则攻击横行数县乃至数府地区的的广域性,短则数日结束,但长则数月甚至数年长期占据县城的持续性,严重时每年六次,时而每年或数年再次进犯的多发性特征,其状况非常严重。

这些流寇或土贼,当地方秩序获得正常维持时,便匿于山洞,或到乡下活动,但是一旦秩序不稳定或发生灾害,从农村和城市的析出民、游民、无赖亦加入其势力四处出没。赣州府府郭赣县地区在明末亦几乎不见他们的活动,但是自崇祯末年至金、王之变被镇压的顺治 6 年集中出现各种流寇和土贼的活动,之后又显著减少,于是从顺治 7 年开始一些地区得以逐步推进安民政策亦是缘于此。

3. 惨状的真情③

仅凭上述内容,便足以估计动荡期的赣南社会的惨状是何等程度。赣州府的情况是,兴国地区烟兵劫掠持续了四五年。对于宁都、石城、瑞金地区的惨状在本文之前便有先行研究者的细致分析④。对于雩都地区亦称,"至丙戌年(顺治 3 年),雩都四乡百姓死于贼,与田土之荒于贼者已十之二三矣。戊子、己丑、庚寅、辛卯之岁(顺治 5—8 年),寇风四起,百姓之死于寇,田土之荒于寇,又十之三四矣"⑤。这种情况在会昌地区

---

① 唐立宗,2002。
② 赵泉澄,1955,pp. 76。
③ 本章附录参照。
④ 北村敬直,1978;森正夫,1978(三)。
⑤ 康熙《雩都县志》卷 4,食货志,《山地坐落》。

亦不例外①。而南安府的情况是,对于南康县地区称,"自戊子鼎革,寇氛弗靖,城、乡均罹于毒。田土荒芜者十之六,人丁逃亡者十之七"②。对大庾县亦称,"顺治三年大旱,自夏至冬不雨、大疫……十月初十日,王师定南安,饥馑、瘟疫、干戈相继,人民幸存十不二三"③。顺治5年末,总督马国柱在其报告中称南安府的情况为:"人民逃匿,房屋毁损,至不可收之境地"④。当时,负责对南赣的评定和治安任务的南赣巡抚刘武元在顺治6年5月的报告中,亦称:

"窃照江西一省,惟赣南两府,偏居东南,远在天末。是以昔年征剿,官兵与逆贼相持最久,恢复独迟。而各属地方,无一处不惨焚戮,流徙逃亡,诚亘古未之有也。斯时兵火之余,人心未定,土寇旋生。……痛自省逆叛犯,而广贼随之,蹂躏只今,一载有余。……且土寇伪官,派粮、派兵,扰害不已,是赣南之民,死于锋刃,死于劳役,并死于冻馁者,强半矣。……南安初复,南雄尚为贼踞,如南康、信丰、会昌、兴国四邑,止余瓦砾空城,虽经委官料理,尚未敢遽责成效。又如瑞金、石城、安远、龙南等邑,臣方行抚顺剿逆之令,犹未能旦夕安宁。"⑤

很好地反映了赣南地区的惨状。

然而动荡时期江西地区的惨状决非局限于上述的南安府和赣州府地区。江西巡按董成学的报告称:

"至(吉安府)万安,抵赣二百余里,沿途之庐舍,俱付灰烬,人踪杳绝,第见田园,鞠为茂草,郊原尽属丘墟。……查保甲不满千人,稽仓库并无钱谷。……官虽设而无民可治,地已荒而无力可耕。"⑥

---

① 同治《会昌县志》卷22,人物志,忠义,《曾以奇》。
② 康熙《南康县志》卷3,舆地志,《风俗》。
③ 乾隆《大庾县志》卷1,祥异,《顺治三年》。
④ 《选编》1—下,pp.284,《马国柱揭帖》(5年11月22日)。
⑤ 谢国桢,《辑录》pp.295,《南赣巡抚刘武元谨题奏》(6年5月)。
⑥ 《明清史料》丙-7-653,《户部残题本》。

还又称临江、袁州等亦如此,所以可见,吉安、临江、袁州等江西中部各府地区亦如赣南地方大同小异。而且这种情况在赣北的鄱阳湖周边地区亦无甚区别。顺治 11 年(1654),从鄱阳湖乘船逆江而上前往浙江地区的某商人的游记传载了徽州商人之语。兹引如下:

> "予自江右入浙,过鄱阳湖,进舟上饶江,所历安仁、贵溪、弋阳、广信(即上饶县)、玉山诸郡县。入其城,大都不过数十家,而江中行舟竟日罕见。惟一徽人舟,行泊相依,因言康镇将者,河南人,日率健儿入村落,系乡民以归,指为山贼,屠掠殆遍。广信一府,县无完村,村无完家,家无完人,人无完妇。余以业盐,持引穿横卒而过,无敢呵者。入贵家大族,皆闭户团坐待死,得吾升粟撮盐,则大喜'唯吾所欲而不较'。予闻此言也,掩耳急去。"①

由此可知鄱阳湖东部的饶州府和广信府地区的情况。鄱阳湖西部南昌府的情况亦应大同小异②。当时张朝璘在奏请减免江西顺治 5—7 年的未完银米的同时报告称:

> "该臣看得,江西自金逆叛变,民遭掳杀,寸土不宁。五年构逆,六年始复省城,七年之后,惊鸿稍集,兵马蹂躏,到处废耕。兵凶之余,可以饥馑,又赣南湖西疫疠大作,病死者无算。"③

从而处于清军、南明军、勤王起兵军、寇贼或土贼、佃户或田贼集团、奴仆集团、客纲集团、烟兵集团的横行和劫掠之旋涡中的动荡时期,江西省全境的惨状大同小异。

Ⅲ. 清朝权力与绅士

在明末清初的动荡期,河北和山东地区的绅士们较早向清投诚。对

---

① 李芥立,《天香阁隋笔》(《笔记小说大观》,台北,正篇所收)卷 1,P. 7ab。
② 徐世溥,《江变纪略》参照。
③ 张朝璘,《请蠲江省顺治五六七年漕欠疏》,乾隆《赣州府志》卷 41,奏疏。

于处在生死存亡危急关头的他们而言,需要的就是能够保护自己,保障既得利益。而对于清朝而言,随着战线的拉长,在急剧扩大的占领地区确立治安秩序,需要得力可信的羽翼。因此清朝以"为明雪耻"和"天命"的名义,承诺为绅士们提供比他们所期待程度更高的权益保障。这即是入关之初,在华北地区两者较易结合的原因①。

然而江西省绅士在长期混乱和凄惨的状况下,却无法随意向清投诚。在这样的环境下,绅士所能做的,或者按照明朝的义理自愿殉国(这种例子数不胜数),或者进入深山逃难②,或者变成武装流寇③,或者募集乡勇而自卫乡村,等待强有力的保护者出现,只能从中择其一。

其中,最为普遍的方法是绅士的武装自卫活动,它有三种形态。第一,进入山寨,或雄踞于某一地域孤立抗清④;第二,就如第一节所述,参加较大规模的勤王起兵军;第三,如第二节所述,顺应政局变化,以乡村为单位采取自卫手段。

下面将通过属于其中第三种形态的如下记录,拟进一步具体分析以乡村为单位的绅士自卫的实际情况。关于生员谢孔传的活动,《瑞金县志》称:

> (1)当戊子、己丑(顺治五、六年)间,挈族避乱程乡。(2)已复归,为保聚计,集重筑<u>长江围(堡寨)</u>,以安乡吏、宗族,招回流散,日出耕作,夜相守望。时在处山寇窃发,惟相戒不敢犯长江围境。(3)大兵南下汀州,长江围界连汀郡。有沈某者独不服王化,汀镇王某率兵破之,沈轶出谋复仇。孔传冒险夜行入其军反覆陈说利害,沈悟而罢,全活生灵甚伙。(4)顺治十一年,逆贼许胜可、锺四总等

---

① 参见李成珪,1977;吴金成,1981;吴金成,2007-A,第二篇第二章;郑炳喆,1993。
② 北村敬直,1978参照。
③ 本章附录顺治4年,宁都绅士的"客纲"例。
④ 本章第1节刘士桢(同注57)和傅鼎铨(同注65)的事例参照。在李天根《爝火录》卷16,pp.705,以顺治三年12月的事情,"上饶(广信府所属,笔者)徐敬时驻永丰之九仙寨,与大清兵相拒者久之,以标将杨文死,敬时知不济,绝命词四章,北面再拜,自缢死"的记录,亦可以说那样的案例。

哨众罗汉岩，时出劫掠，为乡邑大害。孔传每率义勇截杀屡挫其锋，贼于是不敢复出。孔传乃潜诣南赣军门，具呈抚院宜永贵乞师剿寇，宜公传孔传入署问状，孔传面陈捣巢破贼之计甚悉。宜公悦即遣杨、许二副将，领兵至一举歼之。(5)民庆更生，邑人至今讼其功勿衰。"[(1)(2)(3)(4)(5)为笔者所加]①

分析上述内容，(1)顺治5、6年，由于金、王的反清起兵，江西社会重新陷入混乱时，谢孔传携家避难。(2)当金、王和李成栋军队被清军镇压后，孔传归乡②。此后，在清朝体制下，于村中修筑堡寨（围寨），招集并安顿逃散的宗族和乡民，面对经常性掳掠的流寇和土贼，为乡村进行武装自卫，同时从事于生计。(3)尽管他不过是一个生员，但是其社会影响力极广，能够对武装抗清的土贼势力加以说服和招抚。(4)自顺治8年以来，土贼许胜可势力同广贼钟四总势力联合起来在瑞金和石城地区长期大规模横行。瑞金知县钱江联系石城知县郭尧京，动员乡勇进行应付，却无法镇压。谢孔传个人募集的乡勇的防御便更加有限。因此瑞金知县钱江委托孔传至赣州府城向清军求援。孔传向南赣巡抚宜永贵道出破匪之策而获得援军。于是不但除掉了许胜可、钟四总势力，还镇压了自顺治7年以来横行的陈其纶势力，解救了众多民众，为稳定社会做出了极大贡献。此后，瑞金知县钱江在县内架设桥梁，公正课税，全身心地致力于恢复地方秩序。(5)谢孔传的这种行为是响应官府的要求和县民的愿望做出的③。

谢孔传的上述活动形态是当时史料中出现的，动荡期绅士的普遍的存在形态。然而从他的行为中能够发现如下几种历史意义：

第一，谢孔传的活动具有公、私双重性。在他的活动中优先的是保

---

① 同治《瑞金县志》卷7，事功，《谢孔传》。
② 他的归乡年代并不明确。然而，根据康熙《瑞金县志》卷6，官制志，《钱江》；乾隆《赣州府志》卷29，职官志，《钱江》；本章附录，顺治7年瑞金的内容，自顺治7年，清朝派遣的知县钱江到任后，瑞金的社会日渐稳定，由此来看孔传应该归乡于顺治7年。
③ 福建宁化显生员李世熊的活动亦为这种性质。参见森正夫，1991。

身家,即为了保护个人生命和财产。然而,当时的民众因为没有粮食而为盗者比比皆是,只要有粮食募集军队亦非难事。所以绅士捐赀募集乡勇而防御乡村的行为即能为乡民维持生计,又具有防止农民流散和成为土贼的功能。所以论私,孔传的武装自卫活动是保身家的活动,论公是在走投无路的空洞社会下,代替有名无实的国家权力发挥了维持乡村秩序的功能。而且由于是处于生死存亡的动荡期,所以他的这种公共的方面比平时印象更为深刻。

第二,他的行动是绅士所具有的作为士大夫表露出的"公意识"。谢孔传是生员,在经济和社会地位上处于绅士阶层的最底层,这一点意义重大。有经济力的乡绅捐赀募集乡勇并加以训练之后,或亲自统领,或让乡勇长(乡兵长)或练长统领。而贫穷的绅士尽管不能捐赀,却发挥其平素士大夫的影响力指挥乡勇①。在这里具有重要意义的是,尽管绅士的武装自卫活动存在个人层面的目的,但大体上是按照"绅士公议",绅士们联合采取的共同行动。像这种情况就如第一、二节所述那样②,绅士等于发挥了乡村与论代言人的作用。谢孔传的行为便是响应知县的委托和乡民期望而做出的。

然而尽管在谢孔传的活动中表现得并不鲜明,但是绅士还行使了国家权力和乡村社会之间的调停作用。顺治5年,雩都县绅士聚集协商对付土贼的对策时,劝说知县以招抚替代讨伐③的案例,或关于瑞金生员刘汝伟的如下记录便属于其例。

"丁亥、戊子(顺治4、5年)间,流寇围城,邑令徐珩(3年任)谋诸绅士,纠率义勇为守御计。汝伟出家财以应军需,城赖以完。徐君

---

① 第2节,顺治4年龙南县事例及康熙《南康县志》卷12,乡贤,义士,《黄榜》。
② 在赣州府城攻防战时期的顺治2年5月和3年9月,绅士集结明伦堂的案例,顺治4年在宁都处理绅士出身的客纲总帅温应衮时集结城隍庙的案例等便是其代表性案例。同治《南丰县志》卷2,武备,《兵事》中还有建昌府南丰绅士以公议推荐乡兵长的案例。
③ 这说明土贼原本是良民,只是在当时那样的动荡期无奈一时成为了土贼。因此,清朝亦称,"土寇原本均为吾民,故归乡者自然赦罪"。清《世祖实录》卷6,顺治元年7月丙戌)。

法严,民惴惴不自保,相仇者辄诬之为贼罗织至七十余人。汝伟白其冤,俱得释,众感泣走谢。"①

就这样,绅士承担了辅佐国家权力统治乡村的作用,也向国家权力代言乡村的舆论,有时则在国家权力和乡村社会之间发挥调停作用。以士大夫自居的绅士的这种诸多作用是自明中期以来在中国社会能够见到的普遍现象②,在明末清初动荡期的南赣社会,依旧同国家权力也是如此。

绅士的特权身份基本是以儒教知识为背景获得的,然而正式认可却是从国家赋予的。从而能够给予这种特权保障的强力的国家权力和稳定的社会秩序比什么都紧要。然而明末清初的动荡期,长时间处于非但不能保障特权,就连生命和财产都无法保全的生死存亡的危机状况之中。仅靠绅士小规模的武装自卫,是难以对抗大规模的流寇、土贼势力的。自明末至顺治7、8年清朝暂时控制江西全境为止,在明军、南明军、勤王起兵军、清军、寇贼势力之间,政治和军事性逆转不断发生,所以同华北地区相比,江西地区绅士的自卫势力长时期饱受战祸的折磨。就在此时,清朝打出"为明雪耻"的口号,在顺治帝《即位诏》(1644.10.10)之后接连四次发表各省《恩诏》,承诺保障绅士的特权③。

而进入江西的清军的立场亦不是非常有利和占有优势。在镇压了金、王的反清军和李成栋军之后,"尽管收复各地县城,但敌兵隐遁深山不时出没掠夺,城内官兵不多,且居民亦只有少数,是故难敌万数之贼"④,对于清朝而言,江西地区的社会秩序并不稳定。清军的士兵数量和兵饷均存在不足。加上当时"对寇贼的扫荡作战大体依赖土兵,前进时让士兵站在先锋,稍有取胜之势,便驱马向前夺其功劳,一旦不利,便

---

① 同治《瑞金县志》卷8,义行,《刘汝伟》。
② 吴金成,1986,第二篇"绅士层的社会经济的角色";吴金成,2007-A,第二篇第一章等参照。
③ 各省《恩诏》有《陕西恩诏》(2年4月),《河南、江北、江南恩诏》(6月),《浙东、福建恩诏》(4年2月),《广东恩诏》(7月)。在顺治帝《即位诏》和各省《恩诏》中出现的内容有① 认可明代绅士的既得利益,保护财产;② 任命官职;③ 沿袭科举和学校等明朝的制度;④ 终止一切加派。其具体的内容和意义,请参阅吴金成,1981、2007A,第二篇第二章。
④ 《选编》1—下,pp.284-286,《朱延庆揭帖》(顺治6年11月1日)。

扬长而逃,将其罪过转嫁于土兵"①,官军不但地理不熟,战意亦不足。清军军纪涣散,劫掠起来同寇贼并无区别。南方尚存南明的永历政权(顺治3年12月—康熙元年4月),从而对于清军而言,在无法根除绅士武装自卫军的条件下,至少有必要将其同南明政权或寇贼势力加以隔离,如果能够将其羽翼化则更佳。换言之,对于当时的清军而言,为了确立已占领地区的秩序,绅士的投诚以及基于其经济力、武装力、社会影响力的协作是不可或缺的立场。

无论是农民、绅士,还是清朝,对谁而言社会秩序的稳定都是最紧要的。在江西地区清朝权力和绅士的结合便是在这种背景下形成的。从而尽管存在程度、过程以及时间的差异,但两者结合的背景却同河北、山东、江南以及四川②的情况相似。从而可以说,顺治年间赣南社会秩序的回复和稳定是在中央层面的安民之策、州县单位地方官的努力③以及绅士的协助基础上形成的。

小结

随着清军命金声桓打前阵逐渐占领江西,省内各地接连发生了以绅士为中心的勤王起兵等反清起兵运动。其中最为瞩目的是益王、永宁王起兵,赣州府城攻防战,金声桓、王得仁的反清起兵等。尤其是金、王反清起兵在省内外产生的影响颇大。对南明势力而言丢掉了最后的逆转机会,而对清朝来说则是度过了最严重的危机。

江西省内的情况就是这样不同于华北、江南、四川地区。在军队数量、军纪、兵饷等方面,清军相对处于劣势,或者至少不占据优势。而

---

① 乾隆《信丰县志》卷6,兵防志,《序》。
② 参见胡昭曦,1980;社会科学研究丛刊编辑部,1981;顾诚,1984;王纲,1987;孙晓芬,1997;山根幸夫,1983;吴金成,2007-A,第二篇第二章;李俊甲,2002,第一篇等。
③ 参见顺治六年兴国知县李若垠的事例以及各《地方志》,名宦条。

江西省内的绅士则充满了对亡国的自责感和使命感,而背后由于南明政权的存在,尽管只是象征性的,却又有了名分,而且军队数量亦占优。

尽管如此,江西的勤王起兵军只能是失败的原因有:第一,勤王军的组织是由乡勇、峒贼、流民等仓促构成的乌合之众,从而从武器、军纪到战斗力均存在不足;第二,由于没有能够统一指挥各军的体制和武将,所以无法实现起兵军相互之间有机的协作;第三,由于兵饷不足,尽干劫掠之事,从而无法得到乡民的协助;第四,领导层内的不和,尤其是文、武官员相互之间的矛盾和反目,频失战机。因此,在江西清军和绅士的勤王军之间的战势反复逆转多次。而各地的流寇和土贼趁机横行,他们的存在对于双方而言均是沉重的包袱。从明末经南明、清军入赣、降清明武将的反清起兵至清军完全掌控江西为止的动荡期,江西的混乱和惨状比华北或江南更长久和凄绝。

导致动荡期的南赣地区成为治安不在的空洞社会的原因可以认为有如下两条:第一,由于广东和福建的客民流入而导致的。由于客民的流入,尽管该地区的开发得到了相当的促进,但是他们进入江西之后,经济上获得壮大,而土著却反倒没落而流散,甚至出现了"人口对流(convection)现象"。而且在动荡期还有很多客民成为土贼的案例。在动荡期,乡村社会的阶级之间的矛盾或土客之间的矛盾表现得更加尖锐和凄绝。第二,当时该地区由于广东、福建流寇的横行和劫掠,遭到巨大损害,其中尤以广东贼的破坏性最强。因此,赣南的土地被荒废而无法耕种,于是成了不论贫富均没落而流散的极其空洞的社会。

在这种危机状况中,绅士能够采取的最普遍的方法便是募集乡勇,自保乡村和宗族,期待强有力的保护者出现。绅士的这种存在形态首先是为了"保身家"。但是在当时那种治安不在的空洞社会,有时这又成了代替国家权力维持秩序(辅佐国家统治)的功能,进而又成了向国家权力代言乡村舆论的功能,或调停国家权力和乡村社会之间利益的功能。还有这种活动虽然也有个人层面的,但大多是诸多绅士按"绅士公议"共同参与的。尽管它也有绅士按自己的独自的意愿进行的情况,但大多是反映了包括知县在内的国家权力或乡民的要求和舆论。

在明末清初的动荡期,以维持地方秩序为轴心的绅士的这些诸多作用是,自明中期以来在中国社会能够发现的普遍现象的延伸。只是在平时这些是在国家的默认下,绅士是以其身份的影响力实现社会支配。但是在动荡期,国家权力极其虚弱,而乡村的绅士反倒拥有武装,从而绅士的社会支配力看起来比平时更加强大和印象深刻。

比起华北或江南,赣南的绅士更加长期处于艰难的环境中。而对于清朝而言,只要南方存在南明政权,便至少有必要将绅士的武装自卫军同南明势力彼此隔离起来。而且在经历了相当一段时期之后,清军只是控制了县城及其周边地区,农村地区依然处于土贼势力的控制下,从而在江西清军的条件并不是那么有利的。而对于恢复占领地区的秩序,拥有经济力和武力的绅士的社会支配力更加有效。清朝和绅士,两者均需要对方的帮助。从而在赣南地区,两者结合的背景同华北、江南、四川的情况非常相似。

由于赣南地区特殊的地理环境,以上所考的动荡期赣南社会状况应该同闽粤湘四省交界地的社会状况综合加以分析和评价。而且这些地区的社会秩序在三藩之乱(1673—1681)中再受冲击[①]。从而清朝权力在该地区的彻底渗透要等到平定三藩之乱后的1680年代。

附录:流寇、土贼的活动

为了解明末清初动荡期赣南社会的实际情况,本节整理横行于赣州府下辖各县的流寇和土贼的活动。截止到金、王反清起兵而发生的骚乱被平息而再次进入小康状态的顺治中期。有关各县事件的出处,只要没

---

① 森正夫,1973、1974、1978。

有另外的注解,便参考了脚注①的资料。

崇祯元年(1628)

信丰:广(东)贼(广寇)苏丫婆②、丘襄计等进犯,赣州府参将金世任率石背兵将其驱逐。

会昌:8月,广贼丫婆总率部来犯,知县苏甘雨收集民财送之,使其退去。10月,再犯,恣意放火劫掠后撤退。乡勇李琼战死。

安远:4月,广贼丫婆总等数千人进攻、劫掠县城,并掳知县沈尧封而去,于是乡绅和富户以银赎回。5月,再犯,但攻击县城未果,便向城外民宅防火之后撤退。

定南:广贼丫婆总、丘襄计等经安远和信丰进犯下历司地区,俘房巡检汤之训,杀伤民众多人。此后,再犯,把总董光同、羊角营把总赵龙力战死。

崇祯二年(1629)

龙南:广贼张庚子攻击县城,把总邵某和典史薛澄同千长徐、廖、袁等共同率领乡兵和官兵进行防御,但被终陷落。邵、徐、袁及以下乡勇数十人战死。

定南:九连山贼首疽痾总③入境掳掠。广贼谢志良等亦来犯,赣抚王之良将其招抚并任命其为守备。

---

① ◎各县共通:康熙《西江志》卷33,武事;乾隆《赣州府志》卷26,武事;同治《赣州府志》卷32,武事。ⓐ 兴国县:康熙《兴国县志》卷11,纪事;道光《兴国县志》卷14,武事;同治《兴国县志》卷14,武事。ⓑ 宁都县:道光《宁都直隶州志》卷14,武事;北村敬直,1978,第4章;森正夫,1978。ⓒ 石城县:顺治《石城县志》卷8,纪事;道光《石城县志》卷7,武事;道光《宁都直隶州志》卷14,武事;森正夫,同上论文。ⓓ 赣县:乾隆《赣县志》卷11,戎事。ⓔ 雩都县:康熙《雩都县志》卷11,纪事;乾隆《雩都县志》卷11,纪事。ⓕ 瑞金县:康熙《瑞金县志》卷10,祥异,杂记;同治《瑞金县志》卷16,兵寇;道光《宁都直隶州志》卷14,武事;森正夫,同上论文。ⓖ 信丰县:乾隆《信丰县志》卷6,兵防。ⓗ 会昌县:康熙《会昌县志》卷13,盗贼;同治《会昌县志》卷14,武事。ⓘ 安远县:乾隆《安远县志》卷7,兵寇;同治《安远县志》卷5-2,武事。ⓙ 龙南县:康熙《龙南县志》卷11,纪事;道光《龙南县志》卷3,政事志,戢寇。ⓚ 定南县:顺治《定南县志》卷1,纪事;乾隆《定南县志》卷5,祥异,兵寇。ⓛ 长宁县:同治《长宁县志》卷2,兵寇。

② 苏丫婆也许是同丫婆总、丫溥总等同一人物。乾隆《吉安府志》卷35,武事并参。

③ 也许与瘟痾总为同一人。

崇祯三年(1630)

龙南:九连山贼瘟痢总在县境劫掠。此时广贼谢志良亦四处劫掠,巡抚王之良将其招抚。

定南:流寇钟三舍等劫掠热水镇,赣县训导、署知县严可象与岑岗营率乡勇反击,却大败。

崇祯四年(1631)

瑞金:广贼钟凌秀①及弟复秀于南冈地区劫掠一个月,瑞金县募集排门(从前组织的义勇)和各乡义勇。僧守宗和江向吾等统帅全县义勇驱之。生员钟肇仪亦私募义勇助力②。

定南:知县陈日炳率机兵和乡勇驱逐前年进犯而停留的流寇钟三舍。

崇祯五年(1632)

兴国:3月,广贼千余名进犯,恣意劫掠、杀戮后,驻扎于距县城20里的殷富,关厢乡勇奋战,成功将其驱逐,但死亡数百。兴国县建义勇祠祭之。

雩都:广贼丫婆总等数千人流窜劫掠吉安、赣州府各地的过程中,亦劫掠雩都各乡,灾祸严重。福建和南赣两巡抚派兵马协剿。

瑞金:得到广贼钟凌秀经瑞金去宁都的消息之后,僧守宗和江向吾等再率义勇追击,两人战死,排门、义勇死亡数百人。钟凌秀为官军所捕获。其弟复秀劫掠了瑞、雩、兴等赣州府各县乃至吉安、抚州两府。

龙南:贼首钟三石(流寇钟三舍的同辈同族?参照崇祯3、4年定南)进犯。生员许苑率乡勇防御,被俘而死③。

---

① 同年12月,他包围南安府城半月,崇祯5年正月才撤退。当时南安府所辖南康、上犹、崇义三县均紧闭城门,使乡民悉数进入县城防守。康熙《上犹县志》卷2,《祥异》;光绪《上犹县志》卷7,兵防,《兵事》参照。
② 康熙《瑞金县志》卷8,乡贤志,《义行》。
③ 乾隆《龙南县志》卷7.人物志,《忠义》;乾隆《赣州府志》卷32.《忠义》。

崇祯十五年(1642)

瑞金：广贼十余个不同团伙接连流劫县城及其他各县。

崇祯十六年(1643)

石城：广贼中的阎(王)贼进犯。

安远：阎王贼进犯，并肆意杀人、放火、掠夺，其惨状不可言表。

龙南：密密教徒杨细徕(定南县何氏家奴)妖言惑众倡乱,而陷入县民廖光宏的骗术,被生员黄时振抓捕。此时,在籍乡绅(前四川遵义府同知)许明佐同知县杨清谋划讨伐①。11月,新募3千南赣兵,令副总兵郑鸿逵统领。

定南：密密教徒蜂起,聚众攻击下历司,把总万国辅上报,并同参将何某灭之。

崇祯十七年(顺治元年,1644)

兴国：广贼阎王总劫掠县内各地。5—6月,烟兵长萧国忠(武生)、姚章甫(富豪)聚集数百人雄踞白羊坳②,赣州巡抚李永茂遣总兵金世任攻击白羊坳。

宁都：不逞之徒(指无赖)③劫掠乡村,城内死寂,乡村荒芜。

雩都：广贼阎王总将数万众分为数十大营劫掠南、赣2府地区,所向披靡。10月初,敌雄踞于同会昌、信丰的三县交界地区,武生(亦有是廪膳生的记录)李蕙春④在马岭塘村指挥乡勇防御,斩贼红、白2旗总。广贼同援兵一起以数万人再犯,蕙春的乡勇仅为200人,众寡不敌,蕙春战

---

① 道光《龙南县志》卷7,人物志,《许明佐》;乾隆《赣州府志》卷30,仕绩,《许明佐》。密密教与闻香教、七七教均为罗教(无为教)的一个分支。罗教是明中期形成于华北的民间宗教,之后逐渐向南传播,至清朝传播至东南沿海地区。关于明末清初江西地域密密教的性格和教徒的活动,野口铁郎,1986,第二编第5章;大泽显浩,1990等参照。
② 萧、姚系根依知县林演培之要求和县民推戴而成为民兵长者。
③ 魏禧,《魏叔子文集》卷11,《周左军寿序》。然而据魏礼,《魏季子文集》卷9,牍,《报当事》的"宁都县田贼之害始于明清鼎革之初"来看,这似乎是指见于顺治2年的田贼。
④ 根据乾隆《赣州府志》卷32,忠义,《李蕙春》,平素作为防盗的对策,李蕙春在渭屯训练了乡勇。

死。雩都县立祠祭祀。当时,因阎贼进犯,死亡甚多,户口大减①。

顺治二年(1645)

兴国:明末总兵金世任和赣州巡抚李永茂的副将徐必达兵败清军(时期不详)时,烟兵刘灵寰(刘灵霖)、王大勇(赣三峯营把总)、宋朝宗(福建流寓)等趁机聚集无赖数百人随时掠夺乡里。

宁都:无赖和田贼继前一年继续横行。

石城:9月,石马下地区的吴万乾提倡废除"桶面"(指地主对每石租加征一斗损耗)和"永佃"而组织"田兵"②之后,同客纲(与宁都、瑞金和福建宁化等各县客户拥有纽带关系的移住民组织)组织③联合结成了"纲义约",进攻县城六次,周边农村被荒废。

雩都:阎贼数万进犯县南,知县张鲁传在城内募集庄丁同官兵一起防御。贼撤退时,劫掠信丰地区。

信丰:8月下旬,广贼四营头贼劫掠县东,9月1日再犯,指挥宋永盛击破其前队,遂退却。

顺治三年(1646)

兴国:10月初,赣州府城陷落后,清军进入捕杀烟兵长姚章甫,任命柴震龙为知县。但是由于烟兵分散于周边诸多山寨,从而知县的教令仅仅局限于城内。

石城:5月,田兵吴万乾以万余众攻击县城。清朝福建汀州知府李友兰遣同府长汀县主簿李尚智任署知县,李尚智使民众薙发,并整理了明朝的官印和账簿。

雩都:5月7日至7月2日的2个月间,前一年曾经进犯的阎贼数万再犯,并一度占据县城之后向广东退却。当时,城外的房屋、书院、寺观几乎被破坏或消失,死者和荒芜土地达十之二三④。

---

① 乾隆《雩都县志》卷4,食货志参照。
② 森正夫(1978)将其视为"抗租叛乱"集团。
③ 《明清史料》丙-7-637,《南赣总兵柯永盛题本》称,组织了瑞金、石城、宁都三县的田贼。
④ 康熙《雩都县志》卷4,食货志。

瑞金：春夏间，沈士昌、河志原（皂隶）、张胜（应捕）、徐矶（库吏）、广东的逃亡者徐自成和潘宗锡，土贼范文贞等人聚集县内8乡的民众组织"田兵"，主张"八乡均田"，要求"永佃权"。南明知县刘翼受其贿赂，在"均田帖"上盖章予以认可。此后，当赣州府推官汤应龙前往赴任署知县时，由于河志原等的阻拦而未能进入。当时前明统兵杨元斌根据县民之情将河志原处斩。沈士昌逃亡之后，聚集八乡奸民烧毁城外巨族住宅和市场，杀害生员谢某等数百人，损毁危氏和刘氏祖坟。尽管南明分巡道李之秀、兵部直方主事吕某到达瑞金，但反而受到威胁。郭维经到达时，使其停留于县城二里许的寺庙中，并诽谤之。城内绅士和百姓紧闭城门。南明总兵周之蕃在吉安陷落后，来到瑞金，将沈士昌等田贼的要求刻于石碑立于县门给予认可①。8月，李德美以清朝署知县赴任，并调查执行薙发情况，潘宗锡反抗并杀死九名差役。于是李知县便向汀州求援军后逃走。

信丰：5至9月，广贼四营头雄踞白石堡，并随时出没，约长黄一爵指挥乡兵将其击破，并杀死巨魁文都。10月，广贼再犯。

龙南：定南县贼首余万吉率万余众进犯县境肆意杀掠。南埠乡兵长叶之春聚集万余人号称南营并镇压了苏溪的叛仆，但随之其亦变得横霸。此后还进犯至南安府南康县后，为清军所歼灭。于是其同族叶南芝重新聚集数千人进攻南安府而归②。同年，黄沙之贼进犯时，生员廖元耀在战斗中被俘，后为官兵所救③。

定南：土霸（土著无赖）余万吉招集四营进犯至卞圻司地区和龙南县。后来三县官军合力将其剿灭。12月，广贼两万余人攻击县城三个月，署知县吴启泰坚守三月。

顺治四年（1647）

兴国：吉安贼王来八以数万众盘踞于永丰，不时劫掠吉安、临江、抚

---

① 杨兆年，《上督府报田贼始末》，同治《瑞金县志》卷16，兵寇；森正夫，1978（三）。
② 光绪《南安府志补正》卷10，武事。
③ 乾隆《赣州府志》卷32，忠义，《廖元耀》。

州、赣州府下辖诸县。清军刘一鹏伐之①。

宁都：吉安贼王来八进犯。明代举人温应宷（其父国奇为明布政使）聚瑞金、石城、宁都三县田贼组成客纲，自称东阁大学士兼兵部尚书，攻城杀人。江西巡按董成学等人同知县田书把全县绅士聚于城隍庙召集会议，按乡论（绅士公议）将温应宷逮捕处斩②。

石城：5月，清朝署知县方尚贤赴任，田兵吴万乾贿赂相当金额，但为方知县所拒③。方知县向府求援，将军侯天宠率步、骑数千前来讨伐，吴万乾之子亡，本人逃亡福建宁化，后被逮捕处斩。

瑞金：知县徐珩（顺治3年赴任）劝说田兵的田总张胜和沈士昌归顺，免去田租的滞纳部分，并授予两人"农官"称号。然而佃户同石城及福建宁化县的田贼恢复盟约，且横霸依然，尤其僧镜心（福建田贼）与徐自成（广东的逃亡者）的不法活动最为严重。徐知县一方面同诸绅士协商募集义勇进行防御之策，一方面令生员刘廷弼处斩二人。而田兵反倒率众虏走刘生员。张胜联合广贼阎王总昼夜进攻县城。县城内绅士昼夜防御，徐知县向赣州府城求援。五、六千清军前来杀戮田兵五、六千，至此田兵的祸害被消除。但是在清军驻扎两个月间，不但兵饷供给成为问题，而且清军掠夺同样非常严重。地主几乎三年未能收到田租，在战乱中日渐贫穷没落④。

信丰：吉安贼王来八进犯。正月，约长黄一爵率乡兵驱逐前一年雄踞新田的广贼四营头贼。

安远：四营头贼攻城，知县和乡绅唐开杰即刻向赣州府请兵，赣州巡抚刘武元遣副将前来斩贼首三千余，解围。

龙南：以阎贼进犯定南为契机，黄沙之贼刘耀中（密密教徒杨细徕的

---

① 《明清史料》丙-7-624，《江西巡抚章于天揭帖》；同书丙-7-641，《江西巡抚章于天揭帖》。
② 《明清史料》丙-7-637，《南赣总兵柯永盛题本》；同书甲-3-218，《江西巡按董成学揭帖》。关于明、清时代城隍庙的意义和制度的变迁，滨岛敦俊，1988参照。还又明末清初的"绅士公议"的存在，夫马进，1980；同氏，1981参照。
③ 由此可见，直至前一年吴万乾进攻城并非是因为异民族而为之。
④ 康熙《宁都县志》卷4，食货志；同治《瑞金县志》卷8，义行，《刘汝伟》。

心腹)归附阎贼,并聚集密密教徒叛乱。2月,知县吕应夏欲招抚之,但不从。于是聚集全县乡兵,令各乡绅士统领防御。然而乡兵大多为市内的农民,平素并未训练,从而在慌乱中溃散。乡绅谢朝宾、生员等18人、官员、绅士①以及乡兵百数十人战死。一方,滋阳王妃携幼子而至,叶南芝(参照顺治三年龙南部分)以王之礼侍奉,并与广贼共同加以保护。见其劫掠滋甚,同族生员叶启凤向县衙告发,于是贼将启凤杀害。启凤之父将该情况报于赣州巡抚刘武元,总兵柯永盛遣副将孔国治前往捕获王妃母子和叶南芝处斩,并平定刘耀中之叛兵。

定南:贼总兵袁三总等率数万众围县城四十余日,清军前来驱之。逆民黄一鹏等自称新王,雄踞于王乾头地区,威胁知县,杀害绅民,并进行劫掠。土著无赖余万吉自称总府,抗拒知县,总镇徐某进剿。另一贼首余万胜一度投降之后,再叛,被处死。

长宁:广贼谢志良以数万众围县城一个月,知县钱奇嗣置十营土兵,并选拔训练乡勇朱家垣等人,趁贼懈怠将其驱逐。然而,继而土兵又开始横霸。

顺治五年(1648)

兴国:趁金、王反清起兵②,2月18日,萧国忠等"烟兵"数千众进攻县城。由于城内无防御兵,因此知县柴震龙和典史死亡,贼杀掠十余日。尽管赣营将李的军队前来讨杀烟兵将萧国忠,但由于其余烟兵分散于各山寨雄据,因此直至次年8月才得以收复县城③。

宁都:3月,温应宣(宁都举人温应寀同宗同辈?参照顺治4年宁都)招集"客纲"进攻县城,但失败。土贼彭贺伯(顺庆)同街头无赖七人结成

---

① 他们各倡义义勇。乾隆《赣州府志》卷29,名宦,《戴光陛》;同书卷32,忠义;野口铁郎,1986,pp. 291-294参照。
② 趁金、王之变,各地之贼倡乱,南安府亦类似。康熙《上犹县志》卷2,《祥异》;光绪《上犹县志》卷7,《兵事》参照。
③ 尽管康熙《兴国县志》卷3,赋役志,《户口》称,"顺治五年二月寇破城至六年冬复城",如后所述(顺治6年兴国县),可以说署知县李某于6年8月赴任并收复县城。

"关圣会",非常猖獗①。

石城:2月,自称安恪王者占领县城。4月,引番天贼(广贼的分支)进入城内劫掠之后复归广东。5月,金声桓任命的知县携永历政权县印赴任,驱逐清朝知县,统治到顺治6年4月。还又广贼集团进入县城骚乱月余。8月,广贼黄徽胤同其侄士英进入通天寨雄踞至顺治7年2月。

雩都:由土著和游民千余名构成的乌合之众(他们雄踞于禾丰山随时劫掠)分为4营威胁县城,县内绅士劝说以义招抚,知县送去檄文。恰好禾丰民捕杀头领数十人,从而获得稳定。

瑞金:随着发生金、王之变,县内奸民自称义师并同广贼阎王总联合试图占领县城。当时,疫疾流行,死者过半,田地荒芜。6月,县民江振曦②拥卫伪官(南明官吏)杨联芳赴任。杀死清朝巡检和教官。乡兵杀害弟江三,于是振曦将县民视为仇敌。因此,阎贼钟四总和各县山贼聚集五、六千人进攻县城,肆意杀伤,并包围县城四月有余。由于县城内粮食不足,因此生员朱玑和胡奉训等人向赣州府清军求援七次,但由于受到金、王的攻击而未能成行,于是又向汀州清军求援12次,总兵贺某派游击李应进解围③。

会昌:6月,土贼受金声桓之命蜂起,杀死典史。8月,贼首黎都趁兵乱占领县城,生员刘震和蔡以政率乡勇应战,战死④。

安远:四营头广贼围县城,知县郭自修派人向赣州府城请兵。副将孔国治等统兵前来斩贼首三千,解围。

龙南:7月,四营头阎贼围县城,从而城中几近断粮。此时,生员曾忠

---

① 在道光《宁都直隶州志》卷14,《武事》,记载这内容后称,"按聚党结会,多里巷无赖游民,彼不知功今森严,始以群饮,继于酗酒,无端滋事"。关于明末、清初长江下流都市无赖的活动,吴金成,2007-A,第三篇第二章参照。然而森正夫(1978)则称,① 在长江三角洲地区表现为奴变,在福建、广东、江西省地区则表现为抗租叛乱,② 其共同之处便是无赖的活动。在该内容中,对于省地域发生骚乱是"因为无赖和游民"的观点可以认可,但对于"抗租叛乱而已"的观点则不能首肯。
② 顺治3年,他与其弟江二率数千众,前往福建汀州支持唐王时,江二死亡,振曦逃亡。
③ 同治《瑞金县志》卷8,义行。
④ 康熙《会昌县志》卷11,人物志,忠节,《刘震》;同治《会昌县志》卷22,人物,忠义,《蔡以政》。

率族人运粮 300 余石赈济,武生员萧启文同练长刘一东每日率乡勇抗战,生员赵伯奎战死①。9 月,县城终遭陷落,知县死亡,城民中亡者亦不少。贼肆意劫掠,占领县城六个多月。贡生廖乾恒发檄文,并募集义勇断贼粮道,贼于 6 年 3 月断粮退却。然而城中男女被俘而卖于他乡者不计其数。

定南:广贼陈凤等进犯,杀死生员赖明升。

顺治六年(1649)

兴国:6 月,赣州巡抚刘武元遣署知县,但由于烟兵占据而未能进入县城。8 月,刘武元为副将鲍虎拨官军两千,并遣守备李若垠为署知县。尽管鲍虎压制了宋朝宗等烟兵,但驻扎期间清军亦实施劫掠。李知县根据保甲法募集练兵,并严明记录,调查户口,募集乡勇,并亲自加以训练,铲除了试图夺取县城的烟兵头领,俘虏或斩杀烟兵数百人之后,乡村获得了一定的稳定②。

宁都:自前一年横行的土贼彭贺伯占领县城,知县被杀,其他官吏逃亡。又有其他土贼集团联合横行,在乡民廖保珍的努力下将其压制。

石城:南明永历政权统治石城至 4 月 15 日,此后改元顺治年号。6 月,清朝署知县赴任,但威令不行,强凌弱,亦有土著趁乱聚集宗族横行者。11 月 27 日,流贼张自盛③集团进攻县城,署知县郭自修被杀,居民死亡或被俘者不少。28 日,自前一年 8 月以来,占据通天寨的广贼黄士英又向城内住房放火。

雩都:四处盗贼蜂起,死者和荒芜土地达十之三四④。

信丰:广贼分三路进攻信丰、南安府大庾县和崇义县,为赣州巡抚刘武元部队各个击破⑤。

---

① 康熙《龙南县志》卷 9,乡贤;乾隆《赣州府志》卷 32,忠义。
② 同治《兴国县志》卷 22,名宦,《李若垠》。
③ 见王夫之,《永历实录》卷 6,《陈、姜》列传。
④ 康熙《雩都县志》卷 4,食货志。
⑤ 《明清史料》甲-3-253-255,《南赣巡抚刘武元揭帖》。

定南:正月,广贼陈凤等围攻县城,谢卜清做内应攻克县城,知县曹邦伟战死,其子亦被杀。贡生廖汝鼎收曹知县遗骸埋葬。

顺治七年(1650)

宁都:土贼彭贺伯等自顺治5年占领县城,其他诸多土贼横行乡村,由于土贼受揭重熙(前述)支持,几乎处于无政府状态。清副将孔国治与鲍虎的军队攻击宁都,6月斩彭贺伯等头领157人,斩贼兵1155人①。秋,知县徐士亮赴任。土贼郭达伯等抵抗至顺治10年被诛杀。

石城:6月,清军占领宁都后,都督佥事王之纲遣副将收复县城,接受各寨之贼投降②。8月,新知县赴任,但其后寇贼横行依旧,直至平定三藩之乱之后,社会才稳定③。

瑞金:残暴的盗贼僧超忠、陈其纶等据山寨发号,知县钱江(顺治7年赴任)生俘超忠,招抚陈其纶,然而直至顺治11年表面顺从,却横行依旧。

定南:广贼陈凤再犯定南县,署知县王廷彦率乡勇退之。

顺治八年(1651)

宁都:土贼郭达伯复叛④,清孔国治与鲍虎战死。

瑞金:土贼许胜可与广贼⑤联合劫掠乡村。

信丰:都御史刘武元根据知县吉永迪的推荐,任命约长黄一爵(参照顺治3年信丰部分)为督军,黄一爵大败贼。

定南:广贼占领二月有余。10月15日,广东大坊贼李时戴等劫掠,署典史等被杀。

顺治九年(1652)

信丰:知县吉永迪伐黄石砦,但数日无果。督军黄一爵同亲族上山

---

① 《明清史料》丙-8-752-754,《南赣巡抚刘武元揭帖》。
② 《明清史料》丙-8-755ab,《南赣巡抚刘武元残揭帖》;《贰臣传》卷6,《王之纲》。
③ 森正夫,1978,pp.6。
④ 郭系黄村土贼,一度被招抚之后,此时复叛。
⑤ 同治《瑞金县志》卷16,兵寇;道光《宁都直隶州志》卷14,《武事》等称福建的流寇,然而在康熙《瑞金县志》卷10,祥异,《杂记》称广贼。从后述的顺治11年事件来推断,广贼似乎更正确。

寨晓之大义,贼顺应剿抚。都御史刘武元任命黄一爵为军门守备,受副将杨某与吉知县妒忌。以故,黄固辞官职。

顺治十年(1653)

安远:广贼番天营贼万余众流劫掠县城,攻破各堡围寨。5月,再犯,杀伤人民千余名,包围县城。其时,向定南求援,定南知县祝天寿领兵援助解围①。7月,再犯,赣州府镇标副将贾熊前来剿平。

定南:正月,知县祝天寿督率乡总赖先达大败自顺治8年10月侵入的广东大坊贼。

顺治十一年(1654)

石城:瑞金贼许胜可(顺治8年蜂起)蹂躏县城,8月瑞金知县钱江、石城知县郭尧京得赣州巡抚宜永贵支援,尽斩许胜可和广贼。

瑞金:自顺治8年,土贼许胜可联合阎贼钟四总随时出没劫掠,使得全县弊害甚重。同年再次蹂躏瑞金和石城。有力生员谢孔传(前述)根据知县钱江之命,前往赣州府城获清朝支援而尽伐许胜可、广贼以及自顺治7年来横行的陈其纶②。

定南:8月,广贼分五路攻击下历司,典史袁耀坚守。

---

① 顺治《定南县志》卷1,纪事。
② 同治《瑞金县志》卷7,事功,《谢孔传》;本章第三节参照。

第四章　太平天国时期的江西社会和绅士

序言

　　太平天国时期,江西省在社会经济和文化上受到了致命性的打击。太平军自咸丰3年(1853)正月占领九江府地区至同治4年(1865)10月向广东败退为止,横行江西省12府60余州县长达十多年,使江西省蒙受巨大损失①。其中,1855年11月至1859年7月的4年期间,太平军主力和湘军主力在此展开激战。在这期间,农业和工商业等影响生计的产业发展异常艰难,而且太平军肆行烧杀掳掠,流寇和土匪亦不时进行杀人、放火和劫掠的勾当,而清朝却依旧课以重税。湘军表面上收取军饷,背地里却劫掠百姓,同太平军和流寇并无两样。由绅士主导的团练亦以筹措练饷为名进行搜刮。

　　因此研究这一时期的江西社会,不但可以通过了解太平军在江西的具体活动情况,拓展太平天国的研究,而且对于当时江西地区的政治、社会、经济、文化等方面的理解来说亦为必需之课题。然而迄今这一研究

---

① 许怀林,1993,p.649。

尚不多见①,而以本文的这种问题意识进行的研究仍是空白。

Ⅰ. 太平军进入江西和清军的应对

1. 南昌府地区

1) 南昌省城攻防战②:咸丰2年(1852),太平军从南北席卷湖南而北上。为此咸丰帝令各省官吏和绅士组织团练。7月,江西巡抚张芾同在籍礼部尚书陈孚恩、山东按察使徐思庄、扬河厅同知刘于浔、南昌知府邓仁堃等商讨防御之策,决定设置团练局,并下令在江西全域设团练。所以在首府南昌设有官团和绅团。

翼王石达开所率太平军于咸丰3年(1853)正月(以下全部为阴历)克九江府城和湖口、彭泽县城,连续3日肆意掠夺、放火③。5月,西征军以千余只战船进入江西再次占领湖口、彭泽、星子县城。为此张芾同陈孚恩、九江总兵罗玉斌等商议,任命作为援军而来的湖北按察使江忠源④为统领,委以江西一切军事。江忠源到达南昌伊始,即下令紧锁南昌城的七个城门,烧毁城墙周边的所有民房和店铺。江忠源为了死守首府南昌城,一方面表现出了这种"坚壁清野之计"的决然态度,另一方面严明军纪,训练官团局和绅团局的练勇,并招江西各地士兵至首府。但是5月18日,在城墙周边的民房和店铺尚未完全烧毁之际,赖汉英率领的太平军却以800余艘战船逆赣江而上,驻扎南昌城外。19日,太平军始攻南昌城。6月中旬,曾国藩派两路军队增援。太平军于8月21日放弃围

---

① 迄今所有研究有,贾熟村,2007;欧潘,2000;杜德风,1993;罗包庚,2000(→2002);毛晓阳,2000;王明前,2006;朱谐汉,1993;朱谐汉,1989;蔡晓荣、张英明,2001(此文章全文插入了下面的蔡晓荣硕士论文);蔡晓荣,2002。
② 光绪《江西通志》卷97,武功3,"国朝";同治《南昌府志》卷18,武备志,兵事;同治《南昌县志》卷27,武备志(上),兵革;民国《南昌县志》卷54,兵革;同治《新建县志》卷65,武备志,兵氛;同治《丰城县志》卷6,武事。
③ 同治《九江府志》卷24,武备志,武事,"德化平寇纪略"。
④ 贾熟村,2007。

城,前后经历 95 日。

期间,太平军展开了包括 3 次大规模进攻在内的水陆两面的"百计攻城",甚至发生了几次部分城墙溃塌的危险。每到此时,南昌城"且战且筑"拼死防御。南昌守备军亦随时冲出城外攻击太平军①。

2) 南昌周边附属(南昌、新建)县②:南昌县的情况是:咸丰 5 年 11 月,太平军进入三江口和市汊二镇,遭 5 局练勇击退。7 年 10—12 月,太平军至,江军统领刘于浔令举人燕毅指挥炮船和统领吴坤修的练勇合力将其击退。11 年,太平军袭击市汊镇。生员俞钧率练勇抵抗,正好当时举人燕毅所率练勇和刘于浔之江军赶至,夹击斩首过半。11 年 4—6 月,忠王李秀成军队至,展开掠夺,并掳大量壮丁而归。

新建县的情况是:咸丰 3 年 5 月,太平军首先对吴城镇放火和掠夺。4 年 7 月和 10—11 月再次掠夺吴城镇。5 年 10 月,太平军掠夺了南昌府和南康府一带。11 年 4 月,忠王李秀成军队蹂躏多处,6 月亦肆行掠夺,并掳壮丁 2 万余人而归。

3) 丰城、进贤县地区③:丰城县的情况是:太平军于咸丰 3 年 6 月首次来犯实施掠夺。7 月初再攻县城,但为乡勇所退。当时,正值洪水泛滥,地方无赖乘机"煽饥民倡乱"。6 年 2 月,石达开部攻占县城,直至 4 月 22 日由江军统领刘于浔的官军和知县张韶南所辖团勇收复县城。太平军 5 月再犯。7 年也掠夺多处,10 月石达开部进犯,并进行"大肆焚杀"。11 年 2—3 月和 7 月李秀成部来犯,每每均有绅士和团练对其加以反抗。同治 3 年,太平军来犯进行掠夺,为提督鲍超部所歼。

进贤县的情况是:咸丰 6 年 2 月,太平军攻陷县城。3 月 14 日,南昌的官军和团练合力收复。7 年 3 月,太平军再犯,却被团练和官军合力击

---

① 郭廷以,1963,pp. 258 - 260。
② 同治《南昌府志》卷 18,武备志,兵事;同治《南昌县志》卷 27、28,武备志(上、下),兵革、团练;民国《南昌县志》卷 54,兵革;同治《新建县志》卷 65,武备志,"兵氛"。
③ 同治《南昌府志》卷 18,武备志,"兵事";同治《丰城县志》卷 6,武备志,"武事";同治《进贤县志》卷 22,兵革,"合县团练节略"。

退。7月6日,太平军再度攻陷县城肆行掠夺。13日,镇军李定泰的官兵协同团勇收复县城。10月,石达开部攻克县城。8年正月,江军统领刘于浔令营官李春培统率炮船,南昌绅团局遣5名士人予以协作。他们分别率炮船、飞划船、渔船等,渡市局绅贡生李荣烈等亦带领练勇加入其中一同收复县城。11年7月,李秀成部进犯掠夺。同治3年再度进犯抢掠时,被提督周宽世击退。

4) 奉新、靖安县地区①:奉新县的情况是:咸丰5年11月,石达开部占领县城,得所藏粮食10余万石。官军和团练屡攻县城,均告失败。太平军夜晚出城肆意进行焚掠放火。10—12月,13乡的团勇和官军共同实施了对太平军的攻击,仍以失败告终。直至7年正月,湖南候补同知吴坤修的湘军和团练才收复县城。11年4月,忠王李秀成率军接连克奉新和靖安二县实施抢掠。5—6月,江军统领刘于浔率官军和团练组织进攻县城,却遭失败。7月,曾国藩令九江的提督鲍超前往,才使得太平军撤退。

靖安县的情况是:咸丰4年,武宁县土匪张定沅同太平军一道到处实施抢掠,于是知县指挥团勇将其击退。日后其再次进犯,为绅士指挥乡勇所退之。5年12月,太平军攻克县城。7月统领吴坤修所率官军才收复县城。11年4月,太平军再占县城,于是各乡团练同其作战,战死四百余人。7月提督鲍超的官军和各乡团练才合力收复县城。

5) 义宁州、武宁县地区②:义宁州(今修水县)的情况是:咸丰3年,湖北通城县的金之利来犯,知州李世琦率团练御之。咸丰4年正月,湖北通山、崇阳县土匪卢拐子率众进犯,知州叶济英指挥团练御之。2月,太平军进犯,团练合力将其击退。3—4月,太平军和土匪一道到处抢掠,于是8乡团勇共同退之。5月,湖北土匪来犯,7月、闰7月、8月又有太

---

① 同治《南昌府志》卷18,武备,志,"兵事";同治《奉新县志》卷16,杂志,"纪事";同治《靖安县志》卷5,武备志,"武事"。
② 同治《南昌府志》卷18,武备志,"兵事";同治《义宁州志》卷14下,武备志,"武事";同治《武宁县志》卷19,"武事"。

平军来抢掠。5年4月,太平军再犯。时隔21日,州城陷落,知州和4500名义勇战死,10余万百姓遭屠戮,数百里修河为血色所染。父子、兄弟和夫妻同时遇难者达1100户,满门遇难者达300余户。7月,罗泽南所率官军才收复州城。10—12月,太平军掠夺乡村。6年3月,太平军攻占州城。5月各地团练合力收复州城。8年,太平军和土匪大肆展开协同抢掠。11年3月,李秀成部攻克州城。6月为浙江布政使李元度率军所收复。

武宁县的情况是:咸丰3年正月,土匪周逢春攻占县城,10月被官兵收复。4年2月,湖北土匪来犯。3月,土匪周逢春再次抢掠县城,为团勇击退。4月,太平军进攻县城,土匪与棚民抢掠了乡村。5月,土匪毕家森入侵。6月初,官军和乡绅率领的乡勇、水勇合力收复县城。7月,太平军再克县城,期间土匪周逢春肆虐四方。8月,九江府流寇入侵,但遭团勇击退。9月初,都司吴锡光的新胜军和团勇收复县城。9—10月,太平军和土匪到处抢掠。5年2月,湖北流寇入侵,士人指挥练勇退之。6年2月,太平军又克县城,8月绅士率团勇收复县城。9月,太平军实施抢掠。11月,太平军克县城,但随即被知县和绅士收复。12月,团练击退太平军的攻击。7年11月,太平军来犯,为乡勇所败。11年4月,县城被李秀成部攻陷,6月20日被收复。

2. 其他地区的情况

1) 九江①、南康②、饶州③、广信府地区④:咸丰3年正月11日,太平军攻克九江府城和湖口、彭泽县城而大肆抢掠3日之后,回到南京。5月,太平天国西征军拥千余只战船逆长江而上,再次占领湖口、彭泽、星

---

① 同治《九江府志》卷24,武备志,武事,"德化平寇纪略";同治《德化县志》卷24,武备志,武事,"平寇纪略";同治《湖口县志》卷5,武备志,军务始末,"团练附"。
② 同治《南昌府志》卷11,武备,"武事"。
③ 同治《饶州府志》卷8,武备志,"武事";同治《乐平县志》卷5,武备志,"武事"。
④ 同治《广信府志》卷5,武备,"兵事";同治《铅山县志》卷10,武备志,"武事"。

子县城。6月,赖汉英部克湖口、彭泽、星子县城,百姓献出了捕获的南康知府和星子知县①,并于黄纸上写"归顺"二字贴于门首②。8月26日府城陷落。5年正月,清军进攻府城未果,湘军120艘战船入鄱阳湖而遭太平军沉重打击。2月,曾国藩遣胡林翼和罗泽南进攻府城但遭大败。6年和7年清军屡攻府城但均败北。8年4月,时隔6年后,官军才重新收复府城。浙江布政使李续宾根据年过七旬的生员洪炳奎提供的府城地形图和攻城之策攻陷了府城。林启荣麾下1万6、7千太平军被全歼③。一方,南康府的情况是:咸丰3年5月,南康府民收集钱粮,并迫使知县释放了囚犯。太平军攻来之时,献出了捕获的知府和收集的钱粮。太平军时常对南康府进行劫掠。

饶州府自咸丰3年7月始,遭受太平军的掳掠。8月6日,太平军侵入景德镇,并攻陷浮梁县城。当时,莠民石芒沉等逮捕知县,夺取官印,并将其交给太平军。4年正月,土匪和太平军一同到处掳掠。10月9日,府城陷落。5年4月,浙江流寇入侵。5月1日,湘军罗泽南联合当地团练收复了府城,但是大部分地区已经处于"大肆焚掠,男妇未远徙者,悉遭屠戮"的状态。6—8年,太平军也随时抢掠这一地区。9年2月,太平军亦对景德镇及其邻近地域实施了掠夺。6月,湘军和团勇驱逐了太平军。10—11年,太平军的掳掠仍在继续。尤其安仁县已是"逆贼漫山遍野,捉去男女不下万余,十室九空"④。

广信府从咸丰5年3月至同治3年处于太平军的影响之下。期间,太平军随时对其展开肆意掳掠,无赖亦参与其中。尤其象11年铅山县的情况是:太平军"焚城内之屋十之七,焚城外之屋十之三"不停掳掠,乡村地区则成为土匪的世界。其中,河口镇所受损失最为严重。10年10

---

① 李滨,"中兴别记",杜德风,《太平军在江西史料》(以下略称为《史料》),南昌,江西人民出版社,1988,pp. 398。
② 黄辅辰,"戴经堂日钞",《史料》,pp. 543 转引。
③ 同治《德化县志》卷24,武备志,武事,"平寇纪略";杜文澜,"平定粤寇纪略"卷7,"咸丰八年戊午"(《史料》pp. 574 - 575)。
④ 同治《饶州府志》卷8,武备志,"武事"。

月,广东土匪占领河口镇,到处抢掠。11年6月,李秀成部来犯,而闽贼和粤匪亦洗劫了河口镇及其周边地区①。

2)瑞州②、袁州③、临江④、抚州⑤、建昌府地区⑥:瑞州府的情况是:咸丰3年7月,太平军攻占府城七日之后撤离。5年10月,翼王石达开攻陷府城,并立"伪官"(即乡官)⑦。广东流寇也合流于太平军。7年,湘勇和官军收复府城。11年3月,李秀成部再克府城,在各地掳掠诸多财物和壮丁而归。袁州府的情况是:咸丰4年4月,太平军自湖南而入,攻陷萍乡县城,"所至劫掠一空"。12月,宜春土匪进攻府城。5年10月,太平军攻陷分宜、万载二县城。11—12月,石达开部蹂躏各地。广东的流寇和新昌县土匪亦合流。6年正月,太平军占领萍乡县城,肆行劫掠,"城厢二三十里无人烟"。当时,广东流寇亦在此与之合流。2月11日,官军才协同湘勇、团练收复县城。此后,太平军和土匪亦随时实施掠夺。11年3—7月,李秀成部实施劫掠。同治4年,提督鲍超的数千霆营兵勇发动兵变,攻克万载、萍乡二县城,并且威胁到府城。

临江府的情况是:咸丰5年11月,石达开部同来自湖南的流寇合力攻陷府城,并劫掠樟树镇。6—7年,石达开部亦到处掳掠。11年,李秀成部抢掠,并掳万余人而走。抚州府的情况是:咸丰6年2月,石达开部攻克府城和周边县城。8年,乐安县"县城三陷三复,前后杀贼几数万,绅民死者亦数万人","沿途掳杀无算"。10年3月,福建汀州府流寇进犯。建昌府的情况是:咸丰6年2月,太平军攻陷府城。5月,楚师、闽师、广勇、南丰勇会同当地团练进攻府城而失败。太平军所到之处接连3日肆

---

① 王定安,《湘军记》,"援守江西(下)",《史料》,pp. 383,385。
② 同治《瑞州府志》卷6,武备志,"兵事"。
③ 同治《袁州府志》卷5,武备,"武事";王定安,《湘军记》,"援守江西"(上,《史料》,pp. 375 - 376)。
④ 同治《临江府志》卷11,武备志,"武事";同治《清江县志》卷6,武备志,"武事"。
⑤ 光绪《抚州府志》卷34 - 2,武备志,武事,"发逆始末附"。
⑥ 同治《建昌府志》卷5,武备志,"武事"。
⑦ 李滨,《中兴别记》,《史料》,pp. 456。

行焚掠。太平军往来于福建进行劫掠。同治3年2月,来自浙江的太平军进犯劫掠至4月。

　　3)吉安①、赣州②、南安府地区③:吉安府的情况是:咸丰3年4月,龙泉县山寇暴动。6月,湖南省妖人邹恩潾进犯,并攻陷泰和县城。7月,邹恩潾包围府城5昼夜,并洗劫周边地区。8月,土匪萧镇邦火焚安福县厅,释放囚犯。5年11月,粤贼同石达开部合力围攻府城。6年正月,坚守50余日的府城陷落。按察使、知府等"官绅弁兵"遭尽杀,百姓万余人遭屠戮。太平军"焚杀掳掠无虚日"。入秋,湘勇合同团练方收复永新和安福县城。8年8月,官军、湘勇协同团练收复府城。11年春,粤贼临时占领府城。4年冬,龙泉县"教匪"以"假聚义"之名横行四处④。山寇亦不时同太平军合流劫掠各地。

　　位于江西省最南端的赣州府地区的情况是:咸丰初年,广东匪寇经常过来劫掠。自6年5月,太平军入赣州府地区协同天地会围困府城,府城由巡道汪报润率官军和9个团练协同广东援军展开防御。直至6月17日太平军才放弃围困。定南厅地区的情况是:7月,武生员自称元帅,联合土匪进攻厅城。8年12月,雩都县城陷落,绅士、乡勇、百姓万余人被杀。太平天国时期,唯有赣州府城自始至终成功死守,周边的其他县成为太平军和流寇、土匪的世界。南安府的情况是:石达开部于8年9月进犯,11月下旬攻陷府城,直至9年2月才被收复。然而回归的难民却因缺房少粮以及瘟疫盛行而不断死去。清朝却掠夺似地向南康催促军需。太平军分别还在10年和同治3年对该地实施了侵害和劫掠。

Ⅱ.江西社会的惨状

　　明清时期的江西地区是中国粮仓之一,其文运的发展亦能同江南地

---

① 光绪《江西通志》卷97,武功3,"国朝";光绪《吉安府志》卷20,军政志,"武事"。
② 光绪《江西通志》卷97,武功3,"国朝";同治《赣州府志》卷33,经政志,"武事"。
③ 同治《南安府志》卷29,祥异;同治《大庾县志》卷25,"纪变录"(上)。
④ 同治《龙泉县志》卷18,杂类,"兵事"。

区比肩。然而自19世纪后半叶开始逐渐落后,其原因可分为如下两点。其一,随着广东贸易体制(1757—1842)的崩溃,这期间支撑江西繁荣的"鄱阳湖↔赣江水路"的经济重要性减弱①;其二,太平天国时期在社会经济和文化上遭受致命性打击。

太平天国时期南昌府和江西社会遭遇的惨状如何,从上述内容便可猜测到。该时期的江西地区处于太平军活动范围的中心位置。太平军从1853年正月占领九江府至同治4年(1865)退败广东之前的长达十余年间,曾先后五次进入江西省使其遭受巨大破坏。1855年11月至1856年4月,在短短不到半年的时间里占领了7府47县②,前后计算下来,除去南昌、赣州二府城和十余县之外,12府州60余州县被悉数占领。其中,1855年11月至1859年7月的四年时间江西是石达开的10万军队和湘军主力展开激烈战斗的地区。

南昌府因为清军、湘军、团练的死守,首府南昌就如孤岛一般平安,从而南昌附廓(南昌、新建县)地域较少受到太平军的蹂躏。然而南昌外面的6州县则被弃置于太平军和流寇、土匪肆意掠夺的状态。尤其是位于南昌西北三省交接区的义宁州和武宁县地区则经常遭受太平军和流寇、土匪的攻击。咸丰5年4月,历经21日而陷落的义宁州城的官吏、绅士、团勇4500人和居民10余万人遭屠戮。赣江入口的吴城镇则始终是被劫掠的对象。

因地处长江沿岸而最早遭受太平军入侵的九江府府城于咸丰3年正月被太平军攻陷后,连续3日遭受肆意焚掠。太平军以九江为根据地随时劫掠至南康府地区。饶州府则自3年7月始遭受劫掠,部分地区甚至达到"十室九空"的程度,尤其是景德镇处于"无宁岁"的状态。广信府自5年始,部分地区达到"焚城内之屋十之七,焚城外之屋十之三"的程度,其中河口镇遭受蹂躏程度最甚。无赖和土匪也四处横行。

---

① 见本书第一篇第三章。
② 杜德风,1993,pp.1-2。

江西中部的瑞州府则自咸丰3年7月开始遭受蹂躏。4年4月开始处于太平军影响圈的袁州府地区亦"所至劫掠一空","城厢二三十里无人烟"。广东的流寇也合流其中。临江府地区自咸丰5年遭受太平军的掳掠。而其中樟树镇始终成为掠夺对象。自湖南省入的流寇也伙同太平军一起实施劫掠。抚州府自咸丰6年2月被处于太平军的影响圈中,福建汀州府流寇已在该地横行。江西东部的建昌府也于咸丰6年2月进入太平军的影响圈中,太平军只要失利便来往于福建,所到之处"肆焚掠"3日。

江西中西部的吉安府在太平军到来之前,经常遭受自湖南而入的流寇和当地土匪的劫掠。咸丰6年正月,防守50余日的府城终被太平军和粤贼联合攻陷。被杀官绅和百姓达万余人。太平军以府城为根据地"焚杀掳掠无虚日"。"教匪"以"假聚义"之名四处横行,山寇"时出劫掠",偶尔还会同太平军合力掳掠。江西南部的赣州府在太平军进犯之前,常受广东流寇和土匪的劫掠。6年5月始太平军进入赣州府地区,天地会党和土匪亦合流其中。除府城成功死守之外,之外的大部分地区均进入太平军的控制之下,流寇和土匪的抢掠从未间断。南安府地区自8年11月起遭受太平军的掳掠,府城被收复之后,温疫盛行,米价暴涨。太平军至战乱结束之前往返于湖南而蹂躏之。

在太平军进入江西时期,不但太平军,而且流寇、土匪和无赖也蠢蠢欲动。在江西北部地区,太平军往来于湖北的武昌府和南昌府西北地域间,战事反反复复。流寇和土匪则根据需要同太平军或棚民合流。江西西部地区遭受着往返于湖南和江西西部的流寇和土匪的劫掠。江西东部地区则遭受着太平军和流寇、土匪往返于安徽的徽州府或浙江的时候的掳掠。在江西南部地区,太平军、土匪和广东、福建的流寇往返于福建、广东、湖南进行劫掠。其中会匪和广东流寇横行尤甚。

古今中外,在战乱期间维持正常生计都非常难。江西地区因10余年的征募团练和战争,农业和商品生产受到了莫大的影响。在起兵初期

241

的几年,太平军严明军纪,实施减税政策而获得"民心"①。但起兵之初便强令绅士或富豪进贡,后来,军纪随着时间的推移也逐渐松散,乌合之卒和无赖、土匪混合其中,肆意进行烧杀掳掠。流寇和土匪经常进行劫掠,无赖也不时进行抢掠。

即便因为太平军的进犯,江西社会变得如此艰难,但清朝仍旧催捐日紧②,假捐纳之名掠夺财物,以沉重的税金③、厘金④和筹措军饷为名搜刮农民⑤。江西省除本省的粮捐之外,还担负了浙江、湖南、安徽、陕西、甘肃、云南、贵州等7省的捐粮⑥。而清军亦肆意进行掳掠,同太平军、流寇和土匪并无两样⑦。

另一方面,尽管湘军进入江西建立赫赫战功,却也借军饷之名进行了搜刮⑧,因而对湘军的舆论是"奸淫掳掠贼相同"⑨。绅士亦在其居住地组建并指挥团练建立战功之中,捻出了莫大团练费⑩,但也常以团练费之名巧取豪夺⑪。故南安府的百姓称,"非苦于贼,而苦于勇……苦于以无用之勇,耗有用之粮……民莫敢白其冤也"⑫。在百姓看来,所有手持武器之流均为"毒虫"⑬。生活在这种战乱期的百姓们,处于"顺贼者征粮

---

① 丁韪良(英),《华北先驱》(323号,1856.10.4),《史料》,pp. 588。
② 蔡晓荣,2002,pp. 9。
③ 邹树荣,《蔼青诗草》,"不雨谣"(丙辰),《史料》,pp. 480。
④ 欧璠,2000,pp. 27。
⑤ 邹树荣,《蔼青诗草》,"六月十八日江省被围感赋七律三首"(《史料》pp. 473)、"梓溪局"(《史料》pp. 477)、"南昌仓",《史料》p. 477、"八月十三日同江冰壶郑情田胡竹筠往沙溪魏姓观剧途中偶成"(丙辰),《史料》,p. 479;同治《德安县志》卷7,武备志,武事,"谨录咸丰年间团练事宜"。
⑥ 《刘忠诚公遗集》(《近代中国史料丛刊》本),"奏疏"卷4,"黔滇两捐力难同时举办折";王定安,《湘军记》,"援守江西"(下)。
⑦ 丁韪良(英),《华北先驱》(323号,1856.10.4),《史料》,pp. 588。
⑧ 邹树荣,《蔼青诗草》,"纪平江勇事"(丙辰5月作),《史料》,pp. 479;罗包庚,2000。
⑨ 邹树荣,《蔼青诗草》,"口占七绝四首",《史料》,pp. 482。
⑩ 罗包庚,2000。
⑪ 同治《安远县志》卷5-2,"武事";同治《南康府志》卷11,武备,"武事"、"都昌县"、"建昌县";邹树荣,《蔼青诗草》,"巡街道",《史料》,pp. 476。
⑫ 光绪《上犹县志》卷16,艺文志,"军务纪略"(下)。
⑬ 邹树荣,《蔼青诗草》,"纪事"、"纪平江勇事"、"八月见闻记",《史料》,pp. 478-479、494。

勒贡,民膏吸尽,仇贼者焚杀淫掳"的状态①。

在官军几乎丧失战斗力的情况下,无论是太平军、官军、湘军、团练,还是流寇、土匪、无赖、农民起义军等,除了存在程度差异之外,其恶劣行径并无区别,故太平天国时期的江西社会实属治安严重缺失的空洞社会②。然而这种现象,在任何时期的战乱期都是存在的。元明交替期、明清交替期、嘉庆白莲教运动时期均为如此③。

Ⅲ. 绅士的存在与作用

太平军在江西的战况是一时形成过有利的局面,最终还是分崩离析而败退。其重要原因之一是,江西绅士认可清朝,并组织团练积极协助清朝。

明清时期的江西地区文运非常发达,因而绅士数量亦为数不少。首先,考察一下该时期开展大量活动的生员们的人数。张仲礼④认为,太平天国之前文武生员总数为 39830 名,太平天国之后文武生员总数为 62197 名(比太平天国前新增 56.2%)。培养的进士人数,明清两代共举行 203 次殿试,全国产生共 51624 名进士,其中江西籍为 4935 名(占进士总数的 9.6%)。江西的进士明代是 3148 名,清代为 1787 名⑤。据此,张仲礼推测江西的绅士总数是,太平天国之前为 78382 名(正途39830、异途 38552),太平天国之后为 120025 名(比太平天国之前增 53.1%,正途为 62197 名比太平天国前新增 56.2%,异途为 57828 名比太平天国前新增 50%)⑥。

---

① 同治《上高县志》卷 4,武事。
② 同治《南昌县志》卷 28,武备志(下),"团练"。
③ 吴金成,2006;吴金成,2007A,第二篇第二章"王朝交替与绅士的向背";本书第 2 篇第 3 章"明清交替和绅士"。
④ 张仲礼(李荣昌译),1991,pp. 140-150。
⑤ 许怀林,1993,pp. 608-609。但是对于明清时期产生的进士人数,因研究者而异。(本书第二篇第二章,p. 199)。
⑥ 张仲礼(李荣昌译),1991,pp. 166。

243

那么同一时期江西首府南昌府的绅士总数该有多少呢？明末时，江西省下辖13府1州77县(共91个儒学)，南昌府由1府1州7县(共9个儒学)构成,任何时期南昌府实有生员数大致都占江西整体的1/10左右①。尽管清代曾存在非常复杂的因素,但据明末的大体情况,清末的绅士人数应为张仲礼计算的1/10左右,即太平天国之前为7800余人,太平天国之后为12000余人左右。

如此之多的江西省和南昌府的绅士们面对太平军进入江西,认为这首先是对自身和乡村社会的严重威胁；它造成了严重的经济性损失并对绅士社会领导(秩序的维持)力严重损毁；此外还严重危害了传统名教的秩序,认为是对自身和江西社会的"累卵之危机"。适逢咸丰帝谕示各省官吏和绅士组织团练,江西巡抚张芾亦令组建团练。

随之,江西首府南昌建立官团局和绅团局,逐渐江西全境都组建了团练②。因丁艰而在家的前扬河厅同知刘于浔③和举人万启英等人组建南昌县"中洲总局(中洲团练局)",3年,随着太平军占领安徽,有更多团局成立④。继而江西全境形成了"遍地皆团,遍地皆勇"的局面。团练的运营和所有军费首先由地方政府承担,不足部分由各乡和市镇征收,仍欠缺部分则有"绅士捐款"补足⑤。

团练的领导者大部分为绅士。南昌府南昌县的情况如表2-4-1⑥所示,团练领导者的98.6%为绅士,其中未入仕学位层(士人＝举人、贡生、生员、监生等)占73.4%,而占绅士总数近一半的46.8%为生监层。绅士主导了团练的发起、组织(收集舆论、征募并组织练勇)、维持(征捐、征团费、训练练勇、制造武器等必要物资)、同官军和湘军的协作、指挥战

---

① 本书第二篇第一章。
② 当时如此急募的练勇大多为无赖。邹树荣,《蔼青诗草》,"练民兵",《史料》,pp. 476。
③ 欧潘,2000,pp. 25-26；孔飞力著,谢亮生等译,《中华帝国晚期的叛乱及其敌人：1796—1864年的军事化与社会结构》,中国社会科学出版社,1990),pp. 161-167。
④ 同治《南昌府志》卷18,"武备"。
⑤ 欧潘,2000,pp. 24。
⑥ 同治《南昌府志》卷28,武备志(下),"团练"。

斗等。更加具体而言,绅士通过组织利用团练来履行① 保卫地方;② 禁止械斗、抢夺;③ 严禁赌博;④ 镇压乡市事件、事务;⑤ 助饷等职责①。其中,保卫地方为战斗活动,②③④为随着形势激变,当地方政权的行使权处于有名无实的情况下,为维持治安采取的措施。太平天国时期,在太平军和流寇土匪横行的状况下,江西乡村地区仍然相对较为稳定是因为团练之功,而可以说是绅士发挥了决定性作用。

表 2-4-1 南昌县团练局的创立及其统领者

局名	乡绅	举人	贡生	生员	捐纳贡生	监生	官阶·头衔	其他	合计
中洲总局	2	1	1	1		1			6
南州局		1	2	1		2	9		15
万舍局				2			5	1	8
保安局		2	2	6			2		12
定安局		3		2		1			6
幽兰局		2	2				3		7
大安局				2			2		4
联义局				7					7
安全局		1	1				1		3
普安局				4			1		5
谢埠局		1		1			1		3
镇南局		2		3		1	2		8
中乡镇东局				2		1			3
东乡镇东局				1		1			2
莲塘市局			1				1		2
中洲分局			1	2			1		4
安和局			2	2		1	2		7

---

① 同治《南昌府志》卷 28,武备志(下),"团练"。

续　表

局名	乡绅	举人	贡生	生员	捐纳贡生	监生	官阶·头衔	其他	合计
同人局				5		4			9
众成局		1	1	2			1		5
渡市团练局		2	1	1	2		2		8
乂安局			1	2					3
顺化门外保卫局			1	1		2	1		5
麻坵市保卫局		3							3
五乡局	1			2				1	4
合计	3	19	16	49	2	16	32	2	139

那么,诸如首府南昌城周边那样,较少受太平军掳掠之地自不用说,即便在太平军直接控制的地域内,绅士领导的团练仍能得以组织和活动的原因是什么呢?太平军初期取得的势如破竹的胜利,并非太平军作战上的胜利。各地地方官闻听太平军要来的消息便事先逃之夭夭,从而太平军几乎兵不血刃地占领了各地府城和县城。此后,太平军主要驻扎在以府城和县城等城市,并以此为据点进入乡村进行掳掠。尽管设置乡官,但其实际统治范围仅限于城市及其周边的有限地域,而乡村社会并未能够完全控制。尤其是后期任命的乡官多为"无赖"出身,所以热衷于劫掠而中饱私囊,从而以大氏族"聚族而居"地区大多保存完好。故太平军在江西的统治非常零散,而且绅士领导的团练获得官军和湘军的援助,可随时同太平军交战①。

太平天国时期,官军(八旗和绿营)的战斗力几近有名无实。"兵革十年,地广而防不足,防多而兵不足,兵增而饷不足,此三者今之大患也"②,当时清朝面临着"地广、兵不足、饷不足"的危机,如果没有绅士的协助,一切将处于不可能的状态。当时有记录称团练之功为:

---

① 杜德风,1993;孔飞力著,谢亮生等译,1990,pp. 213-219。
② 孙鼎臣,"请责成本籍人员办理团练疏",《皇朝道咸同光奏议》卷55,兵政类。

ⓐ"兵革十年,狂寇四踞,省城无重兵宿长,安然不再掠者,团练之力也"①

ⓑ"武宁接壤通、崇,兼之兴国土匪勾连……迭次陷城,旋即克复,团勇之功,实为最着"②

ⓒ"前后十年,我邑乡团大小数十战,卒能转危为安,保卫桑梓,皆团练之效也"。③

绅士通过这种作用,论私可以守护身家,论公可以增加江西省学额;守护名教和祚命;明确作为乡村领导阶层的名誉和实力。就结果而论,江西绅士完全克服了因太平军的进入而遭受的威胁,进一步巩固了绅士的政治和社会地位,就是说,绅士们反而"因祸得福"。

然而当太平军进入江西时,本应维护秩序的地方官却闻太平军到来的消息,便闻风而逃,绅士却按照清政府号召以诸多种方法协助清政府。其差异是什么呢?

首先,江西的绅士将太平军进入江西视为"累卵之危机"。地方官因为回避制,全部为他乡人,但绅士却均是当地人,作为领导阶层他们要守护身家(宗族)和乡村的使命意识尤为透彻。第二,在当时的危急状况下,北京依然实施着殿试,首府南昌亦断断续续地实施乡试④。第三,分别增加了江西的举人及第者数(10人)和儒学学额(411人)。如果按这些数据计算,便如前文所述那样,文武生员总数从太平天国运动之前的39830名激增至太平天国运动之后的62197名(比太平天国运动前新增

---

① 民国《南昌县志》卷54,兵革志。
② 同治《南昌府志》卷18,武备志,"兵事"。
③ 同治《彭泽县志》卷7,"团练纪略"。
④ 太平天国时期,殿试于咸丰2、3、6、9、10年(恩科)、同治元、2(恩科)、4、7年从未间断地进行。另外,江西省的乡试实施于咸丰元,但2年,5年乙卯科和8年戊午科"因乱,暂停乡试",9年同恩科一起"补行乙卯(咸丰5年)乡试",11年辛酉被停止,同治元年同恩科一起"补行戊午(咸丰8年)乡试",同治3年(1863)同例行的甲子科"并补行辛酉乡试"。(同治《南昌府志》卷31.选举志.举人,国朝)。

56.2%)。江西的绅士亦将此视为皇帝之"圣恩"①。第四,为同太平军作战立战功者,授予名誉官阶、官衔或军功勋章等优厚的待遇这些也是原因之一②。清朝承认军功,庶民被提升为士人之列;士人被任用为现职官员,或授予官衔提升为乡绅之列;阵亡者追为"节烈",并供奉于祠堂。仅南昌县被保举为文武官员者就达 267 人。组建南昌"中洲团练局"的刘于浔最初以 300 人起步,日后壮大为"江军"集团,其麾下因军功而被"保举升官晋爵者"达 2000 余人,并且刘于浔(前扬河厅同知)本人亦升至布政使。曾国藩的湘军麾下有更多的人受惠也是众所周知的事情。

小结

十余年的太平天国运动,江西地区在社会经济和文化上受到致命性的打击。统治秩序所不及的山野地域自不必言,就连乡村地区亦被弃为任由太平军、流寇、土匪和无赖行烧杀掳掠之场的状态。尤其是景德镇、樟树镇、河口镇、吴城镇这江西四大镇是太平军和清军之重要据点,从而受到极其严酷的剥削。

鼎盛时期的江西太平军似乎曾经一度压制了清军、湘军和团练。然而除去部分地区之外,太平军所处的状况是:① 占领之后即刻便要撤离的不稳定局面始终持续;② 并未能完全对绅士这个原乡村领导阶层加以容纳;③ 未能完全压制由绅士领导的团练的抵抗。在这种状况下,乡官功能亦有名无实。

当时官军的战斗力几乎名存实亡,因而如果没有绅士领导的团练的协助,进行战斗是不可能的。绅士主导发起、组织和维持了团练,并协助官军和湘军指挥战斗等。然而太平军也好,清军、湘军和团练也罢,均无完全歼灭对方的能力。但是,绅士领导的团练活动,对于太平军而言,却

---

① 同治《南昌府志》卷 18,武备志,兵事;同治《义宁州志》卷 14,武事;同治《武宁县志》卷 19,武事。
② 欧璠,2000,pp. 25;蔡晓荣,2002,pp. 12;孔飞力著,谢亮生等译,1990,pp. 216 - 219。

形成了切断天京中央和江西太平军之间以及江西太平军之间相互连接的致命性作用,而对于清朝中央政权而言,起到了将北京中央的政令断断续续地传至江西各地的功能。

尤其是首府南昌的死守对于双方而言均具有决定性意义。曾国藩早年曾言,"无南昌是无江西"①,南昌对于双方而言均是战略要地。因为首府南昌得以保全,所以江西在战乱期间亦能断断续续地实施乡试,使得清政府得以获得绅士的协助,而绅士亦并未轻易倒向太平军,反而积极组织团练对抗太平军。相反,未能控制首府南昌的太平军却因未能完全掌控江西的主动权而只能分崩离析。江忠源为了死守南昌城,一边采取"坚壁清野之计",一边将省内各地士兵招进南昌。换个角度来看,这种方法等于是为了防卫首府而将周边所有地区放弃给了太平军、流寇和土匪。这些被放弃的地区唯有依靠湘军和团练的零星活动。此后至太平军完全撤出江西为止,双方为争夺府城和县城而反复攻防,每当此时乡村就成为手持武器的各种势力的劫掠对象。

汉高祖刘邦、明太祖朱元璋及清军起兵初期,相对周边的起义集团处于明显的劣势,然而因为很好地笼络了知识分子、士大夫和绅士,并获得其积极的支持和协助,结果最终取得"天下"实现了"改朝换代"的伟业②。但是明末清初的李自成、张献忠和清末太平天国的领导层从一开始便不曾想获得绅士的支持或协助,反而具有排斥的倾向。所以,认为绅士阶层的不合作以及他们有组织、顽强的抵抗是太平军在江西失败的主要原因之一③。在该原因层面上,面对清朝官员的审问,李秀成回答"官兵多用读书人",而太平军中"无读书人"。忠王李秀成这种回答(1864)可谓一语中的④。

元末的士大夫和地主、明末清初动乱期的绅士、清末民初的绅士与

---

① 杜文澜,《平定粤寇纪略》卷5,"咸丰六年丙辰"(《史料》,pp. 570)。
② 吴金成,2006;吴金成,2007A,第2编第2章《王朝交替和绅士的向背》。
③ 杜德风,1993;朱谐汉,1993。
④ 朱谐汉,1993,p. 45。

绅商最终与不能保障自身地位和"保身家"的国家权力相背。然而清朝中叶的白莲教动乱时期和太平天国时期的绅士则对尚能认可其地位和"保身家"的清政府做出了积极协助的态度。在前近代的中国社会中,国家权力如何将社会的领导阶层笼络在体制内,是否获得其支持和协助,即社会领导阶层的向背是关系到国家安危和社会稳定的关键。

第三篇
都市、居民、商人

第三章

第一章　千年瓷都景德镇

序言

全球的中国史学界,将明末清初视为中国近世史中一个划时代的时期。然而对于这种变化的内容以及历史意义,尚有许多没有达成共识的部分,而且有些问题尚非常欠缺具体的案例研究。其中的一部分便是,本文拟分析的城市社会的变化及其性质问题。

部分学者对于中国明清时代的城市社会已有所关注,但正式研究展开不过二十余年,而且研究内容亦仅限于重要城市的区划、机关设置及部分社会结构等。而对于分析城市社会变化和历史性质所必需的诸多方面的研究,如外来人口流入及由此引起的城市社会阶层之间复杂的矛盾和协调;城市治安和秩序的维持、交通与运输、上下水道、商业与手工业、城乡之间的社会经济关系、火灾与消防等城市社会的运营问题;住宅、粮食及燃料的需求与供给、家族与宗族、艺术与宗教生活、娱乐、文艺、风纪变化等,与城市居民生活相关的诸多问题尚缺乏深入研究。关于城市社会这些具体状况的综合性研究实际才刚刚开始①。

明清时代的中国城市大体可分为两种类型。第一种是城市最为发达的江南地区。在江南原有的特大城市周边有无数的中小城市(市镇),以"葡萄串"形态分布,这些城市由发达的水陆交通连接,所以定期市并不那么发达。另一种是中国其他广大地区,就如在平原地区屹立的"泰山"一般,在一定的地域孤立发展的城市,其周边分布有许多定期市。这些城市大多就像府、州、县所在地那样,是地方行政中心的情况较多,然而自明中期,在重要交通要道亦开始形成市或镇。因此中国的城市必须具体地比较研究上述两种城市类型的特征,但是迄今有关明清时代的城市研究,大体上偏重于江南地区,对其他地区的研究处于刚刚起步的阶段。

景德镇位于鄱阳湖以东,是在江西东北部地区的中低山区和丘陵地区孤立发展起来的城市,所以在地形上属于第二种类型,但是它的特征不是作为政治性城市,而是纯粹以陶瓷发展起来的专业城市。考察迄今为止有关景德镇的研究,中国、日本、欧美学界除了对景德镇陶瓷器的制造技术或美术史意义进行了研究之外,在社会经济史方面亦积累了一本专著和相当数量的研究成果②。但是其大部分研究致力于"法则史"方面,或从民窑的经营形态寻找"资本主义萌芽"而已。今后不应该对城市进行孤立的研究,而是要在同周边农村的相互关联中,研究相关城市社会的具体状况。

本文本着这种问题意识,以明清时代城市社会案例研究之一,拟分析江西省景德镇。为此将分析以下问题:(1)江西东北部地区自明中期逐渐发生社会变化,其变化的实际状况是怎样的?其原因是什么,这种社会变化同当时的江西省或中国其他地区的变化状况有何不同?(2)由

---

① 参见吴金成,2007A,第三篇第一章。
② 江西省轻工业厅陶瓷研究所编,1959;梁淼泰,1981,1984,1991;徐文"江思清,1957;萧放,1987;王钰欣,1982;刘石吉,1989;高中利惠,1967;金泽阳,1990;佐久间重男,1962,1964;Medley,Margaret,1966;Dillon,Michael,1978;Yuan,Tsing,1978。

于这种社会变化的影响,从江西东北部各农村社会析出人口的实际移动情况如何,其中流入景德镇的人口有多少,景德镇繁荣到何种程度?(3)在明末清初的动荡期,江西东北部社会以及景德镇的荒芜状况达到了何种程度,清朝入赣之后逐渐恢复的该地区社会结构同明末有怎样的不同,它有怎样的历史意义?(4)流入景德镇的外来人口是在怎样的环境中生活的,它对景德镇社会产生了怎样的影响(积极作用和消极作用),这种现象在中国城市的发展史上具有怎样的意义?(5)在上述整个过程中,明朝和清朝国家权力对景德镇社会的功能是怎样的?

Ⅰ. 明中期江西东北地区的社会变化

由于明朝在建国三四十年间积极实施了劝农开垦和里甲制等政策,江西社会得到了一定程度的稳定,于是农业生产力得到了迅速恢复。但是自15世纪初的永乐年间,由于诸多社会矛盾,里甲制秩序日渐解体,各地农村社会分解,农民开始流散。其原因是,第一,土地日渐集中于刚刚成为新支配阶层的绅士和势豪家之手;第二,赋役日渐繁重和不公平;第三,中小农民饱受高利贷资本之苦;第四,"地窄人稠",即人口过密日渐成为严重问题。结果,作为甲首户阶层的中小农民由于无法继续维持生计,或沦为当地的佃户或奴婢,或不得不向外地流散,甚至还出现了属于地主阶层的里长户接连没落的情况[①]。

这种现象在江西东北部地区亦同样出现。如表3-1-1[②]和表3-1-2[③]所示,据江西东北部地区的地方志记载,自明初以来统计上的户口原地踏步或有所下降,便原于此。

然而在明朝江西地区的人口实际并没有下降或原地踏步。自明初,江西地区的人口反倒持续增加,处于人口过密状态。这可以从《南昌府

[①] 参见吴金成,1986,第二篇第一章;本书第一篇第一章。
[②] 正德《饶州府志》卷1,户口;嘉靖《江西通志》卷8,户口。
[③] 康熙《浮梁县志》卷4,户口,pp. 336-338。

志》记载的南昌府的情况类推得知。据《南昌府志》,第一,隆庆末万历初(16 世纪后半期)南昌府的登记户口为 30 万户、90 万口左右,这是成丁人数,如果加上未成丁、老弱及未报告者(奴婢、游民)的人数,那么实际居住人口将达到超过登记人口一倍的 200 余万;第二,万历 14 年清丈土地的结果,总计 7 万顷左右(实际统计为 71218 顷),这只能供养 100 万人口,即实际居民的一半左右的人口,剩余 100 万人口属于人口过密,因此便有了"郡民多半逃亡,或客外不归"的记载①。户口统计中出现的这些问题在整个江西地区大同小异。所以本文分析的对象,即江西东北部地区在统计上出现的户口减少或原地踏步现象,只能说是说明了地方官府掌握人口能力的弱化和局限性。

表 3-1-1 明代饶州府户口统计

年度	户数(户)	口数(口)
洪武 24 年(1391)	163164	821111
弘治 15 年(1502)	158992	879216
嘉靖初(1520 年代)	154935	882508

表 3-1-2 明代浮梁县户口统计

年度	户数(户)	口数(口)
洪武 24 年(1391)	18731	104970
永乐 10 年(1412)	15941	92592
天顺 6 年(1462)	17577	99183
弘治 15 年(1502)	17660	99721
嘉靖 31 年(1552)	15714	100192
万历 31 年(1603)	16110	100192(男子成丁 29911 丁;妇女大口 27589 口)

那么自明中期从江西各地流散的人口大致流向了哪里,在移住地区是怎样生活的呢?明末海瑞称,"今吉、抚、昌、广数府之民,虽亦佃田南

---

① 参见本书第一篇第一章。

赣,然佃田南赣者十之一,游食他省者十之九"①的那样,江西人流向邻近的湖广等周边诸省的情况较多②,但是流向江西省内其他地区的情况亦不少。其人口流动方向大致可分为三个类型。① 农村地区→禁山区,② 经济发达地区→落后地区,③ 农村地区→城市手工业地区③。在这些流动类型中,第①类型的结果是山区日渐获得开发,但部分流民则成为盗贼,引起了社会混乱。第②类型的结果是落后地区日渐获得开发。第③类型的结果是原有的城市进一步扩大,而且还形成了诸多中小城市。

首先看在江西东北地区多出现第①类型的人口流动现象。如前所述,江西东北地区亦是社会矛盾严重地区,因此大部分破产农民逃入了附近的姚源山中。该地茂密的森林绵延15里(约8.4千米),而且是"官府平日不到,法度有所不加。各村人民守一隅而无拘束,界五县而自成一家"的五县交界地④,所以聚于此地的民众可以逃避税粮和徭役⑤。由于流入禁山区的人口,该地区的社会极其不稳定。结果弘治10年(1597),景德镇隶属的饶州府余干县民毕隆兴、姚十八等人聚众蜂起⑥。

正德元年(1506),潘泰赴任余干知县。他为例监出身,与太监刘瑾走得很近。余干县由于潘泰的贪婪和残酷而"政横民怨",翌年又遭大旱,但是由于"富民刻剥贫户",因此饿死路边者不计其数,社会非常不稳定⑦。正德3年,在余干县万春乡姚源生活的汪浩八等人以此为由聚众蜂起。数月间,参加者增至万余名。不久,邻近的抚州府临川县东乡地区(正德6年)、远方的瑞州府华林地区(正德5年)以及赣南的大帽山地区相继发生了类似的蜂起,于是江西全境自不必言,就连南直隶、浙江、福建、广东、湖广地区亦深陷恐惧之中。明朝朝廷遣陈金为巡抚都御史

---

① 海瑞,《海瑞集》(中华书局本,1962)上,"兴国八议",地利条。
② 曹树基,1997A。
③ 参见吴金成,1986,第二篇第一、二、三章。
④ 姚源山是余干、鄱阳、乐平、贵溪、安仁(今余江)等五个县的交界地域。
⑤ 陈金,"请建万年县疏",同治《万年县志》卷9。
⑥ 以下关于明中期姚源、东乡地方的蜂起,许怀林,1993,pp. 491-495。
⑦ 同治《饶州府志》卷8,武备志,武事,"平姚源传",pp. 220。

总制军务,除了动用南直隶、浙江、福建、广东、湖广地区的官军和其他乡兵五六万人之外,还动用远方的广西狼兵进行镇压①。汪浩八等蜂起势力在此后五年多时间,横行于饶州府、广信府以及三省交界地区的南直隶徽州府和浙江、福建山区地区,直至正德7年才被镇压。在该过程中,官军斩姚源贼五千余级,但明朝战死者亦有文、武官130余人和官兵13000余人。明朝在平定"姚源之贼"后的正德8年(1512),以余干县万春乡为中心,从饶州府的鄱阳、余干、乐平县和广信府贵溪县等4个县划割土地,新设万年县②。

正德6年,紧邻姚源地区的抚州府临川县东乡地区亦在王珏五等人的带领下蜂起,参与的群众亦达万余名。从正德7年2月至5月间的四个月,陈金甚至动用前文所述的广西狼兵才勉强将其镇压。该期间斩首11673人,俘虏750余人,破坏山寨265处③。正德8年,明朝以东乡地区为中心,划割抚州府临川、金溪县,饶州府安仁、余干县,南昌府进贤县等5县中的部分地区,新设了东乡县④。

在明中期出现的,因上述社会变化而引起的人口流动中,本文所关心的就是第③类型,即从农村地区向城市或手工业地区流动,成为商人或佣工的情况。明清时代,江西省除了府、州、县城的人口增加,形成诸多定期市之外,还形成了景德镇、河口镇、樟树镇、吴城镇等四大镇。这四大镇均为形成于江西中部和北部的城市,其中景德镇与河口镇是东北地区的城市。

Ⅱ. 陶瓷业的发展与景德镇社会

1. 明中期景德镇社会的发展

景德镇属于饶州府浮梁县,从唐代以来便是生产陶瓷这个单一品种

---

① 参见本书第一篇第二章。
② 万历《江西省大志》卷5,陶书,pp. 689 - 690;康熙《饶州府志》卷1,沿革,万年县;许怀林,1984,pp. 182。
③ 明《武宗实录》卷87(pp. 1866),正德7年5月甲寅条。
④ 许怀林,1984,pp. 182 - 183。

的中心地,是绵绵千余年的"瓷都"。从地理上,景德镇占据着非常有利的地域。首先,近处有高岭土、釉土等原料和燃料供给地,东河、南河、西河等昌江的三个支流通向瑶里、湘湖、三龙等各乡,运输瓷器原料和燃料非常便捷。景德镇自身处于昌江中游,那里的港口适合运输易碎的瓷器。

如后文所述,景德镇名符其实地以"其民繁富,甲于一省"的中国"瓷都"而名声大振,始自16世纪中叶(明中期)[1]。而且这与明中期开始出现的明朝匠役体制的变质和崩溃过程同步[2]。明朝自开国之初,将民间的窑户编入匠籍,在南京户部管理下,按照轮班匠制每年每班服匠役三个月,归乡之后一边从事自家的生产,一边制作政府定制的产品,并且还征窑课。明朝早在洪武2年(1369)便于景德镇设陶厂,自建文4年(1402)则将其更名为御器厂(官窑)[3]。之后,让原本到南京的陶工在景德镇御器厂服匠役,烧造政府所需的瓷器,并派遣宦官监督御器厂,陶工人数达300余人[4]。

此后,御器厂的规模日渐扩大,早先厂内官窑不过20座,至宣德年间则增至58座。以此为契机,烧窑技术杰出的陶工向景德镇汇集,原本分散于周边乡村的民窑亦自然向镇区集中,随着民窑的迅速发展,吸收了大量的外来劳动力。结果,自宣德年间(1426—1435)景德镇官窑生产的陶瓷质量有了划时代的发展[5],获得了"器无物不佳,小巧尤妙,此明窑极盛时也"的评判[6]。

但是,御器厂的劳役要自己承担往返旅费和停留费全部,所以对于

---

[1] 宣德4年(1429),在全国33个商贾所集处(大都市)中,江西省仅有南昌、吉安、清江镇三个城市为人所知,景德镇尚未名列其中。
[2] 以下关于匠役制的内容和变质过程,可见梁淼泰,1991,上篇,第二、三章;佐久间重男,1962,1964等。
[3] 新编《景德镇市志》,中国文史出版社,北京,1991,pp.15。关于御器厂的设置年代,迄今有洪武2年(1369)、洪武35年,即建文4年(1402)和宣德元年三种主张。
[4] 嘉靖《江西省大志》卷7,陶书,匠役。
[5] 江西省轻工业厅陶瓷研究所,1959;余家栋,1997。
[6] 蓝浦(清),《景德镇陶录》(以下以《陶录》略称)卷5,景德镇历代窑考,"善窑"。

陶工而言负担过重。于是无法忍受的陶工(工匠)们逐渐以怠工、逃亡等方法抵制匠役制。随之，明朝的官窑难求具有高水平的陶工，进而难以如期烧造政府所需的瓷器。为此，明朝把匠役的负担缓解为四年一班(景泰5年，1454)，自1485年(成化21年)则允许轮班匠以银纳替代匠役的"班匠银制"。自1562年(嘉靖41年)则以班匠银制彻底替代了匠役制。结果，官窑的劳动力亦从原来的徭役劳动转换为招募工匠的雇役制，有实力的窑户得以脱离匠役制的枷锁，自由生产瓷器。

就在官窑的运营方式如此变化的过程中，明宫中要求上贡的陶瓷日渐增多。例如正德年间共烧造30余万件花费27000两①，从嘉靖8年(1529)的2570件增至10年12300件，23年5万余件，25年10万余件，26年12万余件，33年11.6万件，隆庆5年(1571)12万余件，万历5年(1577)17万余件。随着对上贡瓷器的需求增加，向江西地区课征的银两和劳动力亦加重②。上贡瓷器的如此增多，仅靠官窑的生产设施全然无法满足需求③。因此自16世纪中叶，随着前文所述的匠役制的解体，压缩了御器厂规模，渐进地实施了朝廷把所需瓷器委托给民窑制造的，所谓的"官搭民烧制"，至万历年间开始全面实施。

就在匠役制向"班匠银制"变化的过程中，有实力的窑户首先率先脱离匠役制的羁绊，逐渐独立为瓷器的小商品生产者，即"民窑"。换言之，在16世纪中后期，即御器厂匠役制日渐变化的嘉靖至万历年间，景德镇的民窑同时获得了质的和量的发展，陶瓷生产及围绕它的生产关系、景德镇居民的增加和成分方面都发生了极大变化，可以说该时期是一大转换期④。

一方，御器厂则为了搞活自己的生产，就必须为征用的陶工配备上

---

① 王钰欣，1982，pp. 86。
② 根据万历《江西省大志》卷7，陶书，pp. 875－898，例如，嘉靖25年，江西省为宫廷烧造瓷器而征收的随粮带征银高达12万两。其他可参见王钰欣，1982，pp. 86－90。
③ 《明史》卷82，食货志6，"烧造"称，"万历十九年，命造十五万九千，既而复增八万，至三十八年未毕工，自后役亦渐寝"。
④ 高中利惠，1967。

工夫、砂土夫等助手。为此,明朝起初征用了饶州府千户所的军户,自正德年间则按编役制,在饶州府所辖七县(鄱阳、余干、乐平、浮梁、万年、安仁、德兴县)配额上工夫、砂土夫等,共征 557 人①。在此过程中,上工夫、砂土夫亦自然习得了陶瓷技术,土著亦逐渐熟悉了烧窑制陶技术②。但是伴随班匠银制的实施,陶工亦变更为召募,于是官窑亦出现了许多佣工,而从实施官搭民烧制开始,他们或逐渐独立开设民窑,或逐渐转变为民窑的佣工③。

在民窑的如此发展过程中,景德镇的城市化亦快速发展。其原因是,此前民窑的劳动力大体上是以窑户的家族劳动力为主,但是,随着生产的增加开始雇佣了佣工。从而至 16 世纪中期的嘉靖年间(1522—1566),

(1)"镇乃五方之民廛焉,主客无虑十万余人"④

(2)"浮梁景德镇,民以陶为业,聚佣至万余人"⑤

(3)"民以陶为业,弹丸之地,商人贾舶与不逞之徒,皆聚其中"⑥

那样,据说,镇民主、客合计多达 10 万⑦。他们大多从事于窑业或与其相

---

① 万历《江西省大志》卷 7,陶书,人夫,pp. 822 - 828;佐久间重男,1962;高中利惠,1967。上工夫(瓷器生产工匠——陶工的助手)367 人,砂土夫(采掘、运输制作陶土和匣钵的原料——黄土和砂土之人)190 人,共计 557 人。被征入御器厂的陶工有作头 57 人,一般工匠 334 人,共计 400 余人,所以将陶工、上工夫和砂土夫相加合计千余人。
② 乾隆《浮梁县志》卷 1,风俗。
③ 然而如后文所述,饶州府七县地区及其他地区的农民和商人随他们大量流入景德镇,且各自只按地域出身汇聚结合,从而成为地域间对立械斗的诱因。
④ 卢琼,"杨副使庙碑记",康熙《浮梁县志》卷 8,艺文,pp. 969。
⑤《世宗实录》卷 240,嘉靖 19 年 8 月戊子条,pp. 4871。
⑥ 嘉靖《江西省大志》卷 7,陶书,"附臬史氏曰",pp. 19。
⑦ 如前述表 3-1-2 看到,景德镇隶属的浮梁县整体人口在嘉靖年间(1522—1566)不过十万左右,因此也可能会认为景德镇的人口理当少于浮梁县。然而众所周知,载于地方志的官方户口统计只是计算了成丁和税役课征对象,而且就连这都并不完整。明清时期,大城市在各地持续发展,而且还有诸多中小城市出现。但官府既没有能够调查城市流动人口的能力,也没有要调查的意志,这是众所周知的事情。因而景德镇自然便会有不少遗漏于官府统计的人口。参见吴金成,2007A,第三篇第一章。

关的事情,其中佣工就达1万余名,亦有其他外来商人和流寓、无赖。

此后至16世纪末17世纪初的万历年间(1573—1620),"镇上佣工,皆聚四方无籍游徒,每日不下数万人,稍一骚动,响者四应"①那样,景德镇的流动人口迅速增加。换言之,自嘉靖至万历的五六十年间,从周边的农村析出的农民流入景德镇,成为佣工、商人或无赖等的人数增加数倍,从而镇内的人口亦自然随之增加。而且随着陶瓷业的如此发展,"陶舍重重倚岸开,舟帆日日蔽江来"②,街区的范围亦逐渐扩大③。对于当时这样繁荣的景德镇,同时期的王士性称,"浮梁景德镇雄村,十里(5.6千米)皆火山发焰"④,万历年间,曾作为分守督运官到过景德镇的王世懋就当时景德镇的繁荣状况描写为:

> "景德镇……天下窑器所聚,其民繁富,甲于一省。余尝以分守督运至其地,万杵之声殷地,火光烛天,夜令人不能寝,戏目之曰,四时雷电镇。民既富,子弟多入学校,然为窑利所夺,绝无等第者。"⑤

结果至万历年间,景德镇获得了同苏州、松江、临清、芜湖等全国大城市比肩的全国性大城市的名声⑥。

然而如此增加的景德镇人口,大多是自明初以来伴随里甲制的日渐松弛而从周边地区析出的农民。嘉靖年间的王宗沐就该情况记载为:

> "景德镇,四县接壤,诸省商民流寓丛聚杂处,中间善恶难分。……本镇统辖浮梁县里仁、长香等都一十三里居民,与(饶州府)所属鄱阳、余干、德兴、乐平、安仁、万年及南昌、都昌等县,杂聚窑业,佣工为生。聚居既多,盗贼间发。"⑦

---

① 萧近高,"参内监疏",康熙《西江志》卷146,艺文,pp.2563(上)。
② 缪宗周,"兀然亭诗",道光《浮梁县志》卷19,古迹,"兀然亭"。
③ 梁淼泰,1991,p.17。
④ 王士性,《广志绎》卷4,"江南诸省"。
⑤ 王世懋,《二酉委谭摘录》,《纪录汇编》卷206。
⑥ 万历《歙志》卷10,货殖。
⑦ 万历《江西省大志》卷7,陶书,设官,pp.831-832。一方,嘉靖《江西省大志》卷7,陶书,设官,pp.4a称,"景德镇利之所在,群奸并集"。

即主要是来自景德镇所属的浮梁县里仁、长香都的13个里和饶州府所辖六县的农民。如前所述,饶州府所辖七县县民,很早便按照编役制作为官窑官匠的助手或辅助人员扮演上工夫、砂土夫的角色过程中,逐渐习得了制陶技术而成为民窑的佣工,于是他们的同乡或宗族亦随其流入了景德镇。除了他们亦有遥远的南昌府南昌县民、南康府都昌县民流入景德镇。但是此后南康府都昌人逐渐增加,最终达到了饶州府所辖七县出身的佣工要联合防范的程度(后述)。据近年的研究①,嘉靖年间景德镇窑户大多为本地人(浮梁人),而佣工则以乐平和鄱阳人居多,而经营景德镇瓷器的商人则是,以徽州商人为首的江浙商人和江西商人。

  在这样的过程中,景德镇民窑在规模和生产方面均超越了官窑。官窑一次生产300余个,而民窑则使用同样的燃料生产千余个,在种类方面不但有官窑生产的高级品,还大量生产针对百姓的粗器销往全国②。清代获得名家名声的,"四方争售","四方竞争购之","千金争市"的崔公窑、周窑、壶公窑、小南窑等,均系嘉靖年间之后出现的③。于是,明末景德镇估计年产3亿6千万件,约180万两左右的瓷器④。

  随着民窑在质量和数量方面如此迅速的发展和人口的急剧增加,明朝对景德镇的政策亦日渐变化。原本明朝政府所需的瓷器是遣宦官至御器厂烧造,从嘉靖9年则委派江西管内的府通判等地方官分别总管一年官窑烧造事。自嘉靖中叶,缩减官窑烧造量,同时实施了将政府所需瓷器的大部分委托于民窑的官搭民烧制,于是官窑的督造官除了本职之外,还要统制和管理民窑,加强治安对策。如前所述,嘉靖42年,饶州府通判方叔猷的,"于一十三里,每里设约副保总四名,就本里人户佥点"⑤

---

① 梁淼泰,1991,pp.65、222参照。
② 万历《江西省大志》卷7,陶书,窑制。一方,万历《江西省大志》卷7,陶书,"附臬史氏曰"称,"自燕云而北,南交阯,东际海,西被蜀,无所不至,皆取于景德镇,而商贾往往以是为牟大利"。还有还有佐佐木达夫,1985,pp.229。
③《陶录》卷5,"景德镇历代窑考"。
④ 萧放,1987,pp.141。
⑤ 万历《江西省大志》卷7,陶书,设官,pp.831-832。

的建议,便是在这种背景下提出的。因此自万历 10 年则干脆令饶州府通判常驻景德镇负责维持治安①。

2. 明清交替与景德镇的窑业结构

在明清交替的 17 世纪中叶的动荡期,同中国所有地区一样,江西亦因为长期动乱而变得非常荒芜②,以景德镇为中心的鄱阳湖东部地区亦如此。这种情况可从顺治 11 年(1654)从鄱阳湖逆流而上信江,进入浙江地区的某徽州商人的游记中,得到很好的认证。即"饶州府及广信府诸县之地,县无完村,村无完宅,宅无完人,夫无完妇"③。而且据史料记载:

> (1)"景德镇杂聚四方商贾。自十三年变乱,房舍焚毁过半,业窑者十仅二三。沿街店屋悉售外籍,里仁、镇市(都)居民稀少,每遇公役,难以供应。"④

> (2)"景德镇杂聚四方商贾,民居稠密。自康熙十三年盗起,焚毁过半,窑户尽失其资,流离徙业。余廛悉售外籍,业窑者十仅二三。"⑤

那样,尤其自经历三藩之乱(1673—1681),江西东北地区和景德镇几乎再度成为废墟,因此在景德镇经营陶瓷业的窑户大多倒闭流散,商铺大多落入外籍人之手。此后,由于清朝不断实施稳定社会政策的结果,社会秩序日渐恢复,农业和手工业领域的生产力亦逐渐恢复⑥。随之,清朝按照明朝的遗制,在景德镇设立御窑厂实施了官搭民烧制,而从乾隆年

---

① 万历《江西省大志》卷 7,陶书,设官。
② 王新命,"请除荒疏",康熙,《西江志》卷 147,艺文;许怀林,1993,pp. 555 - 556;参见本书第二篇第三章。
③ 李芥立,《天香阁隋笔》(《笔记小说大观》,台北,正篇所收)卷 1,pp. 7ab。
④ 康熙《浮梁县志》卷 9,续志,"陶政",pp. 1035。
⑤ 康熙《饶州府志》卷 11,赋役志,"陶政",pp. 736。
⑥ 参见许怀林,1993,pp. 561 - 562。

间开始宫中所需瓷器则均委托于民窑①。

三藩之乱结束之后,随着社会的日趋稳定,景德镇社会再次恢复繁荣。以下是反映18世纪景德镇状况的记录。

(1)"民窑二三百区,终岁烟火相望。工匠、人夫,不下数十余万,靡不借瓷资生。"②

(2)"(景德镇)以陶来四方商贩。民窑二三百区,工匠、人夫不下数十万,借此食者甚众。"③

(3)"(景德镇)俗与邑乡异。列市受廛,延袤十三里(7.3千米)许,烟火逾十万家。陶户与市肆当十之七八,土著居民十之二三。"④

(4)"(景德镇)烟火近十万家,窑户与铺户当十之七,土著居民十之二三。……陶器收四方之利,居奇与佣作,日有所得。……其不为侈靡者鲜矣。又其甚者,五方杂聚,亡命之薮,一哄群沸,难以缉治。"⑤

(5)"景德镇……五方群萃,商贾纷驰,百货荟集,市井错综。除窑户外,其间碓房匠作,以及坯行、车坯行、画行、彩行、茭草行、柴行诸色人等,动以万计。率多别籍异民,秉负强梁,不纠于法,故历称景镇为藏奸纳污逃亡逋窜之区。伊等锱铢必较,睚眦必复,即银色饭食之类,少有龃龉,动即知会同行罢工、罢市,以为挟制。甚至合党成群,恣行抄殴。此等恶风,尤以都昌人为最。"⑥

由此可见,① 户口增加10余万家(尽管被夸大),民窑达两三百家,佣工达数十万(同样被夸大),② 街区扩大为13里(约7.3千米),③ 居民中

---

① 梁淼泰,1991,第4章。
② 唐英,"陶冶图编次",道光《浮梁县志》卷8,食货,"陶政"。
③ 唐英,"陶冶图说",朱琰,《陶说》卷1,"说今"。
④ 《陶录》卷8,"陶说杂编上"。
⑤ 道光《浮梁县志》卷2,风俗,"景德镇风俗附"。
⑥ 凌焘,《西江视臬纪事》卷4,条教,"禁窑厂滋事"(中国社科院历史研究所,《清史资料》第三辑,中华书局,1982再引)。凌焘是安徽定远人,从雍正11年到乾隆8年历任江西按察使。

生产陶瓷和窑户与市肆占七八成,④ 其中土著不过两三成,其余均系外来人,⑤ 尽管城市繁荣,但由于"五方杂聚",因此成为了社会秩序不稳定的因素,⑥ 随时进行罢工、罢市。

换言之,如明代,清代亦从远近农村析出的农民依旧向景德镇云集。佣工的数字是,嘉靖年间"聚佣至万余人",而五六十年后的万历年间则"每日不下数万人"(增长数倍),由此再到一百四五十年后的雍正、乾隆时期,则"不下数十万"(增长近十倍)。把景德镇的常住人口与佣工加在一起,即便减除史料中的些许夸张,也应至少有 20 余万,这个数字等于比明末增加了数倍①。因而经过明末清初的动荡期之后,18 世纪至 19 世纪初是景德镇民窑发展的鼎盛期。清末,景德镇的常住人口达 25 万,同河南朱仙镇、广东佛山镇、湖北汉口镇成为中国四大镇而名声远扬②。该时期,景德镇的陶瓷业之所以能够如此较为稳定地繁荣发展,是因为唐英成功负责景德镇窑务近 30 年③。

然而,清初重生的景德镇住民的结构同明代有许多不同。前文提到了"土著居民十之二三",或"五方杂聚,亡命之薮",或"五方群萃……率多别籍异民",甚至称:

> "大都镇民,土著者十之一二,余皆商旅客寓,虽有殷赢,并非浮邑纳赋当差之民。"④

那样,清初恢复稳定之后,沿街的店铺几乎落入外乡人之手。明代景德镇的窑业有当地人通过宗族联合加以控制,但是从此却有客籍者形成了

---

① 梁淼泰(1991.332、383)推测雍正、乾隆年间景德镇常住人口大约有 20 万左右,开窑期最高人口有 25 万左右;新编《景德镇市志》(第 81 页)推算的清末人口为 40 万。而昂特略可莱(d'Entrecolles,中文名为殷弘绪,18 世纪初在景德镇滞留 7 年的法国传教士)在寄回本国的"给中国和印度传教会会计奥日神父的信件"(1712 年 9 月 1 日于饶州)中称,当时景德镇有 18000 户,100 万人口每天消费粮食 1 万担和一千余头猪。邱国珍,1994,pp. 26 参照。
② 《清朝续文献通考》卷 314,江西省、饶州府。
③ 参见梁淼泰,1991,pp. 104 - 105。
④ 康熙《浮梁县志》卷 4,赋役,陶政。

主体①。这种情况变化成为问题之处是,外来"商旅客寓"一边垄断利益,一边还"并非浮邑纳赋当差"。

而且据史料记载,自18世纪中:

(1)"窑户、陶工多出(鄱阳、都昌)二邑。"②

(2)"佣工依主人,窑户都昌叟。"③

(3)"坯工日夜画青花,而今尽是都(昌)、鄱(阳)籍,本地窑帮有几家。〈镇坯房皆矮屋。工作多都(昌)、鄱(阳)并客籍人,本地近少业窑者〉。"④

(4)"廿里(11.2千米)长街半窑户,赢他随路唤都昌……窑业多都昌县人"⑤

那样,经营陶瓷生产的主体并不是浮梁县本地人,而是南康府都昌县人和邻近的鄱阳人。尤其是都昌人早自明中期开始便进入景德镇,至万历年间饶州府所辖七县佣工开始共同对其加以防备(后述),社会经过明清交替的动荡期而实现稳定之后,形成了与鄱阳人分割景德镇窑业界之势。

由此再过数十年,至18世纪末19世纪初:

(1)"景德镇烧窑之户,本省则都昌县人居多。本府(即饶州府)与抚州府⑥,及安徽之婺源县"祁门县,习其业者十仅一二,而本县之人盖鲜。"⑦

---

① 参见梁淼泰,1991,pp. 215 - 216。
② 唐英,《陶人心语续选》,"重修新桥碑记"(梁淼泰,1991,p. 223再引)。
③ 沈嘉征,"窑民行",道光《浮梁县志》卷21,艺文,诗录。
④ 郑廷桂,"陶阳竹枝词",道光《浮梁县志》卷21,艺文,诗录。〈〉部分是割注。
⑤ 龚鉽(道光年间),"景德镇陶歌",彭泽益,《中国近代手工业史资料》(1),中华书局,1962,p. 277。
⑥ 吴嵩梁,《东乡风土记》称,"谋生之方不一,书肆遍天下,而造瓷器于饶州,造纸于铅山尤多。……(其)无籍之民,不役纸厂,则贩私盐"的内容是记载乾隆年间的情况的。
⑦ 道光《浮梁县志》卷8,食货,陶政。一方,同治《饶州府志》卷3,地舆志3,土产,陶厂,p. 63称:"按景德镇窑户多都昌县人,本府与抚州府,及安徽之婺源县"祁门县,习其业者十仅一二,而本县之人盖无几。"

(2)"窑业多都昌县人……窑户多都昌人。"①

(3)"都昌的一、二、三、四、五、六、九、十都地少人多,都要出外谋生,到景德镇来。年老的可以磨料,小的可以学徒,画花坯、妇女可以画坯,还可以在家做针匙,老少男女都能找工做,因此来得多。"②

那样,景德镇的窑户和佣工的大部分变成了都昌县民。换言之,历史从明中期经明末、明清交替期向乾隆时期之后推移的过程中,陶瓷业经营者从以土著浮梁县人为主,经主雇、客佣阶段,变成了"土著无几",客籍瓷业者的比率则从各县"杂聚"经"饶、乐相半"和"多出(都昌、鄱阳)二邑"阶段,变成了"都昌县人居多"的阶段。在该过程中,陶瓷佣工亦大多变成了都昌人③。

窑户和佣工的消长如此无常,且经常发生"人口对流(convection)"现象意味着景德镇陶瓷业者的不稳定性较大。实际陶瓷业的破产危险很大。首先,从明末至清前期景德镇陶瓷业的利润日趋下降,而粮价等物价日渐升高,陶瓷业所需木柴的出产山区越来越远,因此运输费日渐增加。第二,官吏要求的数量日增,却不付工钱的情况较多。第三,比这更严重的是经常发生的烧器不熟和倒窑。康熙年间有"一名陶工成富,必有百人败"的俗修。陶工的技术并未进步,但从业的人却越来越多,从而失败率极高。至近代,烧得优美洁白的陶瓷几率亦不过20%左右④。

尽管如此,都昌人仍然能够在景德镇发挥如此强大凝聚力有如下几个原因。第一,这些自明代以来进入景德镇的都昌人基本上是"挟其技能以食其力者"⑤,因此在清初亦较为容易地再次创业。第二,都昌县位

---

① 龚钺,"景德镇陶歌",彭泽益,《中国近代手工业史资料》(1),1962,pp. 277。
② 江西省历史学会,《景德镇制瓷业历史调查资料选辑》(梁淼泰,1991,pp. 187 - 199 再引)。
③ 梁淼泰,1991,pp. 223 - 224,377 - 378。根据《景德镇市志略》(景德镇市志编委),1989,p. 15,二十世纪20年代,都昌籍人占40%,1949年在19万多景德镇人口中,53%为都昌籍。
④ 陈有年,"为钦奉圣旨事疏",《明经世文编》卷379;昂特略可莱,"给中国和印度传教会会计奥日神父的信件"(1712年9月1日,于饶州);梁淼泰,1991,pp. 166 - 168 参照。
⑤ 《陶录》卷8,"陶说杂编上"。

于鄱阳湖东边,是水灾多发地区,而且"土瘠民众",故此不得不走向外地,其中东乡地区尤为如此①。第三,通过强有力的同乡意识和族姓关系,互相协作参与陶瓷业,所以比其他地区更具有竞争力。明清时代,景德镇有都昌籍大姓24个,其中冯、余、江、曹姓被称为四大姓。这四姓的族员在进入景德镇成为窑户的过程中,与同为都昌籍的张、王、刘、李四姓建立"都昌会馆",通过共同的祭祀和聚会,相互协作,从而称为"都帮"。在瓷器中,都昌人主要生产日用品中需求较多的圆器类(碗杯、盘碟等),所以竞争力较强,整体而言,都昌人人数较多,因此窑户、资本佣工亦多②。尤其是冯姓宗族自康熙年间进入景德镇之后,以陶瓷业成长为"望族"③。

Ⅲ. 景德镇居民的生存状况

1. 景德镇居民的生活

明清时代景德镇居民的结构如何,他们的生活如何?如前所述,据嘉靖年间之后的记载,或称"主客无虑十万余人",或称"民以陶为业,弹丸之地,商人贾舶与不逞之徒,皆聚其中"。因此窑户(作坊主)及其家族、为窑户所雇用或从事相关作业的"百工技艺佣工人"(碓房、匠作、坯行、画行、彩行等)及其家族、同陶瓷业相关的各种中小商人④应该占居民的大多数。而客商、牙行、铺户、运搬工(脚夫)及其家族,其他各种技工、失业工人及游手无赖(不逞之徒)等亦应不少⑤。而且由于存在御器厂(清代的御窑厂)及其他官府,因此还有一些官吏及其必要的胥吏、衙役、

---

① 江西省历史学会,《景德镇制瓷业历史调查资料选辑》称,"(都昌)东乡地少人多,特别是三都六都九都十都更苦,都来景(德)镇找生活"(梁淼泰,1991,pp.224 再引)。
② 参见萧放,1987,pp.162;邱国珍,1994,pp.1-3。
③ 民国《南峰冯氏宗谱》卷1(萧放,1987,pp.162-162 再引)。
④ 柴户、槎户、匣户、砖户、白土户、青料户、篾户、木匠户、桶匠户、铁匠户、水模户、盘车户、练户等。
⑤ 徐文、江思清,1957,pp.699;吴海若,1957,pp.858-859;《景德镇陶瓷史稿》,1959,p.235。

弓兵等①。此外从事各种服务业者亦应不少,而且还有后文将论述的少数绅士。

如前所述,从明嘉靖至万历年间(16世纪中叶—17世纪初),随着景德镇城市规模的如此扩大和民窑的发展②,"一坯工力,过手七十二,方克成器"那样,瓷器生产形成了高度的分工,技术水平获得提高,因此瓷器的质量和艺术性达到了极致③。而且据史料记载:

(1)"(景德)镇官民窑户,每窑不下数十工,一工有事故,必扯累窑户以为利。"④

(2)"一座需工数十人,一有所拂,辄哄然停工。"⑤

(3)"陶户坯作人众,必用首领割之,谓之坯房头,以便稽查口类出入雇人。其有众坯工多事,则令坯房头处平,有惰工坯作,亦惟彼是让。"⑥

那样,在陶瓷制造过程中,这种分工基本上把官、民窑户的每窑一座的佣工人数增至数十人⑦。但是随着佣工人数如此增加,发生了许多问题。即接连不断地发生了"一工有事故,必扯累窑户以为利"的诉讼事件,或"一有所拂,辄哄然停工"的停工事件,或如后文所述"稍一骚动,响者四应"的民变等事件。因此设"坯房(制瓷坯工场)头"使之统辖佣工。他不但监督佣工的勤惰和出入,负责雇佣新佣工,而且还处理其他诸多事务。

下面拟考察占景德镇居民之绝大多数的陶工(佣工)们的生活。如下所述,他们的生活非常艰辛。第一,据史料记载:

"坯工并日作营生,午饭应迟到二更,三五成群抨肉饭,怪他夜

---

① 黎澍,1957,p.755。
② 宋应星,《天工开物》卷中,陶埏第七卷,"白瓷"。
③ 唐英,"陶冶图说",朱琰,《陶说》卷1,说今;《陶录》卷3,"陶务条目"。
④ 康熙《浮梁县志》卷4,赋役,"陶政"。
⑤ 道光《浮梁县志》卷2,风俗,"景德镇风俗附"。
⑥ 《陶录》卷4,"陶务方略"。
⑦ 近代,景德镇大窑户的佣工有十六、七人,小的有十人左右,可见"每窑不下数十工"的描述可能是将窑工和坯工相加之数。另参见梁淼泰,1991,p.162。

市禁非情。〈坯工做坯，尽一日之勤，至二更始赴饭店，吃饭蒸肉，故夜市不能禁〉"①那样，每日到夜里二更（10点左右）才能勉强吃上不知算午餐还是晚餐的一顿饭，每天疲于繁重的劳动。尽管该内容是清末制瓷佣工们的情况，但是明代的情况只能是比这种情况更糟而不会更好。

第二，尽管劳动强度非常大，但是工匠的薪水并不高。明代官窑工匠的薪水并不高。为官窑所召募的匠户在各种分工过程中，根据技术的高低和生产量（计件工资）获得日工资，造坯工为银2分5厘，制作难以烧制的龙缸等的烧窑工则是银3分5厘，加急时多少有些加急金额②。从而官窑工匠的日薪大体上相当于平均3分（月9钱）左右。

但是这些官窑工匠的劳动具有较强的差役性质，所以可以说比民窑佣工的薪水要低。据近年的研究，民窑的佣工每天平均为4分（月1两钱）左右。只是明清时代制瓷业为了防止冬破，12月至2、3月歇工，因此冬季的生计费要从春、夏、秋八个多月的薪水中获得补充，所以相当于月平均8钱左右。如果以一家五口计算，每月至少需要一石二斗，将其折价相当于6钱，余下的两钱要用其他的生活费充当才行。在清代，圆器坯工月平均折米1.84石，琢器高匠约为米3.5石，画工高手约为米6石，属于较高水准，而低级佣工或从事简单劳动的一般佣工则比这低很多，只有约1.4石的水平。只是对这些全体佣工，还有窑户另行支付的饭食

---

① 龚鉥（道光年间人），"景德镇陶歌"，彭泽益，《中国近代手工业史资料》(1)，1962，pp. 273，〈〉是割注。
② 万历《江西省大志》卷7，pp. 853-854，陶书，"召募工食"条称："各作应募诸役，并敲青、陶青等匠，除给赏外，每日各给雇工银二分五厘，紧急之时加五厘。各窑应募诸役，惟龙缸、印器、大罇诸器，难造大器，每日各给银三分五厘，其余各作雇役，日给银二分五厘。弹绵花匠，裱箱纸匠，每日各给米二升五合，该银一分。画作雇匠，一画青一混水，二人各一工，每日各给银二分五厘。今议，高手三分，中手二分五厘，如钦限紧急，工夫勤劳，每高手日给银四分，中手给银三分。"

(月3斗左右)①。因此在明清时代民窑的佣工中,造坯工、青画工等高级技工的生活相对较好,但是低级技工或上工夫、砂土夫等进行简单劳动的工人则维系着非常艰难的生活。

然而在这些佣工中,一半左右处于农、工未分状态,即做季节劳动,剩余一半左右则从农村完全游离出来常住于景德镇。即:

(1)"营作之劳,实必资于民力之裕,乃民遭时艰,亩亩陆沉,颗粒罔措,俯仰无资。"②

(2)"景德镇去邑二十里(11.2千米),陶厂所在,商工辐凑,亡命作奸,莫可穷诘,工兴则挟佣以争,工毕则鸟兽散。"③

清代"暇时历田亩,马鞍东南山"④的内容,表现了农工尚未分离的状态。据近年的研究,这些尚未完全脱离农土的佣工,大体上从陶瓷业开工的3月聚向景德镇,至五六月达到顶点,11月陶瓷业歇业时,回乡度岁的情况达四、五成⑤。另据明中期的记载,"景德镇,民以陶为业,聚佣至万余人",雍正年间的记载称,"景德,江右一巨镇也。……四方远近,挟其技能以食力者,趋走如鹜"⑥,康熙乾隆年间唐英亦称,"工匠人夫,不下数十余万,靡不借瓷资生"⑦,或"工匠人夫不下数十万,借此食者甚众"⑧的内容来看,亦有很多完全脱离了农土的佣工。

还有史料记载:

---

① 梁淼泰,1991,pp. 93-95,116-118,200-205,211;佐久间重男,1964,pp. 269-270。一方,在唐英,"陶冶图说",朱琰,《陶说》卷1,"说今",关于乾隆年间的情况称,"每月工直三钱……夜至二更者倍之,老幼残疾,借此资生焉",可以说以民窑的造坯工薪水太低的水平。
② 道光《浮梁县志》卷8,食货,陶政,"隆庆五年都御史徐栻疏题称",p. 166。
③ 王世懋,《饶南九三府图说》,万历刊本(北京图书馆)。
④ 沈嘉征(18世纪前半期,雍乾时期浮梁县知县),"窑民行",道光《浮梁县志》卷21,艺文,诗人。
⑤ 新编《景德镇市志》,p. 84称:"冬春之交,工人回籍度岁迁出或十之四五,三四月间逐渐来镇,至五六月增至最高度,十一二月间渐有迁移出境者。"
⑥ 谢旻,"广济堂记"(雍正8年),道光《浮梁县志》卷5,公署,广济堂,pp. 77。
⑦ 道光《浮梁县志》卷8,食货,陶政,"陶冶图编次"。
⑧ 朱琰,《陶说》卷1,说今,"陶冶图说"。

(1)"景德，江右一巨镇也。……业陶制器，利用遍于天下。四方远近，挟其技能以食力者趋走如骛。顾有壮龀其技而垂老无依者，有偶婴疾病，力不能胜，尫羸疲困。流离失所者，其地偪，其人稠。其商贾率皆僦居，逐末锱铢计较，遇老病者不能执业，辄屏弃之。虽平时曾资其力，亦莫之或恤。嗟此穷黎，故土既已无归，异乡又无托足，老而病，病而死（后略）。"①

(2)"景镇……工匠来八方，器成天下走。陶业活多人，业不与时偶，富户利生财，穷工身糊口。……暇时历田亩，马鞍东南山，……身业陶工久，佣工依主人，窑户都昌叟……粝食充枯肠，不敢问蘁韭。工贱乏赢资，异乡无亲友，服役二十年，病老逢阳九。饘粥生谁供，死况思槥柳。……狼狈于此极，速愿归冥乡。"②

可见流入景德镇的佣工无论是处于农工未分状态，还是完全脱离了农土，佣工中的大部分只能以当天的收入果腹，而且还由于时常存在失业、疾病、家庭大事、灾害等危险，因此生活始终处于非常不安和艰难的状态。而且从"嗟此穷黎，故土既已无归，异乡又无托足，老而病，病而死"，或"工贱乏赢资，异乡无亲友，服役二十年，病老逢阳九"的记载来看，完全脱离了土地的佣工比农工未分的佣工，其艰难程度可能反而更加严重。如后文所述，"以景德镇五方杂处，无告者多失所"，而许多没有依靠的客死者，所以雍正8年景德镇内外的绅士和进入景德镇的许多商人设立"广济堂"提供义渡、义棺、义冢等，亦是因为景德镇佣工们的举步维艰。

那么雇佣佣工的窑户的生活是怎样的呢？窑户中有不少"富户利生财"，"镇官民窑户，每窑一座需工数十人"③，或为"陶户坯作人众，必用首领割之"而设坯房头等，雇佣佣工数十人的大窑户。以名器闻名的，嘉

---

① 谢旻，"广济堂记"（雍正8年），道光《浮梁县志》卷5，公署，广济堂，pp.77。
② 沈嘉征，"窑民行"，道光《浮梁县志》卷21，艺文，诗录。
③ 道光《浮梁县志》卷2，风俗，"景德镇风俗附"。

靖、隆庆年间的崔公窑,隆庆、万历年间的周窑,万历年间的壶公窑①等均为成长为大窑户的案例。明末徽州人吴明官②、周丹泉③、浮梁人昊十九④等壮大至能够同绅士列坐抗礼的大窑户,雍正、乾隆年间的都昌人冯泮亦为大窑户⑤。亦有合资或合族办窑厂的案例。明后期,建一处圆器坯房需要银160两左右,因此很难一人建设。都昌籍的余锦屏合族运营窑厂而壮大为大窑户之后便"买坯厂二所"⑥。换言之,"仰给于窑者,日数千人,窑户率以此致富"⑦,而且自康熙年间进入景德镇之后,以陶瓷业成长为"望族"的冯姓宗族案例,便传递着这种内容。

但是,根据"其实无一富户"的记载,或明末小说《醒世恒言》的主人公邱乙大和杨氏夫妻的轶事⑧,还有:

> "景德镇做窑户之工厂多系小本经营,并无大规模者。工人稍有蓄积,即可转为厂主,厂主亏折,亦可转为雇工。"⑨

的清代记载,似乎窑户中成长为巨万的资本家不多。如此相反,可以说大部分窑户或以家族为单位,或作为小资本经营者雇佣佣工数人,是小规模经营。所以,万历年间分守督运官王世懋表现过,"民既富,子弟多入学校,然为窑利所夺,绝无等第者"。换言之,窑户尽管可以将子弟送入学校,但几乎没有在科举中及第者。如后文所述,这是因为陶瓷业产

---

① 《陶录》卷5,"景德镇历代窑考"。
② 《陶录》卷10,"陶录余论"。
③ 《陶录》卷8,"陶说杂编"(上)。
④ 梁淼泰,1991,p. 87。
⑤ 《都昌南峰冯氏宗谱》卷1(梁淼泰,1991,p. 186 再引)。
⑥ 参见梁淼泰,1991,pp. 164,168。
⑦ 朱琰,《陶说》,序首。
⑧ 冯梦龙,《醒世恒言》卷34,"一文钱小隙造奇冤"称,"镇上百姓,都以烧造磁器为业,四方商贾,都来载往苏"杭各处贩卖,尽有利息。……就中单表一人,叫做丘乙大,是个窑户,浑家杨氏,善能描画,乙大做就瓷坯,就是浑家描画花草人物,两口俱不吃空,住在一个冷巷里,俱家度日"。尽管这些内容是小说,但可以说是明末清初景德镇制瓷手工业者的典型描述的。
⑨ 彭泽益,《中国近代手工业史资料》(3),pp. 119。

生的利润大部分被外来大商人所垄断①。

因此明清时代景德镇大多数佣工的生活非常不稳定,而且窑户大多为小本经营者,可以说被大商人所控制着。然而在这种状况中,佣工和窑户之间频频发生阶层转换。上记史料称,"工人稍有蓄积,即可转为厂主,厂主亏折,亦可转为雇工"那样,不仅仅是佣工转变为窑户,还有窑户转变为佣工,他们的地位处于随时转换的状态。清代,在景德镇成功的都昌人江应翁、江学圣、冯隆忠、冯躬腾、冯隆恒、冯隆庶等六名佣工的案例②,便是从赤贫走向陶工,再从陶工不断致富最终成长为大窑户的案例。而在清末景德镇的都昌人中,刘英、余秀泰、刘正康等人则从赤贫佣工致富成为大窑主之后,经常向家族和近邻施舍,捐助重修官学和书院,修路筑桥,使子弟学习,或以捐纳成为例贡生等,通过积极参与公益领域,提高了他们的社会地位和影响力③。

2. 民变及其性质

如上所述,在明清时代景德镇是一个不断扩大的城市,所以从外部来看是极具活力的城市,然而从内部来看却具有复杂的不稳定因素。据《浮梁县志》④,自万历年间景德镇社会便非常不稳定,雇主和陶工之间诉讼风潮蔓延。景德镇的居民成分非常复杂,由于各种利害关系彼此之间

---

① 曹国庆,1987;梁淼泰,1991。总之,景德镇的窑户们在通过生产瓷器积累财富的过程中,试图想让子弟成为下层绅士——士人,乃至官僚。这意味着陶户们一边追求陶瓷业的再生产和发展,一边通过垂直的社会流动(vertical mobility)谋求社会地位的上升。这种尝试是以徽州商人和山陕商人为首的诸多明清时代商帮中出现的一般现象(张海鹏、张海瀛,1993 参照),是证明中国传统社会的功名取向(status orientation)的现象。
② 梁淼泰,1991,pp. 168、183、384 参照。
③ 同治《都昌县志》卷 9(梁淼泰,1991,pp. 384 转引)。
④ 康熙《浮梁县志》卷 4,赋役,"陶政",pp. 413 - 415 称,"(景德镇)其民五方襁聚亡命之薮,一哄群沸,难以缉治。……镇官"民窑户,每窑不下数十工,一工有事故,必扯累窑户以为利,或扳以盗贼,或诬以人命,在本地听理犹易辨,而告者必求批越境提累,迁延隔岁,意不在结,惟以勾摄未齐挨托耳,至审结后,即罪不过一杖,而被告家已尽破矣。……近又有匿名诡名诬告,及至耸准,则逃归本籍,屡提不至,奸民各有所恃,每悬未了之案,而无形可寻……大都镇民,土著者十之一二,余皆商旅客寓,虽有殷赢,并非浮邑纳赋当差之民"。

可能随时会发生冲突。而且在土著看来,外来人大部分是通过陶瓷赚取利润却不纳税者(并非浮邑纳赋当差之民),因此持有排斥的情感①。而外来人在景德镇引起诸多问题之后,一旦形势不利便常常逃亡故乡。因此一旦由于天灾地变导致窑业中断或粮食歉收,那么在窑户和佣工之间,或在不同地域的外来人之间容易引起利害和意识冲突的激化,而发生无法预想的骚扰或诉讼事件。因此窑主和佣工的关系非常不稳定,是很难维持治安的地区。

由于上述原因,明清时代的景德镇发生了无数民变、罢工和罢市。即 15 世纪末,嘉靖 19(1540)、26、36 年,万历 25(1597)、27、29、30、32 年,康熙 50 年(1711)、乾隆元年(1736)、乾隆初年、乾隆年间,嘉庆元年(1796)、道光元年(1821)、30 年、道光年间,光绪 2(1876)、30 年,民国 9(1920)年、12 年和 16 年分别发生了民变或罢工、罢市事件,此外年代不详的民变亦很多,尤其清代,罢工和罢市的案例数不胜数②。下面拟通过分析其中在明代发生的几个为人所详知的案例,探寻明清时代景德镇社会和居民生活的实际状况及历史性质。

明代,景德镇发生的民变大致可分为两种类型。一种是由于镇内百姓之间的利害关系,主要是由于窑户和陶工之间的对立和矛盾引起的"械斗"(集团斗争)性质的纷争,另一种是反矿税使民变。

首先来考察一下镇内百姓之间的械斗性质的骚乱。景德镇早在 15 世纪末便有镇民"相构为乱",知县左辅将其"开谕祸福"而解散的事件③。嘉靖 19 年(1540),景德镇因水灾而中断窑业时,有乐平籍佣工劫掠的事件。据史料记载:

---

① 明代由于严格的原籍发还主义原则,无法向流向异地的人口课征税役。加上在流动人口众多的城市很难掌握外来人口,还有地方官府亦缺乏试图掌握的意志。这种现象在明清时代大量形成市镇的江南地区亦相同。吴金成,2007A,第三篇第一章参照。
② 《景德镇陶瓷史稿》,1959,pp. 238 - 241;梁淼泰,1991;中国人民大学清史研究所,1979,pp. 530 - 533;邱国珍,1994,p. 1;巫仁恕,1996;《景德镇市志》pp. 26 - 33;佐久间重男,1964 等参照。
③ 左辅系弘治 9 年(1496)进士,弘治 12 年赴任浮梁知县。康熙《浮梁县志》卷 5,官师志,官制参照。

(1)"嘉靖十九年,……五月二十三日,蛟出大水,至二十四日,□□□入城市,漂庐舍溺人甚多不啻,辛亥……乐平民为变,相仇杀。"①

(2)"嘉靖庚子(19年)五月二十六日,水灾后米贵,[景德镇停止窑业],乐[平]人在镇者劫掠。六月二日三日复侵湖田[都],镇民格杀甚惨,乐[平]人流言,镇惧祸,且不测几变。王巡抚旰"杨副使绍芳行部[廉]得其情,发廪赈之,民乃安堵。[汪栢有书陈其事]。"②

(3)"嘉靖十九年,大浸水涌,浮(梁)、乐(平)之民相角,聚众杀掠,副使杨绍芳抚戢,逾岁月而定。"③

(4)"嘉靖庚子(19年)夏,吾邑大水……景德镇,室庐荡析者无算,民抱屋漂流,叫号彻两岸,沈溺相继者亦无算。绝粜阻饥,劫掠以食。越三日,乐(平)之民居镇者乱焉,镇民与格斗,死者又无算。适公(副使杨绍芳)以分巡至,乃大发仓粮若干银若干,分害之轻重,给散有差,而御夺稍息。"④

(5)"初,江西乐平县民,尝佣工于浮梁,岁饥艰食。浮梁民负其佣直,尽遣逐之,遂行劫夺。二县凶民遂各集党千余,互相仇杀。"⑤

那样,同年5月下旬,因江西东北地区发生的大洪水,景德镇一带遭水淹导致无数房屋流失和诸多人口溺死。加上景德镇内粮食短缺米价暴涨,面临饿死危机的乐平籍佣工们集体恣行掠夺,这发展为镇民之间相互格杀的乱斗事件⑥。综合上述五种史料,当时处于景德镇的支配的地位的

---

① 康熙《浮梁县志》卷2,天文志,祥异。
② 康熙《浮梁县志》卷2,天文志,兵燹。[ ]部分是根据道光《浮梁县志》卷18,武事,pp.421而补充。
③ 康熙《浮梁县志》卷4,赋役,陶政,p.413。原文称"嘉靖16年",为明显错误。
④ 卢琼,"杨副使庙碑记",康熙《浮梁县志》卷8,艺文。
⑤ 《世宗实录》卷250,嘉靖20年6月辛酉条(pp.5017-5018);《世宗实录校勘记》,pp.1461。
⑥ 如前所述,当时景德镇居民为10万余名(卢琼,"杨副使庙碑记",康熙《浮梁县志》卷8,艺文),其中陶瓷业佣工为万余名(明《世宗实录》卷240,嘉靖19年8月戊子条),佣工中似乎以乐平人居多。

浮梁籍窑户亦大体为小业主，从而时有不能向佣工（陶工）支付工钱的时候，此时恰逢水灾而不得不中断瓷器生产，不向其雇佣的佣工支付理应支付的薪水，反而将他们解雇。于是被其雇佣的贫寒的乐平籍佣工们抗议这种行为而蜂起。但是据史料记载：

"景德镇之水，游民失业者，乐平与鄱阳之民相半，然乐平之民乘机为贼……而鄱阳皆束手散归，无一人哗者。"①

那样，当时处于失业边缘的佣工不只是乐平人，却惟独他们进行了蜂起。总之，乐平籍佣工们蜂起后，浮梁籍窑户们亦群起防御，于是便发生了双方各有千余人参与的集体械斗事件②。

然以，在上述民变的发生过程中，值得注目的是家居绅士汪柏的行动。此时家居绅士汪柏对嘉靖19年（1540）的民变，向巡抚都御史王昞修书一封。兹引如下：

"浮梁，今岁极为不幸。大水骤至，葬鱼腹者不啻数十家。……继以乐平游民之祸，又百七十年所无。……然素无赖者，皆幸祸，窃逞日夜……贼皆良民也，始迫于饥而为乱，遂以丧其生则有所不忍。……为今之计，薄责乐平则可。……景德镇自水发后，住窑几三月矣，不但乐平之游民失业，虽镇之人，亦有失业不自聊生者。幸目下米不甚贵，然亦不可持久。四乡之民山多田狭，多以贩柴为业，今既数月无所发。而当道又以法急景德镇之人，而治之罪，则必嚣然丧其乐生之心，万一失业者忿怒恚误，恐不下于乐平之党。……今车骑既至得其实情，必有善处之法。……乐平饥民为贼者，特出旷荡之恩，歼其巨魁，而宥其余党，则彼此泰然以无事矣。"③

---

① 汪柏，《青峰文集》卷5，"送白野徐公之扬州任序"（梁淼泰，1991，p. 37再引）。
② 根据康熙《浮梁县志》卷4，"陶政"，pp. 400称"陂塘青产于乐平，嘉靖中乐平格杀，遂塞"而推断，由于该械斗，以前向景德镇供给的乐平陂塘青（青料）被中断了。
③ 汪柏，"上王巡抚书"，康熙《浮梁县志》卷8，艺文，书。

汪柏嘱托王昉在处决骚扰主谋的基准线上,妥善处置乐平乱民①。而巡抚都御史王昉亦在上奏善后策中称:

> "景德镇,民以陶为业,聚佣至万余人,会大水食绝,遂肆卤掠,村镇为墟。守臣以闻,诏停兵备副使屠俸等俸饬巡抚都御史王昉,加意抚戢……陈言本镇宜遣府佐一人驻理,及招失业佣民,别开窑于茆冈以还定之,上可其奏。"②

那样的上奏获得了"上可其奏"的裁可。对于乐平人的劫掠行动以及由此引起的浮梁、乐平两县人之间的械斗,官府反倒只能"发廪赈之"或"大发仓粮若干银若干,分害之轻重,给散有差",还有"招失业佣民,别开窑于茆冈以还定之"。换言之,与镇压相比,当时的骚扰更需要剿抚。而对饶州府通判张橄、乐平知县李维孝,朝廷分别给予夺俸三月的处罚③。

明清时代的绅士,论私而言,追求私利的行为亦很多。但是论公而言,(1)对乡村社会作为国家统治的辅佐者,(2)对国家权力作为乡村舆论的代言人,时而(3)作为国家权力和乡村利害之间的调停者,发挥了诸多的作用。绅士具有公、私双重性,在明清社会它同时发挥了积极和消极作用,是社会的支配阶层④。但是此时汪柏的行动正是在国家权力和乡村社会之间作为调停者而发挥了绅士的作用。换言之,在诸如景德镇怎样急剧发展的工商业城市中,绅士的社会影响力同在乡村社会一样重要。据万历年间干世懋对景德镇的记载,"民既富,子弟多入学校,然为窑利所夺,绝无等第者"而推断,窑户等陶瓷生产者将子弟送入学校,培

---

① 是否是收到汪柏之信后,王昉才妥善处置的并不确定。然而,如前所述,道光《浮梁县志》卷18,武事,p.421 称"嘉靖十九年……汪柏有书陈其事",还有康熙《浮梁县志》卷7,人物志,名臣称"汪柏,字廷节,下田人,幼有文名,十九领乡荐,嘉靖辛卯(即嘉靖10年)乡试,登嘉靖戊戌(即嘉靖17年)进士。……授大理评事,迁光禄寺丞……浙江布政使,寻致仕。……家居时,邑有景(德)镇乐(平)民之变,柏为上书王(昉)巡抚,调平之"。如果综合这些记录,也存在那种可能性。
② 《世宗实录》卷240,嘉靖19年8月戊子条。
③ 《世宗实录》卷250,嘉靖20年6月辛酉条(pp.5018);《世宗实录校勘记》,pp.1461。
④ 吴金成,1986,第一篇、2007A,第二篇第一章。

养下层绅士——士人,进而致力于举业的原因亦在于此。

一方,万历30年(1602)和32年则发生了稍微有些不同的事件。即

(1)"万历三十年,又洪水临流,架宇者崩滚,而下伤民无数,附河窑俱倾,佣无所依,游手街市喧呼,周起元严乎籴之禁,幸遂靖。"①

(2)"三十二年,饶七邑民,共与都昌人为斗忿,彼地善讼也,鸣锣攘臂,以逐都昌为辞,以亡赖者乘以抢夺。适通判杨论至,申明保甲法,期必行,民心肃然。"②

通过这两个事件可知如下两个事实:第一,万历32年(1604)发生的事件,即饶州府所辖七县出身的陶工和邻近的南康府都昌县人之间纷争的性质。尽管无从知晓该事件的具体背景,但是无论是从当时的情况来看,还是从"游民失业者,乐平与鄱阳之民相半,然乐平之民乘机为贼"那样的嘉靖十九年内容,以及"彼地善讼"的记载来看,均可做如下的推断。在拥有十余万人口和数万佣工的景德镇,但凡有一点不稳定,即刻便会引发停工、诉讼事件。然而当时都昌籍人可能基于同乡意识和宗族意识形成了极强的凝聚力,从而在景德镇发展成为强有力的势力。由于大多数为窑户的都昌人左右着景德镇的经济,因此以土著浮梁人为首的饶州府七县县民合力奋起。前文所述,饶州府七县县民在景德镇"杂聚窑业,佣工为生"的记载,或沈嘉征"窑民行"诗句中的"佣工依主人,窑户都昌叟"便反映了这种情况。就在50余年前的嘉靖19年,土著与乐平人之间还彼此争斗着。然而仅过50余年至万历年间,都昌人大多作为窑户对景德镇的陶瓷业发挥了极大的影响力,致使饶州府各县民之间不得不捐弃前嫌,齐心抗衡都昌人。然而就如前文所述,都昌县人引领景德镇窑业界的这种现象一直持续至清代。

第二,就如万历30年5月和32年事件反映出的那样,当发生水灾或镇民之间出现纠纷时,便会发生无赖们试图趁社会的不稳定引发骚乱或

---

① 康熙《浮梁县志》卷4,赋役,陶政。
② 康熙《浮梁县志》卷4,赋役,陶政。

实施掠夺的事件。如后文所述,明中期之后,在中国全境,尤其在急剧扩张的城市社会,无赖的出现逐渐成为严重的社会问题①,景德镇亦不例外。

而每当发生这种事件时,明朝首先根据水灾民的严重程度,下发粮食和银两,安葬死者,治疗伤者,呼吁离散者回归,以笼络民心,同时对组织发生械斗的当事者采取了安抚的方法。又在景德镇附近的茆冈还开新窑来为失业的佣工们谋求稳定的生活。又如:

"(嘉靖)三十六年,推官范永官署厂,设法严肃,诸亡赖甚惮之。四十三年,通判陈学乾,每里设约副四名,严令捕盗,别县民有犯而逃归,务在必提。"②

还有,万历32年,通判杨论亦约定"申明保甲法,期必行",试图永久实施保甲制和乡约制,以维持镇内社会秩序③。

民变的另一种类型是,针对国家权力向景德镇窑户实施的盘剥,镇民团结起来进行反抗的事件,即反宦官民变。万历25年(1597)发生了如下民变,"巡检方河以内监委督厂事,刑朴镇民,激(民)变,民放火烧门坊"④。即,巡检方河利用内监委任其监督景德镇陶瓷业之便,在镇内作恶而引发民愤,于是陶工和镇民共同火烧御器厂门坊。

万历27年(1599),发生了里村世袭匠籍家族的陶工童宾自杀事件和以此为导火索的民变⑤。万历帝为了缓解恶化的财政,以开发银矿,征收商税之名,向全国派遣了宦官。这便是臭名昭著的"矿税之祸"⑥。此

---

① 吴金成,2007A,第三篇第二章。
② 康熙《浮梁县志》卷4,赋役,陶政,pp. 413-414。
③ 明中期之后,中国各地里甲制日渐松弛,农民流散,而且禁山区有大规模民众蜂起蔓延,于是王阳明就在赣南施行了乡约和保甲。此后,明朝为了维系日渐瓦解的乡村秩序,劝勉施行约和保甲。本书第一篇第二章;宋正洙,1997等。
④ 康熙《浮梁县志》卷4,陶政;道光《浮梁县志》卷8,食货,物产,pp. 159。在原文记载该内容后称,"潘太监劾通判陈奇可,逮往京死于狱,镇民丛杂,真犯竟不可索,有杨信三者,时在旁观火,巡卒获之,遂入劾并逮,未得释",但这些万历29年的反税监民变内容明明是错误的。
⑤ 新编《景德镇市志》,1991,p. 27。
⑥ 吴金成,2007A,第三篇第三章"矿税使和无赖"。

时,朝廷也以确保宫中所需瓷器之名,向景德镇派遣了宦官潘相①。潘相到达景德镇之后,任命那些随行者和奉承者为官吏和爪牙,残酷处理那些违反瓷器生产形状或生产期限者,由于其残酷驱使镇民,因此陶工的不安达到了极点②。就在这种情况下,万历27年潘相要求烧造的龙缸对御器厂陶工而言是极重的苦役,陶工童宾由于无法忍受潘相的催逼而跳入火中自尽③。

万历29年(1601)则发生了大规模的反矿税使民变。即:

"九月,江西浮梁景德镇民变,冤民万余,欲杀矿监潘相,烧焚厂房,通判陈奇可力行晓谕,乃散,奇可反以诬参,被逮。"④

那样,对潘相的这种暴政忍无可忍的万余名景德镇怨民,为了杀死税监潘相而发展至袭击并火烧御器厂的大事件。据大学士沈一贯的上奏,潘相向江西管内不但要求增加上贡瓷器的数量,甚至还要求建造输送瓷器的船舶。这种无休止的压迫最终激发了镇民的民变⑤。户科给事中萧近高、孟成己等弹劾称,"(潘)相自奉差,曾出景德镇,激变良民,仅以身免,

---

① 康熙《浮梁县志》卷4,赋役,陶政称,"万历己亥(万历27年),矿税役兴,厂委开采潘大监兼理,府佐仍董之,内监驻省,起运时驻镇"。明《神宗实录》卷331,万历27年2月丙子并参。在许怀林,1993,pp.499称,"潘相在江西横征暴敛,如关津诸税一向一半由税监征收入内府,一半归户部,但在江西则全由其收纳"。
② 这破坏了原本派遣饶州府通判常驻景德镇维持治安和民窑的惯行,从而引起镇民的愤怒。
③ 江西省历史学会,《景德镇制瓷业历史调查资料选辑》,《童氏宗谱》,"铭十五公长子宾公"(梁淼泰,1991,pp.41-42再引)称,"太监潘监造御器,派直望火,族多畏缩,公(即童宾)毅然赴公。无何,龙缸不成,百工受累,公恻然不忍,于己亥年(万历27年)十一月初八日时,将身赴火"。一方,唐英,"陶冶图说"第二十,朱琰,《陶说》卷1,说今称,"有神童姓者,窑户也。前明烧龙缸,连岁不成,中使督责甚竣,窑民苦累。神为众蠲生,跃入窑突中以死,而龙缸即成。司事者怜奇之,建祠厂署祀焉,称风火仙",光绪《江西通志》卷39,经政略,陶政亦称,"当万历中,奄人潘相勇士,烧造龙缸,累不完,工民受鞭棰,或苦饥羸,陶人童宾至以身赴火,罗其凶毒"。
④ 文秉,《定陵注略》卷5,"军民激变"。
⑤ 《神宗实录》卷379,万历30年12月甲午条。

又诬参通判陈奇可,景德之民,欲食其肉"①。由此可以推测景德镇民对潘相的憎恶程度。当时,饶州府通判陈奇可前往晓谕,镇民随即解散。然而:

> "(万历29年11月)江西矿监潘相疏,景德镇民变事。奉旨奏内,土豪杨信三构党万余,烧焚新建厂房,毁坏瓷器等。陈奇可不行救捕,好生欺玩。陈奇可、杨信三都着锦衣卫,拿解来京究问。"②

那样,税监潘相反而以煽动镇民为由诬奏陈奇可,将其同被称为土豪的杨信三一起逮捕投入锦衣卫之牢而使其死于狱中③。如前文所述,由于"(景德镇)镇民丛杂,真犯竟不可索",因此胡乱将杨信三作为暴动的主谋而抓捕。

这些事件是反映当时已经增至主、客十余万和佣工数万的景德镇之社会状况的很好的内容。回顾之,嘉靖19年有土著同乐平人的纷争,由此经过50余年后的万历30、32年则发生了饶州府七县县民同都昌人的对抗及游手无赖的骚扰。万历25、27、29年则是全镇民团结起来抗拒了中央派遣的矿税使。换言之,诸多外来人杂居的16世纪末的景德镇,在镇民之间,或土、客之间时时刻刻充斥着对抗和纷争。然而在同国家权力的对立中,镇内的全体居民不论土、客,不论出身地是何处,均有组织地凝聚起来进行了对抗,此外加上游手无赖横行,景德镇是如此一个复杂的社会。

而在清代,罢工、罢市案例尤多。如前所述,康熙50年(1711)、乾隆

---

① 《神宗实录》卷419,万历34年3月乙亥条。萧近高,"参内监疏",康熙《西江志》卷146,艺文称,"(潘相)到镇数日,遂激变土民杨信三等,陷击通判陈奇可等,以致烧毁御厂,焚劫御器,潘相仅以身免,至今镇民欲甘心焉"。
② 文秉,《定陵注略》卷5,"忤奄诸臣"。一方,明《神宗实录》卷368,万历30年2月甲申称,"江西税监潘相"舍人王四等,于饶州横恣激变,致毁器厂,相诬奏,通判陈奇可不能捕救,得旨系逮,奇可疏自白,不报";《明史》卷305,梁永传亦称"江西矿监潘相激浮梁景德镇民变,焚烧厂房,饶州通判陈奇可谕散之,相反劾违命"。
③ 根据《浮梁陶政志》称"万历三十年,景德镇民变,税监潘相激之也"(《陶磁史稿》,pp.240再引)来看,万历30年似乎亦因潘相的横霸发生民变,但并不确定。

元年(1736)、嘉庆元年(1796)、道光元年(1821)和30年、光绪2年(1876)和30年分别发生了民变或罢工、罢市事件,此外年代不详的罢工、罢市案例亦不计其数①。在景德镇,窑主和陶工为了重新订立契约②,通常于每年7月的中元节停工③,而这亦是会引起地方官紧张的重要事件。非但如此,如前文所述,"景德镇汇聚四方商民及商品,除窑户之外,亦有各种技工万数。他们大多为外乡人,从而时常仅相信一己之力而常常违法,稍微与期待不同,便按行业聚集起来进行罢工、罢市,群体进行掳掠,这种恶习都昌人最为严重"④的记载,还有"(景德)镇官、民窑户,每窑一座需工数十人,一有所拂,辄哄然停工"⑤那样,以都昌籍佣工为中心的外来佣工,根据所从事坯行、车坯行、画行、彩行等行业,分别建立了行会,每逢难以承受艰辛的生活时便进行罢工、罢市。

在不同地区人口之间发生的这种矛盾,亦发生于民国10年(1921)。同年6月,景德镇瓷业工人要求增加工资发起了罢工斗争⑥。民国16年(1927)5月13日(阳历6月12日),震惊全省的景德镇"都、乐械斗"(都、乐惨案)整整持续了两三个月⑦。该期间镇内所有商店撤市,而镇民则处于恐惧之中。械斗造成房屋损毁百余栋,死伤百余人。由于自清末以来形成于镇内的400余商帮缺乏独立解决的能力,因此国民党江西省政府采取派一个营的宪兵驻扎镇压的善后策,才勉强恢复稳定。从表面上来看,该事件是都昌人与乐平人之间的械斗,但是从本质上来看,是"都帮"

---

① 《景德镇陶瓷史稿》,1959,pp. 238 - 241;梁淼泰,1991;中国人民大学清史研究所,1979,pp. 530 - 533;邱国珍,1994,pp. 1;巫仁恕,1996;《景德镇市志》pp. 26 - 33;佐久间重男,1964 等。
② 梁淼泰,1991,pp. 199。
③ 龚鉽(道光年间人),"景德镇陶歌",彭泽益,《中国近代手工业史资料》(1),1962,pp. 273 称,"年年七月中元节,几处坯房议事来,每到停工总生事,好官调护要重开〈坯工每年七月歇工,地方官弹压为难,开工乃安〉"(〈 〉是割注)。
④ 凌焘,《西江视臬纪事》卷4,条教,"禁窑厂滋事"。
⑤ 道光《浮梁县志》卷2,风俗,"景德镇风俗附"。
⑥ 林景梧、汪宗达,1989,pp. 200。
⑦ 邱国珍,1994,pp. 1 - 2。

和"杂帮"①之间的斗争,是他们之间自明末以来积怨的爆发。景德镇窑工的罢工在此后亦经常发生②。

3. 商人、无赖及绅士的生存状况

景德镇除了同窑业相关的,例如运输陶瓷土、燃料等陶瓷器原料,销售瓷器等商人,还汇聚了无数从事粮食和日用杂货等贸易的商人。17世纪初,城市规模远不及景德镇的铅山县河口镇从全国各地输入的"商船往来货物之重者"多达百余种③,由此不难推测早在16世纪中叶便成为人口10余万,佣工数万之大城市的景德镇的状况。

据史料记载:

(1)"瓷客买瓷必先定把庄头。一切皆其管理。"④

(2)"凡诸路客至,必雇定把庄头,挑收窑户瓷器。发驳,则把庄雇夫给力送下河(装船)。"⑤

(3)"商行买瓷,牙侩引之,议价批单。交易成,定期挑货,必有票计器数为凭。"⑥

可见在景德镇达成的所有交易均由牙行(瓷行)代理。换言之,外来瓷商为了购买陶瓷器,首先要有牙行陪同与窑户讨价还价(议价),交换订购契约(批单),同时还要雇佣把庄头。

然而:

"牙行铺户,肩挑小贩,终日营营,权子母,博蝇头,以畜养父母

---

① 是对乐平、鄱阳、丰城县人和抚州、南昌、吉安府人以及其他外地、外省商人的合称。关于行帮则在后论述。
② 高崧,"景德镇瓷业概况",《经建季刊》4,1947。
③ 万历《铅书》卷1,食货书。
④ 龚钺,"景德镇陶歌",彭泽益,《中国近代手工业史资料》(1),1962,pp.280。
⑤ 《陶录》卷4,"陶务方略"。
⑥ 《陶录》卷4,"陶务方略"。

285

妻子,一日失利,举家怨叹。"①的记载,还在前述的《广济堂记》称,"其商贾率皆僦居,逐末锱铢计较"那样,包括牙行在内的所有店主或商人,大部分是以当天的收入维持当天生计的中小商人。

因此景德镇的窑户或牙行均受外来商人资本的控制。然而如前文所述,"豪商大贾,咸聚于此";又如18世纪初曾在景德镇生活7年的法国传教士昂特略可莱称,"景德镇的大商人生活于巨大住宅,雇佣数量惊人的雇工"②,景德镇亦有许多大商人。而且,

>"白土客(白土行)把持尤甚。窑户不合,客遂齐禁,而无一人敢以货售户,牙行不合,客遂齐禁,而无一人敢以货投牙,此又镇俗之最习者。"③

那样,垄断供应瓷土、釉土等瓷器原料的大商人,悉数控制着景德镇的窑户和牙行。而且景德镇生产的瓷器唯有经过大商人之手才能走向外地。而窑户们则在资本并不多的状态下,却要展开殊死的竞争,而破产的危险非常大。因此垄断景德镇瓷利者是外来客商(大商人)④。所谓"一品官,二品客"的景德镇俗谚由此而来。

在这样外来客商的控制下,景德镇的陶瓷业者们建立行会彼此扶助。景德镇陶瓷业行会的组织大体可分为第一,具有地域性特征的"帮",第二,具有作业分工特征的"行"⑤,第三,血缘性结合的族匠等三类。然而其中"帮"的影响力最大,帮之中的都帮、徽帮(婺源、祁门县籍)、杂帮被称为三大帮。因为居住于镇内的外来商人或佣工大体上从一开始便由同乡人或同族聚族而居,建立会馆或行帮,相互扶助,从事相

---

① 赵吉士,"为照值平买以清陋习示",《牧爱堂编》卷9(梁淼泰,1991,pp.164再引)。
② 邱国珍,1994,pp.26-27。
③ 道光《浮梁县志》卷2,风俗,"景德镇风俗附"。
④ 许涤新、吴承明,1985,pp.582-584。
⑤ 如前述,行是坯行、车坯行、画行、彩行、茭草行、柴行等以分业为组织。参见凌焘,《西江视臬纪事》卷4,条教,"禁窑厂滋事"。

同的业种。

追逐瓷利而进入景德镇的无数外来客商中,明代是徽商、江浙商人和本省的江西商人等,清代前期是苏湖、湖北、广东商人。他们为了避免激烈的竞争,自清初建立了会馆,乾隆、嘉庆年间有七个会馆(徽州、南昌、苏湖、饶州、都昌、临江、景仰书院)①。清末至民国年间有24个会馆,其中11个是江西各地出身的商人建立,13个是由外籍商人建立②。这些会馆基本上以同乡人(同一县)之间的相互扶助为目标,被称作总会首、会首等的会馆代表大体上是绅士,他们掌控会馆的财产,主管祭祀,调停同乡、同业者之间的纠纷。当时在中国,绅士如此直接或间接影响会馆是较为普遍的现象③。

清末民初,在景德镇的50家瓷行中,江西商人有36家,湖北商人有6家,广东、湖南、徽州商人各2家,宁波、南京商人各1家。尽管江西商人的数量很多,但是主要在江西省内销售,每家年平均销售额不过2万元左右。而湖北、湖南、广东商人的总数不过10家,但在湖广地区的销售额为每家平均20万元,南京商人1家在天津等地的年销售总计100万元④。由此来看,至清末,景德镇的陶瓷业由都昌籍人,瓷行由湖北商人,钱庄、百货等其他商业则有徽州商人控制⑤。

但是如果考察关于徽州婺源籍商人的记载,就会发现大商人进入景德镇并不是仅仅为了赚取瓷器利益的存在。如后文所述,嘉靖年间以绅士的资格进入景德镇,一边开展经商活动,一边参与公益活动的潘仕等

---

① 《陶录》卷1,附图。
② 《景德镇市地名志》,1991,pp.725-727。24个会馆是瑞州、奉新、建昌、吉安、抚州、丰城、湖口、祁门、婺源、湖南、湖北、山西、岭南、石隶、宁波、宁国、蓉城等地的商人建立的。东亚同文会编,《支那省别全志》卷11,江西省,1917,p.810参照。
③ 许涤新、吴承明,1985,p.858;《景德镇市地名志》,1988,pp.725-727;梁淼泰,1991,pp.217,231;王日根,1996。
④ 江西社科院历史研究所,1989,pp.291-292。
⑤ 梁淼泰,1991,pp.166,230-233;曹国庆,1987。徽商的主要商品是盐、典、茶、木等,瓷商反倒是中小商人。

人案例,万历年间载 4200 石米谷来到景德镇而知晓恰逢灾年时,悉数捐于救恤的詹景瑞的案例①等便是其例证。还有在清代康熙年间捐赀 600 余两进行补修道路千余丈、修桥、赈济等的张添茂的案例②,"随父来景德镇受商人们的推戴监督修建徽州会馆,并主导馆务的、历经嘉庆、道光年间居住于景德镇 40 年"的詹永樟的案例③,清末关于金城"弃举业来景德镇一边经营商业,一边主导建设育婴、义渡、会馆、义学"的记载④中亦有很好的反映。之所以大商人在其进入的地区耗费如此巨资于公益事业,是因为以此来敦实同官府的关系,为经商提供便利,这是明末之后全国的普遍现象⑤。

一方,景德镇还存在无数的无赖。景德镇自明中期迁入外来人口开始,至嘉靖年间已经数以十万计。其中八九成为外来人,由于远近各地的农民、商人、流寓混居,因此"中间善恶难分","盗贼间发",其中一部分便是无赖。仅回顾前文内容中,《江西省大志》称,"商人贾舶与不逞之徒,皆聚其中";或嘉靖 36 年的"推官范永官署厂,设法严肃,诸亡赖甚惮之"的记录内容;还有汪柏称"然无赖者,皆幸祸,窃逞日夜"的内容;萧近高称,"镇上佣工,皆聚四方无籍游徒"的内容;由万历 30 年的洪水引发的"游手街市喧呼"事件;万历 32 年趁饶州府七县县民同都昌人之间的纠纷,"以亡赖者乘以抢夺"的事件等,均为说明无赖的存在和活动的内容。《浮梁县志》中还有景德镇的无赖在"矿税之祸"⑥时期,唆使派遣至

---

① 民国《婺源县志》卷 37,人物,义行称,"万历三十五年,市米四千二百石至饶,值岁歉,尽捐济饥,全活无算。江右勒石颂德"。
② 民国《婺源县志》卷 38,人物,义行。
③ 民国《婺源县志》卷 38,人物,义行称,"随父客景镇,适建徽州会馆,众推樟廉正,领袖督工,又举专司馆务"。
④ 民国《婺源县志》卷 46,人物,质行。
⑤ 吴金成,2007B。
⑥ "矿税之祸"时期,矿税使对各地雇佣的爪牙均为无赖。参见吴金成,2007A,第三篇第三章,"矿税使和无赖"。

景德镇的宦官试图引发事端的案例①。乾隆末年的浮梁知县何浩亦称：

"吏役专在营私，必额外诛求需索，可以行户之包揽渔利，流棍之借端滋扰，稽察稍疎，弊何底止。"②

连同胥吏、牙行的行霸，指出了无赖的生存状况。

明中期历任兵部尚书的胡世宁（1469—1530）指出在危害百姓者——豪强光棍、盗贼、军兵的骚扰中，最严重的是无赖的存在及其影响力③。在这些无赖中，有些"三五成群"或"五什成群"地，诈欺、挟杂、市场支配、高利贷、妇女子拉致和人身卖买、杂税强征，还有渡场或埠头掌握、矿山私堀、海上密贸易等，横行于有利权的任何地方。有些则成为地方官府的胥吏、衙役，或投充王府、税监及备监等，成为权力的走狗，有些则成为绅士、大地主、大商人等势豪家的爪牙或"纪纲之仆"。还有一些则在城市组织打行、脚夫、访行等"集团"而独立活动。自明中期，无赖主要在城市中活动。城市由于骤增的人口，社会不大稳定，因此为无赖提供了能够便于隐身生存的空间④。自明中期开始日渐快速膨胀的景德镇亦不例外。就如明末湖广的民变，或其他无数地区的案例那样⑤，前文所述的景德镇的民变和罢工、罢市事件的背后，亦存在无赖的煽动。景德镇社会非常不稳定，便是因为这些无赖的横行。

而在明清时代，城市以及城乡社会的支配阶层一直是绅士⑥。那么

---

① 康熙《浮梁县志》卷1,物产,瓷器称,"万历二十九年,矿使有檄,采鲤鱼桥金砂,知县杨廷槐寝其议。三十年,景德镇无赖子戴艮一又赴内监,报麻仓窑、藏家湾、渭水、黄泥头等处,各产金砂,檄开采,知县周起元当其事勘系妄言,旋得寝,邑民赖之",还有同书,卷4,陶政(p.395)称,"(万历32年)镇土牙戴艮等赴内监称,'高岭土为官业',欲渐以括他土也。檄采取地方,民衣食于土者甚恐。守道叶云仍'知县周起元争之,止其檄'。周起元系万历30年进士,赴任浮梁知县。
② 何浩,"广饶南九道兼管九江关税海绍景德镇不宜设关征税"(乾隆54年,1789),道光《浮梁县志》卷8,食货,陶政。
③ 胡世宁,"地方利害疏",万表编,《皇明经济文录》卷2。
④ 参见吴金成,2007A,第三篇第二章。
⑤ 巫仁恕,2011;吴金成,1994;吴金成,2007A,第三篇第三章参照。
⑥ 参见光绪《江西农工商矿纪略》(江西省图书馆藏);江西社科院历史研究所,1989;王日根,1996;王先明,1997;吴金成,2007A,第二篇第一、二章;吴金成,2007B。

被称为"民以陶为业"的景德镇绅士的生存状况是怎样的呢？

如上所述,通过嘉靖 19 年,景德镇遭大洪水时,曾为乐平县籍佣工的劫掠事件时,提出善后策的乡绅汪栢的陈言案例中,亦能管窥绅士对景德镇的影响力。而且通过雍正 8 年(1730)建设广济堂始末亦能部分地感受到。即,随着进入景德镇的佣工由于无依无靠而客死的现象增多时修建了广济堂。广济堂是浮梁县绅士根据倡义和知县沈嘉征的劝告,用居住于景德镇的绅士和商人的捐赀修建的①。

进入景德镇的商人中,徽州商人活动得最为活跃②,他们之中亦有不少绅士身份的持有者。在景德镇徽商活跃的原因之一,可能有那些因素。例如,嘉靖年间的徽州监生潘仕的父亲为商人,自己亦是通过盐、布、粮食和高利贷驰骋于长江南北的大商人,在景德镇开展了充满活力的商业活动。据《太函集》载③,汪道昆向景德镇全体窑户要求提高产品质量和统一规格并达到了目标。同时当景德镇发生水灾时,救济居民。还有遭遇歉收之年,佣工为口粮进行劫掠,而居民则聚族对其进行防御,于是便会发展为双方格斗时④,他或向贫民提供无息贷款,或全数购买尚未出售的瓷器。他来到客地景德镇能够发挥如此强大影响力而控制景德镇瓷器生产的背景原因,可能有如下几点。第一,作为大商人,他利用雄厚的资金,向窑户有效实施了高利前贷,第二,通过公开活动获得了官民之心,第三,他有绅士的身份等。

另外,徽州府婺源县生员余席珍有记载：

---

① 道光《浮梁县志》卷 5,公署,"广济堂"称,"在景德镇,国朝雍正八年,知县沈嘉征,以景德镇五方杂处,无告者多失所,因设广济堂。将地藏庵改为堂舍,竭资首倡闻于大吏,并许可捐助邑绅士商民咸佽焉";谢旻,"广济堂记",道光《浮梁县志》卷 5,公署,广济堂(pp. 77)亦称,"景德(镇)……四方远近挟其技能以食其力者,趋走如骛。……浮令沈君仰体皇上发政施仁哀,此茕独至意,创兴定堂兼择地漏泽园,俾不幸溘逝者魂魄皆得所依,不致郁为诊气蒸成疵疠甚盛典也。乃邑大夫倡之,而镇之人士复乐助,其成奉使节而驻于镇,以及贾于斯商于外者,咸踊跃捐输无稍倦"。
② 曹国庆,1987。
③ 汪道昆(1525—1593),《太函集》卷 51,"明故太学生潘次君暨配王氏合葬墓志铭"。
④ 可能是指嘉靖 19 年在浮梁县人和乐平县佣工之间发生的械斗事件(见前文)。

"承先人遗业服贾景镇。其市廛为五方杂处,客死者多。徽商会馆向设义渡、义棺、义塚,赀竭难敷,珍集六邑绅士捐置田产,为长久计,并倡义瘗会,每岁雇工培土,泽及枯骸,又兴惜字会,建文昌宫,筹画备极周详。"①

在开展商业活动的地区,大商人通过参与公益,同当地地方官建立敦实关系的案例非常多,景德镇亦很多。但是余席珍作为一个商人,为景德镇的公益事业,甚至能够动员周边六县绅士的原因,同样是因为他的绅士身份。又如,乾隆年间以太学生的身份进入景德镇的婺源商人滕昌檀,在故乡时作为绅士亦已参加20余年的捐赀置田、修建桥梁等公益领域。他在进入景德镇开展12年的经商活动期间,还参与公益事业,修建了新安会馆②。清末,在景德镇继承父业进行瓷土商活动的婺源贡生胡广耀(1830—1908,父亦为太学生)不但控制了景德镇的新安会馆,还广泛干预商务,进而在公务中亦发挥了影响力③。

明清时代,商人的影响力在社会各方面得到逐渐增强,在商人家门中培养出绅士的案例亦有增加。尽管如此,绅士的影响力在整个明清时代,在城、乡始终得以发挥,甚至在科举制度终止后的民国时期,尽管形态和方法发生了变化,但是唯独其影响力却几乎毫无变化地持续着④。商人和商帮亦参与或主管社会事业的案例非常多,但这只是对官府提供的协助,因此仅凭此断然无法提高商人的绝对性社会地位。清代的大窑户通过捐纳等获得绅士资格的原因可能便缘于此⑤。

---

① 民国《婺源县志》卷41,人物,义行。
② 民国《婺源县志》卷38,人物,义行称,"居乡倡首输赀置田,备修河桥,行之二十余年,至今保固。经商之景德镇,设同仁局,施棺椁,并置义冢。先是议建新安会馆,部署难其人,众推檀,檀竭力筹画,阅十二载,竣事,奉朱子入祠"。
③ 《清华胡氏统谱》卷末,"贡生广耀公传"(梁淼泰,1991,p. 234 再引)称,"在镇创建星江会馆,扩增新安会馆规程,日与商界往来,声气广通,凡商务公务皆推兄为领袖"。
④ 王日根,1996;王先明,1997。
⑤ 梁淼泰,1991,pp. 21、90;吴金成,2007B。

小结

　　景德镇早自明中叶,即 16 世纪中叶开始作为中国第一的陶瓷器城市名声大振,以此为背景商业亦获得发展,因此得以发展成为手工业和商业结合的大城市。其背景原因有:第一,景德镇具有港口和燃料供需等良好条件,技术上亦占有优势,第二,自 16 世纪中叶,民窑在技术和生产量两个方面获得了飞跃性的发展。然而在景德镇在走向超大城市化的过程中流入的人口是,自 15 世纪以来,随着中国全境里甲制日渐松弛,从景德镇周边农村析出的农民。换言之,景德镇作为"瓷都"尽享繁荣的过程与明清时代江西的社会变化是同步的。

　　在以瓷器生产为中心的城市化过程中,景德镇产生的利益为徽州商人等外来客商所垄断,而不是直接生产者——窑户或佣工。但是大部分商人是中小商人,从而不能避免其弱小性。景德镇尽管亦有大窑户,但大部分亦是中小窑户。而在明末数以万计,至 18 世纪则以数十万著称的景德镇佣工中,一半左右是完全从农村流离进入的景德镇,另一半则是以农工未分状态季节性地移动。但是不管是哪一种情形,这些佣工都是以当天的收入解决当天的果腹问题,加上时常存在失业、疾病、家庭大事、灾害等危险,所以生活大多非常艰辛。这种现象是"百工技艺佣工人等,多系贫苦之家,缺一日之工,即少一日之食"①那样,在明清时代以经济最为发达的江南地区为始,在全国是普遍现象。

　　在来自四方的各种形态人口聚居的景德镇,明清时代发生了许多民变,这些民变是由于镇内居民之间利害关系的对立而造成的械斗性纠纷,明末亦有反矿税使民变。首先通过械斗性纠纷可得出以下两种结论。第一,由于景德镇居民的成分非常复杂,所以他们彼此之间的利害和意识上的对立非常严重。在这种情况下,第一,流入景德镇的各地商

---

① 《清朝文献通考》卷 23,"职役考"3。

人和民众按各自出身地域形成纽带并呈现出地区间的对抗情势。居住于镇内的外来人自开始便大致同乡人之间，或同一宗族之间聚族而居，组织会馆或行帮，相互扶助，从事相同的业种。第二，窑户（窑主）与佣工之间的关系并非完全的契约关系，所以一旦遭遇水灾等艰难的环境，其关系亦可能会迅速恶化。其次，如果是反矿税使民变，那么对于矿税使对镇民的横暴和搜刮，景德镇居民就如前文所述那样，暂且搁置出身地域之间或宗族之间利害关系，全体居民团结起来奋起反抗。在景德镇发生的这些诸多民变的性质同中国其他地区的，城市类型截然不同的城市民变类似。

自明中期，景德镇的城市化过程非常快，人口构成由官吏、绅士、胥吏、衙役、窑户、佣工等陶瓷器生产者、客商、牙行、坐贾、搬运工（脚夫）、其他技工、从事于各种服务业者以及游手无赖等非常复杂。然而在如此迅速发展的工商业城市，绅士的社会影响力就如同在乡村社会一样非常大。换言之，景德镇城市社会的绝对的舆论收集（收敛）阶层同样是绅士，在下层的一角，无赖作为另一个社会阶层而存在，随时作用为社会的不稳定因素。景德镇社会的这种情况，在明清时代其他地域的城市社会，亦具有类似的性质。

景德镇同中国其他地区城市的发展背景和过程有诸多不同，是几乎持续千年的陶瓷器专业城市。尽管如此，景德镇居民的行动方式和思维方式，及其在城市社会内部出现的社会现象是一个缩影，也在别的地方上演。

第二章 河口镇：幸运的山区城市

序言

明清时代,中国各地形成了无数的城市。大多数是随着社会经济的变化而自然形成的结果。然而其中亦有由于自然环境的变化而形成的,富有戏剧性的案例。在明中期突然出现,并迅速发展的河口镇(隶属于江西省铅山县,今天的铅山县)便是其案例之一。铅山县地处禁山区——武夷山区的北边①,却利用这种山区的地理特性发展出了纸张和茶叶的加工业,并成了纸张和茶叶的集散地。尤其自明中期,铅山县一带的造纸业被称为江南五大手工业地区之一,因此闻名于世②。

河口镇位于信江(锦江)和铅山河交汇的交通要地,铅山县及其周边地区生产的纸张、茶叶及其他商品的出口,同时进口当地生活必需品,是

---

① 江西东北的铜塘山一带是由江西的铅山、上饶、广丰县,福建的崇安、浦城县,浙江的江山、龙泉县形成的赣浙闽三省交界地域,由于分布有金银矿,因此明朝禁止私人入山采矿。正统3年(1438),还发布了"今后犯者即令该官司拿问,具奏,将犯人处以极刑,家迁化外,如有不服追究者,即调军剿捕"的条款。见《英宗实录》卷49,正统3年12月,乙丑条,《揭榜禁约》。
② 以石塘镇为中心的铅山县的造纸业同松江的棉纺织业、苏杭的丝织业、芜湖的浆染业、景德镇的制瓷业等被称为江南五大手工业。许大龄,1957。

具有进、出口窗口功能的大门户。自明末,河口镇便作为江西省三大镇之一而名声大振①。今天原本位于其他地区的县政府亦迁至河口镇,成为了县政府所在地。自明中期开始形成于江南地区的无数市镇就如"葡萄串"一样,彼此紧密影响和发展②。河口镇的背后尽管没有像苏州和杭州那样坚实的后援城市③,但由于地理位置优越,加上附近农村的手工业和经济作物生产的日渐繁荣,逐渐独立发展了起来,是"自我完结的泰山型城市"。

迄今论及明清时代的商业或城市的论著大多论及了河口镇的这种经济地位,专门的研究亦有一篇④,然而却仍有必要分析以下内容。第一,自15世纪随着里甲制的全国性松弛,从乡村析出的人口流入城市,而位于山区的河口镇就在这一过程中日渐发展,然而就这样发展状况的研究尚有不足。进入河口镇的外来人ⓐ 主要从何地流入,ⓑ 其生存环境如何,ⓒ 在发展为工商业城市的河口镇发挥巨大影响力的绅士与商人的生存状况如何,ⓓ 江南"葡萄串形"市镇居民和"泰山型"市镇——河口镇居民的生存状况有何不同,ⓔ 所有这些现象在中国的城市发展史上具有怎样的意义?第二,亦有必要阐明从明清交替的动荡期到经历三藩之乱的过程中发生变化的,河口镇居民的结构及其性质。第三,明清国家权力对河口镇社会这样的变化发挥了怎样的功能?

Ⅰ.人口流入与河口镇的发展

1. 明代的河口镇

在明中期戏剧性地出现的幸运的城市河口镇,位于江西东北部铅山

---

① 萧放,1989。
② 参见刘石吉,1987;樊树志,1990,2005;陈学文,1993,2000;森正夫,1992;川胜守,1999;吴金成,2007A,第三篇第一章等。
③ 江南的无数市镇大部分是郊区市镇。郊区市镇的手工业在很大意义上是府县城手工业的延伸。例如,有了苏州的发展之后,其周边才出现了郊区市镇。参见李伯重,2000,2003。
④ 萧放,1989。

县(今永平镇)以北 30 里(约 17 千米),江西五大水路之一的信江(锦江)与铅山河合流之处,是赣东北地区最大的交通和贸易中心。换言之,由河口镇向南沿铅山河逆流而上,经武夷山脉的分水关同福建的崇安县相连;向东乘小舟沿信江逆流而上,便能到达上饶、广丰、玉山,由此再从陆路经屏风关便与浙江的常山、江山县相通。向西沿信江而下,则可到达鄱阳湖,由此进入长江则通向长江上游和下游,如果从鄱阳湖经吴城镇沿赣江向南逆流而上,经过大庾岭的梅关便可通向广州。然而信江从上游的玉山至河口镇由于水量少且水流湍急,因此只能利用小船,但到了河口镇与铅山河合流之后,由于水量增加,水深变深,水面加宽,水流平缓,便拥有了作为港口的天然优势。因此从信江和铅山河上游顺流而下的小船到达河口镇之后才能利用大船。于是来往于信江的大型船舶的终点便是河口镇,大体上从河口镇换乘大、小船舶①。

河口镇自北宋被称为沙湾市,直至明代嘉靖初年仍不过是小市集②。从前,信江中游同铅山河在汭口镇(河口镇以西 2 千米处)附近交汇,所以汭口镇发挥了铅山县的交通和贸易功能③。嘉靖初年,随着铅山河流入信江的地点变成河口镇东部的交界处④,自嘉靖中期日渐发展,至万历10 年(1582)升格为镇,称"河口镇"。以此为契机,石佛寨巡检司驻扎该地,负责河口镇的治安⑤,自明末作为江西三大镇之一而名声大振。万历

---

① 参见徐宏祖(1586—1641),《徐霞客游记》卷 2 上,"江右游日记";道光《上饶县志》卷 4,城池,"信江"等。
② 在《河口镇志初稿》(1984 草稿,未刊),第 1 章建置沿革(pp. 1-4),宣德间(1426—1435),首次称为"河口"。但是在嘉靖(4 年刊)《铅山县志》(卷 3. 图籍. 镇. pp. 68)只提及汭口镇和紫溪镇,嘉靖(5 年刊)《广信府志》(卷 3. 地舆志. p187)中的铅山县仅提及旁罗市和沙湾市,由此推断,至少至嘉靖初年似乎尚未使用"河口"之名。
③ 康熙《铅山县志》卷1,疆域;同治《铅山县志》卷2,地理·汭口镇称,早在宋淳熙年间便设注泊巡检司,但在洪武 13 年被废除。
④ 田声,1991,p. 10。一方,新编《铅山县志》(铅山,1990,以下以《铅山新志》称,只记载页数字)卷2,第 1 章"河口镇",p. 49 称,"明前期洪水泛滥,河流改道,于是经来墩注入信江,河口之称始于此"。还又,康熙《江西通志》卷 4,星野,"祥异",p. 249 称,"(嘉靖)8 年,饶州、广信水"。省级文献中有曾发生大洪水的记载,由此推断,两条河流的合流地点的变化可能是因为嘉靖 8 年的大洪水。但是如此重大事件为何没有记录于《县志》,仍让人费解。
⑤ 乾隆(8 年刊)《铅山县志》卷1,地舆志,疆域,"河口镇",p. 67。

第三篇　都市、居民、商人

35年(1607),费元禄称:

> 河口,余家始居时,仅二三家,今阅七十余年,而百而千,当成邑成都矣。……盖其舟车四出,货镪所兴,铅山之重镇也。"①

由此可见,万历末年(17世纪初),河口镇已经是"无数商贾往来,天下商品汇聚之处"②,成为常住人口可达一万余的,在江南中级镇规模的城市③,获得了"八省码头"的称号④。17世纪初游历河口镇的徐霞客亦称"市肆甚众"⑤,见证了河口镇的繁荣。

河口镇之所以如此在短短70余年期间迅速得以发展,是因为工商业和有利的地理位置。如上所述,嘉靖初年,随着信江与铅山河合流地点的改变,河口镇一举成为水陆交通的要地。换言之,铅山县地域是,"山多田少,可垦者十之三"⑥的山区。尽管如此,河口镇利用其地理优势,成了纸张和茶叶的加工和集散地,非常繁荣。自明中期,里甲制日渐松弛,而这两种产业为吸纳在该过程中从周边析出的农民,发挥了足够的能量⑦。前文提及的《铅山新志》称"河口镇居民5万余"的夸大描述亦缘于此。

至17世纪初的万历末年,河口镇成为赣东北地区生产纸张的出口窗口和茶叶的加工、转口城市。进而发挥了,把周边诸多地区需要的粮食、杂货等百余种商品,从江西本省乃至福建、浙江、安徽、湖南、湖北、江

---

① 费元禄,《甲采馆清课》卷上(谢国桢,《明代社会经济史料选编》〈中〉,p.118转引)。康熙《铅山县志》卷5,选举志和乾隆(8年刊)《铅山县志》卷6,"选举志"称,费元禄是例监生。
② 万历《铅书》卷首,修志教;同书卷1,食货书。
③ 《铅山新志》卷2,第1章河口镇,p.50称"铅山县北河口镇,估舶所聚,商务勃兴,人口约五万(其中茶丁、纸丁约占二万余口),这是万历年间的人口数"。这应该是毫无根据的夸大。在曹树基,2000,p.346,万历35年费元禄自述的,"而百而千"为根据称,"河口镇的户数不会超过2千户,人口最多只有万人左右",可以让人首肯的数字。在万历《铅书》卷2,赋役书,p.8b,"石塘、车盘、河口、傍罗,铅所船马聚托,比屋皆客也"那样,当时河口镇只被并称石塘等镇。
④ 《河口镇志初稿》,1984,p.203,沈兴敬等,1991,p.94;张忠民,1996,p.46。
⑤ 徐宏祖,《徐霞客游记》(新华书店,上海,1980)卷2上,"江右游日记"。
⑥ 万历《铅书》卷2,赋役书,p.1b。
⑦ 本书第一篇第一章;吴金成,2007A,第一篇第一章。

苏、广东、山东、四川等地进口的,大门户的功能①。随着河口镇的这种商品交易地位的日渐提升,明朝开始向经河口镇交易的货物课征商税,且其数额与日俱增②。进而还将石佛寨的巡检司移驻河口镇。

然而明代的铅山县地区并非在所有方面均获得稳定发展。自15世纪初,由于各种社会矛盾,里甲制秩序几乎同时在全国逐渐解体,由于农村社会的分解,农民开始流散。这种现象在江西亦为如此,其原因是(1)土地日渐集中于绅士和势豪家(2)税役日渐加重,且不公平(3)人口过密问题逐渐严重。结果便出现了甲首户阶层的中小农民流散,甚至属于地主阶层的里长户亦有没落而流散的现象③。《铅书》亦称:

(1)"铅山今为最冲最繁者何也? …… 至于河口之税,昔惟一,今税三。……为今铅民者则莫冲于驿传,莫繁于税课二者。"④

(2)"铅之民所以日就于颠连死绝而逃移也。铅山之民,主户什之三,客户则什之七。石塘、车盘、河口、傍罗,铅所船马聚托,比屋皆客也。客不可得而役矣,所役者铅民而寡重,而役稍不顾问存恤,民益逃移而号硕鼠也。"⑤

(3)"万历三十三年,铅山富民流移福建者百余室。"⑥

那样,传载了类似的现象。《铅书》指出了由于税役的不公平和繁重,铅山人逃散,然而随着纸张和茶叶加工业的发展,商业的发达,外地的客民反倒流入,结果以重要的手工业地区为中心,形成了"主户三,客户七"的局面。换言之,自明中期,随着铅山县地区里甲制的松弛,土著人开始流散,但是外地人却反而大量流入,使得铅山县居民中近70%为外地流入

---

① 万历(46)《铅书》卷1,食货书,pp. 70a。
② 万历《铅书》卷首,修志教;同书卷1,地理书。
③ 本书第一篇第一章;吴金成,2007A,第一篇第一章。
④ 万历《铅书》卷1,地理书,21a-b。
⑤ 万历《铅书》卷2,赋役书,pp. 8b。
⑥ 万历《铅书》卷2,赋役书,pp. 1b。

者，从而出现了"人口的对流(convection)"现象①。

这种现象从下表3－2－1②来看，也是非常明显的。从表中可见，铅山县的户口从明代以来持续下降③，而在清代则持续增加。然而这种现象并非如实地反映了实际情况。例如，明代江西省南昌府④，官府登记的户口是下降的，然而实际人口却是持续增加，其理由是地方官府未能掌握未成丁、病老男女、未报者、流民移户等的人口数量。还有，在里甲制的解体过程中，尽管有无数农民流散⑤，但其中有相当一部分被遗漏于赋役黄册，以当地势豪家的佃户或奴仆身份居住，其中的一部分则流向了外地，反而从外地流入的人口亦很多⑥。按照里甲制编制原理，里甲户因没落而沦为不能进行独立再生产的畸零户（佃户、奴仆户）时，便不予登记于赋役黄册。而且明朝为了维持里甲制，原则上固守了"原籍发还主义"，只有在特殊的情况下，才认可"附籍主义"。因此逃往其他地区者在当地定居时，亦不在当地的赋役黄册登记，从而可以脱免赋役，于是就形成了未登记流民移户⑦。上文引用的史料(2)指出的"客不可得而役"的意义是指，尽管铅山县的户口在持续减少，但是受原籍发还主义的约束，无法将外来客民登记于铅山的赋役黄册而课征赋役。

---

① 关于自明中期，在中国全地域进行的人口的对流现象，参见吴金成，1986，第二篇第一章。
② 参见嘉靖《铅山县志》卷3，图籍；万历《铅书》卷1，地理书；同书卷2，赋役书；康熙《铅山县志》"铅山县志"卷3，食货志，田赋；乾隆《铅山县志》卷4，赋役，田赋；同治《铅山县志》卷8，食货，户口；《铅山新志》，p.72等。嘉靖《铅山县志》卷3，"图籍"称，铅山县在明初有50个都，至嘉靖初年减少至40个都，其中4个被割让给了上饶县和弋阳县。
③ 清初，与铅山县接壤的贵溪县的居民"土著者什七，客寄者什三"（同治《贵溪县志》卷1之8，地理，风俗，p.96），由此可见铅山县早在明末便因为纸张贸易和茶叶加工业的发展而成为人口流动尤为频繁的地区。
④ 万历《南昌府志》卷7，户口。
⑤ 根据嘉靖《江西通志》卷10，广信府，"田赋"，明代，广信府的户数在洪武年间为88087户，弘治年间为69071户，嘉靖初年为55892户，呈逐渐下降之势，人口在同期由480410人下降至355392人和326881人，但是官民田地山塘则由41609顷增至45045顷和45193顷。
⑥ 本书第一篇第一章。
⑦ 吴金成，1986，第二篇。

表 3-2-1　明清时代铅山县户口、田地变化

年代	户数	口数	田地((官民田地山塘,顷)
洪武 24 年(1391)	12604	62514	5784a)（秋粮米 21212 石）
永乐 10 年(1412)	8900	45809	5818(20859 石)
宣德 7 年(1432)	6318	36323	5831(19947 石)
正统 7 年(1442)	8315	43105	5842(19963 石)
天顺 7 年(1463)	7070	38654	5965(21006 石)
弘治 5 年(1492)	6717	35565	6047(20083 石)
嘉靖元年(1522)	6318	36361	6131b)（20060 石）
万历 9 年(1581)	6318	36361	6899(万历 9 年清丈后)c)
崇祯 17 年(1644)		13571d)	
顺治 3 年(1646)		16588e)	6899(原额)
顺治 10 年(1653)			5949
康熙 11 年(1672)		16737f)	6490g)
乾隆 47 年(1782)	29091	125415	
嘉庆 7 年(1802)	33496	169252	
道光元年(1821)	36108	200147	
咸丰元年(1851)	41610	148554	
民国 5 年(1916)	41851	266063	

a) 嘉靖《广信府志》卷 5,食货志,田赋称,洪武 24 年铅山县官民田地山塘共 3879 顷。
b) 其中官田 237 顷,官地山塘 39 顷,民田 2996 顷,民地山塘 2859 顷。
c) 其中田 3962 顷,地 1215 顷,山 1551 顷,塘 169 顷。
d) 见在人丁 8027,女口 5544,合 13571。
e) 乾隆(49)《铅山县志》卷 4,赋役,户口称,"原额人丁妇女共 16965 丁口,内优免人丁 457 丁"。
f) 见在人丁 10334,妇女 6403。
g) 内田 3553 顷,地 1216 顷,山 1552 顷,塘 170 顷。

那么直至出现"主户三,客户七"的状态为止,流入铅山县地区的外地人到底来自何方呢？据近年的调查①,从唐宋时代至中华人民共和国

---

① 参见《铅山新志》,pp.69-70,表 3-1《自外省迁来的人建立自然村数》、表 3-2《自本省外县迁来的人建立的自然村数》。这两个表是根据铅山县地名办公室编的《铅山县地名志》(1985)统计的。该书统计的从唐宋时代至现代铅山县建立的自然村数量为 1964 个,但是这种统计方法有些问题。所以本文将该书统计的唐宋至元代流入的外来人视为土著,而该书纳入江西省的婺源县在明清时代隶属于安徽省,从而本文将其归入安徽省计算。

建立,铅山县建立的自然村的数量共计 1964 个,其中明代形成的外来人(外省人+本省内外县人)迁入村有 258 个(全自然村的 13.1%),清代形成的外来人迁入村为 629 个(全自然村的 32%),明清时代共计 887 个(全自然村的 45.2%)。这等于现存自然村的 45%是明清时代的外来人进入建立的。从各种角度对其进行分析之后加以表格化的结果便如表 3-2-2 所示。

表 3-2-2　明清时代铅山县内外地人迁入村

时代 地域		明代 外来人 迁入村		清代 外来人 迁入村		明清时代 来人村 合计	
本省人迁入村	弋阳人	55 个/ 明代迁入村 21.3%	15 个(本省县中 27.3%)	205 个/ 清代迁入村 32.6%	27 个/ 13.2%(3)	260 个/ 明清时代迁入村的 29.3%	42 个/ 16.2%(2)
	上饶人		9/16.4		63/30.7(1)		72/27.7(1)
	九江人		5/9.1				13/5.0(5)
	抚州人		5/9.1		14/6.8(4)		
	横峰人		5/9.1				14/5.9(4)
	贵溪人				31/15.1(2)		34/13.1(3)
	南丰人				12/5.9(5)		
	其他人		12 个县人 16/29.1		21 个县人 58/28.3		23 个县人 85/32.7
外省人迁入村	福建人	203 个/ 明代迁入村 78.7%	145 个/外省中 71.4%	424 个/ 清代迁入村 67.4%	378/89.2%	627 个/ 明清时代迁入村的 70.7%	523/83.4(1)
	安徽人		35/17.2		28/6.6		63/10.0(2)
	浙江人		14/6.9		8/1.9		22/3.5(3)
	其他人		6 个省人 9/4.4		5 个省人 10/2.4		6 个省人 19/3.0
合 计			258 个/ 明清合(887)的 29.1%		629 个/ 明清合的 70.9%		887 个/ 现存自然村的 45.2%

下面拟根据表 3-2-2 进一步具体分析当时的状况。明清时代,外来客民建立了 887 个村庄,其中明代建立了 258 个(占明清时代建立村庄的 29.1%),清代建立了 629 个(占明清时代建立村庄的 70.9%),清

建立的村庄超过总数的 2/3①。将其按本省迁入对外省迁入的比例来看，明代为 21.3∶78.7，清代为 32.6∶67.4，整个明清时期是 29.3∶70.7，在明清时代的迁入者中，外省流入者的比例占绝大多数。

所以铅山县亦与明代地方志的记载不同，在"人口对流现象"发生的过程中，人口应该仍在增加。正是由于这些外来人的流入，以河口镇、石塘镇等为中心的造纸业和铅山全境的茶叶加工业得到了繁荣，农土亦得以开垦。另据最近的分析，铅山县南部山区的福建移民几乎占总人口的 1/2，清初至乾隆年间流入的福建人占同期外省流入者的 89.7%②。

一方，考察江西省本省他县人流入村的情况，在明代 55 个村庄中，弋阳县人占 27.3%，上饶县人占 16.4%，在清代的 205 个村庄中，上饶县人占 30.7%，贵溪县人③占 15.1%，在整个明清时代的 260 个村庄中，上饶人占 27.7%，弋阳人占 16.2%，贵溪人占 13.1%。省内他县出身流入者在明清时代尽管根据地区存在增减变化，但是考察流入者占前四位的地区，在省内所有他县人流入村中，有 62.9% 是从铅山县的临近县，即共同隶属于广信府的地区流入的。而在外省流入者中，福建人在明代占所有流入者的 71.4%，在清代占 89.2%，明清时代平均占 83.4%，因此在整个明清时代都占据了压倒性的多数④。

当然，现存的自然村并非原封未动地反映着明清时代的人口流动和人口增加的实际状况。因为亦有暂时流入之后，重新移徙的情况。但是现存自然村的 45% 左右是明清时代的外来客民建立的，由此可以推测自明代外地人就已经大规模流入。

---

① 这同清代铅山县的人口骤增相关。参见表 3-2-1。
② 曹树基，1997，pp. 242-243。
③ 关于自明代贵溪县人的流散现象，在康熙《贵溪县志》卷 1，风俗称，"芗之民力田而外，借资生理，工其一焉。或陶于饶，或楮于铅，或劾技于本邑他郡，虽艺能不无工拙，凡以利用云尔。……间有载米粟于饶、徽，鬻楮钱于荆、楚，货竹木于京、淮、越地千里，归之日，竟以他郡土产互相赠遗"。
④ 最近曹树基认为铅山县外来人的比例比这稍低。参见曹树基，1997A（第 6 册），pp. 242-243。此外，关于明清时代福建社会和福建人的流散背景，可参见吴金成，1998。

2. 清代的河口镇

至明末尽享繁荣的铅山县地区和河口镇,在明清交替的动荡期几近荒芜。其中在1640年代江西全境成了无政府状态的空洞社会。而铅山县隶属的广信府一带是黄道周等南明的勤王起兵军、清军以及寇贼势力之间,不断展开攻击和掠夺的地区①。顺治11年(1654),由鄱阳湖顺锦江(今信江)逆流而上至浙江地区的某商人的游记中,通过引用徽州商人的话语,描述了广信府所有地域的惨状②。而且尚未从这种废墟状态下恢复,便又再次遭受"三藩之乱",据王新命的奏报:

"自遭诸逆变叛,人民死徙,田土荒芜,伤残蹂躏之状,荡析化离之惨,什倍他省……自十三年变叛之后,杀戮逃亡人丁七十余万口,抛荒田地一十七万余顷。"③

可见,江西全境和广信府的所有地区遭受了极其严重的破坏。而且铅山县亦遭受了这种"十室九亡"的严重破坏。兹引史料如下:

(1)(康熙)十三年五月,闽变,逆贼林尔瞻乘机倡乱,揭竿应之,破城毁籍,逐官夺印,官舍民房尽成灰烬。自黄巢三洗之后,未有酷如此者。明年,贼踞城,民空。十五年,浙督调将恢复铅城。是年秋,闽逆平。十二月,林尔瞻"许志远复踞石垄,拒抗官军,时出劫杀,鸡犬无声,人烟殆尽"。至十六年,官军合剿,势穷投浙,阴遗孽党江、杨、苏、吕分踞(山寨),潜通机宜,以张声势。明年大中丞董督师进剿,会命下旋师,寇益炽。离城五里许皆贼矣。十八年二月,知县潘士瑞甫任,募义勇,授方略,所向辄克,斩贼行赏费数千金,悉出

---

① 本书第二篇第三章。
② 李芥立,《天香阁随笔》卷1,pp. 7a - b。
③ 王新命,"请除荒疏",康熙《西江志》卷147,艺文,pp. 2587上。这样的内容还有曹鼎望,"咨询地方利弊条陈",同治《广信府志》卷2。

私橐,不数月而寇平。①

(2)"铅山固昔年万家之邑也。……今乃乡井邱墟,户口零落以至此极"②

(3)"逆藩叛闽兮,流毒西江,铅遭重困兮,十室九亡。"③

相同的《铅山县志》还称,"自兵燹之后,民之失业者多,昔之膏腴者,今或化为石田矣",又说,康熙11年恢复至6490顷的成熟田地山塘经闽变(三藩之乱,13年)之后,至康熙18年减少至不过原来的1/3的2961顷④。

因此在三藩之乱后,隶属铅山县的河口、石塘两大镇亦失去了明代的繁荣景象。刚刚平定三藩之乱的康熙22年编撰的《铅山县志》⑤,对此有生动的描述,抄录如下:

"ⓐ 沙湾市〈县西三十里,即河口。……舟楫凑泊,商贾往来,货物贮聚,隐然为县西之保障也。旧为入闽孔道,商贾贸迁,络绎不绝。今路由仙霞,市廛萧条,大非昔日矣〉。ⓑ 石塘市〈县东南三十里,其地多宜于竹……纸货所出,商贾往来贩卖,俗尚颇涉华靡。……自兵燹后,人民荡析,迩来虽复旧业,然十室九空,仅存其名耳〉

传曰……ⓒ 石塘、河口,铅二镇也。石塘以造纸为业,河口为入闽孔道,买客贸迁,货物铺陈。昔之市镇颇丰,而近少替矣。ⓓ 石塘,自明季饥民为乱,流亡者众。迨后,复遭甲寅闽变,地方悉已为蹂躏,所云从行见空巷是也。ⓔ 今虽哀鸿甫集,物力久诎,槽工价不减,旧纸则壅滞难行。况土著不谙造纸,雇工皆系他方糊口之人,稍

---

① 康熙《铅山县志》卷1,灾异,pp.75。
② 曹鼎望(知府),"重建大义桥记",康熙《铅山县志》卷2,建置志,津梁,"大义桥",pp.340-342。
③ 释本崇,"里老歌",康熙《铅山县志》卷7,艺文志,诗,p.956。
④ 康熙《铅山县志》卷3,食货志,田赋,pp.357、362-363。
⑤ 康熙《铅山县志》卷1,地舆志,疆域,pp.45-47。〈〉符号是割注,ⓐ—ⓔ笔者添加。

不如意，便率众停槽，一有病亡，即架词越诉，弊将何底止也。ⓕ 河口，原恃闽货为生涯。近因取道仙霞，遂分河口。今来者，皆肩挑小贩，与拨浅小舠。歇店有人而牙行掣肘。铺舍有名，而贸易无实。……ⓖ 又闽中迁民去住不测，每难防范。"

上述记载描述了河口镇和石塘镇在明代的繁荣相比明清交替期至三藩之乱期间衰落的景象①。至直平定三藩之乱的康熙22年为止，对原来的河口镇和石塘镇标记为"沙湾市"和"石塘市"亦缘于此。如果更具体地进行考察的话，直至康熙中叶，河口镇凋零的原因不但有明清交替期的动荡和三藩之乱，还有因为三藩之乱导致由福建经分水关至河口镇的商道阻塞，一度通过仙霞岭贩运福建商品，当叛乱被平定之后，受其余波的影响，商贾往来大为减少(ⓐⓒⓕ)。同时期石塘镇凋零的原因不但有明清交替期的动荡和三藩之乱，还有以纸工流入的外来客民，尤其是占其绝大多数的福建人生活的不安定(ⓑⓓⓔⓖ)。福建人大举流入人口稀少的铅山地区开垦土地，种植茶树或甘蔗，从事纸工活动者亦有不少②。

如此长期凋敝的铅山县与河口镇在其后数十年逐渐恢复。结果，至18世纪中叶的乾隆初年，河口镇和石塘镇重新恢复繁荣。对于铅山县地域《铅山县志》称，"铅山当闽浙之冲，往来者日以千计"③。之所以如此，是因为如后文所述那样，造纸和纸张加工业、竹加工业及茶叶加工业继明代再次获得发展。还又对于早在明末便以江南五大手工业地区之一而闻名的石塘镇，史载：

"石塘镇……今仍名镇。其地多宜于竹，水极清冽，纸货所出，

---

① 康熙《铅山县志》卷3，食货志，户口，pp. 359 称，康熙11年(1672)的人丁和妇女为16737人，然而"〈十三年闽变寇乱六载，被贼残破杀戮死绝逃亡人丁5213丁，杀捕妇女3009口〉实在人丁5111丁，内优免丁149丁，实在妇女3394口"。
② 康熙《铅山县志》卷3，食货志，里甲，pp. 401－402；康熙《铅山县志》卷3，食货，物产，"砂糖"，p. 442。赣东北地区的外来流入者大体上是康熙、乾隆年间流入的。参阅本篇前章。
③ 陈宏谋(巡抚)，《重建大义桥记》，乾隆(8)《铅山县志》卷10，艺文志，记，pp. 1001－1004。

> 商贾往来贩卖,俗尚颇涉华丽。按石塘一镇,贾客贸迁,纸货为盛。……第界近闽越,地居险僻,流民繁多,土著稀少。故槽厂为藏奸之薮,蓬户多生事之徒。"①

另外,紫溪、陈坊、湖坊等铅山县内其他地区的造纸业的发展亦超过了明代。例如,陈坊的情况在清初不过是仅有数户的地区,但是至乾隆、嘉庆时期已繁荣为山间小镇,拥有大纸号六七家,小纸店和其他商店百余家②。

受益于这种发展,河口镇亦获得了空前的发展。兹引史料如下:

> "河口镇……河口之盛由来旧矣。因屡遭兵燹,兼路由仙霞,贸易稀疏,市井萧条。迄升平日久,生齿渐繁,山川虽故,风景较新。货聚八闽、川、广,语杂两浙、淮扬。舟楫夜泊,绕岸尽是灯辉,爨烟晨炊,遍地疑同雾布,斯镇胜事,实铅巨观。"③

清代河口镇的如此繁荣是,在平定三藩之乱后逐渐复兴的。

就在河口镇日渐繁荣之际,周边地区的游民大举流入了河口镇。但是,"汇聚河口镇的外来人从何地流入多少?"的问题,尚无法寻到确凿的资料。但是从上述万历《铅书》中"铅山之民,主户什之三,客户则什之七。石塘、车盘、河口、傍罗,铅所船马聚托,比屋皆客也"的记载,可以认为以河口镇为首的,以加工纸张和茶叶为中心的中小城市均有大量外地人流入④。河口镇骤增人口的大部分亦可以说是外来人。结果,如前文所述,明末达1万余人的河口镇,但尤其在18世纪中骤增,清末可达10

---

① 乾隆《铅山县志》卷1,地舆志,疆域,"石塘镇",pp. 68 – 69。
② 《铅山新志》,p. 278。
③ 乾隆《铅山县志》卷1,地舆志,疆域,pp. 67 – 68。
④ 在万历。《铅书》卷1,天官书,p. 13a,对于铅山县治南部,同福建接境地域的旌孝乡称,"迩来,客籍辐凑,乡所聚庐而托处,皆尽楮户。"

万余人①。所以就如《铅山新志》对铅山县的统计那样,河口镇的情况亦是省内流入者多来自铅山县附近的诸县地区,外省人则以福建人居多,其次为安徽人。如后文所述,至清代福建人在铅山县和河口镇异常活跃的原因,亦可以从这种思路中加以理解。

总之,乾隆、嘉庆、道光年间,河口镇的城市规模也比明代扩大了许多。镇内的街道扩大为 9 弄 13 街,其中沿信江东西延伸约 2.5 km 的一堡街、二堡街、三堡街和南北延伸的两条街道是最繁华的商业区。各种店铺、货栈及各地的商人会馆大体上集中于该地,其他大小巷、弄有近 50 条②。此外,还有栈店近 2 千余家,沿河有十大码头,每日停泊的大小船舶达两千余艘。因此,这些载货的船只到达港口之后,要等待数日才能勉强拢岸装卸③。至此,河口镇不仅是闽、浙商道的重要商品市场,同时也发展为全国纸张和茶叶的重要集散地,进而跻身"世界贸易圈"。因此,乾隆、嘉庆、道光年间应该是河口镇社会迎来空前繁荣的鼎盛时期,当时的人口大致达到了 10 万余人,其中茶丁、纸丁达三万余人,从清中叶河口镇开常设市替代了定期市④。随之,清朝于乾隆 18 年将"经制把总"移驻河口镇,乾隆 40 年(1775),仅靠巡检司已无法管理河口镇,因此将广信府的同知移驻河口镇,使之管理水陆交通、商务、税收等事务⑤。

对于清代河口镇的这种空前繁荣,可用以下三个背景加以说明。第

---

① 19 世纪中叶曾游历河口镇的罗伯特·福琼(Robert Fortune)认为河口镇当时的人口为 30 万左右(Fortune, Robert, *A Journey to the Tea Countries of China*, London, 1852, pp. 197 - 198,江西社会科学院历史研究所,1987,p. 194)。然而这应该是毫无根据的夸大。但,在铅山县地名志办公室,1985,p. 17 推算那样,还又《河口镇志初稿》,p. 70 称,"道光元年,河口户 12010,丁 100147,其中茶丁、纸丁约占三万余人"。《清朝续文献通考》卷 314,舆地考,江西省,广信府ו称,"铅山县北河口镇,估舶所聚,商务勃兴,人口约五万云"。太平天国经过后的河口镇人口还是五万的话,其鼎盛期的人口有 10 万,可以说不那么夸大。

② 《铅山新志》,pp. 52、278。

③ 沈兴敬等,1993,p. 96。

④ 同治《铅山县志》卷 4,地理,津梁,福惠河,《彭昌运记》(p. 285)。在江南三角洲的市镇发达地区,定期市早自明末就已变成为常设市,但是在江南以外的其他地区有常设市的并不多。参见吴金成,2007A,第三篇第一章。

⑤ 《铅山新志》,pp. 11、49。

一,纸张加工业基于周边造纸业的持续发展获得了蓬勃发展,第二,伴随茶叶加工业的持续发展,跻身同西方国家的交易圈,第三,清朝的政策变化。即,清朝从1757年至1842年的85年间,实施了仅认可广州一个港湾为贸易港的所谓"广东贸易体制"(独口通商制度,乾隆22年—道光22年)①。所有商品必须输往广州出口,因此不但是广信府一带,就连福建、浙江的茶叶、纸张和丝织品等商品都要经过河口镇,而且从广州进口并输往福建和浙江的外国商品亦必须经河口镇供给。这为河口镇的发展提供了绝佳的机会。

清代,河口镇尽享繁荣的同时粮食和杂货贸易亦得到了极大的繁荣。关于粮食,史料记载如下:

(1)"铅民大商贸易茶、纸,次等之商贸易粮食。"②

(2)"稻〈铅邑所产不过数十万石,民食不足,犹冀弋(阳)、贵(溪)之米以济民食〉。"③

(3)"安仁、东乡、弋阳、贵溪与铅为隣,四县皆产米之地,米商运至河口。粮食为第三大宗。"④

关于杂货贸易,据万历末年(17世纪前半期)的记载⑤,通过河口镇输往铅山各地的货物有从遥远的外国进入的诸如胡椒等香辛料和木材,还有从中国各地进入的各种杂货及其他各种食品共有百余种。在清代,这种惯行继续持续,在杂货中棉花和棉布最多,据说仅铅山消费的数额就达三十余万两,经河口镇运往其他诸县的数额达2百余万两⑥。换言之,河口镇输出铅山县和周边诸县生产的纸、茶、竹器以及浙江的丝织品等商品,又从江西省内或中国其他地区乃至海外进口的铅山所需商品,发挥

---

① 参见本书第一篇第三章。
② 光绪《铅山县乡土志》(钞本),实业类,"商"。
③ 光绪《铅山县乡土志》(钞本),"物产类"。〈 〉是割注。
④ 光绪《铅山县乡土志》(钞本),商务类。
⑤ 万历《铅书》卷1,食货书,pp.70a。
⑥《铅山新志》,pp.280-283。

了"八省码头"的功能。

然而,"自开海禁,水陆不通,铅山商务,从此困穷"①那样,自19世纪中叶的五口通商之后,浙江、福建的茶叶大部分不再走河口,雪上加霜的是随着洋纸输入中国市场,河口镇的繁荣日渐萎缩。但是,河口镇自开埠之后,作为赣东北货物集散地的地位似乎在一定程度上得以维系。因为据1852年刊行的某西方人的游记称,"河口镇为中国内地最重要的市镇之一。……从河口的面积判断,并与其他城市比较,我想此地约有30万居民"②。据说,光绪年间(1875—1908),河口镇的商店有1900余家,民国初年亦有10万人口,2千余家商店③。然而,关于铅山县纸张,光绪34年(1908)的报告称,"昔年可售银四五十万两,近年洋纸盛行,售价不满十万之数"④。因此开埠后,随着制茶业的日渐衰落和洋纸的不断进口,河口镇及其周边地区的制茶业和土纸业、柏油业等均受到严重影响,从而河口镇的经济逐渐衰落。直至1920年代,"连史纸"的生产尽管不如从前,但还算兴盛,河口镇凭借生产其他竹器和夏布等的工商业生产维系着其命脉⑤。给河口镇的衰落带来决定性影响的是,1930年代闽赣公路、上(饶)鹰(潭)公路以及浙赣铁路的相继开通。至此,河口镇的"八省通衢"地位不得不让位于上饶市。

Ⅱ. 造纸业与纸张商人

明清时代,河口镇能够获得发展的背景中,不但有河口镇位于水陆交通要地的地理优势,还有铅山县及其附近诸县地区发达的造纸业和茶

---

① 光绪《铅山县乡土志》(钞本,不分卷),商务类。
② Fortune, Robert, *A Journey to the Tea Countries of China*, London, 1852, pp. 197-198,江西社会科学院历史研究所,1987, pp. 194。然而关于河口镇的人口多达30万的描述,应是毫无根据的夸大。
③《铅山新志》,pp. 283;曹树基,1997, pp. 602。
④ 傅春官,《江西农工商矿纪略》,第5册,铅山县,商务。
⑤ 西山荣久,1928, pp. 315。

叶加工业等手工业背景。其中,造纸业是铅山县第一特产品。据万历年间的记载,"铅山惟纸利……二曰茗荈之利"①,直至清末尚有"铅山土物,此为第一"②的记载,至20世纪初,江西生产的纸张占中国纸张销售总额的20%,在江西81县中,生产纸张的县占一半以上,其中广信府地区生产最多③。

广信府地区,尤其是铅山县造纸业能够确保这种优势地位的背景有如下四条。第一,自然条件的优势。铅山县气候温暖,降雨量充足,土地肥沃,因此适合竹子这个纸张原料的生长,从而具备了造纸的有利条件④。所以在广信府一带,早在明初便有槽房勃兴。最先形成的是玉山县,继而形成了永丰(今广丰)、铅山、上饶等县。各地槽坊均位于山间溪流沿岸,便于打料清洗⑤。

第二,技术条件的先进性。自明代就被称为中国造纸中心的江西广信府、浙江衢州府和福建建宁府是彼此接壤的地区。当地竹资源丰富,且彼此交流和传承传统的造纸技术。自明代以来,铅山县生产的纸张品种有连史纸、奏本纸、毛边纸、蓬纸等14种。其中,连史纸"洁白如玉,防虫耐热,久不变色",因而素来有"寿纸千年"的称誉,是曾经用于书画、古籍线装印刷的佳品⑥。连史纸从砍竹到成品需要近一年的生产时间,而且生产工艺亦非常复杂。兹引史料如下:

  "物料浸放清流急水经数昼夜……工难细论,虽隆冬炎夏,手足不离水火。谚云,片纸非容易,措手七十二。"⑦

这种连史纸的制造技术,嘉靖前后(16世纪中叶)随福建人的流入而传入

---

① 万历。《铅书》卷1,食货书第5,pp. 68a。
② 同治《铅山县志》卷5,地理,物产,"纸"。
③ 《江西近代贸易史资料》,江西人民,1987,pp. 237。
④ 对于竹的特性和竹纸制造的收益性,参见彭泽益,1962,p. 119。
⑤ 万历《江西省大志》卷8,楮书引,建置,p. 819;同书,卷8,楮书引,"槽制",p. 921。
⑥ 商务印书馆1934年出版的《四库全书珍本初集》亦使用连史纸,今日北京荣宝斋的裱画亦大概使用该纸。
⑦ 万历《江西省大志》卷8,楮书引,"材料",pp. 921-923。

铅山,起初生产于陈坊、篁碧、浆源、紫溪等地域,此后随着石塘、石垄、车盘、英将、湖坊、杨村、港东、长港、旌孝等铅山所辖地域亦逐渐生产纸张,成为赣东北地区的造纸中心①。奏本纸又称官柬纸(柬纸),是富贵之家用于信件、名片、帖子等的高级纸张,最高级的是宫中用于格子窗的"棂纱纸"②,最厚的优质纸张是观音纸③。

随着铅山县造纸业的发展,出现了分工,随之需要大量的劳动力。据史料记载:

(1)"案匠作乃槽户自备,其槽房工匠亦多募工成造。每槽动以千计,每人日给工食银三分,而工师、匠人种种不一。"④

(2)"每一槽四人,扶头一人,舂碓一人,检料一人,焙乾一人,则日出纸八把。十有三把为一石,八日而得五石,石货银七钱,五七而得三两五钱也。"⑤

(3)"(石塘镇)纸厂槽户不下三十余槽,各槽帮工不下一二千人。"⑥

可见,(a)槽户(作坊主,纸厂经营人)自行建立几个纸槽,准备工具和材料之后,招募工匠⑦。(b)工匠各自根据职能"日给银三分","工师、匠人

---

① 《铅山新志》,pp. 215-216、278。
② 宋应星,《天工开物》,卷中,杀青。
③ 项元汴,《蕉窗九录》(许怀林,1993,p. 526 再引)。
④ 万历《江西省大志》卷8,楮书引,匠役,p. 920。"每槽动以千计"应是夸大。
⑤ 万历《铅书》卷1,食货书。纸工通常从4月至12月劳动240天左右。
⑥ 陈九韶,"封禁条议"(万历28年),康熙《上饶县志》卷10,"要害志",pp. 12-20。据徐晓望,1986,民国年间河口镇附近有多家大型纸厂,一个纸厂拥有几座到十几座纸槽,加上各道工序的雇工,总雇用量常达数百人。从以明清时代的纸槽似乎这样。因此塬文中"一二千"的记录,或者是"一二十"的谬误,或者是夸大。在《铅山新志》卷10,工业,轻工业,pp. 214,亦认为"一、二十"。
⑦ 但是,槽户中"(篷纸)一煮一燰,一人成之,日可四块……块有十斤,则货银五分"(万历《铅书》卷1,食货书)那样,早自明末就有生产粗纸(低级纸)的,家庭个体户性质或农家副业性质的小规模槽户。

种种不一"①。(c) 由于连史纸、毛边纸等印刷、书写用高级纸张的生产量大,而且其宽幅亦很大,所以槽户不但需要专业造纸工 4 人,还需要数名帮工,因而在 10—20 人左右的雇工之间形成了分工。然而如上所述,"铅山之民……客户则什之七",这些雇工早自万历年间便大多为"客籍流民",故此专业性较弱,且季节性的性质较强。

第三,随着教育和书院文化的发达,以及城乡居民的日常生活、祭祀、宗教活动、瓷器等商品包装对纸张的消费增大,尤其是伴随清代的人口增加、经济发展以及图书出版的增长,对纸张的需求与日俱增②。第四,由于国家政策变化的影响。明初,明政府在南昌西山(今翠岩寺遗址)设造纸局,遣宦官监督生产量和纸质,供应皇室和朝廷所需的纸张。此后广信府的玉山、铅山、上饶、永丰(今广丰)等诸县的造纸业逐渐发展,于是又将造纸局迁往了广信府。此后,宦官频繁往来采办纸张,因而铅山县的造纸业进一步发展,这也促进了河口镇的发展③。

然而这种造纸业的发展亦增加了江西人的负担。换言之,明代,铅山县要供给皇室、中央及各省衙门所需的纸张。皇室遣宦官督造御用纸张过程,中央官府用纸则照户部的命令。这些纸张的规格、品种及数量有严格的限制,多的时候达到 28 个品种,900 余万张。每年仅中央官府用奏本纸就达 30 万张,这些均由铅山县石塘镇纸槽生产④,生产所需 732 两工本银被分派于南昌、抚州、建昌、广信四府。非但如此,供给宫中和中央官府的其他纸张的工本银和包装、运输等杂费也全部由江西 13 府 78 县以"秋粮内带征,每米一石征银五厘零"的形式分派,极大地加重了江西人的负担⑤。

---

① 与清代同为江西四大镇之一的景德镇陶瓷工相比,纸工的薪金水准不过其 2/3 左右。参见本篇前章。
② 与许涤新、吴承明,1985,p. 418;徐建青,1997。
③ 许怀林,1993,pp. 526 - 547。
④ 吴春(贵溪人,宪副),"石塘陈公堤记",万历《铅书》卷 7,碑记。
⑤ 万历《江西省大志》卷 8,楮书引,料价,pp. 924。但,他省地方官衙所需纸张或经商人之手,或派遣官吏采购。

尽管如此，自明代中期铅山县的造纸业急速发展①。其中石塘镇还向以造纸业为主的专业市镇发展②。对于石塘镇，万历28年（1600）的记载称，"纸厂，槽户不下三十余槽，各槽帮工不下一二十人"。如上所述，生产中央官府用的所有奏本纸30万张等，"每岁造办，不知几万亿"。根据万历《铅书》③的内容研究，明末石塘镇30余槽，每槽日产量和年生产日数而计算，石塘年产上料纸11583000张，其中政府购买的奏本纸为30万张，占总产量的2.6%④。这种趋势在19世纪依然如故⑤。因此明末的石塘镇是不亚于河口镇的巨镇，人口似乎达最多一万人左右⑥，平时外来纸工近万人，铅山河边始终停泊小船200余只，故得到"小苏州"的称号，每日消费的粮食、食盐、百货等均通过河口镇输入⑦。

然而曾经如此繁荣的石塘镇，在明清交替期和三藩之乱期间遭到彻底的破坏，石塘镇隶属的整个广信府地区的造纸业亦遭彻底破坏。兹引史料如下：

> "看得……在昔未经荒乱，槽多人众，尚难抄造，不能完结。迨及今日，地方屡遭兵燹，人民大半逃亡……兼之物力有难，百倍于昔。其槽房厂局，久已悉成荒榛……据该府（广信府）知府朱治泰申称：广土凋残，地荒民亡，造纸处所，悉属盗踞，槽毁匠绝。"⑧

在经历明清交替期的动荡和三藩之乱期间，造纸业遭受的破坏经数十年才得以恢复。至乾隆初年，铅山县内造纸业的繁荣已超越了明代。例如，石塘镇的造纸业，"石塘一镇，贾客贸迁，纸货为盛"那样，尽管发展

---

① 在万历《铅书》卷1，天官书，p. 13a，对于县治南部分境地域的旌孝乡称，"迩来客籍辐凑乡所聚庐，而托处皆尽楮户"。
② 万历《铅书》卷首，修志教。
③ 万历《铅书》卷1，食货书。
④ 萧放，1989，p. 63；《铅山新志》，p. 278。
⑤ 光绪《铅山县乡土志》（钞本），物产类，"连四纸"。
⑥ 许大龄（1956，p. 924）推算，万历年间石塘的纸工人数为5、6万人，但这有过于夸大之嫌。
⑦ 沈兴敬等，1991，p. 94；《铅山新志》，p. 278。
⑧ "户部尚书车克等题"，《清代钞档》（顺治10年8月16日），中国社会科学院经济研究所藏（彭泽益，1962(1)，p. 259再引）。

繁荣。然而在动荡期由于多半槽工逃亡,因此至康熙中叶获得恢复时,槽厂的雇工大部分是从外地流入的流民。而且其中大多是福建流民,随着他们的流入土纸生产获得了极大的发展①。

经过这种发展,铅山县的造纸业在乾隆、嘉庆、道光时期(1735—1850)迎来了鼎盛期。据说,当时从事造纸业者占全县户口的三四成②。如果依照这个比例,根据乾隆年间的正式户口统计表3-2-1计算,那么得出的铅山县的从事造纸业者有12000至13000户,4万—5万人。如果认为该数字是槽户(纸户、纸厂所有户)与受其雇用的槽工(造纸业工人)③,加上河口镇及其他镇地域的纸商及受其雇用的人数之合,那么它是可以让人首肯的数字。据最近的研究,在铅山县的造纸业最为繁盛的乾隆、道光、道光年间,铅山县有槽户2300余户,纸张的品种亦有五大类20余种,日产土纸一千余担,河口镇的纸店、纸号、纸行、纸庄等百余家店的年总销售额达四五十万两④。直至民国初年,从事造纸业者尚有2万余人,年产量达2万余吨⑤。即便是由于洋纸的大量进口使得土纸生产受到极大萎缩的1940年代,河口镇纸张的年产量亦接近八万件⑥。

那么在明清时代获得上述发展的铅山县的造纸业,同河口镇具有怎样的关系呢?明代,河口镇的性质基本上是纸张的中转贸易港。换言之,产于铅山县各地的纸张被商人收购之后,或经陆路运输,或经铅山河、杨村河、陈坊河,以小舟运抵河口镇,转给纸行、纸号。产于玉山、永

---

① 只是从地方治安的层面来看,他们的存在是极大的威胁。但是,铅山县有能力的造纸工还进入邻近的浙江龙游地区被槽厂雇用为工匠。陈学文,1993,p. 433参照。
② 同治《广信府志》,卷1之2,"物产",p. 116下称,"铅山之纸,精洁逊闽中,然业之者众,小民借以食其力十之三四焉"。
③ 应该考虑,以竹造丝(竹丝即造纸的塬料)过程的雇工,造纸过程中的十三道工序(每道工序各拥有若干工人,分工协作),一个纸厂拥有几座到十几座纸槽,加上各道工序的雇工,总雇用量常达数百人。参见徐晓望,1986。
④ 傅春官,《江西农工商矿纪略》第5册,铅山县商务,pp. 6;《铅山新志》,p. 214。
⑤ 傅春官,《江西农工商矿纪略》第5册,铅山县,商务,《铅山新志》,pp. 214,278;吴炳全、傅之潮,"河口纸市",《江西名镇河口镇》(《铅山文史资料》5),1991,p. 14。
⑥ 《工商知识》4-2,1947(转见《江西近代贸易史资料》,江西人民出版社,1987,p. 244。该数字比清末缩减了8/10左右。

丰(广丰)、上饶等广信府各县的纸张同样由商人以小舟运抵河口镇。产于武夷山南边的福建光泽、崇安等各县的纸张则翻越分水关运抵铅山的陈坊、湖坊、石塘、紫溪等地域之后,再利用小船运至河口镇。如此汇集于河口镇的各地纸张均被重新包装之后,被销往河南、信阳、芜湖、舒城、安庆等地①。清代,河口镇在纸张贸易上的性质同明代并无区别。但是各地需要的纸张的规格和名称各自不同,所以在河口镇被重新包装的纸张被称为"申装"、"汉装"、"京装"、"杭装"、"津装"、"徽装"、"宁波装"等②。

清代的河口镇不但是附近各乡和诸县生产纸张的集散地,还作为中国造纸中心之一而名声大振③。因此追随纸利汇聚的商人也很多,故此乾隆、嘉庆时期河口镇的纸店、纸号、纸栈、纸庄多达百余家④。

但是,纸商在河口镇开展经商活动过程中,随着时代的变化,引领河口镇商权的商人亦有沉浮。兹引史料如下:

  (1)"按楮之所用为构皮、为竹丝、为帘、为百结皮。其构皮出自湖广,竹丝产于福建,帘产于徽州、浙江,自昔皆属吉安、徽州二府商贩装运本府地方货卖。"⑤

  (2)"郡中出产多而行远者莫如纸。……上饶、广丰、弋阳、贵溪皆产纸……槽户倩人治料、施工、成纸……今业之者日众,可资贫民生计,然率少土著。富商大贾挟赀而来者,大率徽、闽之人,西北亦间有之。"⑥

对其加以概括如下:明代,江西省内的吉安商人及邻近的徽州商人,通过从外省输入槽户所需的工具,将产于铅山县等地的纸张销往外地,控制

---

① 万历《铅书》卷1,食货书。
② 《铅山新志》,pp. 278。
③ 吴炳全、傅之潮,1991。
④ 《铅山新志》,pp. 278。
⑤ 万历《江西省大志》卷8,楮书引,"材料",pp. 921-923。
⑥ 乾隆《广信府志》卷2,地理,物产,pp. 230-231。

了河口镇纸业界。但是经明清交替期至乾隆年间,参与造纸业者很多,但是营销者却多是外地商人,在纸商中,早自明代进入的徽州商人继续壮大,但是至乾隆、道光年间省内的吉安商人消失,福建商人取代其成为新的富商,还出现了少数晋商。至清末,福建商人已在河口镇建全福会馆、邵武会馆、天后宫等三个会馆和萧公庙,在铅山县各地建了13个会馆和寺庙,由此可知福建商人之多①。福建商人的活动如此活跃,可从前文所述的,流入铅山县的外省人中福建人占绝大多数的脉络中加以理解。领导河口镇的纸商在民国时期再次发生变化。尽管期间的变化过程并不分明,但是江西省内建昌(南城)、徽州商人最多,其次为临川、金溪商人②。

徽州商人早自万历年间便进入山中,以槽户为对象实施了"前贷制生产"③,清代大多数纸商向槽户进行前贷(称此为"放槽"),而条件是槽户优先供应其生产的纸张④。因此不但是徽州商人,福建商人可能也实施了"前贷制生产"⑤。如后文所述,晋商在清代以河口镇为中心,通过茶叶贸易蓄积了大量资本,因此与其说晋商是单纯的纸商,毋宁说是在茶叶贸易中,部分涉及了纸张贸易的商人。故此,清末河口镇的纸张贸易额达四、五十万两左右⑥。

河口镇纸商的规模有许多种⑦。在纸商中,称那些没有门市部或栈房,只零售或批发兼零售的较小规模的店铺为"纸店"。称专门从事批发业的商人为"纸号",大规模纸号雇用店员20余人,并在石塘等纸张产地

---

① 同治《铅山县志》卷7,建置,"坛庙"。尤其是天后宫,至乾隆49年为止尚不过一处,然而至同治年间则增至六处。
② 吴炳全、傅之潮,1991,p.16。关于这些商人势力的沉浮问题需要另文论述。
③ 天启《新安休宁名族志》卷3,"瑞芝坊吴氏"条。
④ 吴炳全、傅之潮,1991,p.21。
⑤ 藤井宏,1953,p.109。清代,福建纸商的活动尤为闻名。其中,延平和邵武两府出身的纸商甚至在遥远的北京亦建立了会馆,商业活动开展得非常活跃。参见李华,《明清以来北京工商会馆碑刻选编》,"延邵纸商会馆碑文"(道光16年),文物出版社,1980,pp.98-99。
⑥ 傅春官,《江西农工商矿纪略》第5册,铅山县商务,p.6。
⑦ 吴炳全、傅之潮,1991,pp.16-25。

设置了分店,每天接待来自上海、杭州、汉口等大城市的水客(采购员、推销员)七、八人。规模比纸号更大者被称为"纸行"。它们是中介纸张卖买的牙行,又称"经纪人"。在河口,纸行并不多,大致是山乡的槽户将其所产土纸委托于纸行销售。称那些为外来客商收购、转运纸张的商人为"纸庄"。诸如位于河口镇三堡街的"益裕"纸庄则以"纸店"的商号运营,有店员十六七人,自清末以来处于持续的繁荣之中。然而有些纸店或纸庄在河口镇建立作坊,以独立商标加工销售红纸、锡箔纸、白色有光纸、红黄兰多色有光纸,亦有兼营木版印刷、制本、图书、文具或南货、棉布的纸店和纸号①。

　　这些河口纸商经营管理的基本战略大体如下②。第一,"深入产地备货",即河口镇纸商派水客至纸张产地收购(称此为跑槽),或委托当地人收购,或在山乡的竹产地直接设槽生产纸张,或同山乡的槽户合资设槽造纸。这些大规模纸商大体上为槽户提供前贷之后,被优先供应所产纸张。第二,"讲究商品质量",即从纸槽购入的纸张是按"块"计量(称此为"槽块"),当纸张生产接近尾声时,必须加工整理并改装之后出售。从而加工改装"槽块"的过程,才是纸商切实提高商品质量的过程。然而由于各地要求的纸张规格和名称各自不同,因此在河口被包装为申装、杭装、京装、汉装、徽装、饶装、省装、津装、宁波装等。第三,"把握市场行情",即随着对纸张销路的竞争加剧,有必要快速掌握上海、杭州、汉口等大城市的市场信息,因此纸商们尽可能地重视同这些地区的信息交流。第四,"灵活机动",即纸商为了扩大利润,在售出纸张的地区不会空船返回,而是必定满载棉花、棉布、陶瓷、粮食等当地商品归来出售(称此为回头货),而且尽量雇用大商人的亲戚从事管事(经理)、账房(会计)、信房(业务)、号馆(质量管理)等业务,学徒亦大体上雇用亲友或同乡人的子弟。

---

① 吴炳全、傅之潮,"河口纸市",《江西名镇河口镇》(《铅山文史资料》5),1991,pp. 17 - 18。
② 吴炳全、傅之潮,1991,pp. 20 - 25。

Ⅲ．茶叶加工业与茶商

如前文所述,河口镇不但是造纸中心和纸张的中转贸易中心,而且还以红茶加工和茶叶交易闻名于当时的中国。铅山县早自宋景佑年间(1034—1038)便出产周山茶、白水团茶、小龙凤团茶等,成为朝廷的贡品,明代的茶利仅次于纸利①。明宣德和正德年间(1426—1521),铅山县生产了小种河红、玉绿、特贡、贡毫、贡玉、花香、香馨等名茶,至万历年间(1573—1620)随着"河红"的声名远扬,外地商人至河口、石塘、陈坊等地争相购入"河红"②。如后文所述,清代河红作为中国最早出口的红茶,在国际市场亦是非常有名③。

但是,在明代,铅山县的茶业发展并不那么顺利。本来广信府七县均产茶,但是优质茶仅出自铅山县,随着原本制定的贡纳额之外的负担日渐加重,出现了茶户们购买其他地区的茶叶来充当的弊端。然而明末要求以银缴纳茶课,于是茶户到了或借高利贷,或卖妻来缴纳赋税的境地,甚至出现了不少逃跑的情况④。而且如上所述,在明清交替期江西全境成了无政府状态的空洞社会,所以铅山县的茶叶加工业亦不得不衰退。

但是,清代由于朝廷采取了休养生息和茶贡免除政策,加之来自英国的茶叶需求骤增等原因,铅山县的茶园迅速恢复。然而如前文所述,在明清交替的动荡期和清初有大量福建人流入,他们之中亦有很多福建茶农进入铅山,垦荒种茶,这对铅山茶区的中兴产生了决定性影响。今天铅山县陈家寨乡的茶山蒋家、港东乡的茶园张家、湖坊乡的茶树坪严家、英将乡的茶坑源等村庄的居民,大体上是康熙、雍正、乾隆时期从福

---

① 万历《铅书》卷1,食货书称,"惟纸利……二曰茗舛之利"。
② 《铅山新志》pp. 217 - 279。
③ 日后河红的茶师到南昌府的武宁、修水等地制成的红茶便是"宁红",在徽州府婺源、祁门等地制成的红茶便是"祁红"。
④ 郑日奎,《游西阳山寺记》,乾隆(49年)《铅山县志》卷2,物产,p. 132。

建上四府迁入的茶农的后裔。清代铅山的茶园面积被推算为近两千顷①，该数值相当于当时铅山县田地的 1/3。至清末，在江西省 81 个县中，有 50 余个县生产茶叶，对于铅山县亦称，"铅山产物，纸外惟茶"②。乾隆、嘉庆年间(1736—1820)，铅山县境内从事茶叶加工者，被推算为达二、三万人，只河口一地的茶行有 48 家③。

同纸张的情况一样，铅山县各乡和广信府各县生产的茶叶，首先通过水陆交通运抵河口镇，在那里经过加工和再包装之后，被销往外地。乾隆 22 年(1757)，"广东体制"建立之后，福建、安徽地区的名茶亦被运抵河口镇加工、转运④。因此在乾隆、嘉庆年间，河口镇的茶业贸易迎来了鼎盛期。

被运抵河口镇加工的茶叶的输出路线，在明代有东、西两路⑤，清代有南、北、东三个路线⑥。首先来考察一下南路。该通商路线是经过河口→信江→鄱阳湖通向赣江→大庾岭(梅关)→广州的"大庾岭商道"。由于倭寇对沿海造成的威胁，该条运输线路早自明代就受到重视，乾隆 22 年(1757)"广东体制"建立之后受到了进一步的重视。例如，产于武夷山南部崇安、光泽县各地的福建茶，首先集中于当地的星村，再用木排装载 12 箱左右运至崇安。在此借助脚夫之力，每人搬运 1—2 箱翻越分水关由陆路运输至铅山的石塘、陈坊等地。由此则利用装载 22 箱的小舟沿铅山河与陈坊河顺流而下至河口镇，加工、再包装后输出。从河口镇开始利用可装载二百箱的大船沿信江而下，经鄱阳湖沿赣江逆流而上抵达赣州府城。从赣州利用可装载六十箱的船只到达南安府大庾县，再以脚

---

① 滕振坤，《河茶春秋》，《江西名镇河口镇》(《铅山文史资料》5)，1991，pp. 27 - 28；铅山县地名办公室，《江西省铅山县地名志》，1985。
② 同治《铅山县志》卷 5，物产，土特产类。
③ 《铅山新志》p. 280。
④ 在广信府所辖地区有上饶、玉山、广丰、铅山四县是产茶地，其中有名的是"河红"和玉山县的"玉绿"(《江西近代贸易史资料》，1987，南昌，p. 187)。
⑤ 东路与后述的清代的东路相同，西路则沿信江而下至鄱阳湖经南昌或九江输往各地的商路。
⑥ 参见滕振坤，1991，pp. 29 - 30。

夫之力翻越大庾岭（梅关）到达广东省南雄，由此重新利用小舟抵达韶州后换乘装载可五、六百箱的大船经北江和珠江抵达广州。从星村至广州的通商路程通常需要五、六十天左右①。1760—1771年间，在广东装船的茶叶48％产自福建，至1800年增至69％。浙江生产的丝织品亦必须在河口镇再包装之后，通过南路运输至广州②。

北路则是从河口经信江→鄱阳湖→九江→武昌→樊城→泽州→张家口→内蒙古，连接西伯利亚的商路。雍正5年（1727），中国和俄罗斯签订"恰克图条约"（恰克图界约）之后，主要被用于同俄罗斯的贸易。大体上从乾隆33年（1768）开始茶叶成为该贸易之路上的大宗商品。东路则从河口镇沿信江逆流而上至玉山，再依靠脚夫之力翻越屏风关，经浙江的常山→钱塘江→杭州→大运河最终连接上海的商路。江西商人通过该商路获取了不少利益。道光年间，当江西商人在上海建会馆时，其资金的3/4是由江西茶商提供的③。

如上所考，由于河口镇茶业兴旺了200余年④，因此培育了许多制茶技工。此后随着中国各地大量形成中心茶市，河口镇的制茶技工不但分布于江西省各地，还走进闽、浙、皖、湘、鄂诸省以及上海、广州地区从事于制茶业，中国茶界称他们为"河帮茶师"或"江西帮茶师"。民国时期他们的月薪达四、五十银元。广信府所辖各县和武夷茶的产地福建崇安县的茶师大体上亦为河帮茶师。民国时期，上海的茶师有五百余人，其中河帮茶师达三百余人，其次是徽帮，有百余人⑤。20世纪初，景德镇附近的浮梁县有茶户67个，每个茶户雇用茶师十余人，他们大体上是河口镇

---

① 波多野善大，1961，pp. 129 - 130；《江西近代贸易史资料》，1987，pp. 216 - 218。
② 韩书瑞、罗友枝，1987，pp. 170。
③ 上海博物馆，1980，pp. 334 - 337。
④ 福琼，1852，pp. 197 - 198，262 - 270《江西近代贸易史资料》，江西人民，1987，pp. 194，215再引）。
⑤ 滕振坤，1991，pp. 36 - 38；许怀林，1993，pp. 581 - 583。河帮茶师的制茶技术世代相传、亲族相授，不传他人。

的茶师①。因此,可以说"河帮茶师遍天下"。

随着河口镇发展为茶叶加工和中转站,四方的茶商顺着茶利汇聚于此②。汇聚于河口镇的茶商除了本地茶商和省内的建昌茶商之外,还有山陕、徽州、福建、四川、江浙、湖广商人,但是从清初至中叶,徽商和晋商手握大资本把持了茶叶贸易③。尤其是曾经把持中俄贸易的山西茶商逐渐做大势力,至乾隆、道光年间其资本可能超过了徽商④。由于晋商携带巨额多有不便,因此清后期山西票号在河口镇建立了分号,这是其在全国建立的六个主要分号之一,一年收汇达十余万两⑤。晋商在河口镇设庄收购、加工茶叶,也直接进入武夷山的茶叶产地购买毛茶,并运输至河口镇精制装箱运输⑥。兹引史料如下:

"清初,茶叶均系西客经营。由江西转河南运销关外。西客者山西商人也。每家资本约二三十万至百万。……首春客至,由行东赴河口欢迎。到地将款及所购茶单,点交行东,恣所为不问。茶事毕,始决算别去。"⑦

通过该史料,可以了解以河口镇为中转站往来于武夷山产茶区域的晋商的威势以及这些客商同武夷山当地行东(茶行、茶叶牙行)的关系⑧。而

---

① 梁淼泰,1991,pp. 272。
② 张瀚,《松窗梦语》卷 4 称,"盐、茶之利尤巨,非巨商贾不能任"。
③ 滕振坤,1991,p. 30;萧放,1989;张海瀛、张正明,1993;林树建,1993,pp. 458-459。而且清朝向江西发放的茶引及茶课事务,大体由徽州商人办理。
④ 许涤新、吴承明,1990,p. 222。
⑤ 萧放,1989,p. 64;许檀,1998,p. 116。
⑥ 波多野善大,1961,p. 129。
⑦ 衷干,"茶市杂咏",彭泽益,《中国近代手工业史资料》(1),1962,p. 304。
⑧ 武夷山当地的牙行甚至到河口镇,为携巨资而来的西客做当地向导,极其尽心地对待西客。对于清初江南,叶梦珠,《阅世编》卷 7,食货 5 称,"前朝标布盛行,富商巨贾,操重资而来市者,白银动以数万计,多或数十万两,少亦以万计。以故牙行奉布商如王侯,而争布商如对垒。牙行非借势要之家不能立也"。江南的牙行为了将携巨资云集江南的各地客商发展为牢固的客户,同其他牙行展开了无限竞争。武夷山的茶叶牙行为了确保拥有巨资的晋商这个客户,也采取了同样的措施。

且晋商不但在河口镇,还在石塘、陈坊等纸张和茶叶产地建立了山陕会馆①,会馆拥有可容纳千余名的剧场,非常壮丽。此外,会馆还置下田地以筹集基金②。

曾经如此繁荣的晋商,随着清末的开埠同样逐渐走上了衰退之路。由于武夷山的茶叶直接运往了福州,因此当地的茶庄取代了晋商③,而俄罗斯、英国等外商则直接到汉口购入茶叶④。但是在1870年代之后,俄罗斯仍然进口江西茶的80%以上,是江西茶叶的主顾客,这种需求一直持续到俄罗斯革命时期⑤。

随着茶叶加工业的如此发展,自清中叶河口镇的茶叶交易额似乎超过了纸张交易额。因为在《江西农工商矿纪略》称,"开设茶庄四十八家,可售价四五十万元"⑥,《铅山县乡土志》称,"昔年红茶繁盛,商家采办,每年不下百万金"⑦。

在乾隆、嘉庆年间(1736—1820),即河口镇茶叶交易的鼎盛期,河口镇的茶庄达48家,交易额达一二百万两⑧。在这些茶庄中,有饶、吕、郭、庄氏等拥资百万的四家大茶商,人称"四大金刚"。其中"饶"指旌德商人饶懋(安徽旌德人),在乾隆后期来到河口兼营纸张和茶叶而日渐兴隆,到其子饶廷标一代进一步兴旺,其孙饶佩勋进士及第之后才停止了直接经营。这些茶商不但贩运茶叶,还直接干预生产过程⑨。有推算乾隆、道光年间,在铅山县从事茶叶加工者达两三万人⑩。据近年的分析,河红达

---

① 同治《铅山县志》卷7,建置志,附各会馆,pp. 523 - 525。
② 萧放,1989,p. 64;滕振坤,1991,pp. 30 - 31;许檀,1998,p. 116。
③ 许涤新、吴承明,1990,pp. 222 - 223。
④ 郭蕴深,1985,p. 154。
⑤ 陈洪波、万振凡,1994。
⑥ 傅春官,《江西农工商矿纪略》第5册,铅山县商务,p. 6。
⑦ 光绪《铅山县乡土志》,物产类,茶,"红茶"。
⑧ 傅春官,《江西农工商矿纪略》第5册,铅山县商务,p. 6;光绪《铅山县乡土志》,物产类,茶,红茶。
⑨ 滕振坤,1991。
⑩ 《铅山新志》,p. 208。

到巅峰时,在河口镇加工、转运的武夷山茶和广信府的茶叶每年超过千万斤①。但是从整体来看,河口镇的茶叶加工业越接近19世纪末,越是急剧衰落,其原因是日本、印度生产廉价茶出口西方②。

这些茶商根据规模可分为茶店、茶行、茶庄等,全部集中于河口的9弄13街上③。茶店或从河口市场,或下乡从山户④收购茶叶加工之后出售或转销给茶庄。他们大多为本地人,资金有二三百两。茶行作为茶叶中介人,拥有资金数百、数千两,雇用的职工有10—100余人。茶行不但营销茶叶,还加工茶叶。通常一个茶行有师傅约20人。茶庄从山户购买生叶或毛茶进行再加工和运销,但是这通常由客商开设。他们资金雄厚,多则达数十万两,少则亦有数千两,雇用的职工多则有一二百人,少则亦有二三十人。茶庄为了确保茶叶或毛茶,常常向山户提供前贷。

清末,建昌(今南城)茶商非常活跃。《河茶春秋》的作者滕振坤之母的曾祖江老保是建昌茶商,在河口镇二堡街、石狗弄、江家弄(今新街背)⑤、十家弄等开设了茶庄、茶行、茶叶加工作坊、仓库等,来往于上海经营茶业,在各茶区设茶园收购毛茶。自同治年间以来一度非常繁荣,但自光绪20年以后随着河红的地位在国际茶叶市场急剧下降⑥,江氏子孙日渐衰落⑦。现存于河口镇一堡街的"建昌会馆"遗址位于信江沿岸,前面是店铺面向一堡街,内部有仓库,最里边则同他们专用的信江码头相连,便于装船和发运⑧。茶庄的房屋大体都具有这种前店后坊形式,通常为三四进,大的有六七进,是便于收购、囤集、加工、销售茶叶的结构。

---

① 萧放,1989,p.64。
② 傅春官,《江西农工商矿纪略》第5册,铅山县商务,p.6;同书,铅山县,工务。
③ 波多野善大,1961,pp.98-131;滕振坤,1991,p.30。
④ 直接种茶、采茶,并制成毛茶(粗制茶),售给茶庄。
⑤ 这里的建筑由六栋大屋构成,占地二万平米。
⑥ 傅春官,《江西农工商矿纪略》(光绪30年)第5册,铅山县工务称,"县属原本产茶,从前茶庄林立,自光绪二十年以后,茶商歇业殆尽"。
⑦ 滕振坤,1991,p.29。
⑧ 笔者在江西师范大学方志远教授和河口博物馆王立斌馆长的帮助下,于1999年5月4日至5日实地调查了河口镇和铅山县一带。

Ⅳ. 河口镇居民的生存状况

1. 造纸业工人的生存状况

明清时代大部分为外来人的河口镇居民的结构如何,他们的生活如何? 如上文所述,铅山县第一商品是纸张,其次是茶叶。此外,河口镇还是粮食、其他日用杂货等商品的过境贸易和加工贸易发达的地区。由于这些商品均通过河口镇流通,因此河口镇有参与上述生产和贸易的各种居民生活。于是加工纸张和茶叶的大商人及其家族、受雇于他们的人,从事相关作业的纸工、茶工、店员及其家族、与此相关的各种中小商人,可能占了居民的大多数。而且客商、牙行、铺户、脚夫(运搬工)及其家族、其他各种技工、失业工人及游手无赖(不逞之徒)等亦在少数。此外还有一些官吏和胥吏、衙役、弓兵[①]和少数的绅士,从事各种服务业者可能亦不少。

下面为了了解,在河口镇贸易第一大宗商品的纸商所雇佣的工人和店员的生活,拟分析与其密切相关的铅山县槽工们的生活。有明一代,铅山县造纸业的发展同福建地区伴随着里甲制的松弛,被析出的农民流入河口镇成为雇工和工人有着密不可分的关系。如前文所述,"因闽人至铅开垦……升垦田亩"那样,流入铅山与河口镇的闽人除了一小部分开垦荒地(结果增加了垦田面积)之外,大部分做着槽工(纸工)、茶工以及河口镇纸庄店员。然而如上所述,生产纸张"虽隆冬炎夏,手足不离水火。……片纸非容易,措手七十二"[②],而且:

> "纸厂为亡命渊薮,乌合者动以千计,主者患焉。然为役苦,非壮有力者不胜。"[③]

[①] 在河口镇到清末有巡检司、分防同知署、河口署、盐课局、釐金局、河口汛、育婴公所等公署。
[②] 万历《江西省大志》卷8,楮书引,"材料",pp. 921 - 923。
[③] 嘉庆《东乡县志》,风土(从曹树基,1997〈第 6 卷〉,pp. 267 转引)。

那样,由于造纸工程非常复杂和艰辛,因此"槽工"在极其艰苦的环境下作业。

尽管如此,他们得到的日薪就如前文所述的那样,根据技能有所不同,大体上为平均每天 3 分(月 9 钱)银左右①。"槽工"的这种薪金水准比同时期景德镇陶瓷工的薪金要低许多②。而且造纸的生产时期在农历 4 月至 12 月③,因此造纸工们得用约八个月的薪水(72 钱,月平均 6 钱)生活一年。如果以一户五口计,就如景德镇的情况一样,每月至少需要 1 石 2 斗的粮食,如果将其折价相当于 6 钱,其他杂费亦需要两钱左右。所以月平均收入为六钱的铅山县"槽工"的生活应该处于非常恶劣和不安状态之中④。

由于受这种艰苦劳动条件的煎熬,经常发生"槽工"对比薪水的高低而"跳槽"的案例。兹引史料如下:

>"陈黑因喻梅家雇伊破竹造纸,每日议给工钱二十五文。喻梅请陈黑饮酒开工,陈黑查知各篷破竹每工均系钱三十文,当即辞工不做。"⑤

他们还时常表露出自己的不满。如前文所述,铅山土著的造纸技术不熟练,所以雇工均为福建等其他地区的人,他们但凡有些不如意便群体中

---

① 万历《江西省大志》卷 8,楮书引,匠役,pp. 920。
② 在景德镇,差役性质很强的明末官窑工匠的日均薪金仅为 3 分,但民窑的佣工则为日均 4 分(月 1 两 2 钱)。只是明清时期,景德镇的制瓷业由于冬破,从 12 月至二、三月要冬休,所以冬季的生计费用要从春夏秋七、八个月的薪水中花费,所以月均相当于 8 钱左右。如果以 1 家 5 口计算,至少每月需要 1 石 2 斗,将其折价则相当于 6 钱,余下的 2 钱则要由其他的生活费充当。清代,高级技工的薪水属于较高的水准,但是低级技工或简单工种工人的薪水则显著地低于该水准。梁淼泰,1991,pp. 93 - 95、116 - 118、200 - 205、211;佐久间重男,1964,pp. 269 - 270;参见本篇第一章等。
③ 万历《铅书》卷 1,食货书。
④ 大部分纸工属于平时在农村务农,只在农闲期到槽厂劳动的季节性工人(曹树基,1997A,第 6 卷,p. 267)。明清时代,景德镇陶瓷工的一半左右也是季节性工人。参见本篇第一章等。
⑤《清代刑部钞档》,乾隆 48 年秋审(彭泽益,《中国近代手工业史资料》(1),中华书局,1962,p. 397 转引)。

断槽厂的生产,只要有一人病死便制造理由越诉之事非常多①。而且据史料记载:

　　"石塘镇……流民繁多,土著稀少。故槽厂为藏奸之薮,蓬户多生事之徒。……槽工人等拥众歇槽,酗酒赌博,斗狠伤命,盗窃货物,败露免脱,祸累槽户,老死病亡,移尸图赖等情。"②

由于槽工中外地流亡者过多,早自明末便不断发生槽工的骚乱③。

然而上述内容只是石塘镇等造纸业地区的槽户④和槽工们生活艰辛的案例,不是河口镇的案例。如后文所述,河口镇是纸商们对来自各地的纸张,进行加工和再包装之后输往外地的地方。所以河口镇纸商雇用的可能大部分是商店店员、加工和再包装纸张的工人及搬运货物的脚夫。

但是,迄今为止尚未发现记载这些河口镇工人具体生活的史料。然而关于河口镇事情,"河口为闽浙通衢,商旅往来,其死而无归者悉为殡葬"⑤的记载,可能是对明清时代处于非常艰苦环境下的河口镇工人进行的描述。如后文所述,由铅山县和河口镇绅士及商人为核心修造育婴堂、义冢、扩义园的原因亦在于此。作为造纸技工的"槽工"生活尚如此艰辛,那么不具备技能的店员、纸张加工员等佣工、脚夫们的生活,便会更加艰辛和不安⑥。还有这种现象是,"百工技艺佣工人等,多系贫苦之家,缺一日之工,即少一日之食"⑦那样,以明清时代经济最发达的江南地

---

① 康熙《铅山县志》卷1,地舆志,疆域,pp.45-47。
② 乾隆(8年)《铅山县志》卷1,地舆志,疆域,"石塘镇",pp.68-69。
③ 条件稍好的景德镇陶瓷工也是以当天的收入果腹,而且由于时常存在失业、疾病、家庭大事、灾害等风险,因此生活处于非常不安和艰难的状态。本篇第一章等参照。
④ 在槽户中也有资本较为殷实者,所以在明代,亦存在中央政府向他们佥派官纸的情况(万历《江西省大志》卷8,楮书)。然而大部分的槽户由于资本微薄,只能运营一张或数张纸槽(萧放,1989,p.63)。如后文所述,客商或大商人向纸户实行前贷制的原因亦在于此。尽管景德镇民窑的窑户中的极少数成功致富,但大部分却受到客商的控制。参见本篇第一章等。
⑤ 同治《铅山县志》卷17,人物,孝友,熊熙材,p.10a
⑥ 尽管本文做了省略,但是河口镇的茶叶加工和搬运工的条件应该与此类似。
⑦ 《清朝文献通考》卷23,"职役考"3。

区为代表,是全中国普遍的现象。

2. 商人的生存状况

如上所述,清代河口镇进入了大量外来商人①。其中晋商的资本最雄厚,其次是徽州、福建、浙江、抚州、旌德、南昌、建昌等地的商人,被称为"八帮"②。这些外来商人分别建立会馆,以此作为商业活动的基地。至19世纪后半叶,他们在河口镇建立的会馆达22家③。在河口镇的22个会馆中,福建、浙江、徽州、山陕、河南等外地人建立的有10个,江西各府商人建立的有12个。而且在建立者分明的10个会馆中,9个是绅、商合建的。如果考察明清时代中国各地的会馆建立者④,就会发现大部分的会馆或由绅士主导,或由绅、商合建,由于绅士发挥了代表性作用,所以在河口镇的其余建立者不详的剩余会馆亦由绅、商合建的可能性很大。另外,值得注意的是,如果参考明清时代,规模始终比河口镇大的景德镇在乾嘉年间尚且只有7个会馆,至民国年间才增至24个,由此可以推测就进入河口镇的外来商人非常多,且积极展开了商业活动⑤。

但是,进入河口镇的这些商人并非只是争夺商利的存在。下面拟通过最为详细记载其活动的,以下两个案例来了解一下其大致的情况。首先就纸商的情况,可通过关于建昌府新城县出身的商人余勋的记录管窥

---

① 同其他地区一样,河口镇大部分的商人应该也是要以当天的收入果腹的小商人,但是尚未发现具体的资料。
② 光绪《铅山县乡土志》(钞本),古迹类。
③ 在同治《铅山县志》卷7,建置志,附各会馆,pp. 523-525 介绍,全福会馆、永春会馆、山陕会馆、旌德会馆、浙江会馆、徽州会馆、中州公所、南昌会馆、建昌会馆、赣州会馆、吉安会馆、临江会馆、贵溪会馆、瑞州会馆、昭武会馆(抚州商人)、公输子祠等16个会馆。然而,《铅山新志》(p.283)亦引用同治《铅山县志》称,河口镇除了上述16个会馆之外,还有洪都、泾县、万载等会馆和船帮公所等四处。此外,还有抚州会馆(同治《铅山县志》卷3,地理志,津梁)和福建人修建的天后宫(同治《铅山县志》卷7,建置志,坛庙)。
④ 王日根,1996。
⑤ 景德镇只有陶瓷这个单一物品,且不是交通中心,而河口镇却大量交易了纸张和茶叶两种物品,而且是周边数县乃至闽北和浙西广大地区的交通中心,所以对外河口镇的地位似乎反倒比景德镇的地位要高。

一斑。记载如下：

> "随父懋迁河镇,遂家铅山。……与胡威合贩运毛纸,在九都开设三和号,营运颇获利,中年遂起家焉。生平最敬读书人,演师课诸孙,读分经蒙两席,皆隆礼厚俸,塾中屑事,必亲自照料。至于修桥补路施棺送药诸善举,亦无不乐为。子一孙三,晚年,亲见长孙镤拔贡登贤书,次孙铄入郡庠补廪。寿八十七岁终。"[1]

余勋可能是在乾隆年间随父来到河口镇一边开纸庄,一边同普通的大纸商一样在纸产地直接开槽厂,以向槽户实行前贷的形式,试图确保稳定的纸张经营。至余勋的孙辈则培育出了拔贡和生员。移住民的这种成长过程是,在中国各地均能获得印证的现象[2]。

下面来看看南昌府奉新县出身的客籍商人邹隆先的案例。邹隆先之父亦是商人,邹隆先本人经营何种商品不详,但是"奉新邹子隆先,列肆持筹于河口者数十年"[3]那样,他也来到河口镇依靠长期经商获得了极大的成功[4]。其过程,在河口镇等铅山县各地修筑万年桥[5]、安洲渡(又名梅溪渡)、官埠头渡、万年渡(3处)等。尤其在修筑安洲渡时,他捐出河口镇等多处的财产,从乾隆22年历经两年修造完成,之后还负责了其维护[6]。位于河口镇信江沿岸的官埠头渡是其捐助30亩田产修筑的[7],修

---

[1] 同治《铅山县志》卷17,人物,孝友,余勋条,pp.1430-1432。在商业上获得成功之后,同绅士一样献身于公益事业的商人案例很多。例如,清代的潘泰在商业上获得成功之后,或独自或与人合资修建了育婴公局和桥梁、义渡(同书同条,pp.1463-1464)。周信珍亦在商业上获得成功之后,广为救恤(同书,卷18;善举,pp.1503-1504)。江西宜黄县人甘棠来到河口获得商业上的成功之后,尽管也从事高利贷,但也积极参与救恤(同书,卷18,善举,pp.1529-1530)。进入外地的大商人通过积极参与公益事业,同官府建立敦实的关系,以利于商业经营的案例在其他省份地区亦有很多。吴金成,2007-B;曹永宪,2011等参照。
[2] 参见吴金成,1986,第二篇第二、三章。
[3] 乾隆(49)《铅山县志》卷3,建置,津梁,《官埠头渡》,《翰林蒋士铨(邑人)序》(pp.212)。
[4] 乾隆(49)《铅山县志》卷3,建置,津梁,安洲渡,《邹隆先自记》。
[5] 乾隆(49)《铅山县志》卷3,建置,津梁,pp.203。
[6] 乾隆(49)《铅山县志》卷3,建置,津梁,安洲渡,pp.208-210;同书,同条,《邹隆先自记》。
[7] 乾隆(49)《铅山县志》卷3,建置,津梁(pp.212-213);乾隆(49)《铅山县志》卷3,建置,津梁,《官埠头渡》,《翰林蒋士铨(邑人)序》(p.212)。

筑于河口镇等三处的万年渡是他同他人合筑的①。然而对于万年渡：

> "万年渡，三处，一在大航渡，设舟六只，一在庙湾，设舟四只，一在(河口镇)金家弄，设舟一只。……向系邹世昌管理,道光30年,邹姓年老，邑侯李(莼)节谕南昌、福建、徽州、建昌、抚州五会馆首士轮值管理，倘有侵蚀，值管者认赔。置有田租百余担，屋租每年三百余金。"②

我们推测，尽管万年渡是由邹隆先同他人合筑的，但是竣工之后便由邹氏一人管理维护。邹隆先根据河口镇和铅山县的众望，经官府许可之后，独自或同他人联合完成了上述的公益事业。非但如此，由于还负责其维护，因此获得了广泛的声望。他通过这种活动，上可同官府建立敦实的关系，下则抵消了当地社会对自身客籍人身份的反感，甚至可能还引出了好感。

3. 绅士和无赖的生存状况

在纸张、茶叶加工及交通贸易的中心——河口镇，绅士过着怎样的生活？截至清同治年间，河口镇籍的进士有熊枚(1771)、熊常錞(1809)两人，举人5人(不包括两名进士，包括一名武举人)，贡生3人。仕籍在明代有武职1人，清代有20人(包括一名武职)③。然而由于《地方志·选举志》记载的出身地不详的绅士接近一半，因此上述数字并非绝对的数字。但是通过上述数字，可以了解，在河口镇出身的绅士中"正途"出身并不多，绝大多数是"杂途"出身。这说明进入河口镇的商人家族可能是通过捐纳进入的仕途。

下面拟通过几个具体反映河口镇绅士之生存状况的案例，管窥河口

---

① 乾隆(49)《铅山县志》卷3，建置，津梁(pp. 212-213);同治《铅山县志》卷3,地理,津梁,万年渡(p. 326)。
② 同治《铅山县志》卷3,地理,津梁,万年渡,p. 326。
③ 同治《铅山县志》卷12、13、14,"选举志"。

镇绅士的生活①。明清时代，河口镇和铅山县的绅士同其他地区的绅士一样，基本上均在追求私利，但是仍然在公益事业中发挥影响力，以显示他们的存在。绅士首先捐赀修筑了公署、学校等公共建筑，还捐赀或在其主导下修筑了会馆、寺庙等公共建筑，并干预其管理和维护。据同治《铅山县志》载，河口镇的会馆有16个（前述），其中福建、浙江、徽州、山陕、河南等外省人建立的有9个，江西各府人建立的有7个。其中在建立者分明的10个会馆中，有9个是绅、商合建的。如上所述，明清时代中国各地的会馆大体上是由绅士主导或绅、商合建的②，因此建立者不详的其余6个和本文新介绍的6个会馆亦为绅、商合建的可能性很大。此外，河口镇的铁树宫、叁宫殿、寿世庵（一名朱公庙）、荆州社庙、许真君庙、萧公庙、太保庙、火德庙、程公祠等寺庙和铅山县内其他地区的城隍庙、东岳庙、太保庙、马王庙、万寿宫（江西人）、天后宫（6处，福建人）、文昌宫③等亦为绅士合筑或绅、商合建④。

绅士还疏浚河流，修筑堤坝、陂塘等水利设施。例如，贯通河口镇的福惠河常有大量土砂淤积，明中期的少保费寀（1483—1548）居家时首次对其疏浚。此后于嘉庆19年（1814），根据河口镇和铅山县绅士和耆民的首倡，同知彭昌运劝捐，在河口镇附近韩、虞、费、王诸姓的积极协助下再次疏通河道⑤。乾隆38年（1773），绅士经二百余日，耗资2600余两修筑了焦溪堤⑥。焦溪堤自明代以来在绅士的协助下多次修筑，此时亦是在乡绅熊枚和程夔的指挥和曾朝澜等若干名生员的主管下修筑。绅士还修筑了渡场，即杨元铺、蔡世衢等"首士"11人合捐修筑了厚田上下渡

---

① 乾隆（49）《铅山县志》卷3，建置，卷5，学校；同治《铅山县志》卷4，地理，卷6，建置，卷7，建置，卷9，学校志。
② 王日根，1996。
③ 嘉庆23年，由知县发议，诸绅士捐赀，11名绅士经理而建，耗资洋钱12000余元。
④ 乾隆（49）《铅山县志》卷3，建置，坛庙；同治《铅山县志》卷6，建置，坛庙。
⑤ 同治《铅山县志》卷4，地理，津梁，福惠河，（同知）彭昌运记（pp. 285-287）。
⑥ 乾隆（49）《铅山县志》卷3，建置，陂塘，"焦溪堤"，"翰林蒋士铨记"称："司其事者比部熊枚、进士程夔，掌局者生员曾朝澜等若干人，佐理者若干人。"

和江家桥①、社稷渡、石盘渡、永庆渡（首士7人合筑）、梅溪渡（又称安洲渡）等。乾隆3年,郑达广、宁智杰等8名首士捐资修筑了大安桥,同时还修建了中原亭②。乾隆54年,余、黄等前首士11人合筑澄波桥,并在桥上修建了店屋。同治5年,各姓首士的子孙集田租百余石对其进行修复③。此外,大义桥、紫溪桥（首士募捐）、信成桥、汪二桥、人节桥、双溪桥（首士4名合筑）、仁济桥等亦由绅士合筑。绅士修筑水利、桥梁、渡场设施之后,便由绅士的子孙管理。绅士还怜悯进入河口镇等铅山县地区的佣工和流移民没有倚靠之处,客死后亦因为没有坟墓而殡葬,在河口镇等各地修建了育婴堂、义冢或扩义园④。

绅士经商的案例越是接近清末越多。清初广信府增广生员程允扬被庶母夺去财产之后,来到河口镇转为木材商⑤。前文所述的,建昌府新城县出身的商人余勋,本人成为大商人之后尽管并没有为取得绅士资格而捐纳,但是至孙辈却培育出了拔贡和生员。尽管史料并没有关于这些绅士日后活动的记录,但是不能排除利用绅士的地位,干预商业的盖然性。但是关于19世纪末河口镇茶市的情况,史料记载:

> "从前河口镇,开设茶庄四十八家。……近年一蹶不振,刻下河口仅止茶庄一家。曾集河口绅、商,询其弊之所在,金谓日本、印度,出茶多而价廉,华茶是以滞销等语。……光绪三十三年三月……该

---

① 同治《铅山县志》卷4,地理,津梁,厚田上下渡,"教谕余元黍记"称,"绅士杨元镛、綦世衢等悯之,协力劝善醵金捐田"那样,首士表记为绅士。
② 同治《铅山县志》卷4,地理,津梁,大安桥。然以,同条"教谕胡承焕记"称,"绅士郑达广""宁智杰等"。还又,在同治《铅山县志》卷3,地理,津梁(p.326)称,上述的万年渡(3处)由奉新县客籍商人邹隆先修筑,此后由邹氏管理,"向系邹世昌管理,道光三十年,邹姓年老,邑侯李(莼)节谕南昌、福建、徽州、建昌、抚州五会馆首士轮值管理,倘有侵蚀,值管者认赔,置有田租百余担,屋租每年三百余金,纳粮输丁在都",可将首士理解为"主管会馆或干预会馆的绅士"。
③ 同治《铅山县志》卷4,地理,津梁,澄波桥。
④ 河口镇为了"破棺败冢不至露骨"而"春秋掩埋枯骨",在知县的提议和"贤绅士商"的捐赀修建,并设章程管理。同治《铅山县志》卷7,建置,收恤参照。
⑤ 乾隆(49)《铅山县志》卷10,人物,孝友,国朝,pp.694 称"常负贩河口,建昌木商高其行商母病急归,将所屯巨木尽委与扬,后卖直较前值数倍,两人推让,居间人为中分之"。

县恐于青黄不接之时,民以艰食受饥,劝令殷实绅、商,购运米谷回县,平价粜卖。"①

由于茶业如此萎缩,地方官和绅士们"试图唤起舆论以挽回"②。这种内容反映了绅士在通过直接或间接干预河口镇的茶市来发挥影响力。如上所述,河口镇22个会馆大体上是绅商合筑的会馆,这一点亦是反映绅士参与商业的内容③。

绅士在做这些公益事业时,小事独自完成,但是大事则根据"绅士公议",绅士们联合起来共同实施。地方社会的大多数绅士为士人阶层,所以发挥这种作用的大部分绅士是岁贡、监生、生员等下层绅士。但是这种活动大体上是响应地方官府的要求和乡村众望的行动,即代言乡论的行动。可以说这种绅士的行动是绅士具有的士大夫"公意识"的表露,这是自宋代以来士大夫的传统。而且在太平天国之后,铅山县的秩序维持不得不完全依赖绅士或绅商的社会支配力④。

一方,河口镇还有不少游手无赖。河口镇隶属的铅山县早自宋代便有被称为"十虎"的无赖集团横行的地域⑤。自明末,河口镇被称为"藏奸之薮"⑥。河口镇隶属的铅山县早自明末客户就占居民的七成,其中一部分便是无赖。仅前文所述的内容,"纸厂为亡命渊薮,乌合者动以千计"便有很多反映了无赖的存在。

关于曾任嘉靖初年内阁首辅费宏(1468—1535)在河口镇近郊福惠生活的情况,史料称:

"(正德)十二年丁丑,费宏族人与邑奸人李镇等(互)讼。宸濠

---

① 傅春官,《江西农工商矿纪略》第5册,铅山县商务,pp.6-7。
② 傅春官,《江西农工商矿纪略》第5册,铅山县商务,p.6。
③ 光绪《铅山县乡土志》(钞本),新政类,"警察"称,"官绅举办,集款为难,门捐七等,按月分摊〈警察经费出于门捐,分为七等交捐,按月收取〉"那样的记载,亦可以述是描述绅士的影响力的案例。〈〉是割注。
④ 傅春官,《江西农工商矿纪略》第5册,铅山县。
⑤ 蔡久轩,"十虎害民",《名公书判清明集》卷11,中华书局,1987。
⑥ 万历《铅书》卷1,地理书。

阴令(人嗾)镇贼宏。镇等遂据险作乱,率众攻费氏,索宏不得执,……发宏先人塚,毁其家,劫掠远近,众至三千人。宏驰使诉于朝下,巡抚孙燧按状,始遣兵剿灭。"①

此事生动地反映了,日后为王阳明所剿灭的南昌宁王、铅山大乡绅费宏以及无赖之间的关系。

自明中叶,铅山县生产了向明皇室供给的大部分纸张,而生产所需工本银则由南昌、抚州、建昌、广信四府分派②。但是游荡于市场的无赖干预这种供给官方所用纸张的生产和运输,控制市场,截取大部分利润。使得民间槽户的生产反倒萎缩③。

另外从前文所述的,关于清初至中期石塘镇的情况称,"雇工皆系他方糊口之人,稍不如意,便率众停槽,一有病亡,即架词越诉",而且"造纸工厂的纸工大体上是流民,他们常常群体罢工,彼此争斗而死,或进行盗窃,将老死或病死的诬陷为杀人事件",通过这些内容可以推测无赖的生存状况。这些内容,应该还可以适用于生活着无数大小商人和加工、改装、运输纸张和茶叶的工人及其他诸多居民,且其大部分是外来人口的河口镇。

无赖被认为是自明中期开始危害百姓最严重的群体——豪强光棍、盗贼、军兵的骚扰④,尽管横行于人们生活的任何地区,但是其活动舞台亦是城市。此后他们一直延续至现代中国社会的所谓的"黑社会",但凡存在欺诈、挟杂、市场支配、高利贷、妇女子拉致和人身卖买、杂税强征,而且渡场或埠头掌握、铲山私堀、海上走私贸易等利权的地方,就有其横行。有些无赖通过成为地方官府的胥吏和衙役,或者投充于王府、税监、备监做了权力的走狗,有些则进入绅士、大地主、大商人等势豪家做了爪

---

① 乾隆《铅山县志》卷6,武备,兵事,p.403。括弧内的文字是参照光绪《铅山县乡土志》(钞本,不分卷),兵事类而补充的。
② 万历《江西省大志》卷8,楮书引,料价,pp.924。
③ 万历《江西省大志》卷8,楮书引,"附楮槽利弊疏钞",pp.939-955。
④ 胡世宁,"地方利害疏",万表,《皇明经济文录》卷20。

牙或"纪纲之仆"。还有一些则在城市组织打行、脚夫、讹行等"集团",独立活动①。

无赖以商品经济的发展作为背景,自明中期急剧发展,主要活动于新兴的工商业市镇。这些市镇由于骤增的人口,社会流动非常频繁,而且又没有类似府县城那样的城池,驻扎的军队也不多,因此便于无赖隐身,对其生存而言是再好不过的地方。自明中期开始快速发展的河口镇亦不例外。就像明中期开始大量形成于江南的无数市镇的状况那样,还有就如明末的湖广、与河口镇邻近的景德镇以及其他无数地区的案例那样②,河口镇亦成为相当不稳定的社会便是,因为这些无赖的存在。

小结

位于信江中游的河口镇形成于明中期,至明末发展成为有两万人口的城市,至18世纪末发展成为拥有十万人口的工商业大城市。河口镇尽管位于山区却能够发展成这种大城市的原因有,是水陆交通的中心,逐步发展成为杰出的造纸业中心、纸张加工地和集散地,拥有优质的茶叶加工业,发挥了为附近诸多地区的人口,输入所需商品的窗口功能。

河口镇不是县城,她作为纯粹的工商业城市,成为江西四大名镇之一,是在中国商业史上,乃至世界贸易史上产生过不小影响的"幸运"的城市。但是自19世纪中叶,随着中国的开埠和廉价方便的西洋洋纸的输入,加上印度、斯里兰卡、日本等地大量生产质优价廉的茶叶出口欧洲,使河口镇逐渐走上了衰败之路。

河口镇是位于赣东北山区的,具有"泰山型"性质的城市。尽管其居民的结构非常复杂,然而却是以绅士为舆论中轴,商人和无赖为两轮的社会。换言之,河口镇居民的结构、行为方式、思维方式或城市社会内部的社会现象与同为赣东北地区的"泰山型"工商业城市景德镇类似。不

---

① 参见吴金成,2007A,第二篇第二章。
② 参见蔡惠琴,1993;巫仁恕,1996;本篇第一章;吴金成,1994、2007A,第三篇第二章等。

但如此,至少从外观上来看,还与江南地区的"葡萄串形"城市中出现的现象类似。江南地区的市镇和赣东北地区的市镇同周边各府的经济关系存在许多不同之处,但是城市内的社会关系却很类似。

河口镇是外来人口占大多数人口的"移民城市"。就如河口镇隶属的铅山县的居民那样,其居民的大部分是福建人,部分是由周边诸县析出的农民。就如中国的其他城市那样,河口镇居民的结构较为复杂,但是大多数是由纸庄和茶庄雇用的佣工、店员和脚夫,他们的生活非常艰辛。

河口镇是以商品交易为主的工商业城市,所以在居民中商人的存在尤为凸显。曾经引领河口镇商界的主要商人群体,在整个明清时代不断沉浮。纸商的情况是,明代是由省内的吉安商人和邻近的徽州商人引领了河口镇的造纸业,自清中叶福建商人新加入了富商的行列,还出现了少数山陕商人。福建商人增多这一现象,同流入铅山县的外来人以福建人居多这一事实是分不开的。民国时代,新出现了省内的建昌(今南城)、临川商人。茶商的情况是,至清中期由徽州商人和山陕商人引领,日后山陕商人的势力逐渐胜过了徽商。清末,省内的建昌茶商非常活跃。

在进入河口镇的大商人中,有一部分时而自发,时而应官府或居民的要求,实施了大量的公益活动。"为五厘而行十里"的商人,为何会做这种使利益受损的事情呢?大商人在他们的活动据点投入巨资参与公益事业具有如下几个意义。第一,以此敦厚同官府的关系,使自己的身家和商品受到保护,从而能够脱离来自官吏的榨取,第二,消减土著因外来商人掠夺自身利益而产生的反感,进而诱导其对自己产生好感,从而使商业经营更加顺利。商人的这种生存状况在外形上,同绅士在城乡呈现的生存状况类似,而且是全国性的现象①。然而绅士具有对天下的"使命意识",商人则为了自身商业成功的"因果应报"思想进行公益活动,是

---

① 论私,绅士追求私利的行动亦很多。但是在国家权力和平民的共同期待之下,他们也承担了诸多角色(1)对乡村社会作为国家统治的辅佐角色(2)对国家权力则作为乡村舆论的代言者(3)作为国家权力和乡村利益的调停者。绅士表现了公、私两面性,是在明清社会同时发挥积极功能和消极功能的存在。参见吴金成,1986,第二篇。

绅士和商人之间的不同点。

商人通过各种公益活动大大提高了其社会性地位。那么应怎样理解其背景呢？第一是商人自身影响力的提升。自明中期，在中国全境伴随持续的经济增长和城市的发展，商人的经济力大为提升，于是对国家和社会的影响力显著增强①。第二是社会对商人的认识变化。自明中期王阳明提倡所谓的"新四民论"以来，无数商人家族出身的绅士提出了类似的主张，明末清朝的巨儒黄宗羲、顾炎武亦再次做出了强调，因此社会对商人的认识逐渐发生了变化。第三，商人自身亦实践儒教修养，具有了作为"儒商"的自豪感②。第四，通过清朝积极实施的捐纳制，商人自己或其子孙大量转化为绅士，从而得以提升了社会地位。第五，绅士的经商活动和"弃儒就商"逐渐普遍。由于这种背景，绅士和商人的阶层性乖离日渐缩小，至清末绅士和商人以"绅商"之名被一体化。绅士阶层始终支配着社会，而商人尽管完全具备这种能力，却一直唯有依靠绅士之力才能完全发挥，这种现象一直持续至清末③。

---

① 张海鹏、张海瀛，1993；王世华，1997。
② 余英时，1987，pp. 97-166。
③ 马敏，1995；王日根，1996；王先明，1997；吴金成，2007B。

第三章　江西商人的选择与命运

序言

　　商业与商人具有生产和消费的人、场所、时间、数量、品质面进行调节的机能，对此的研究是社会经济史研究中的重要课题之一。中国自古便将商业贬低为末业，实际商业却非但没有被无视，反而被日渐重视。中国史一般将宋代称为"商业革命期"，但是从质量和数量的增长方面来看，明清时代五百余年才是最为发达的时期，这种发展同明清时代的政治和社会的变化同步。

　　江西商人（豫章商人、江右商、江右商帮）早在唐宋时代的各种资料中便有零星的记录，但是其最为活跃的时期也是明清时代。明清时代的江西商人在商人的数量、活动地域的广泛性、涉及商品的多样性等方面非常卓越。然而迄今为止，尽管关于明清时代商业史的研究非常多，但是涉及江西商人的却并不多，感觉尚处于总论的水准[①]。

　　明清时代纵贯中国南北最快捷的线路是，从北京↔大运河↔扬子

[①] 参见傅衣凌，1982；方志远、黄瑞卿，1991，1992，1993；方志远，1993，2002；余龙生，2002；肖文评，2005 等代表性论文。

江↔湖口↔鄱阳湖↔吴城镇↔南昌↔樟树镇↔赣州↔大庾↔大庾岭（梅岭）↔南雄↔广州连接的路线。该路线是连接经济中心江南地区和对外贸易窗口广州的南北贸易主干线,是贯通中国中心的水路交通线,被称为"商贾如云,货物如雨"①。因此南北贯通江西省的赣江是常重要的水路。从地理条件来看,江西南北狭长,位于扬子江中流南岸,总面积为16.48万平方公里。江西北部中央为鄱阳湖,向其南边流入的赣江为江西南北的中心轴,再加之以赣江为中心有抚河、信江（锦江）、饶河、修水等五大水系和不计其数的支流象蛛网般连接,其水运的发达程度仅次于江南地区。因此在1916年南浔线开通之前,即铁路和公路尚不发达时期,江西省具有地处中国腹地的优势,并且位于连接北方各省和广东、福建等岭南地区的交通要冲。而且江西连同湖广地区是中国的粮仓地带,她一边向江南输出粮食,一边还向外地输送人口,从表面上看是较为矛盾的独特的地区。江西省在明清时代有作为行政中心的14个府城和70余个县城,此外还有中国的"瓷都"景德镇、中国的"药都"樟树镇以及交通、商业中心河口镇和吴城镇等大城市,其周边还有大量的中小城市和定期市生成发展。

本章在考虑江西地区的上述地理和社会经济背景的同时,拟将明清时代江西商人的兴起、繁荣以及衰退过程,同江西省的社会变化乃至全中国的政治、社会变化关联起来进行分析。为此,在第一节拟从农业生产力的恢复和手工业城市的发展两个方面,考察明初至明中期江西地区生产力的恢复情况。因为就如徽商等其他商人的兴起过程一样,大多数江西商人也是通过江西省农副产品的商品化成为商人。第二节考察明代江西商人的兴起及其社会经济背景。第三节考察明清时代江西商人进入外省的过程。第四节考察江西商人在其进出地区展开的商业活动及其性质。最后在第五节考察清末的开埠导致的中国政治、社会诸多环

---

① 高其倬,"陶成",雍正《江西通志》卷130称,"两广往来襟喉,诸夷朝贡亦于焉取道,商贾如云,货物如雨,万足践履,冬无寒土"。自永乐（1403—1424）初年,南海诸国的贡品进入广州之后,主要利用该条道路。

境的变化以及由此引起的江西商人的变迁。

Ⅰ. 明初江西社会生产力的恢复

在江西省,截至元代经济较为领先的地区是鄱阳湖周边和吉泰盆地的九府地区。该地域早自唐末开发以来至宋代,农业和手工业发达,和两浙地区一起成为全国的经济文化先进地区,外来人口亦大量集聚。然而由于14世纪中叶元末的长期战乱,江西全省遭到破坏①。

明朝建国(1368)之后,在全国积极推进劝农、开垦政策,实施里甲制,结果自洪武末期(14世纪末),各地的农业生产力获得了不同程度的恢复,社会亦逐渐稳定。江西省全境亦不例外。由于明初鄱阳湖周边和吉泰盆地的九府地区率先迅速恢复了农业生产力,因此自明中期江西省开始与湖广省一起成为长江中游的粮仓地区,作为向江南供给粮食的地区而闻名。结果在经济和文化发展上,该地区仅次于江南的太湖地区②。此后经明中期农业生产力的发展出现了差异,所以至16世纪末的张居正丈量期,江西全境发展得较为均衡。如果从可信度较高的洪武24年和万历丈量结果得出的土地统计来看耕地增加率,那么明初开发较快地区的耕地增加率相对较低,而开发较为落后地区的耕地增加率则更高③。耕地之所以增加,是因为不但开发了山野之外,还开发了鄱阳湖周边的广阔低湿地,从而确保了肥沃的圩田,使之变成了粮仓地区。另外,在环绕江西省西、南、东部的山区亦开发了耕地。各地或新修或扩大水利施设,实现了稳定的耕作。自明初,江西的农业生产力迅速恢复,此后发展逐渐均衡,自明中期伴随着向江南和福建地区输出粮食,同湖广一起成

---

① 杨讷,1982;邱树森,1982;1993;方志远,1993,pp.365-366。
② 参见吴金成,1986,第二篇第一章。
③ 明初,被认为是先进地区或落后地区的地域之间,在耕地增加率上亦存在相当大的差异。例如,在先进地区中,南昌府在同期增加了41.7%,临江府则仅增1.4%。在落后地区中,赣州府增加了71.8%,而建昌府则增加了24.3%。这种差异同元末动荡期的荒芜化程度和明初以后有无可开发地域亦有关系。

为了粮仓地区①。

除了上述的粮食输出之外，江西经济的最大特征是，各地种植了大量的经济作物，手工业发达。而且起初广泛形成于农村的手工业逐渐向一定地区集中，随之手工业发达的地区逐渐城市化。在这一过程中，随着追逐这种利益的省内外人口的集中，城市和商业获得了发展。另外，随着商品运输的活跃，在水陆交通要冲云集了许多商人和运输业者，于是与行政中心或手工业城市有些性质不同的城市也得以形成和发展。

对于这些城市的发展，首先拟通过很早便获得名声的陶瓷器业加以考察②。江西省浮梁的瓷器早自唐代便以"假玉器"扬名，至宋代其传统由地理条件更优的景德镇传承。自明代建文4年（1402），为了官窑生产而在景德镇设立了御器厂，随之民窑亦获得发展，于是便以全国第一的陶瓷器产地而名声大振。景德镇除了宫中用的顶级瓷器之外，还生产包括普通大众使用的低等品等种类繁多的瓷器，这些瓷器被销往全国各地。最初经营景德镇瓷器的是饶州、南康、抚州、南昌、吉安等江西商人和徽州、江浙商人，自清代有苏湖、湖北、广东商人加入其中，至清末湖北商人的控制力更显强大。随着瓷器业的发展，省内外的商人、流寓、无赖不断流入，因此至16世纪中叶发展成为人口达10余万，佣工达数万的大城市。结果景德镇被称为"其民繁富，甲于一省"，获得了"四时雷电镇"的声誉③，并以"瓷都"名声大振。然而在如此骤增的景德镇居民中土著人仅占一两成。因此在土著人和外来商、民之间存在不断的利益冲突和纷争，引发了无数民变④。除了景德镇之外，自明中期广信府弋阳县横蜂镇亦发展了陶瓷业。由于横蜂镇自明中期不断有省内外流寓云集，且纷争不断，因此嘉靖39年在该地新设兴安县⑤。

---

① 参见王根泉等，1992；施由民，1992；魏嵩山，1995；吴金成，1986，第二篇第一章。
② 参见梁淼泰，1991；许怀林，1993，pp. 529-533；本篇第一章。
③ 王世懋，《二酉委谭摘录》，《纪录汇编》卷206。
④ 参见梁淼泰，1991；巫仁恕，1991；佐久间重男，1964；本篇第一章等。
⑤ 康熙《广信府志》卷1，舆地志，疆域，兴安县条；《世宗实录》卷487，嘉靖39年8月丁巳条。

江西省在很早以前还以产茶闻名①。江西地区早自唐代就以制茶和输出茶叶闻名。据南宋的 1162 年记录，在 1781.5 万斤的全国总产量中，江西地区的茶叶产量为 462 万斤，占全国总产量的 26％，位居首位②。南宋时代的汪肩吾称，江西省浮梁商人自南宋时代就开始贸易纸张、瓷器和茶叶③。至明代，几乎江西全境生产茶叶，其中南昌、饶州、南康、九江、吉安、广信府等地尤为出名。

江西省还以造纸业闻名④。早在唐中叶，江州（今九江）和信州（今上饶）就作为贡纸的产地而闻名。宋代，吉州、抚州、南康的造纸业亦很发达，就如上述汪肩吾所说，成为三大商品之一。至明代，广信府所辖四县以造纸业跃升为全国五大手工业中心之一。此外，吉安、袁州、瑞州、南昌等府亦很繁荣。自明中叶，尤其广信府一带的造纸业非常发达，纸槽数达到了 600 余座⑤，其中铅山县成了江西造纸业的中心⑥，竹器业亦很发达。因此持有先进造纸技术的铅山人进入邻近的浙江衢州府地区做了槽户或造纸工匠⑦。广信府地区生产的纸张销往全国，起初主要由本省商人经营，尤其在吉安商人中以经营造纸业而致富者很多。但是随后徽商的势力日渐壮大，至清末福建、山陕商人亦加入其中。

基于造纸、茶叶、竹器业的发展而形成、发展的城市便有广信府铅山县的石塘镇和河口镇⑧。石塘镇至万历 28 年发展至拥有槽户 30 余槽，

---

① 参见许怀林，1993，pp. 132 - 135、523 - 524；方志远、黄瑞卿，1992，pp. 91；方志远，1993，pp. 380；萧放，1987，1989；刘石吉，1989；本篇第二章等。
② 《宋会要辑稿》，食货 29 - 2、3，"中兴会要"；许怀林，1993，pp. 281 - 287。
③ 汪肩吾，"昌江风土记"，康熙《浮梁县志》卷 8，记称，"其货之大者，摘叶为茗，伐楮为纸，坯土为器"。
④ 许怀林，1993，pp. 526 - 529；方志远，1993，pp. 381 - 382；萧放，1989。
⑤ 万历《江西省大志》卷 8，"楮书"。
⑥ 自明中叶，铅山县各地以造纸业同松江的棉纺织业、苏州、湖州、杭州的丝织业、芜湖的浆染业、景德镇的陶瓷器业一起，成为中国五大手工业。值得注意的是，在五大手工业地区中，有两处位于江西地区，这是可衡量明中期以来江西经济发展程度的指标。
⑦ 陈学文，1993，pp. 433 - 435。
⑧ 参见本篇前章。

佣工亦不少①。河口镇位于信江(锦江)与铅山河合流之处,是同福建、浙江相交的三省商业的要冲,所以各地商货往来不断。由于这种地理优势,河口镇发展为当地生产的纸张、茶叶和福建武夷山一带出产的茶叶的集散地,自明中期同景德镇、樟树镇一起作为江西三大镇而闻名②。

江西还盛产棉、苎、麻布等经济作物。盛产棉花种子和棉布的地区是九江、南康、饶州、抚州、吉安、袁州、南昌、广信府等地,明朝向这些地区每年课征棉布10万匹。江西还生产苎麻种子和苎麻布,尤其以抚州、建昌、广信、赣州、南安、袁州、饶州府等地有名。抚州的农民不满足于从九江和南康府输入棉花,还从安徽和湖北输入棉花,纺织出售了八十万匹棉布。江西商人在明初向四川、湖广、贵州、云南、福建、广东等地销售江西所产的夏布,自明中期则销售夏布和棉布。尤其是吉安布商进入四川和广东,获得了蜀庄、粤庄等称号③。

随着棉纺织业的发展,对染料的需求日逐渐增加,于是种蓝和制靛业迅速发展。自明中期江西吉安、袁州、饶州、抚州、赣州等地的种蓝和制靛业非常兴盛。自明中期,在种蓝人中有许多是南方的福建人,每逢旱灾或歉收之年,他们常常连同山区的其他移住民联合蜂起④。

此外,江西的药材采集和加工业亦很兴盛,以赣江中游的临江府清江县樟树镇为中心⑤。樟树镇早在唐代便有"药墟",南宋时代有"药市"。至明代因为常设全国性药材市场,所以被称为"药都",而且还因为位于赣江这一南北贸易的主干线与流向湖南的袁水合流之处,依靠其地理优势成为交通和商业的中心,自明中期作为江西三大镇之一而闻名。明

---

① 雍正《江西通志》卷27,土产;许大龄,1957;彭泽益,1955等参照。康熙《上饶县志》卷10,"要害志"称,"纸厂槽户不下三十余槽,各槽帮工不下一二千人"。但,"一二千"的记录,或者是"一二十"的谬误,或者是夸大。
② 萧放,1987;刘石吉,1989。
③ 许怀林,1993,pp. 533-534;方志远,1993,pp. 382-384。
④ 张翀,《鹤楼集》卷1,"虔台疏集","帝位流寇出劫惨酷力破群议勤平见今地方宁靖疏","奏为议论太多行事未便恳乞放归以延残躯疏";许怀林,1993,pp. 514-515;吴金成,1986,pp. 116-117。
⑤ 参见萧放,1987;刘石吉,1989;许怀林,1993,pp. 547-548,591-593;本书第一篇第三章等。

末,药铺达 200 余家,其兴旺程度被描述为"烟火数万家"①。

江西地区还是重要的木材产地。永乐帝为迁都北京而修建宫殿时,从四川、湖广、浙江、山西以及江西等地采集了木材。江西全境出产木材,其中南安、赣州府地区产量最大。明中期以后,江西中北部人大举流向南赣山区是,因为该地作为禁山区受政府的控制较弱,自由采木材和开垦的可能性较大②。自明末,以袁州府为中心的甘蔗种植亦很兴旺③。此外,据 16 世纪中叶的张瀚称,作为江西特产而闻名的还有竹箭、金漆、铜、锡等④。

如上所述,明初江西各地的农业生产力迅速恢复,随着经济作物的种植和手工业日渐发达,在府、州、县城之外的地区逐渐形成了新的城市并有发展。其典型案例是明代江西三大镇,即景德镇、河口镇和樟树镇。它们均是基于手工业和商业的发达而形成、发展的城市⑤。

Ⅱ. 明代江西商人的崛起

早自明初,江西省同时出现了看上去似乎相互矛盾的两种现象。即,自明初一方面由于农业生产力在短期内获得恢复而大量种植了经济作物,于是手工业、商业和城市三位一体地获得了发展。一方面又如后文所述,随着里甲体制的逐渐松弛,从农村析出的大量农民四处流散。江西商人就是在这种变化过程中崛起的。

换言之,至 15 世纪初的永乐年间,全国出现了诸多社会矛盾,江西地区亦是如此。其原因有,第一,土地逐渐集中于绅士和势豪家之手。第二,税役负担逐渐加重且有失公平。第三,中小农民饱受高利贷资本

---

① 参见王士性,《广志绎》卷 4,"江南诸省";本书第一篇第三章等。
② 参见本书第一篇第一章、第二篇第三章等。
③ 许怀林,1993,pp.516。
④ 张瀚,《松窗梦语》卷 4,商贾纪。
⑤ 参见清代加上吴城镇称为四大镇。关于吴城镇,本书第一篇第三章。

之苦①。第四,自明初,随着人口骤增②,"人口过密"问题逐渐严重,使得粮食问题变得严峻起来③。明初,江西的人口过剩问题就连邻近的湖广亦非常清楚④。

由于上述诸多原因,作为甲首户层的中小农民再也无法继续维持生计,就连作为地主层的里长户亦有没落者。因此原来是明朝国家基础的里甲制秩序逐渐解体,各地农村社会分解,农民失去土地或沦为当地的佃户或奴婢,或四处流散。江西各地的许多地方志记载,自明中期统计人口逐渐减少的原因便缘于此⑤。

江西人为了解决这种不利的状态采取了如下方法。第一,杀婴以减少人口负担⑥。第二,沦为佃户和奴婢。第三,背井离乡。人口的流动大致可以分为如下三种类型。① 农村地区→禁山区,② 先进经济地区(狭乡)→落后地区(宽乡),③ 农村地区→城市、手工业地区⑦。从地域上来看,有不少是在江西省内移动,但是向外省移动的情况占绝大多数⑧。

如果在上述人口移动类型中,只考虑江西省内的情况,那么①类型的结果是,一方面部分流民成为盗贼引起社会混乱,但大部分的流民则是开垦山区,开发山区丰富的山货和矿山资源,用作手工业的原料,或生产商品。②类型的结果,较为落后的地区和低湿地逐渐被开发。结果,就如后文所述的那样,自明中期粮食、茶、木材等特产和陶瓷器、纸、糖、

---

① 吴金成,1986,第二篇第一章。
② 在万历《南昌府志》卷 2,风俗,根据"洪武志"称,"生齿繁伙,南北士民来寓者,因地利之美,多占籍焉"。此外,江西的其他许多地方志亦指出了外来人口的流入。参阅吴金成,1986,第二篇第一章。
③ 吴金成,1986,p. 93。
④《太祖实录》卷 250,洪武 30 年 2 月丁酉条。
⑤ 然而实际是人口持续增加,处于人口过密状态。统计上的户口减少,只是说明了地方官府把握人口能力的弱化和局限性。本书第一篇第一章参照。
⑥ 杀婴又称溺男、溺女、洗儿、淹儿等,这种惯习早自宋代以来便是江西的普遍习俗。傅衣凌,1982,p. 187。
⑦ 吴金成,1986,第二篇第一章参照。
⑧ 海瑞,《海瑞集》(中华书局本,1962)上,"兴国八议",地利条称,"今吉、抚、昌、广数府之民,虽亦佃田南、赣,然佃田南、赣者十之一,游食他省者十之九"。

夏布等手工业产品作为江西的名产而闻名,至明末赣南山区亦输出了粮食。第③类型的结果,同大城市一起形成了大量的中小城市和定期集市,并获得一定发展①。

如上所述,一方面农业生产力迅速恢复,经济快速发展,另一方面土地却逐渐集中于势豪家手中,税役负担逐渐加重,人口过密。于是江西人试图走向省内外,以工商技能解决糊口问题②。因此明代江西商人的兴起是,以明初、中期江西的社会变化以及由此引起的江西人向外省的移动为背景的。

据明清时代资料,自明初开始江西人就向省内和全国各地移动,其中的一部分以商业营生的记录较多。下面仅考察其中重要的内容。首先来看看南昌府的情况,《南昌府志》就15世纪中、后期的情况称,"地窄民稠,多以手艺教书为生,趋食四方,南北要途,居辄成市,名曰南昌街",并且对其后的普遍情况描述为:

"生齿繁伙,村落丛集,土浅田瘠,家穑桑麻之入,不足以给养生送死之需。赋役之供,悉取办四方,岁以为常。所以南昌、丰(城)、进(贤)商贾工技之流,视他邑为多,无论秦、蜀、齐、楚、闽、粤,视若北邻,浮海居夷,流落忘归者,十常四五。"③

由此可见,早自明初,南昌府出身的商人就开始走向外省,自15世纪中叶开始正式进入中国的北方、西方和南方各地。

对抚州府的情况,东乡县出身的艾南英(1583—1646)称:

"吾乡富商大贾皆在滇云。……滇虽偏处西南夷,而吾乡之居

---

① 参见本书第一篇第三章。
② 张瀚,《松窗梦语》卷4,"商贾纪"称,"江西……地产窄而生齿繁,人无积聚,质俭勤苦而多贫,多设智巧,挟技艺以经营四方,至老死不归",而且萧近高,"参内监疏",康熙《西江志》卷146,艺文亦称,"大都江右土瘠民贫,无他奇产,民皆仰食糊口于四方"。
③ 万历《南昌府志》卷3,风俗。

贮转贸者,多聚于兹土。……而吾乡之人,成都成聚于其所。"①
金溪县也是"为商贾三之一"②。吉安府民众亦因土地不足,为谋生路而奔走四方③,尤其是吉安布商进入四川和广东的广州、佛山等地,获得了"蜀庄"、"粤庄"的称号,清代吉安商人"遍天下"④。建昌府与福建相连,所以官吏和商人往来频繁⑤,建昌人亦自明中期以会经商而闻名,直至明中期尚不会做买卖的新城县民,亦从明末开始逐渐习得了经商之法⑥。

饶州府浮梁县的浮梁商人早在唐代就已闻名,景德镇自明中期以来作为中国第一陶瓷专业城市而繁荣⑦,因此四方的商人和陶工集聚于此。还有关于明末清初广信府贵溪县的情况,史料称:

"芗之民力田而外,借资生理,工其一焉。或陶于饶,或楮于铅,或效技于本邑他郡,虽艺能不无工拙,凡以利用云尔。……间有载米粟于饶、徽,鬻楮钱于荆、楚,货竹木于京、淮,越地千里,归之日,竟以他郡土产互相赠遗。"⑧

临江府自16世纪"俗多习贾,或弃妻子徒步数千里,甚有家于外者,粤、吴、滇、黔无不至焉。其客楚尤多。……穷家子自十岁以上即驱之出,虽老不休"⑨,明末亦有没落的里甲户进入工商业⑩。赣南的赣州府和南安府在地理上同闽、粤两省相接,尤其是作为通往广州的大庾岭商业路线上的要冲,是南北的土特产和海洋的杂货往来的交通路线,因此"疏于本

---

① 艾南英,《天庸子集》卷9,《白城寺僧之滇黔募建观音阁疏》。吴嵩梁,《东乡风土记》亦称,"谋生之方不一,书肆遍天下,而造瓷器于饶州,造纸于铅山尤多。……(其)无籍之民,不役纸厂,则贩私盐",该内容是记载清乾隆年间情况的文字,但是这种现象亦可完全适用于明代。
② 康熙《西江志》卷26,风俗,《嘉靖志》。
③ 万历《吉安府志》卷11,风土称,"计亩食口,仅可得什三焉,民多取四方之资以为生"。
④ 同治《吉安府志》卷2,风俗。
⑤ 同治《建昌府志》卷1,风俗称,"江闽孔道,其仕宦商贾,舟车负担之往来,昼夜无停晷"。
⑥ 正德《新城县志》卷1,风俗;康熙《新城县志》卷1,风俗。
⑦ 本篇第一章参照。
⑧ 康熙《贵溪县志》卷1,风俗。
⑨ 嘉靖《临江府志》卷1,《郡域志》。
⑩ 崇祯《清江县志》卷1,风俗称,"近时多以破家徙业矣"。

业,从事商业"的风潮成为普遍现象,自明中期贫民依靠做脚夫、牵夫等,通过运输商品营生①。所以,明中期的大乡绅费宏(1468—1535)亦称:

> "江西地方千里,大率土狭而人稠,闾阎小民,虽力作菑用,不能自给。操末技以食于四方,恒十之五。"②

16世纪末的王士性(万历5年,1577进士)亦称,"作客莫如江右,而江右又莫如抚州"③。

综上所述,明代江西商人兴起,大体上是以明初以来如下几个中国社会的变化作为背景。第一,江南地区的手工业、城市和商业的发达以及由此引发的经济中心的分化④,第二,由全国性的人口增加和大规模流动引起的商品流通量的增加以及全国性市场圈的形成⑤,第三,自嘉靖大倭寇之乱以来,连接大运河↔扬子江↔鄱阳湖↔赣江↔赣州↔章水↔大庾岭↔浈水↔北江↔广州的,贯通中国中心的水陆交通干线的重要性得以提升。还有在这种大背景下,明初以来的江西社会的变化,即① 因农业生产力的恢复而成为粮仓地带,② 经济作物的种植、手工业和城市的发展,③ 由江西的人口过剩引发的人口流出等为背景,江西商人得以兴起⑥。因此可以说江西商人是从明中期开始正式出现的。

Ⅲ. 江西商人的外省进出

1. 明代的外省进出

明代,江西商人以明初、中期的江西社会的变化以及由此引起的江西人向外省移动为背景兴起。江西社会从元末的动荡恢复之后,就如上

---

① 参见嘉靖《南安府志》卷10,风俗;吴金成,1986,第二篇第一章;本书第一篇第三章。
② 费宏,《太保费文宪公摘稿》(台北,文海出版社,1970)卷12,"送亚参孙公之江西序"。
③ 王士性,《广志绎》卷4,江南诸省。
④ 参见吴金成,2007A,第一篇第二章。
⑤ 许涤新、吴承明,1985。
⑥ 参见方志远、黄瑞卿,1992,pp.91-93。

文所述，由于诸多因素，江西人向他省移动的情况较多，其中亦有不少是具备商业或其他技能而活动者。上述的《南昌府志》称，在南北交通要道的任何地方均建有南昌街，明末清初徐世溥的以下描述亦并非夸张。

"豫章之为商者，其言适楚，犹门庭也。北贾汝、宛、徐、邠、汾、鄂，东贾韶、夏、夔、巫，西南贾滇僰、黔沔，南贾苍梧、桂林、柳州，为盐、麦、竹箭、鲍木、旃罽、皮革所输会。故南昌之民客于武汉，而长子孙者十室居九。"①

下面为了有助于理解，拟介绍几个在明代江西商人进入外地的案例中尤为值得探讨的若干内容。有许多江西商人还进入了首都北京②。在明代北京的41处商人会馆中，江西会馆有14处，占34%，其中最早的建于永乐年间(1403—1424)。至清代光绪年间增至387处，其中江西会馆为51处，在占有率方面下降至12%，但是比当时的大商帮晋商的山西会馆(45处)还要多，依然占据首位③。

在明代，江西商人进入最多的地区是湖广地区④。湖广和江西在地理上邻近，所以自明初以来从西北的郧、襄地区⑤到西南的靖州地区，湖广全境是江西商人进入最多的地区，其中尤以吉安、临江、抚州、南昌府商人居多。因此还出现了"江西填湖广"的俗谚。据最近的研究，在中国史上流入湖南的客民氏族中，有44—51%是明代流入的，其中60—64%为江西人；流入洞庭湖周边地区的客民氏族的48%是江西人；流入江汉平原的客民氏族的77.6%为江西人；在江西人中有80.7%是南昌人⑥。

---

① 徐世溥，《榆溪集选》，"楚游诗序"(傅衣凌，1982，pp.190再引)。
② 张瀚，《松窗梦语》卷4，"百工纪"称"今天下财货聚于京师，而半产于东南，故百工技艺之人亦出于东南，江右为伙，浙、直次之，闽、粤又次之"。
③ 吕作燮，1983；王日根，1996。然而川胜守，1992称，清末北京的江西会馆为66个。
④ 参见傅衣凌，1982；葛剑雄、曹树基，1993；张国雄，1995；梅莉，1995；吴金成，1986，第二篇第一、二、三章；吴金成，1993等。
⑤ 万历《郧阳府志》卷14，风俗称，"陕西之民五，江西之民四，德黄吴蜀山东河南北之民二，土着之民二，皆各以其俗为俗焉"。
⑥ 曹树基，1990、1991、1997。

另据研究,流入湖南的氏族的69.7%为江西人①。关于在明代发展起来的湖北景陵(今天门)皂角市的情况,史料称:

> "市可三千家,其人土著十之一,自豫章徙者七之,自新都徙者二之,农十之二,贾十之八,儒百之一。自豫章徙者,莫盛于吉州永丰,至以名其间。而永丰莫著于刘氏。……入明七世孙纯正贾醋,乐市之土风,因家焉。……有子四人,伯曰河,农余贾兼之。"②

在居民三千余家中70%为江西人,住民中有80%为商人。

江西人和江西商人还大量流入了贵州和云南等地③。甚至有一多半的住民是江西人,其中大多数为商人的情况较多。前文所述的抚州府东乡县出身的艾南英称,"吾乡富商大贾,皆在滇云"便是缘于此。16世纪末,王士性(万历5年,1577进士)亦称:

> "江、浙、闽三处,人稠地狭,总之不足以当中原之一省,故身不有技则口不糊,足不出外则技不售。惟江右尤甚,而其士商工贾,谭天悬河,又人人辩足以济之。又其出也,能不事子母本,徒张空拳以笼百务,虚往实归,如堪舆、星相、医卜、轮舆、梓匠之类,非有盐商、木客、筐丝、聚宝之业也。故作客莫如江右,而江右又莫如抚州。余备兵澜沧,视云南全省,抚人居什之五六,初犹以为商贩,止城市也。既而察之,土府、土州,凡㮣猓不能自致于有司者,乡村间征输里役,无非抚人为之矣。然犹以为内地也。及遣人抚缅,取其途经酋长姓名回,自永昌以至缅莽,地经万里,行阅两月,虽异域怪族,但有一聚落,其酋长、头目无非抚人为之矣。"④

对该史料加以概括如下,在贵州和云南地区有江西人大量移住,在江西人中以抚州人居多,其中亦有不少深入至少数民族居住区做了里役、酋

---

① 何文君,1990。
② 李维桢,《大泌山房集》卷87,《刘处士墓志铭》。
③ 李军,1998;秦佩珩,1984;方志远,1993;方志远、黄瑞卿,1993。
④ 王士性,《广志绎》卷4,江南诸省。

长、头目的案例,这些江西人大体上只是作为中小商人或技工进入的,尚没有大商人。王士性还称,由于云南地区人口稀少,如果没有江西商人居留该地,便"不成其地"①。云南的《临安府志》亦称,在外来商人中尤以江西人居多②。关于江西人如此大量进入中国西南部地区的原因有一种说法是,在太祖洪武年间洪武帝义子西平侯沐英统领250余万江南、江西人进入云南实施军屯,开垦一万顷耕地为契机③。在广西地区,江西的盐商、木材商、药材商的活动尤为凸显,尤其在商业发达的梧州,江西人的商号多达110家。此外,江西人辽东、甘肃、西藏以及长城等北边诸地域,山东、河南、陕南、四川、两广、福建、南直隶(江苏、安徽)、浙江等,几乎在中国其他所有地区留下了大量的足迹④。

综上所述,自明中期以来,江西商人的足迹几乎踏遍中国的所有地区。但,江西商人走入尤多的地区是北部、西部和南部,形成了弓形的进入图形。除了北京和江南地区之外,在明初江西商人进入的大部分地区,在经济和文化上均落后于江西。换言之,江西商人以经济、文化的先进性为背景,大量进入了经济、文化相对落后的地区。

2. 清代的外省进出

明清交替期的江西社会几乎完全荒废。顺治10年(1653)后,生产力开始渐逐恢复⑤,但是在三藩之乱时再次遭到极大的破坏。在这样的过程中,江西商人的活动萎缩了不少。然而这种惨状并非仅在江西上演,此后恢复的速度有多快则完全取决于当地居民的努力程度。江西地区不但恢复得较快,而且随着社会的稳定,繁荣程度还超越了明代⑥。江

---

① 王士性,《广志绎》卷5,"西南诸省"称,"滇云地广人稀,非江右商贾侨居之,则不成其地"。
② 嘉靖《临安府志》卷7,风俗称,"自远方服贾而来者,西江之人最多,粤人次之,蜀人又次之"。
③ 《滇粹》,"世守黔宁王沐英传附后嗣十四世事略"。但,曹树基(1997,第5卷,pp.313)称,不足信。
④ 参见傅衣凌,1982;方志远,1993,pp.368-372。
⑤ 本书第二篇第三章。
⑥ 徐晓望,1990;许怀林,1993,pp.551-596;本书第一篇第三章。

西人不但继续输出在明代便输出的粮食等各种商品,还广泛种植了新作物烟草并输出①。各地的手工业和城市继续发展。

随着江西的经济被再次搞活,对江西商人的对外活动亦更加有利。因此早在明代就有江西商人活动的地区已经全部有江西商人往来,而且随着信息和江西人口的增加②,甚至还深入到了边疆地区。在清代,江西的茶商、赣南的木商、南城的杂货商、樟树镇的药材商依旧非常有名。从而可以说清代是江西商人的全盛期③。

连接长江↔鄱阳湖↔赣江↔大庾岭↔广州的交通路线,尽管在明代就很重要,但是随着清代在康熙24年(1685)允许海外贸易,分别在广东的广州、福建的厦门、浙江的宁波、江南的定海等四地设海关征收关税以来,该线路便显得更加重要。尤其是1757年至1842年实施的"广东体制",仅限于广州一港与西洋进行贸易,且仅允许十三行进行对外贸易,这对该线路更加有利,从而江西具有的经济地理方面的重要性被进一步提高④。例如,雍正7年(1729),在赣关征收的商贾货物税中,除了竹木税之外,丝税和茶税构成了大宗。沿赣江逆流而上,经赣州越过大庾岭去往广东的商品共有165种,其中有丝绸、夏布、棉布等纺织品16种,连四纸、毛边纸等纸张12种,以及其他细茶和瓷器等。从广东经大庾岭沿赣江而下的商品共有216种,除了广东和赣南地区的物产之外,还有从外国进口的犀角、沉香、象牙等洋货。这些进出口货物的税银从康熙25年(1686)的4万6471两增至嘉庆4年(1799)的8万4471两。而九江关的船料税银增涨更多,如果包括沿长江上下的船只,则从清初的9.9万两增至乾、嘉年间的53.9万两⑤。

---

① 清代江西省内三四十个县种植烟草,其中赣南地区有名。
② 许怀林,1993,pp.566-567推测,清代江西人口为顺治18年(1661)1945586→康熙24年(1685)2126407→乾隆14年(1749)→乾隆32年(1767)11440369→嘉庆25年(1820)23651735→咸丰元年(1851)24516010。
③ 明清时代最有名的江西商帮是吉安、临江、抚州三大商帮。
④ 参见本书第一篇第三章。
⑤ 许怀林,1993,pp.593-594。

从广州出口最多的商品是茶,占总出口额的 50% 以上。主要出口国是英国、法国、荷兰、葡萄牙、西班牙等国家。例如,英国东印度公司在康熙 40 年(1701)向英国进口的茶叶为 6 万 6738 镑,而至乾隆 26 年(1761)则增至 286 万 2773 镑,60 年间增加了 4200 倍,此后呈几何级数地增长。随着出口量的增加,茶叶的价格亦随之上升。武夷山茶在雍正 10 年(1732)平均每担为 13—14 两白银,但是至乾隆 19 年(1754)则上升至每担 19 两。茶叶出口的急剧增长促进了江西茶农和茶商的发展①。

如果列举清代江西商人在外省开展商业活动最为凸显的地区,首先是贵州、云南和四川等地②。据编撰于清代的贵州、云南的资料称,"赣、粤、湖广、川商汇聚,摩肩接毂,十有八九为赣、湖广人"③,反映了江西商人之多。四川各地亦有许多江西商人进入,在清中期还有江西茶商从川西进入西藏的雅州④。关于四川泸州亦有史料记载称:

"自明末遭流寇之乱,死亡转徙,孑然无多。自外移实者十之六七为湖广籍,广东、江西、福建次之。楚人、粤人多事耕种,赣人、闽人多营商贾。"⑤

这些江西商人涉及的商品有茶叶、瓷器、纸张、夏布、药材、蓝靛、烟草、油料、竹木等诸多商品,进而还主管采矿业,同时还经营了后文所述的典当业和高利贷业。还有许多江西商人走入了广东和福建⑥。以武夷茶产地而闻名的建宁府的茶农、茶商几乎全部是江西人。每年春二月,有"数十万"江西人"摩肩接毂"地云集于此。

继明代之后,在清代江西商人进入最多的地区依旧是湖广地区,其

---

① 许怀林,1993,pp. 635–636。
② 王笛,1993,第二章;方志远、黄瑞卿,1993。
③ 罗绕典,《黔南职方纪略》卷 2,贵州人民出版社,1992。
④ 乾隆《雅州府志》卷 5,茶政称,"江南、江西、湖广等茶商多往"。
⑤ 民国《泸州志》卷 30,礼志。
⑥ 方志远,1993,pp. 369–370。

中湖南地区尤多①。前文所述的徐世溥称,"湖广无异于赣商之门庭",诸如湖南浏阳县住民的90％为江西客民②。清末的魏源更是称:

> "当明之季世,张(献忠)贼屠蜀民殆尽,楚次之,而江西少受其害。事定之后,江西人入楚,楚人入蜀,故当时有江西填湖广,湖广填四川之谣。"③

湖南甚至形成了"无江西人不成市场"④的俗谚。江西商人作为湖南最大的商帮,他们的足迹遍及湖南各地。江西商人的数量也亦占绝对优势,经济地位也很高,从而胜过其他地区的商帮。唯有不足的是,基于巨大资本的长途客商不多,大部分是铺户这种中小商人。

在清代,湖南最以江西商人聚集而著名的地区是长沙府湘潭县。湘潭位于湖南的母亲河湘江中游,是南北水陆交通的要冲,自明代开始便是湖南输出粮食的中心,截至19世纪中叶仍是超过省城长沙的商业中心地⑤。在经历明清交替期和三藩之乱的过程中,湘潭县本地人几乎没落,大部分被江西人占领。该现象颇为奇异。江西商人在湘潭经营商业的过程中,随着竞争渐渐激烈,为了集结其力量而陆续建立了江西会馆。乾隆年间,在湘潭的商人会馆有6个,其中2个是江西会馆,嘉庆22年(1817)的19个中,有6个是江西会馆⑥。至清末,湘潭县江西商人的势力进一步增强,几乎垄断了所有的行业部门。例如,临江商人(樟树商

---

① 李华,1987、1990、1991、1992;曹树基,1997,pp. 269 – 282,濮德培,1986参照。然而方志远(1993,p. 372)称,对明清时代有固定营业场所,且可确认姓名的374名江西商人进行分析的结果,进入云南、贵州、四川的商人有102名(27％),湖南、湖北有86名(22％),福建、广东70名(19％),浙江和直隶地区72名(19％),北京及北方诸多地区为32名(8.6％),辽东等边疆地区7名(1.9％),海外6名(1.6％)。尽管这是极不完整的统计,但是大致可以理解江西商人的进出状况。只是如果从数字上考察江西人的移居情况,那么可能移居湖广者最多。
② 康熙《浏阳县志》卷14,拾遗志称,"浏鲜土著,比闾之内,十户有九,皆江右之客民也"。
③ 魏源,《古奥堂外集》卷6(沈云龙,《近代中国史料丛刊》第43集,台北,文海出版社,1973再引)。
④ 白眉初,《中华民国省区大全,湖南省志》。
⑤ 重田德,1956。
⑥ 江西商人其他长沙府长沙、善化县、衡州府衡山县、宝庆府邵阳县、靖州直隶州会同县、沅州府洪江镇、永顺府龙山县等,在湖南各地建立了江西会馆、洞庭宫、万寿宫等商人会馆。

人)垄断了200余家药材,年销售额为800万元,建昌商人垄断了锡箔,吉安商人垄断了钱店,其他商品亦很类似,以致其他地区的商人不敢涉足。

在这种状况下,湘潭的土著和江西人之间经常发生矛盾冲突①。嘉庆3年(1798),有127名江西人被抢,13名被杀,湖南人亦有3名被杀。最为激烈的冲突是发生于嘉庆24年(1819)6月的湘潭暴动。当时湘潭的江西会馆万寿宫有公演,发生了湖南人模仿江西方言,进行戏弄的事件。以此为契机,双方之间展开了激烈的乱斗。当时江西人除了居住于湘潭者之外,还从远处的长沙和益阳动员了江西出身的百余名脚夫,湖南人亦从远处的衡州和永州动员了船夫和脚夫。经数日的争斗,有3名湖南人和13名江西人以及4名身份不明的人,共计20人死亡,负伤者不计其数。市场关闭数日。由于该事件,远在北京的湖南籍和江西籍绅士亦介入其中,不久亦为皇帝所知。然而与当时湖南籍绅士的积极介入相比,江西籍绅士便显得非常消极,甚或始终保持了沉默②。

Ⅳ. 江西商人的活动及特征

明清时代一直活跃于全国各地的江西商人是如何适应当地的环境而开展商业活动的?这个问题可从部分反映明末湖广情况的以下资料中管窥。

(1)"他方之民萃焉,而江之右为甚。彊者侵产,弱者就食,故客常浮于主。然客无定籍,而湖田又不税亩。故有彊壮盈室而不入版图,阡陌徧野而不出租粮者。"③

(2)"地多异省之民,而江右为最,商游工作者,赁田以耕,僦屋以居,岁久渐为土著,而土著小民,恒以赋役烦重,为之称贷,倍息而

---

① 濮德培,1986。
② 当时,江西籍绅士为何如此消极不得而知。
③ 嘉靖《沔阳州志》卷9,食货。

偿之，质以田宅，久即为其所有。"①

（3）"他方游民徒手张颐就食其间。居停之家，初喜其疆力足以任南亩，往往僮客畜之。久而游民多智辨过其居停主人，其主人亦逊谢以为不及，因请诸赋役愿与共治，或就硗确荒芜田予之垦而代缮其赋，不以实于官。及其久也，游民或起家，能自稼穑，异时居停者，或稍凌替致相倾夺，间有田则游民业也，而赋役皆主者任之。故土户强则役客，客户强则累土，讼狱兴而不可止者，其来渐也。核其强弱而均之，因业而定之籍，毋使蒙冒而争焉。"②

（4）"瓯窭汙邪尽属沃壤。以故流人估客咸以为利，多据河为隄以自固，以此居积致富。而豪右之民皆跨阡连陌，民之自为者亦不下数百区。"③

（5）"其后佃民估客，日益萃聚，闲田隙土易于购致，稍稍垦辟，岁月寝久，因攘为业。又湖田未尝税亩，或田连数十里，而租不数斛。客民利之，多濒河为堤以自固，家富力强，则又增修之。民田税多而徭重，丁口单寡，其堤坏者多不能复修。"④

综上所述，在进入湖广的江西人中，一部分在江西没落之后，进入湖广农村转为佃户、佣工或奴仆，一部分流入湖广后开垦荒地，或在江、湖边的低湿地（湖田）修筑垸堤获得农土而逐渐实现了经济上的成长。但是不少江西人是以商人或各种工匠的身份，或者是没落之前的里甲户携带相当数量的财产流入了湖广，起初他们租赁田地或住宅生活，并根据能力从事商业等各种行业。而且随着在湖广定居，逐渐实现经济上的增长，自第二代和第三代鼓励子弟的举业而培育出绅士的案例亦不少⑤。

---

① 万历《承天府志》卷6，风俗。
② 徐学谋，《徐氏海隅集》，"文编"卷37，"图经论"。
③ 万历《荆州志》卷3，江防书。
④ 嘉靖《沔阳州志》卷8，河防志。
⑤ 吴金成，1986，第二篇第二、三章。

然而并不是流入湖广的所有江西人都获得了发展。邱濬(1420—1495)在介绍15世纪中叶湖广的情况时,就当时江西和湖广在社会经济上的关联性做了一目了然的记述。兹引史料如下:

> "以今日言之,荆湖之地,田多而人少,江右之地,田少而人多。江右之人大半侨寓于荆湖,盖江右之地力、所出不足以给其人,必资荆湖之粟以为养也。江右之人群于荆湖既不供江右公家之役而荆湖之官府亦不得以役之焉。……凡江右之民寓于荆湖,多历年所置成产业者,则名以税户之目,其为人耕佃者,则曰承佃户,至于贩易佣作者,则曰营生户。随其所在,拘之于官,询其所由,彼情愿不归其故乡也〈不愿者勿强〉,则俾其供词,具其邑里,定为板册。"(〈〉是割注)①

换言之,自明初江西人流入湖广,经历了相当长的时间至邱濬生活的15世纪后半叶,有实现了经济上的成长而附籍当地者(税户),有借工商业营生者(营生户),亦有依旧停留于佃户(承佃户)或奴婢者。移住民的这种变化状况,可以说在其他省份地区亦大同小异。

但是明清时代江西商人进入他省地区展开的活动,可分为积极功能和消极功能来考虑。首先来看积极功能一面。湖广地区由于客商和客民的流入,耕地得到了大量的开发,因此从明初的24万7240顷增至明末的83万8520顷(净增239.2%)。结果,自明中期湖广地区跃升为中国最大的粮仓地区,出现了"湖广熟,天下足"的俗谚,还出现了沙市、刘家隔、汉口镇、皂角市等诸多中小城市②。由于他们的流入,有关农业的新技术、新方法、新品种等获得了传播③。江西人还协助参与了湖广的水利设施、桥梁及道路建设。例如,正统4年(1439),德安府孝感县修筑可

---

① 邱濬,"江右民迁荆湖议",《明经世文编》卷72。
② 参见吴金成,1986,第二篇第二、三章;吴金成,1993等。
③ 参见吴金成,2007A,第一篇第二章。

灌溉千余亩的后湖堤时,江西商人提供了协助①;成化3年(1467),修筑长江堤坝时,地方官获得了江西良匠的技术和客船的帮助;武昌府修建桥梁时亦得到了江西匠人土木技术的协助;湖南辰州府在万历丈量时利用了江西客民的知识②。与江西南昌府、袁州府接壤的,以香菇产地闻名的岳州府地区,在乾隆年间有江西客民租借土地设厂种植名为"木耳香蕈"的香菇销售③。江西商人在湖广地区对此类公益事业表现出的积极作用,在其他省份地区应该同样得到了推进,在这里略过④。

但是,商人积极参与公益事业并非像士大夫或绅士那样出于对天下民生的使命意识,而是基于以自己的商业成功为目标的"因果应报"思想出发的情况较多,再者是为了安抚在商业经营过程中引发的同土著的纷争和诉讼,进而敦厚同官府的关系,从而获得官僚的保护,在更有利的处境中经营商业⑤。

另外,江西商人进入其他省份地区发挥"害民激变"的,消极作用的时候亦不少⑥。江西人在其进入地区,控制商权,操纵价格和度量衡器具,经营典当业、高利贷或高利前贷牟取了暴利。明代,这种高利贷行为被指出在湖广全境。尤其"端境期或是有十万火急的事情时,乡民或抵押田地,或交纳税粮来换取'新谷银'"⑦的内容是其代表的案例。在清代,进入位于湖南西北部永顺府的江西商人深入到桐油产地的龙山县实施了被称为"定山"的前贷。还有在有关天顺2年(1458)江西商人在湖

---

① 罗勉,《重修孝感县后湖记》,正德《德安府志》卷10,诗文,孝感县条称:"召编户之丁壮者二百人,石工二十五人,锻夫四人,圩长二人,江右之民郏贾于市来助者,又百五十人。"
② 黎淳,《修江岸碑记》,嘉靖《湖广图经志书》卷5,布政司文类;赵粥,《浮溪桥记》,《湖广图经志书》卷2,武昌府文类,崇阳县;吴一本,《卢溪清丈田粮记》,乾隆《辰州府志》卷41,艺文。
③ 李华,1991。
④ 道光《普洱县志》序亦称,"客籍商民于各属地,或开垦田土,或通商贸易而流遇焉"。
⑤ 参见吴金成,2007B;曹永宪,2011。
⑥ 参见吴金成,1986,第二篇第二、三章。
⑦ 李腾芳,"增饷议",乾隆《长沙府志》卷24,政迹,议。

广实施的高利贷行为以及由此引起的诉讼事件的,"刑部奏准"看到的那样①,江西人的这种高利贷行为导致了其同土著之间经常发生纷争和诉讼。前文所述的嘉庆24年(1819)的湘潭暴动,便是其典型案例。

在河南,宣德10年(1435),南阳知县李桓圭以"江西商人行高利贷而累起词讼"为由,要求"申明禁约"之事②。15世纪中叶,李贤(1408—1466)就江西商人在其故乡河南省邓州行高利贷的活动描述如下:

"四方之贾人归焉。西江来者尤众,岂徒善贾,谲而且智。……方春之初,则晓于众曰,吾有新麦之钱,用者于我乎取之,方夏之初,则白于市曰,吾有新谷之钱,乏者于我乎取之。凡地之所种者,贾人莫不预时而散息钱,其为利也不啻倍蓰,奈何吾人不计焉,一有婚丧庆会之用,辄因其便而取之。逮夫西成,未及入囷,贾人已如数敛之。由是,终岁勤动,其所获者,尽为贾人所有矣。"③

即早春的"新麦之钱"和初夏的"新谷之钱"是反映在青黄不接时,以粮食为担保的高利前贷。在广东,霍韬(1487—1540)指出的,"多江西人在地方放债,害民激变,良民甘于从盗"④,亦为这种内容。江西商人还进入云南、贵州的少数民族地区放高利贷获利⑤。以下史料记载便是其典型内容。抄录如下:

(1)"滇云地广人稀,非江右商贾侨居之,则不成其地。……故借贷求息者,常子大于母,不则亦本息等,无锱铢敢逋也。"⑥

---

① 李华,1991。一方,《皇明条法事类纂》卷38,"听讼回避"亦称,"天顺二年(1458),刑部奏准。今后江西客人在湖广等处卖买生理,有因负久钱债等情应许告理者,止于所在官司陈告,即与准理。若不候归结,辄便赴上司及来京诉告者,一体依律问罪。重则照依见行所告词讼,不问虚实,俱各立案不行。……若有倚势刁泼,添捏重情并不干己事,募越赴京奏有,一体依律问罪,断发原籍当差,所告情词,不问虚实,俱各照例立案不行",从该内容中,可以认为江西商人同官府的关系不及徽商和晋商那样敦实。
② 方志远,1993,p.370。
③ 李贤,《古穰集》卷9,《吾乡说》。
④ 霍韬,《渭厓文集》卷10,《两广事宜》。
⑤ 方志远、黄瑞卿,1993。
⑥ 王士性,《广志绎》卷5,西南诸省。

(2)"有浙江、江西等布政司安福、龙游等县客商人等,不下三五万人,在卫府坐理偏处城市、乡村、屯堡安歇,生放钱债,利上生利,收债米谷,贱买贵卖,娶妻生子,置奴仆,游食无度,二三十年不回原籍。"①

因青黄不接、饥馑、疾病、家中大事等急需用钱的农民不得不依赖高利贷,但是由于江西商人的暴利和压榨,他们和土著之间随时发生矛盾和反目之事。上述几种案例,不过是江西商人在他省活动过程中,所发挥的消极作用的冰山一角而已。而且这种消极作用不但是官府管制的对象,同时也是土著发出怨声的对象。

Ⅴ. 清末开埠和江西商人

繁荣一时的江西商人的处境越到清末越是艰难。为了了解江西商人的这种盛衰过程,有必要了解徽商②。徽商的优势可大致整理如下。① 在传统中国的商业中,最重要的因素是地缘和血缘关系,徽商以这种地缘和血缘为背景,发挥了强大的凝聚力③。徽商同其他商帮都不同,它是由一府地区出身的商人构成,所以商人的数量不太多,但是凝聚力却极大。加上徽州自宋代以来便是宗族结合的传统非常强的地区,所以他们继承这种传统,在商业上亦采取了"聚族经商"或"同族合作"的形式。顾炎武描述徽州人为:

"新都人……商贾在外,遇乡里之讼,不啻身尝之,醵金出死力,则又以众帮众,无非亦为己身地也。近江右出外,亦多效之。"④

---

① 《皇明条法事类纂》卷12,"云南按察司查究江西等处客人朵住地方生事例"(成化元年[1465]11月,云南姚安军民府[今云南楚雄彝族自治州西部]官员的上奏)。
② 傅衣凌,1956;王世华,1997;张海鹏、王廷元,1995;王廷元,1993;藤井宏,1953—1954。
③ 参见徐茂明,2004;曹永宪,2011等。
④ 顾炎武,《肇域志》第3册。徽州籍官僚在赴任地亦会很好地关照进入当地的同乡。参见根岸佶,1940,pp.172。

徽州籍官僚或绅士积极支持他们的背景亦应由此寻找。② 中国传统时代的长途贸易虽然危险性很大，但如果经营得法，是可以在短期内获得巨大利润。为此，就必须确保雄厚的资本和大量可信的信息。而徽商中有不少代代相传，拥有巨额资本的大商人①。从明清时代徽商出身者大量编撰经商必读书籍的情况可以看出②，徽商大量地传授了在长途贸易中可能发生的复杂的商业技巧。③ 而且基于这种代代传授的秘诀，还形成了歙县籍人是盐商、婺源籍人是茶商和木商、休宁籍人是典当商等，发挥了专业性，从而大大提高了商业活动的效率③。④ 最后比什么都重要的是同官府的关系④。徽商同官府维系了比任何商帮都要好的关系。为此徽商使用的手段有ⓐ 通过捐纳等自己成为官吏；ⓑ 通过举业让子弟成为官僚；ⓒ 宗族协同辅助宗族子弟中的优秀者成为官僚；ⓓ 以强大的资本金为背景，将各地的官僚或绅士纳入自己的羽翼；ⓔ 必要时，向中央政府或地方官府提供巨额资金；ⓕ 在进入地区积极参与公益事业等⑤。以这样的诸多努力为背景，在国家权力的庇护下，徽商掌控了国家核心利权——盐专卖权等，能够顺利进行粮食、棉布、茶叶等的长途贸易⑥，进而还可以进入他省出身商帮率先进入的地区，蚕食其商权。

那么江西商人又如何呢？第一，江西商人的竞争力与日俱减。其原因有① 江西商人资本的微弱性。尽管江西商人在人数、活动地域的范围、涉及商品的种类等方面优越于其他商帮，但是大多是小规模的家族式经营，或者是资本规模较小的中小商人或铺户。谁都知道经商需要大

---

① 谢肇淛，《五杂俎》卷4，地部2称，"富室之称雄者，江南则推新安，江北则推山右，新安大贾鱼盐为业，藏镪有至百万者，其他二三十万则中贾"。
② 陈学文，1997。
③ 在徽商中，亦有不少同一个人兼营诸多品种的案例，甚至还有将客商、坐贾、牙行整合为一个系统的案例。参见藤井宏，1953(2)，pp.48－49。
④ 参见徐茂明，2004；曹永宪，2011等。
⑤ 参见曹永宪，2011。
⑥ 根据许涤新、吴承明，1985，p.282，鸦片战争前，中国商品流通额的排序是粮食42%、棉布24%、盐15%，此后为茶、丝织等。

量资本①,且盐、布匹等商品的利润很大②,但是江西商人参与这种业种者并不多。如果因为贫穷而无法继续举业而"弃儒从商"或因"贫寒而为商"的话,就会在发展上存在相当的局限性。明末的谢肇淛在早先比较徽商和江西商人时指出"新安多富,而江右多贫者"③亦是缘于此。"在明清时代的 1700 余名江西商人中,有 70% 左右是出身贫困的中小商人"的近人研究亦是其反证④。

② 因此,至清代在江西商人进入的地区常有被晋商、徽商,甚至被闽、粤商人蚕食商权的情况发生。而且自清中期又接连出现了宁波商人、绍兴商人等新兴商人⑤,不久又基于此出现了浙江财阀、广东财阀等,于是竞争进一步激烈。在河南,明初、中期,江西商人活动得非常活跃,但是清代的记录中,在河南的晋商势力已远超江西商人。在云南,明代亦是江西商人较多的地区之一,但是在清代有些地区已是"楚居其七,江右居其三",已为湖南商人所蚕食⑥。而湖北各地,尤其是汉口地区则被山陕商人所蚕食⑦。

③ 尤其在江西商人进入的地区,还有不少当地土著成为商人参与竞争的案例。从表面来看,江西商人进入了中国所有地区,但是从数量来看,多进入到了北、西北、西、西南、南部地区。在明初、中期,这些地区大多数在经济上落后于江西。然而这些地区不久便开始发展,广东和福建很快超越了江西,至清代湖广和四川的发展也基本接近了江西的水平。在这种变化过程中,当地商人在同外来客商展开的竞争中逐渐获得发

---

① 同治《宜黄县志》卷 8,风俗称,"商无挟重赀为本,不能居奇贩贵以缴重利"。
② 康熙《西江志》卷 146,"零都风土记"称,"商之巨者惟盐、布,其余委耳",前述的王士性也称,"如堪舆、星相、医卜、轮舆、梓匠之类,非有盐商、木客、筐丝、聚宝之业也"(王士性,《广志绎》卷 4,江南诸省)。
③ 谢肇淛,《五杂俎》卷 4,地部 2。
④ 方志远,1993,pp.372。在方志远、黄瑞卿,1992,p.98,在江西商人中,亦有不少起初从中小商人起家,发展为"累赀巨万"之大商人,而参与长途贸易的客商。
⑤ 林树建,1993。
⑥ 李华,1992;方志远,1993,p.401。
⑦ 李华,1987;田培,1993。

展。在湖南,湖南商人以当地在清代的经济发展为背景,不但逐渐掌握了湖南内的商权,还进入他省地区并逐渐获得了优势地位。尤其经历太平天国运动之后,以湘军势力为背景的湖南商人,获得了令人瞩目的发展①。而且在太平天国之后,有不少滇、湘、淮地区的功臣借军功上升为官僚大员,以此为背景这些地区的商人迅速得到了发展②。

④ 更严重的是江西省内也被外来商人夺去商利而被超越。换言之,随着时间的流逝,瞄准江西省经济作物和手工业制品的交易利润而进入江西的,资本金强大的他省商帮逐渐蚕食了江西商人的利益。例如,景德镇瓷利;明代经营景德镇陶瓷器的是饶州、南康、抚州、南昌、吉安等地的江西商人和徽商、江浙商人,但是至清前期苏湖、湖北、广东商人开始加入其中。至清末湖北商人的控制力进一步增强③。

茶叶亦是如此。至明中期江西生产的茶叶由江西商人所控制,但是自明末清初以来,浮梁茶由徽商控制,以河口镇为中转地的武夷山茶则为徽商和晋商共同控制。而且清朝在江西发放的茶引及随之而来的茶课事务大体上由徽商办理④。武夷山地区、江浙、湖广、四川等国内各地也开始生产茶叶,其质量和数量逐渐超过了江西;而自19世纪末,随着外国,尤其是印度、斯里兰卡、日本的优质茶叶生产,中国落后为第四大生产国⑤。

在造纸业方面,明代至清初亦由江西商人,尤其是吉安商人在以河口镇为中心的铅山、玉山地区引领了造纸业。然而此后徽商逐渐渗透,至清末除徽商之外,还有福建商人和山陕商人加入并垄断了纸利。20世纪以后,随着洋纸的进口或在国内生产,传统造纸业走上了进一步衰退

---

① 李华,1991,1992;梁洪生,1995;冯尔康,1997。
② 李和承,1997,pp. 212 - 216。
③ 参见梁淼泰,1991;本篇第一章。
④ 萧放,1989;张海瀛、张正明,1993;林树建,1993,pp. 458 - 459。
⑤ 参见方志远、黄瑞卿,1992,pp. 91;方志远,1993,pp. 380;萧放,1989;王廷元等,1993,pp. 506 - 507;彭泽益,1962,pp. 180 - 185;许怀林,1993,pp. 132 - 135,523 - 524 等。

之路①。此外,蓝靛之利亦为晋商所蚕食②。

不但如此,省内各城市的商权亦遭蚕食,例如吴城镇的商权逐渐为徽商所蚕食。至清末的咸丰、同治年间,由于曾国藩、彭玉麟等人率湘军水师前来驻防吴城镇,又有湖南商人逐渐发展并建立了会馆③。唯独樟树镇的商权具有较长时间的竞争力。至清后期,樟树药材商中的"西北号"主要经营四川、陕西、河北、河南产的药材,"广浙号"经营两广、浙江、福建的药材。这种分工是为了既能避免樟树药商之间的竞争,又能瓜分药材市场,从而对外地药商形成竞争力。但是随着外省药材商的逐渐发展,诸如陕西商人等外省商帮亦开始在当地经营药材,竞争变得越来越激烈④。清末,在重庆发生的樟树药材商和广东药帮间的诉讼,不过是其案例之一而已。

随着竞争如此日渐加剧,江西商人亦开始在其进入地区基于同族、同乡、同行等关系,或组织客帮,或取得江西籍绅士的协助,建立了江西会馆以便加强凝聚力⑤。在北京等中国各地见到的江西会馆、万寿宫便是属于这种情况。以此为媒介,当有商人发生亏损,或遭遇意外事件,随即有多人共同给予关照和援助。然而徽商等其他商帮多采取同族合作形式或集资经营的方式,但是以江西会馆为媒介的江西商人的凝聚力则并不太大⑥。

与徽商相比,江西商人的第二个不足之处是,徽商是在不断同故乡

---

① 参见萧放,1989;方志远,1993,381-382。
② 天启《赣州府志》卷3,土产称,"城南人种蓝作淀,西北大贾岁一至,汛舟而下,州人颇食其利"。
③ 梁洪生,1995。
④ 田培,1993,pp.88-89。
⑤ 苏州的江西会馆最早于康熙23年(1684)由江西籍绅士和商人合建,此后分别于康熙46年、乾隆7年、26年重修,乾隆58年(1793)春开始再次重修,乾隆60年(1795)秋竣工。当时的捐赠者是16名居住于苏州的江西籍绅士,麻、纸、炭、漆器、瓷器、烟、布等众商合捐16件,其他商人、商号个人捐赀100件。参见苏州博物馆,"倡修江西会馆碑记"(康熙49年)、"重修江西会馆乐输芳名碑"(嘉庆元年),苏州历史博物馆,《明清苏州工商业碑刻集》,江苏人民出版社,1981,pp.325-326,345-349。
⑥ 方志远、黄瑞卿,1992,pp.100-101。

保持联系中展开活动①,但是由于江西商人离开家乡之后疏于同家乡的联系,因此同江西的关系逐渐疏远,甚至有不少还完全断绝②。这是因为江西地区不但是人口过剩的地区,还是仅次于江南的重赋地区。不论是江西商人走向外地之后,"老死不归"者多的描述,还是徐世溥指出的"南昌之民客于武汉,而长子孙者十室居九"那样的内容,或者是定居于湖北景陵(今天门)皂角市的永丰刘氏的案例③等,均因其所生。只要存在这种惯行,就不能期待象徽商那样向同乡商人传授经商秘诀的结果。

第三,江西商人同官府的关系也不如徽商或晋商那样敦实。江西商人亦维持宗族关系,也为培养自家或同族的绅士而做出了诸多努力。明清时代,江西培育出了仅次于江苏、浙江等江南地区的大量进士和仕宦者④。为了敦实同官府的关系,需要投入了大量的资本,而维持这种关系需要大资本,但是在江西商人中经营数代的大商人并不多,大多为小资本的中小商人,所以只能是远远落后于徽商和晋商。明末清初的顾炎武称,徽商彼此间的协助和凝聚力极强,自明末江西商人"亦多效之"⑤。但是如上所述,无论是天顺 2 年对江西商人在湖广行高利贷而导致的诉讼事件做出的规定,还是嘉庆 24 年(1819)湘潭暴动事件时北京绅士的态度来看,江西籍商人与绅士之间的关系,似乎不及徽州人或湖广人那样敦实。

第四,为江西商人的衰退过程带来决定性冲击的是,清末的开埠。由于鸦片战争和南京条约(1842),广州、福州、厦门、宁波、上海等五港开

---

① 徐茂明,2004。
② 方志远(1993,pp. 403 - 417)列举了江西商人亦像他省商人那样大量投资故乡的案例。然而与众多的江西商人数字相比,方志远所举的案例比例过低。
③ 李维桢,《大泌山房集》卷87,"刘处士墓志铭"。魏禧,《魏叔子文集》卷17,"江氏四世节妇传"亦称,"服贾四方者……娶妇出至十年、二十年、三十年不归,归则孙娶妇而子或不识其父"。
④ 方志远,1993,pp. 406 - 410。何炳棣,1964,第六章表27、表 28 称,明代培育进士人数的排序为浙江 3280 名、江苏 2721 名、江西 2400 名,清代为江苏 2920、浙江 2808、河北 2701、山东 2260、江西 1895 人。关于徽州出身进士和仕宦者的数字,李和承,1997,pp. 197 - 202。但,关于明清时代科举及第者的统计,研究者之间均有所不同。参见本书第二篇第二章。
⑤ 顾炎武,《肇域志》第 3 册。

埠,随之内外环境完全发生了许多变化。开埠之后,上海因为得天独厚的地理优势,迅速发展为对外贸易的中心。至道光 25 年(1845),通过广州的出口量为丝 6787 捆,茶 763.9 万镑,尚领先于上海(丝 6433 捆,茶 380.1 万镑),但是就在翌年上海以丝 15192 捆远远超过了广州(3554 捆)。茶在咸丰 2 年(1852),上海也以 5767.5 万镑超过了广州(3612.7 万镑),在此后的对外贸易中,上海的优势被进一步巩固。随之,广州的贸易港地位日渐下滑,因此经赣江↔大庾岭一线进、出口的贸易量进一步下降,从此经赣江航运的商业走向了衰落之路①。受其波及江西各地的经济作物乃至手工业商品的竞争力亦逐渐下降或丧失,随之四大城镇亦走上了没落之路。总之,由于开埠,福建、广东、广西、云南以及长江水系被纳入外国资本主义的势力范围,在中国亦发展近代民族资本的过程中,处于内地的江西地区并未能积极对应,仍旧停留在了农业生产上。因此,江西地区的经济地位越来越衰落,随之活跃了五百余年的江西商人亦逐渐走上了衰退之路。换言之,明初江西商人顺应江西社会的发展开始兴起,但是却未能适应清末的江西经济和全国性经济结构的调整而最终衰落。

小结

以上在考虑江西地区的地理环境、社会变化以及中国的政治、社会变化的基础上,考察了明清时代江西商人的兴起,繁荣以及衰退的过程。明清时代的江西商人在商人的数量、活动的地域范围、经营商品的多样性等方面亦是非常卓越的商帮。自明初,江西商人同江西人一起在向外省移民过程中兴起,至 19 世纪中叶活跃了 500 余年之后,以开埠为契机最终衰退。从表面来看,江西商人的这种盛衰过程同其他商帮非常类似,但是每个商帮的具体特征各不相同。江西商人基本上是以江西地区

---

① 参见许怀林,1993,pp. 635-639;本书第一篇第三章等。

为基础兴起、繁荣并衰退,所以江西商人的一生是同江西地区社会经济的变化同步发展的。

如果说关于江西商人的研究才刚刚开始亦不为过。但是有关徽州、山西等其他商人的研究已经有了许多进展,所以关于江西商人的研究日后也要同这些研究进行比较,同时应重点研究如下几点。

第一,需要对江西商人具体的商业经营内容进行案例研究。例如哪一个商人进入哪一个地区,同土著、地方政府及其他商人建立了怎样的关系,并如何在维持这种关系的基础上展开的活动?他们的资本来历和经商、资本积累过程等是怎样的?对这些问题应加以具体的考察。第二,应分别对江西各府商人的活动形态进行考察。因为尽管走进外省时,他省对江西籍商人大体上称为"江西商人",但江西人之间却按出身地区区分为抚州商人、吉安商人、南昌商人等。

第三,是宗族和绅士问题。应该具体阐明江西商人的宗族背景、宗族结合等问题以及同绅士的关系等等。例如商人会馆的代表有时是大商人,但是大体上是绅士①。但是这些绅士是商人通过捐纳等取得的绅士,还是与商人无关的独立的绅士,或者是成为商帮之羽翼的绅士,在不同的情况下,其地位和社会关系亦会不同。这个问题还同清末"绅商"的具体实象密切相关。而且还要考察当发生问题时,他们具体通过哪些人际关系,怎样的方法解决的?

第四,应阐明商人同牙行、地方军队、胥吏、无赖的相关关系。清代往来江西的商人的船舶随时会在江上或是湖水中遇上风浪,每当此时经常遭到以救护之名登船群体掠夺之事("假救护为名,乘危抢夺")。这是船户同"船匪"内通所行之事,商人只能是"逃跑以保全生命",事后即便报告官府,亦由于劫匪已经逃窜隐藏而无可奈何。尤其船户、水手、衙

---

① 例如,清末的吴城镇,1907年(光绪33)吴城镇成立商会时,总理公举乡绅朱锡龄,1909年(宣统元年)成立吴城镇商务分会时,总理依旧是朱锡龄,其下议董25人全部获得了绅士的职衔。这种惯行,在清末中国的各城市均能看到的类似的现象。参见梁洪生,1995,pp. 107-108;马敏,1995;王先明,1997;王日根,1996等。

役、汛兵、无赖等,"朋比为奸,无可究诘,种种横恶与强盗抢劫无二"的状况下,处于一种"此等恶风在在有之"的状况①。

最后,自明中期阳明提倡"四民异业而同道"的"新四民论"②以来,中国社会对商人社会地位的认识渐逐发生了变化。因此还应该与水平流动(horizontal mobility)问题关联起来,考察社会阶层移动中的这种认识变化。

---

① 陈宏谋,《培远堂偶存稿》,"文檄"卷14,"禁乘危抢货檄"(乾隆7年7月)。
② 《王阳明全集》(上海古籍出版社,1992)卷25,外集7,"节庵方公墓表",pp. 941。关于阳明"新四民论"的意味,请参阅余英时,《中国近世宗教伦理与商人精神》,台北,1987),第二章新四民论参照。

参考文献

1. 政典·文集·其他

康范生,仿指南录,上海书店,1982。
《江西名镇河口镇》,(《铅山文史资料 5》),1991。
《江西文史资料选辑 4》,1982。
江西社会科学院历史研究所,《江西近代工人矿史资料选编》,江西人民出版社,1989。
江西社会科学院历史研究所,《江西近代贸易史资料》,江西人民出版社,1987。
江西地方志农展资料汇编编辑委员会,《江西地方志农展资料汇编》(上、下)江西人民出版社,1964。
江西布政司,《江西赋役全书》(万历 39 年刊),学生书局,1970。
江西布政司,《西江政要》(乾隆—道光年间刊)。
《虔台志》(天启 3 年重修本)。
《景德镇陶瓷史稿》,上海三联书店,1959。
《经济旬刊》。
计六奇怪,《明季南略》,中华书局,1984。
高岱,《鸿猷录》,(纪录汇编本)。
顾炎武,《顾亭林文集》,中华书局,1983。
顾炎武,《肇域志》(1—4),上海古籍出版社,2004。
顾炎武,《天下郡国利病书》(四库全书三编手稿本),台湾商务印书馆,1976。
谷应泰,《明史纪事本末》,辽沈书社,1994。
屈大均,《皇明四朝成仁录》(上、下),台北鼎文书局,1978。

凌燽,《西江视臬纪事》,《清史资料》第3辑,中华书局,1982。
谈恺,《虔台续志》(嘉靖34年序刊本)。
谈迁,《国榷》,中华书局,1958。
戴笠,《行在阳秋》台湾商务印书馆,1971。
大庾县志编纂委员会,《大庾县交通志》。
《东明见闻录》,台湾商务印书馆,1971。
《洞麓堂集》(文渊阁四库全书本)。
东亚同文会编,《支那省别全志》卷11,江西省,1917。
杜德凤,《太平军在江西史料》,江西人民出版社,1988。
罗渔译,《利玛窦书信集》(上),辅仁光启联合出版社,1986。
罗绕典,《黔南职方纪略》卷2,贵州人民出版社,1992。
蓝浦,《景德镇陶录》,江西人民出版社,1996。
《名公书判清明集》,中华书局,1987。
《明史》(校勘标点本),中华书局。
《明实录类纂》,武汉出版社,1993,1995。
《明实录》,"中央研究院"史语所校引本。
《明清史料》,"中央研究院"史语所编刊本。
《明清进士题名碑录索引》,上海古籍出版社,1980。
《明会典》(影印本万历15年刊),台北东南书报社。
蒙正发,《三湘从事记》,台湾广文书局,1964。
文秉,《定陵注略》(静嘉堂文库藏钞本)。
《白鹿洞书院古志五种》(上下),中华书局,1995。
白眉初,《中华民国省区大全:湖南省志》。
傅维鳞,《明书》(国学基本丛书本)。
《浮梁陶政志》。
傅春官,《江西农工商矿纪略》(光绪30年刊本)。
费宏,《太保费文宪公摘稿》,台北文海出版社,1970。
《四库全书》(商务印书馆本)。
谢国桢,《明代社会经济史料选编》,福建人民出版社,1980—1981。
谢国桢,《清初农民起义资料辑录》,新知出版社,1956。
《思文大纪》(中国历史研究资料丛书),上海书店,1982。
谢肇淛,《五杂组》(和刻本汉籍随笔集第1集),汲古书院,1974。
《三省矿防录》,东洋文库。
上海博物馆图书资料室,《上海碑刻资料选辑》,上海人民出版社,1980。
徐宏祖,《徐霞客游记》,上海新华书店,1980。
徐世溥,《江变纪略》(中国历史研究资料丛书),上海书店,1982。

徐学谟,《徐氏海隅集》(万历年间刊本)。
徐鼒,《小腆纪年附考》,1966。
徐鼒,《小腆纪传》台湾学生书局,1977。
邵廷寀,《东南纪事》(中国历史研究资料丛书),上海书店,1982。
苏州历史博物馆,《明清苏州工商业碑刻集》,江苏人民出版社,1981。
孙承泽,《山书》,浙江古籍出版社,1989。
《宋史》(校勘标点本),中华书局。
宋应星,《天工开物》,台湾商务印书馆,1967。
《宋会要辑稿》,中华书局,1957。
《新安休宁民族志》,黄山书社,2004。
沈德符,《万历野获编》,中华书局,1980。
艾南英,《天庸子集》(康熙38年刊本)。
杨陆荣,《三藩纪事本末》,中华书局,1985。
杨士奇,《东里续集》(四库全书本)。
铅山县地名志办公室,《江西省铅山县地名志:河口镇》,1985。
叶权,《贤博编》,中华书局,1987。
吴山嘉,《复社姓氏传略》,中国书店,1990。
吴嵩梁,《东乡风土记》。
汪道昆,《太函集》,黄山书社,2004。
王夫之,《永历实录》,岳麓书社,1982。
王士性,《广志绎》(点校本),中华书局,1981。
王世懋,《饶南九三府图说》(万历刊本)。
王世懋,《二酉委谭摘录》(纪录汇编本)。
王世贞,《弇山堂别集》,中华书局,1985。
王守仁,《王阳明全集》,上海古籍出版社,1992。
王材,《皇明太学志》(奎章阁所藏本)。
王定安,《湘军记》。
魏礼,《魏季子文集》(魏氏全集本)。
魏源,《古奥堂外集》。
魏禧,《魏叔子文集》(魏氏全集本)。
《刘忠诚公遗集》(近代中国史料丛刊本)。
陆世仪,《复社纪略》,台北明文出版社,1991。
李芥立,《天香阁随笔》(笔记小说大观)。
利玛窦·金尼阁著,何高济,王遵仲,李申译,何兆武校,《利玛窦中国札记》,中华书局,1983。
李维桢,《大泌山房集》(万历39年刊本)。

李鼎,《李长卿集》。

李天根,《爝火录》,浙江古籍出版社,1986。

李华,《明清以来北京工商会馆碑刻选编》,文物出版社,1980。

张家玉,《张文烈遗集》,广东高教出版社,1992。

张朝瑞,《皇明贡举考》(万历刊本,内阁文库)。

张瀚,《松窗梦语》,中华书局,1985。

张瀚,《松窗梦语》,上海古籍出版社,1986。

张翀,《鹤楼集》(乾隆四年序刊本)。

钱秉镫,《所知录》,上海古籍出版社,1992。

朱琰,《陶说》,轻工业出版社,1984。

中国社会科学院历史研究所,《清史资料》(第3辑),中华书局,1982。

中国人民大学历史系编,《清代农民战争史资料选编》(1—下),中华书局,1984。

中国人民大学清史研究所,《康雍乾时期城乡人民反抗斗争资料》,中华书局,1979。

曾国藩,《江西全省舆图》(同治七年刊本)。

陈谷嘉等,《中国书院史资料》(上),浙江教育出版社,1998。

陈宏谋,《培远堂偶存稿》。

陈子龙,《明经世文编》,台联国风出版社,1967。

陈子壮,《昭代经济言》(天启六年序刊本)。

《天下书院总志影印本》(全3卷),台北广文书局,1974。

《清史列传》,中华书局,1928。

《清实录》,新文丰出版公司,1978。

《清朝续文献通考》,新兴书局,1965。

邹守益,《东廓集》(乾隆年间刊本)。

彭孙贻,《湖南遗事》,上海书店,1982。

彭泽益,《中国近代手工业史资料》(1,2,3),中华书局,1962。

冯琦,《宗伯冯先生集》。

冯梦龙,《王阳明出身靖乱录》(中田胜,《王阳明靖乱录》,明德出版社,东京,1988。)

贺长龄,《清经世文编》(道光六年刊本)。

韩振飞,《宋城赣州》,1998。

海瑞,《海瑞集》,中华书局,1962。

(明)万表编,《皇明经济文录》。

《皇明贡举考》,日本内阁文库。

《皇明制书》,古典研究会,东京,1966。

《皇明条法事类纂》,日本汲古书院,1966。

《皇朝道咸同光奏议》。
黄宗羲,《明儒学案》,中华书局,1985。
黄宗羲,《行朝录》,上海书店,1982。
怀葛堂集,豫章丛书第197册。
《滇粹》。

2. 地方志

《江西通志》(嘉靖4年、万历25年、康熙22年、康熙59年、雍正10年、光绪7年刊本)
《建昌府志》(正德12年、万历41年、乾隆24年、同治11年刊本)
《建昌县志》(康熙14年、同治10年刊本)
《景德镇市志》(1991)。
《景德镇市地名志》(1988)。
《景德镇市志略》(1989)。
《高安县志》(康熙10年、同治10年刊本)。
《赣州府志》(嘉靖15年、天启元年、乾隆47年、道光28年、同治12年刊本)。
《赣县志》(乾隆21年、同治11年刊,民国20年重印本)。
《广信府志》(嘉靖5年、康熙22年、乾隆48年、同治12年刊本)。
《广昌县志》(康熙22年、同治6年刊本)
《广丰县志》(乾隆49年、同治11年刊本)。
《九江府志》(嘉靖6年、同治13年刊本)。
《贵溪县志》(康熙22年、同治10年刊本)。
《吉水县志》(道光5年、光绪元年刊本)。
《吉安府志》(万历13年、顺治17年、乾隆41年光绪元年、民国30年铅印本)。
《金豀县志》(康熙21年、乾隆16年、道光6年、同治9年刊本)。
《乐安县志》(康熙23年、同治10年刊本)。
《南康府志》(正德10年、康熙15年、康熙60年、同治11年刊本)。
《南康县志》(嘉靖34年、康熙49年、乾隆18年、同治11年刊本)。
《南城县志》(康熙19年、同治12年刊本)。
《南安府志》(嘉靖15年、康熙49年、乾隆33年、同治7年、光绪元年刊本、(光绪《南安府志补正》)。
《南昌府志》(万历16年、乾隆54年、同治12年刊本)。
《南昌县志》(乾隆16年、乾隆59年、道光29年、同治9年、光绪32年修,民国8年刊本)。
《南丰县志》(万历14年、康熙22年、乾隆30年、同治10年、民国13年刊本)。
《宁州志》(嘉靖22年、道光4年、同治12年刊本)。

《大庾县志》(乾隆13年、咸丰元年、同治13年、民国8年刊本、新编《大余县志》)。

《德安府志》(正德12年刊本)。

《德安县志》(同治10年刊本)。

《德化县志》(乾隆45年、同治11年刊本)。

《德兴县志》(康熙23年、道光3年、同治11年、民国8年刊本)。

《都昌县志》(康熙33年、同治11年刊本)。

《东乡县志》(嘉靖5年、康熙4年、同治8年刊本)。

《乐平县志》(乾隆17年、同治9年刊本)。

《泸溪县志》(乾隆16年、道光9年刊本)。

《泸州志》(民国年刊)。

《浏阳县志》(雍正11年刊本)。

《万年县志》(同治10年刊本)。

《万安县志》(同治12年刊本)。

《万载县志》(康熙22年、雍正11年、同治11年、民国29年刊本)。

《沔阳州志》(嘉靖10年刊本)。

《武宁县志》(嘉靖22年、康熙6年、乾隆51年、道光4年、同治9年刊本)。

《抚州府志》(弘治15年、嘉靖33年、崇祯7年、康熙27年、雍正7年、光绪2年刊本)。

《奉新县志》(道光4年、同治10年刊本)。

《浮梁县志》(康熙21年、道光3年修、道光12年增补刊本)。

《分宜县志》(康熙22年、道光2年、同治10年、民国29年刊本)。

《佛山忠义乡志》(道光10年、民国15年刊本)。

《上高县志》(嘉靖33年、康熙12年、同治9年刊本)。

《上饶县志》(乾隆49年、道光6年、同治11年刊本)。

《上犹县志》(康熙36年、道光3年、光绪19年重订本)。

《西江志》(康熙59年刊本)。

《瑞金县志》(嘉靖22年、万历31年、康熙22年、康熙49年续修、道光2年、光绪2年刊本)。

《瑞州府志》(正德10年、崇祯元年、同治12年刊本)。

《瑞昌县志》(隆庆4年、乾隆20年、同治10年刊本)。

《石城县志》(顺治17年、乾隆46年、道光4年刊本)。

《星子县志》(同治10年刊本)。

《遂川县志》(同治12年刊本)。

《崇义县志》(嘉靖32年、同治6年、光绪21年刊本)。

《崇仁县志》(康熙12年、道光元年、同治12年刊本)。

《承天府志》(万历30年刊本)。
《新淦县志》(康熙12年、康熙54年、同治12年刊本)。
《新建县志》(康熙19年、同治10年刊本)。
《新城县志》(正德11年、康熙12年、乾隆16年、同治9年刊本)。
《新喻县志》(康熙12年、道光5年、道光29年、同治12年刊本)。
《新昌县志》(康熙22年、同治11年刊本)。
《信丰县志》(乾隆16年、道光4年、同治9年刊本)。
《雅州府志》(乾隆4年刊本)。
《安福县志》(康熙18年、乾隆47年、同治11年刊本)。
《安远县志》(乾隆16年、道光3年、同治11年刊本)。
《安义县志》(同治10年刊本)。
《安仁县志》(同治11年补刊本)。
《余干县志》(康熙23年、同治11年刊本)。
《庐陵县志》(乾隆46、道光5、同治12年、同治9年刊本)。
《铅山县志》(嘉靖4年、万历46年、《铅书》康熙22年、乾隆8年、乾隆49年、嘉庆刊本、道光刊本、同治12年、1990刊新编；光绪刊《铅山县乡土志》)。
《永宁县志》(乾隆15年、同治13年刊本)。
《宁都县志》(万历20年、乾隆6年、道光4年《宁都直隶州志》)。
《永新乡志》(庆熙22年、乾隆11年、同治13年刊本)。
《永丰县志》(嘉靖22年、庆熙23年、同治23年刊本)。
《醴陵县志》(民国15年刊本)。
《玉山县志》(康熙20年、乾隆49年、道光3年、同治12年刊本)。
《饶州府志》(正德6年、康熙22年、同治11年刊本)。
《龙南县志》(康熙48年、乾隆15年、道光6年、光绪2年刊本，民国25年铅印本)。
《龙泉县志》(乾隆36年、同治12年刊本)。
《雩都县志》(康熙元年、乾隆22年、道光10年、同治13年刊本)。
《袁州府志》(正德9年、嘉靖22年、嘉靖40年、乾隆25年、咸丰10年、同治13年刊本)。
《宜春县志》(康熙47年、民国29年石印本)。
《宜黄县志》(康熙3年、道光5年、同治10年刊本)。
《弋阳县志》(万历9年、康熙22年、同治10年刊本)。
《临江府志》(嘉靖15年、隆庆6年、康熙7年、同治10年刊本)。
《临川县志》(康熙19年、嘉庆22年、同治9年刊本)。
《长宁县志》(乾隆14年、咸丰5年、光绪2年、光绪25年刊本)。
《长沙府志》(乾隆12年刊本)。

《长汀县志》(光绪 5 年刊本)。

《定南县志》(顺治 14 年、乾隆 44 年、道光 5 年、同治 11 年刊本)。

《靖安县志》(嘉靖 44 年、乾隆 28 年、同治年间刊本)。

《辰州府志》(乾隆 30 年刊本)。

《进贤县志》(嘉靖 42 年、康熙 12 年、道光 3 年、同治 10 年、光绪 24 年补刊本)。

《清江县志》(崇祯 15 年、乾隆 45 年、道光 4 年、同治 9 年刊本;新编县志)。

《泰和县志》(万历 7 年、乾隆 18 年、同治 11 年、道光 6 年、光绪 5 年刊本)。

《鄱阳县志》(康熙 22 年、道光 4 年、同治 10 年刊本)。

《彭泽县志》(万历 10 年、乾隆 21 年、嘉庆 24 年、同治 12 年刊本)。

《萍乡县志》(康熙 22 年、同治 11 年、民国 24 年刊本)。

《平和县志》(康熙 58 年刊本)。

《丰城县志》(嘉靖 42 年、康熙 3 年、道光 5 年、同治 12 年刊本)。

《婺源县志》(民国 14 年刊本)。

《河口镇志初稿》(1984 草稿,河口镇,未刊)。

《峡江新志》(乾隆 32 年、同治 10 年刊本)。

《荆州志》(万历 22 年刊本)。

《惠州府志》(嘉靖 21 年刊本)。

《湖广图经志书》(嘉靖 2 年刊本)。

《湖口县志》(康熙 12 年、乾隆 21 年、嘉庆 23 年、同治 13 年刊本)。

《会昌县志》(康熙 14 年、乾隆 16 年、同治 11 年刊本)。

《歙志》(万历 37 年刊本)。

《兴国县志》(康熙 22 年、乾隆 15 年、道光 4 年、同治 11 年刊本)。

《兴安县志》(同治 10 年刊本)。

3. 研究专著

(1) 韩文

金衡鍾,清末新政期의研究:江蘇省의新政과紳士層,서울대학교출판부,2002

宋正洙,中國近世鄉村社會史硏究,혜안,1997

申龍澈,李卓吾,知識產業社,2006

吳金成,中國近世社會經濟史研究——明代紳士層의形成과社會經濟의役割,一潮閣,서울,1986(→日譯本:明代社會經濟史研究——紳士層の形成とその社會經濟の役割,汲古書院,東京,1990)

吳金成,國法과社會慣行——明清時代社會經濟史研究,지식산업사,2007(=2007A)

李俊甲,중국사천사회연구,1644—1911—개발과 지역질서,서울대학교출판부,2002

鄭炳喆,"天崩地裂"의時代,明末清初의華北社會,全南大學校出版部,2008

曹永憲,大運河와中國商人——淮、揚地域徽州商人成長史,1415—1784,民音社,2011

崔韶子,東西文化交流史研究——明、清時代西學受容,三英社,1987

何炳棣著,曹永祿譯,中國科舉制度의社會史的研究,東國大學校出版部,1987（←Ho, Ping-ti, The Ladder of Success in Imperial China: Aspects of Social Mobility, 1368—1911, New York, 1962）

平川祐弘,マツテオ リツチ,平凡社,東京,1997

（2）中文

葛剑雄,曹树基,《简明中国移民史》,福建人民出版社,1993。

江西内河航运史编审委员会,《江西内河航运史》,人民交通出版社,1991。

江西省轻工业厅陶瓷研究所,《景德镇陶瓷史稿》,三联书店,1959。

江西省政府经济委员会,《江西经济问题》,江西人民出版社,1971。

江西省测绘局,《江西省地图册》中华地图学社,1996。

顾诚,《明末农民战争史》,北京,1984。

郭廷以,《太平天国史事日志》,台北,1963。

邱国珍,《景德镇瓷俗》,江西高校出版社,1994。

罗香林,《客家研究导论》,广州,1933。

唐立宗,《在"盗区"与"政区"之间——明代闽粤赣湘交界的秩序变动与地方政演化,台北,2002。

邓洪波,《中国书院揽胜》,白鹭洲书院,湖南大学出版社,2000。

邓洪波,《中国书院史》,东方出版中心,2004。

马敏,《过渡形态:中国早期资产阶级构成之谜》,中国社会科学出版社,1994。

马敏,《官商之间:社会剧变中的近代绅商》,天津人民出版社,1995。

马敏,朱英,《传统与近代的二重变奏:晚清苏州商会的个案研究》,巴蜀书店,1993。

梅莉,《两湖平原开发探源》江西教育出版社,1995。

巫仁恕,《激变良民:传统中国城市群众集体行动之分析》,北京大学出版社,2011。

方志远,《明清湘鄂赣地区的人口流动与城乡商品经济》,人民出版社,2001。

方行,《中国经济通史·清代经济卷》（上·中）,经济日报出版社,2000。

裹化行著,管震湖译,《利玛窦神父传》,商务印书馆,1998。

柏桦,《庆祝王钟翰教授八十五暨韦庆远教授七十华诞学术论文合集》,黄山书社,1999。

樊数志,《明清江南市镇探微》,复旦大学出版社,1990。

范金民,《明清江南商业的发展》,南京大学出版社,1998。

谢国桢,《南明史略》,上海,1957,1988。

谢国桢,《明清之际党社运动考》,中华书局,1982。
社会科学研究丛刊编辑部,《张献忠在四川》,成都,1981。
徐茂明,《江南士绅与江南社会(1368—1911)》,商务印书馆,2004。
孙晓芬,《清代前期的移民填四川》,四川大学出版社,1997。
沈定平,《明清之际中西文化交流史》,商务印书馆,2001。
沈兴敬等,《江西内河航运史》(古、近代部分),人民交通出版社,1991。
杨国荣,《王学通论:从王阳明到熊十力》,上海三联,1990(김형찬 등 역,《阳明学》,예문서원,1994)。
梁淼泰,《明清景德镇城市经济研究》,江西人民出版社,1991。
余家栋,《江西陶瓷史》,河南大学出版社,1997。
余英时,《中国近世宗教伦理与商人精神》,台北,1987(郑仁在译,《中国近世宗教伦理와 商人精神》,大韩教科书株式会社,1993)。
吴宣德,《江右王学与明中后期江西教育发展》,江西教育出版社,1996。
王纲,《张献忠大西军史》,湖南人民出版社,1987。
王先明,《近代绅士———一个封建阶层的历史命运》,天津人民出版社,1997。
王世华,《富甲一方的徽商》,浙江人民出版社,1997。
王日根,《乡土之链——明清会馆与社会变迁》,天津人民出版社,1996。
王笛,《跨出封闭的世界:长江上游区域社会研究(1644—1911)》,中华书局,1993。
魏嵩山,《鄱阳湖流域开发探源》,江西教育出版社,1995。
刘石吉,《明清时代江南市镇研究》,北京,1987。
李国钧,《中国书院史》,湖南教育出版社,1994。
利玛窦·金尼阁(何高济、王遵仲、李申译,何兆武校),《利玛窦中国札记》,中华书局,1983。
李文治,《晚明民变》,上海,1948。
李伯重,《江南的早期工业化(1550—1850)》,社会科学文献出版社,2000。
李才栋,《江西古代书院研究》,江西教育出版社,1993。
李才栋,《白鹿洞书院考略》《江西教育学院学刊》,南昌,1985。
林景梧,汪宗达,《景德镇》,中国建筑工业出版社,1989。
林金水,《利玛窦与中国》,中国社会科学出版社,1996。
林金水,邹萍,《泰西儒士利玛窦》,国际文化出版公司,2000。
林仁川,徐晓望,《明末清初中西文化冲突》,华东师范大学出版社,1999。
张国雄,《明清时期的两湖移民》,陕西教育出版社,1995。
张力,刘鉴唐,《中国教案史》,四川社会科学出版社,1987。
张立文,《宋明理学研究》,中国人民大学出版社,1985。
蒋兆成,《明清杭嘉湖社会经济史研究》,杭州大学出版社,1994。

张仲礼(李荣昌译),《中国绅士》,上海社会科学院出版社,1991。

张忠民,《前近代中国社会的商人资本与社会再生产》,上海社会科学院出版社,1996。

张海鹏,王廷元,《徽商研究》,安徽人民出版社,1995。

张海鹏,张海瀛,《中国十大商帮》,黄山书社,1993。

张海英,《明清江南商品流通与市场体系》,华东师范大学出版社,2002。

郑昌淦,《明清农村商品经济》,中国人民大学出版社,1998。

曹树基,《中国移民史(4、5、6)》,福建人民出版社,1997(=1997A)。

赵子富,《明代学校与科举制度研究》,北京,1995。

赵泉澄,《清代地理沿革表》,上海,1955。

左东岭,《王学与中晚明士人心态》,人民文学出版社,2000。

朱英,《辛亥革命时期新式商人社团研究》,中国人民大学出版社,1991。

陈鼓应,《明清实学思潮史》(上),齐鲁书社,1989。

陈学文,《明清时期商业书及商人书之研究》,台北,1997。

陈学文,《明清时期太湖流域的商品经济与市场网络》,浙江人民出版社,2000。

陈学文,《明清时期杭嘉湖市镇史研究》,群言出版,1993。

毕诚,《儒学的转折:阳明学派教育思想研究》,北京,1992。

许涤新,吴承明,《中国资本主义的萌芽》,人民出版社,1985。

许怀林,《江西史稿》,江西高校出版社,1993。

许涤新,吴承明,《中国资本主义发达史(第2卷)》,人民出版社,1990。

胡昭曦,《张献忠屠蜀考辨:兼析湖广填四川》,四川人民出版社,1980。

侯外庐等,《宋明理学史》(下),人民出版社,1987。

侯外庐,《中国思想通史》(第4下卷),北京,1962。

(3) 日文

間野潜龍,朱子と王陽明——新儒學と大學の理念,清水書院,東京,1974。

岡田武彦,陽明學の世界,東京,1986。

岡田武彦,王陽明と明末の儒學,東京,1970(=1970A)。

谷光隆,王陽明,東京,1967。

谷川道雄,森正夫,中國民衆叛亂史(第3、4卷),東京,1982/1983。

溝口雄三,儒學史,山川出版社,1987。

根岸佶,支那ぎるどの研究,東京,1940。

島田虔次,朱子學と陽明學,岩波書店,1967/1985。

島田虔次,中國における近代思惟の挫折,東京,1947/1970。

리치,세메도(矢澤利彦等譯),中國キリスト教布教史(1),東京,1983。

林友春,元明時代の書院教育,林友春編,近世中國教育史研究——その文教政策と庶民教育,國土社,東京,1958。

北村敬直,清代社會經濟史研究,京都,1978。
山井湧,明清思想史の研究,東京,1980。
山下龍二,陽明學の研究(成立編・展開編),東京,1971。
山下龍二,王陽明:百死千難に生きる,集英社,1984。
森正夫,江南デルタ市鎮研究,名古屋大學,1992。
森正夫,明代江南土地制度史の研究,同朋舍,1988。
西山榮久,最新支那地理,大阪屋號書店,1928。
小野和子,明清時代の政治と社會,京都,1983。
松本善海,中國村落制度の史的研究,東京,1977。
野口鐵郎,明代白蓮教史の研究,東京,1986。
野口鐵郎,中國における亂の構圖,東京,1986。
奧崎裕司,中國鄉紳地主の研究,東京,1978。
宇野哲人等,陽明學入門,東京,1971。
栗林宣夫,里甲制の研究,東京,1971。
佐藤文俊,明末農民反亂の研究,東京,1985。
佐佐木達夫,元明時代窯業史研究,吉川弘文館,1985。
周藤吉之,中國土地制度史研究,東京,1954。
曾田三郎,中國近代化過程の指導者たち,東方書店,1997。
川勝守,明清江南市鎮社會史研究,汲古書院,1999。
川勝守,中國封建國家の支配構造:明清賦役制度史の研究,東京,1980。
波多野善大,中國近代工業史の研究,東洋史研究會刊,1961。
荒木見悟,明代思想研究,東京,1972。
荒木見悟,陽明學の展開と佛教,東京,1984。
荒木敏一,宋代科舉制度研究,京都,1969。

(4) 英文

Dennerline, Jerry, *The Chia-ting Loyalists: Confucian Leadership and Social Change in Seventeenth Century China*, Yale U. P., 1981

Elman, Benjamin A., *A Cultural History of Civil Examinations in Late Imperial China*, University of California Press, 2000

Gallagher, Louis J. trans., *China in the Sixteenth Century: The Journals of Mattew Ricci, 1585—1610*, New York, Random House, 1953

Ho, Ping-ti, *Studies on the Population of China, 1368—1953*, Harvard University Press, 1959

Ho, Ping-ti, *The Ladder of Success in Imperial China; Aspects of Social Mobility, 1368—1911*, New York, 1962

John W. Dardess, *A Ming society: T'ai-ho County, Kiangsi, fourteenth to *seventeenth Centuries*, University of California Press, 1996

L. Carrington Goodrich and Chaoying Fang, *Dictionary of Ming Biography 1368—1644*, N.Y., Columbia U. Pr., 1976, Vol. 1

Naquin, Susan and Rawski, Evelyn, *Chinese Society in the Eighteenth Century*, Yale Univ. Press, 1987

Meskill, John, *Academies in Ming China, A Historical Essay*, The University of Arizona Press, 1982

Parsons, James B., *The Peasant Rebellions of the Late Ming Dynasty*, The University of Arizona P., 1970

Rankin, Mary B., *Elite Activism and Political Transition in China: Zhejiang Province*, 1865—1911, Stanford University Press, 1986

Schoppa, R. Keith, *Chinese Elites and Political Change: Zhejiang province in the Early Twentieth Century*, Cambridge, Mass, Harvard University Press, 1982

Struve, Lynn A., *The Southern Ming, 1644—1662*, Yale U.P., 1984

4. 研究论文

(1) 韩文论文

李成珪,「清初地方統治의 確立過程과 鄕紳──順治年間의 山東地方을 中心으로」,收入《서울大東洋史學科論集 1》,1977

朴元熇,「明末清初의 民衆反亂」,收入《明末、清初社會의 照明》,한울아카데미,1990

宋正洙,「正德朝의 鄕村社會와 王陽明의 鄕約、保甲制」,收入《清大史林》6,1994

申周賢,「明代佛狼機認識과 耶蘇會宣教師──南京教案을 中心으로」,延世大學校大學院史學科碩士論文,2009

吳金成,「明代提學官制의 一研究」,收入《東洋史學研究》6,1973

吳金成,「睿親王攝政期의 清朝의 紳士政策」,收入《韓沽劤博士停年記念史學論叢》,서울,1981

吳金成,「海瑞(1531—1587)新論──明末의 江西南部의 社會와 그의 治績」,收入高柄翊先生回甲記念史學論叢刊行委員會,《歷史와 人間의 對應(中國史篇)》,한울,1985

吳金成,「順治親政期의 清朝權力과 江南紳士」,收入《歷史學報》122,1989

吳金成,「明中期의 人口移動과 그 影響──湖廣地方의 人口流入을 中心으로」,收入《歷史學報》137,1993

吳金成,「明末湖廣의 社會變化와 承天府民變」,收入《東洋史學研究》47,1994

吳金成,「入關初清朝權力의 浸透와 地域社會──廣東東、北部地方을 中心으로」,收入《東洋史學研究》54,1996

吳金成,「王朝交替期의地域社會支配層의存在形態——明末淸初의福建社會를 中心으로」,收入《近世東아시아의國家와社會》,知識產業社,서울,1998

吳金成,《元末動亂期的武裝蜂起集團和鄕村支配層》,《明太祖及其時代國際學 術會議論文匯編》,香港中文大學中國歷史研究中心,2006

吳金成,「신사」,《명청시대 사회경제사 입문》,이산,2007(＝2007B)

元廷植,「江西에서의王陽明의民兵組織과運用」,收入《서울大東洋史學科論集》 14,1990

元廷植,「명청시대 담배의 정치.사회경제사적 의의」,收入《明淸史硏究 24》,2005

李俊甲,「順治初洪承疇의江南招撫活動과 그 意義」(서울大學校大學院碩士論 文,1991)

全淳東,「明王朝成立史硏究」,漢陽大學校大學院博士論文,1991

鄭炳喆,「明末、淸初華北에서의自衛活動과紳士山東、北直隷를中心으로」,收入 《東洋史學硏究》43,1993

曺永祿,「陽明學의成立과展開」,收入《講座中國史Ⅳ,帝國秩序의完成》, 지식산업사,1989

崔基福,「明末淸初예수會선교사들의補儒論과性理學批判」,收入《敎會史硏究 6》,1988

韓延姃,「마테오 리치와交流한漢人士大夫 에 대한 考察」,이화여자대학교 대학원 석사 학위 논문,2000

(2) 中文

贾熟村,《太平天国时期江忠源集团主要成员及活动考》,《湘南学院学报》28- 6,2007

江地,《明代中期政治经济与农民战争》,《山西大学学报 1983‐1》

计翔翔,《关于利玛窦戴儒冠穿儒服的考析》,黄时鉴,《东西交流论谈》第 2 集, 上海文艺出版社,2001

郭蕴深,《中俄茶叶贸易初探》,《社会科学战线》1985

欧磻,《清代南昌绅士与社会变迁》(南昌大学硕士学位论文,2000)

权奎山,《江西景德镇明清御器厂落选御用瓷器处理的考察》,《文物》2005‐2

唐朝晖,欧阳光,《江西文人群与明初诗文格局》,《学术研究》2005‐4

戴佳臻,《试述明代瑞州浮赋问题》,《宜春师专学报》1984‐1

杜德风,《太平军在江西的胜利与失败》,《江西社会科学》1993‐6

邓智华,《明后期江西地方财政体制的败坏》,《江西师范大学学报》2003‐5

罗晓翔,《南京教案新探》,《第十届明史国际学术讨论会论文集》,人民日报出版 社,2005

罗包庚,《太平天国时期江西军费状况及其影响》,《赣文化研究》7,2000(→《江 西社会科学 2002‐6》

罗辉,《清代清江商人研究》,南昌大学硕士论文,1999(＝1999A)

罗辉,《清代清江商人的经营活动:清江商人研究之一》,《赣文化研究》6,1999(＝1999B)

马楚坚,《明代的家丁》,《明史研究专刊》8,1985

马楚坚,《阳明先生重建社区治安理想与实施》,周天游,《地域社会与传统中国》,西北大学,1995

梅莉,张国雄,《"湖广熟,天下足"补证》,《中国历史地理论丛》1996-1

毛曜阳,《太平天国时期江西乡绅的捐输广额》,《福州师传学报》2000-1

毛晓阳,《太平天国时期江西乡绅的捐输广额》,《福州师专学报》(社科版)20-1,2000

巫仁恕,《明清湖南市镇的经济发展与社会变迁》,"国立"台湾大学历史学研究所硕士论文,1991

方志远,《江右商帮》,张海鹏,张海瀛,《中国十大商帮》,黄山书社,1993

方志远,《明代吉安的争讼》,《江西经济史论丛》1,1987

方志远,《明清江右商研究》,欧阳琛,方志远,《明清中央集权与地域经济》,中国社会科学,2002

方志远,黄瑞卿,《江右商的经营观念与投资方向》,《中国史研究》1991-4

方志远,黄瑞卿,《江右商的社会构成及经营方式》,《中国经济史研究》1992-1

方志远,黄瑞卿,《明清时期西南地区的江右商》,《中国社会经济史研究》1993-4

方志远,《明清江右商研究》,欧阳琛,方志远,《明清中央集权与地域经济》,中国社会科学,2002

范金民,《江南重赋原因的探讨》,《中国农史》14-3,1995

卞利,《清代江西串票的发现与初步研究》,《中国农史》1998-1

卞利,《清代江西安远县土地买卖契约文书的发现与研究》,《中国农史》2004-3

宝成关,《中西文化的第一次激烈冲突:明季"南京教案"文化背景剖析》,《史学集刊》1993-4(《复印报刊资料》,《明清史》1993-12)

付小红,《明清时期江西家族"小八景"的初步研究》,《南方文物》2005-2

傅衣凌,《明代苏州织工·江西陶工反封建斗争史料类辑》,《厦门大学学报》1954-1(→同氏,《明清社会经济史论文集》,人民出版社,1982)

傅衣凌,《明代徽州商人》,同氏,《明清时代商人及商业资本》,北京,1956

傅衣凌,《明末清初闽赣毗邻地区的社会经济与佃农抗租风潮》,《社会科学》3-3,4,1947(→同氏,《明清社会经济史论文集》,北京,1982)

傅衣凌,《明清之际的"奴变"和佃农解放运动》,《明清农村社会经济》,北京,1961

傅衣凌,《明代江西的工商人口及其移动》,同氏,《明清社会经济史论文集》,北

京,1982

傅衣凌,《清代农业资本主义萌芽问题的一个探索——江西新城"大荒公禁栽烟约"一篇史料的分析》,《历史研究》1775-5(→同氏,《明清社会经济史论文集》,北京,人民出版社,1982)

傅衣凌,《明末清初闽赣毗邻地区的社会经济与佃农抗租风潮》,《明清社会经济史论文集》,北京,1982

傅春官,《江西商务说略》,《江西官报》27,1906

谢宏维,《赣湘鄂地区城乡市场研究》,江西师范大学硕士论文,2001

谢宏维,《论明清时期江西进士的数量变化与地区分布》,《江西师范大学学报》33-4,2000

谢宏维,《清代徽州棚民的问题及对应机制》,《清史研究》2003-2

谢宏维,《清中晚期至民国时期江西万载的土客冲突与国家应对》,《江西社会科学》2004-2

谢庐明,《赣南的农村墟市与近代社会变迁》,《中国社会经济史研究》2001-1

谢庐明,《明清赣南墟市的发展与社会经济的变迁》,《赣南师范学院学报》1998-5

谢重光,《新民向化:王阳明巡抚南赣对畲民汉化的推动》,《赣南师范学院学报》2004-1

谢皓烨,《论宋元之际江西遗民词人群的群体特征》,《求索》2004-3

常建华,《宋明理学是江西之学》,《南昌大学学报》2002-3

上官俅,《江西修水县之茶业》,《工商通讯》1-20,1937

徐建青,《清代的造纸业》,《中国史研究》1997-3

徐文、江思清,《从明代景德镇瓷业看资本主义因素的萌芽》,《中国资本主义萌芽问题讨论》(下),北京,三联书店,1957

徐海松,《耶稣会士与中西文化交流论著目录》,黄时鉴,《东西交流论谈》第2集,上海文艺出版社,2001

徐晓望,《明清闽浙赣边区山区经济发展的新趋势》,傅衣凌、杨国桢,《明清福建社会与乡村经济》,厦门,1987

徐晓望,《清代江西农村商品经济的发展》,《中国社会经济史研究》1990-4

徐晓望,《河口考察记》,《中国社会经济史研究》1986-2

萧放,《论明清时期江西四大工商市镇的发展及其历史局限》,江西师范大学历史系,《江西经济史论丛》(1),1987

萧放,《论明清时期河口镇的发展及其特点》,《江西师范大学学报》1989-3

施民,《清代江西农村社会经济的发展述略》,《宜春师专学报》1995-4

施由民,《试析明代江西的佃仆制与租佃制》,《江西社会科学》2003-11

施由民,《自唐至清南昌地区的农田水利》,《农业考古》1992-3

杨讷,《天完大汉红巾军史述论》,《元史论丛》1,1982

梁淼泰,《明代后期景德镇制瓷业中的资本主义萌芽》,南京大学历史系,《明清资本主义萌芽论文集》,1981

梁淼泰,《明清时期景德镇城市经济的特点》,《南开学报》1984-5

杨联陞,《科举时代的赴考旅费问题》,《清华学报》(New Series)Ⅱ-6,1961

梁洪生,《明清在华耶苏会士面向西方描述的江西》,《江西师范大学学报》,2003-1

梁洪生,《吴城商镇及其早期商会》,《中国经济史研究》1995-1(=1995A)

梁洪生,《吴城商镇的发展与聂公崇拜》,《南昌大学学报》第26——增刊,1995(=1995B)

梁洪生,《吴城神庙系统与行业控制——兼论宗族势力控制商镇的条件问题》,许怀林,《江西历史研究论集》,江西人民出版社,1999

杨会清,《清末新政与江西早期现代化》,《江西教育学院学报》2005-2

余龙生,《简析明代江西商人的行商特色》,《上饶师范学院学报》2002-4

吕作燮,《试论明清时期会馆的性质和作用》,南京大学历史系,《中国资本主义萌芽问题论文集》,江苏人民出版社,1983

吴雯,谢敏华,《试论太平天国对近代江西农村社会的影响》,《宜春学院学报》2002-2

吴薇,《明清江西天主教的传播》,《江西师范大学学报》2003-1

吴敏波,杨勇,《清中叶江西官私食盐的运输途径与流通方式》,《盐业史研究》2002-3

吴海若,《中国资本主义生产的萌芽》,《中国资本主义萌芽问题讨论》(下),南京,1957

廖声丰,《清代赣关研究》,南昌大学硕士论文,1998

阮忠仁,《清末民初农工商机构的设立——政府与经济现代化关系之检讨(1903—1916)》,《"国立"台湾师范大学历史研究所专刊》19,1988

汪家伦,《明清长江中下游圩田及其防汛工程技术》,《中国农史》1991-2

王根泉等,《江西古代农田水利刍议》,《农业考古》1992-3

王根泉,《明清时期一个典型农业地区的墟镇》,《江西大学学报》1990-2

汪林茂,《江浙士绅与辛亥革命》,《近代史研究》1990-5

王明前,《太平天国江西农村政治研究》,《江西师范大学学报》(哲社版)39-5,2006

王秀丽,《元代江西行省的商业交通》,《中国历史地理论丛》2004-3

王安春,《明代江西广信府的造纸业》,《上饶师范学院学报》2001-4(=2001B)

王安春,《浅谈清代前期江西佃农抗租斗争的原因》,《江西教育学院学报》2001-2(=2001A)

王钰欣,《明清两代江西景德镇的官窑生产与陶政》,《清史论丛》3,中华书局,北京,1982

王振忠,《江西填湖广》,《读书》1997-4

饶伟新,《明代赣南的移民运动及其分布特征》,《社会经济史研究》2000-3

袁志筱,《元代江西官吏制度管窥》,《江西社会科学》1995-5

喻达志,《樟树药业发展简史》,《江西医药志》,南昌,1985

刘石吉,《明清时代江西墟市与市镇的发展》,《第二次中国近代经济史会议》(上),"中央研究院"经济研究所,台北,1989(→《山根幸夫教授退休记念明代史论丛》(下),汲古书院,1990)

陆敏珍,《论明末反天主教运动》,《安徽史学》2000-2

刘炎,《明末城市经济发展下的初期市民运动》,《明代社会经济史论集》(1),1975

李科友,《江西贡院与科举考试》,《南方文物》2005-2

李光璧,《试论明中叶农民起义的历史作用》,《历史教学》1961-8·9

李军,《明代云贵地区的移民》,中央民族大学历史系,《民大史学》2,民族出版社,1998

李伯重,《工业发展与城市变化——明中叶至清中叶的苏州》,《中国都市构造와社会变化》(2001年东亚文化研究所国际学术会议发表文)

李志跃,《明万历年间的"南京教案"》,《南京史志》1998-1

李萍,《从明代墓志谈江西地区的婚姻习俗》,《南方文物》1994-3

李华,《清代湖南商人的经商活动——清代地方商人研究之九》,《中国经济史研究》1992-1

李华,《清代湖南城乡商业的发达及其原因》,《中国社会经济史研究》1991-3(=1991B)

李华,《清代湖南的外籍商人——清代地方商人研究之六》,《清史研究》1991-1(=1991A)

李华,《清代湖北农村经济作物的种植和地方商人的活跃——清代地方商人研究之五》,《中国社会经济史研究》1987-2

李华,《清代湖北的地方商人——清代地方商人研究之七》,《清史国际讨论会论文集》,辽宁人民出版社,1990

李和承,《明清传统商人区域化现象研究》,"国立"台湾师范大学博士论文,1997

张家炎,《十年来两湖地区暨江汉平原明清经济史研究综述》,《中国史研究动态》1997-1

张桂林,《赣西棚民与福建佃农》,《福建师范大学学报》1986-3

张克伟,《王阳明社教思想透视——以十家牌法及南赣乡约为例》,《赣文化研究》7,2000

张明富,《"贾以好儒"并非徽商特色——以明清江浙、山西、广东商人为中心的考察》,《中国社会经济史研究》2002-4

张祥浩,《王阳明与南赣》,《赣南师范学院学报》2002-2

张永明,《王阳明之无功与学术》,《东方杂志》(复刊)12-2,1978

张显清,《王阳明镇压农民起义的反革命策略批判》,《中国农民战争史论丛》1,山西人民,1979

田声,《河口成镇及成为名镇时间初探》,《江西名镇河口镇》(《铅山文史资料》5),1991

郑建明,《试论江西进士的地理分布》,《中国历史地理论丛》1999-4

郑克晟,《明代赣西重赋与江西士大夫》,《第二届明清史国际学术讨论会论文集》,天津人民出版社,1993

曹国庆,《明代江西科第世家的崛起及其在地方上的作用——以铅山费氏为例》,《中国文化研究》,1999-4

曹国庆,《明代乡约发展的段阶性考察——明代乡约研究之一》,《江西社会科学》1993-8(=1993A)

曹国庆,《明清时期景德镇的徽州瓷商》,《江淮论坛》1987-2

曹国庆,《王守仁与南赣乡约》,《明史研究》3,1993(=1993B)

赵俪生,《明正德间几次农民起义的经过和特点》,《文史哲》1954-12(→《中国农民战争史论文集》,上海,1955)

赵世瑜,《寺庙宫观与明清中西文化冲突》,《中国史研究》1992-4

曹松叶,《宋元明清书院概况》,《中山大学语言历史研究所周刊》第10集第113期,1930

曹树基,《明代初年长江流域的人口迁移》,《中华文史论丛》47,1991

曹树基,《明清时期的流民和赣南山区的开发》,《中国农史》1985-4

曹树基,《清代中期的江西人口》,《南昌大学学报》2001-3

曹树基,《湖南人由来新稿》,《历史地理》9,1990

曹树基,《洪武时期凤阳府的人口迁移》,《安徽史学》1997-3

钟建安,孙伟,《19世纪中后期江西对外贸易对城乡社会经济的影响》,《江西师范大学学报》2004-4

周绍泉,《明代服饰探论》,《史学月刊》1990-6

朱谐汉,《太平天国时期的江西团练》,《江西师范大学学报》(哲社版)1989-4

朱谐汉,《知识分子问题与太平天国的败亡》,《江西师范大学学报》(哲社版)26-2,1993

陈东原,《庐山白鹿洞书院沿革考》,《民铎杂志》7-1·2,1937

秦佩珩,《明代云南人口、土地问题及封建经济的发展》,同氏,《明清社会经济史论稿》,中州古籍出版社,郑州,1984

陈洪波,万振凡,《近代江西茶叶出口贸易兴衰初探》,《宜春师专学报》1994-4(《复印报刊资料》经济史 1994-5)

蔡惠琴,《明清无赖的社会活动及其人际关系网之探讨——兼论无赖集团、打行及窝访》,清华大学硕士论文,1993

蔡晓荣,张英明,《江西士绅与太平天国运动》,《江西师范大学学报》(哲社版)34-3,2001

蔡晓荣,《江西士绅与晚清社会剧变——以江西士绅在太平天国运动和辛亥革命时期的历史作用为考察中心》(江西师范大学硕士论文,2002)

肖文评,《试论明清时期的吉安商人》,《新余高专学报》10-1,2005

衷海燕,《明代中叶乡约与社区治理——吉安府乡约的个案研究》,《华南农业大学学报》2004-3(=2004A)

衷海燕,《明清吉安府士绅的结构变迁与地方文化》,《江西科技师范学院学报》2004-5(=2004B)

衷海燕,《清代江西的家族,乡绅与义仓——新城县广仁庄研究》,《中国社会经济史研究》2002-4

衷海燕,《清代江西的乡绅,望族与地方社会——新城县中田镇的个案研究》,《清史研究》2003-2

衷海燕,《乡绅,地方教育组织与公共事务——以明清江西吉安府为中心》,《江西社会科学》2005-4

治勋等,《王阳明的心学和他镇压农民起义的反革命"事功"》,《南京大学学报》(哲社)1976-1

彭泽益,《17 世纪末到 19 世纪初中国封建社会的工场手工业》,《中国资本主义萌芽问题讨论集》(上),北京,1957

冯尔康,《清朝前期与末季区域人才的变化——以引见官员、鼎甲、翰林为例》,《历史研究》1997-1

何文君,《明至清初江西对湖南人口的迁徙》,《湖南师范大学社会科学学报》19-3,1990

何炳棣,《明代进士与东南文人》,柏桦编,《庆祝王钟翰教授八十五暨韦庆远教授七十华诞学术论文合集》,黄山书社,1999

何友良,《华林农民起义史实辨析》,《中国农民战争史论丛》5,中国社科,1987

何佑森,《两宋学风之地理分布》,《新亚学报》1-1,1955

何佑森,《元代学术之地理分布》,《新亚学报》1-2,1956(1956A)

何佑森,《元代书院之地理分布》,《新亚学报》2-1,1956(1956B)

郝康迪著,余新忠译,《十六世纪江西吉安府的乡约参考文献》,《赣文化研究》7,2000

许檀,《明清农村集市的发展》,《中国经济史研究》1997-2

许檀,《明清时期江西的商业城镇》,《中国经济史研究》1998-3

许大龄,《16世纪,17世纪初期中国封建社会内部资本主义的萌芽》,《中国资本主义萌芽问题讨论集》下,北京,1957(←《北京大学学报》1956-3)

许新民,《晚清江西商道与社会变动述略》,《历史教学》2003-7

许怀林,《江西古代州县建置沿革及其发展原因的探讨》,中国地方史志协会,《中国地方史志论丛》,中华书局,北京,1984

许怀林,《试论宋代江西经济文化的大发展》,《宋史研究论文集》,上海,1982(→《江西经济史论丛》1,1987)

虎啸,《试谈王浩八起义》,《历史教学》1962-12

胡水凤,《大庾岭古道的凿拓及其重要意义》,黄今言,《秦汉江南经济述略》,江西人民出版社,1999

胡水凤,《大庾岭商道的衰落》,《吉安师专学报》(哲社版)1993-3

胡水凤,《繁华的大庾岭古商道》,《江西师范大学学报》(哲社版)25-4,1992

黄丽,《贡院碑石及江西贡院的变迁》,《南方文物》,1998-2

黄长椿,《明代江西王浩八起义史实补正》,《江西师院学报》1979-2

黄长椿,《明正德年间江西农民起义的原因》,《江西社会科学》1985-3

黄志繁,《大庾岭商路、边缘市场、内陆市场——试论清代赣南市场特点》,《赣文化研究》5,1998(＝1998A)

黄志繁,《清代赣南市场研究》,南昌大学硕士学位论文,1998(＝1998B)

黄志繁,《清代赣南的生态与生计——兼析山区商品生产发展之限制》,《中国农史》2003-3

黄志繁,《乡约与保甲:以明代赣南为中心的分析》,《中国社会经济史研究》2002-2

黄厚生,周建梅,《江西县制考》,《南昌高专学报》2005-2

(3) 日文

加藤繁,「支那における稻作,特にその品種の發達に就いて」,《東洋學報》31-1,1947(→同氏,《支那經濟史考證》下,1953)

岡田武彦,「王陽明の教學精神」,多賀秋五郎,《近世東アジア教育史研究》,東京,1970(→岡田武彦,《中國思想における理想と現實》,東京,1983)(＝1970B)

高中利惠,「明清時代の景德鎭の陶業」,《社會經濟史學》32-5、6,1967

近藤康信,「王陽明における學問と現實」,《椙山女學院大學研究論集》4,1973

近藤康信,「王陽明の學問と事功の兩行について」,《宇野哲人先生白壽祝賀記念東洋史論叢》,東京,1974

今湊良信,「明代中期の'土賊'について——南贛地帶の葉氏を中心に」,野口鐵郎,《中國史における亂の構圖》,東京,1986

金澤陽,「明代景德鎭民窯製品の販路について」,《山根幸夫教授退休紀念明代

史論叢》（下），東京，汲古書院，1990

吉尾寬，「中國における"明末農民戰爭史研究"の最近の動向」，《名古屋大學東洋史研究報告》13，1988

金子省治，「萬曆44年の南京事件について」，《上智史學》2-1，1957

多賀秋五郎，「王陽明と明代の教育制度」，《陽明學入門》，東京，明德出版社，1971

檀上寬，「明代科舉改革の政治的背景——南北卷の創設をめぐって」，《東方學報》58，1986

檀上寬，「明代南北卷の思想的背景」，小谷仲男，《東アジア史における文化傳播と地方差の諸相》，福山大學，1988

大宅顯浩，「皇明條法事類纂補正」，《明代史研究》18，1990

大澤顯浩，「明末清初の密密教について——山間地移住と宗教傳播の一形態」，《山根幸夫教授退休記念明代史論叢》（上），東京，1990

渡邊修，「江西提督金聲桓とその反亂」，《東洋史研究》49-3，1990

藤井宏，「新安商人の研究」(1)，《東洋學報》36-1，1953（＝1953A）

藤井宏，「新安商人の研究」(2)，《東洋學報》36-2，1953（＝1953B）

藤井宏，「新安商人の研究」(3)，《東洋學報》36-3，1953（＝1953C）

夫馬進，「明末反地方官士變」，《東方學》52，1980

夫馬進，「"明末反地方官士變"補論」，《富山大學人文學部紀要》4，1981

夫馬進，「明清時代の訟師と訴訟制度」，《中國近世の法制と社會》，京都，1993

濱島敦俊，「明清江南城隍考」，《中國都市の歷史的研究》，唐代史研究會報告Ⅵ，東京，1988

寺田隆信，「湖廣熟天下足」，《文化》43-1、2，1980

森正夫，「17世紀の福建寧化縣における黃通の抗租反亂」(1、2、3)，《名古屋大學文學部研究論集》59・62・74，1973・1974・1978

森正夫，「寇變紀の世界——李世熊と明末清初福建寧化縣の地域社會」，《名古屋大學文學部研究論集》（史學）37，1991

生駒晶，「明初科舉合格者の出身に關する一考察」，《山根幸夫教授退休紀念明代史論叢》（上），汲古書院，1990

徐復觀，「政治家としての王陽明」，岡田武彥編，《陽明學の世界》，東京，1986

小島毅，「中國近世の公議」，《思想》889，1998

小野和子，「復社の人びととレジスタンス」，同氏，《明季黨社考東林黨と復社》，京都，1996

岩見宏，「湖廣熟天下足」，《東洋史研究》20-4，1965

野口鐵郎，「明末清初における千年王國論的宗教運動」，鈴木中正，《千年王國的民衆運動の研究》，東京，1982

鈴木健一,「明代里甲制と郷約の教育史的意義」,多賀秋五郎,《近世アジア教育史研究》,東京,1966

奥山憲夫,「正德宸濠の亂について」,《佐久間重男教授退休記念中國史、陶磁史論集》,東京,1983

日野康一郎,「明末民變と山地開發の問題——江西省上饒縣の場合」,《東洋學報》86-4,2005

前田司,「王陽明の保甲法について」,《研究紀要》(鹿兒島短期大學)27,1981

田中正俊,「明、清時代の問屋制前貸生産について——依料生産を主とする研究史的覺え書」,《東アジア史における國家と農民》,東京,1984(→《田中正俊歷史論文集》,東京,汲古書院,2004)

佐久間重男,「明代景德鎮窯業の一考察」,《清水博士追悼記念明代史論叢》,東京,1962

佐久間重男,「明末景德鎮の民窯の發展と民變」,《鈴木俊教授還曆記念東洋史論叢》,東京,1964

酒井忠夫,「明代前・中期の保甲制について」,《清水博士追悼記念明代史論叢》,東京,1962

重田德,「清初における湖南米市場の一考察」,《東洋文化研究所紀要》10,1956(→同氏,《清代社會經濟史研究》,東京,1975)

中村治兵衛,「王陽明と明代の經濟」,《陽明學入門》(《陽明學大系》第1卷,東京,1971

地濃勝利,「南宋代の江南西路産米の市場流通について」,《集刊東洋學》38,1977

阪倉篤秀,「寧王宸濠の亂——明朝諸王分封制一齣」,《山根幸夫教授退休記念明代史論叢》(上),東京,1990

和田正廣,「明代舉人層の形成過程に關する一考察—科舉條例の檢討を中心として」,《史學雜誌》87-3,1978

(4) 英文

Chao ying Fang and Lienche Tu Fang, "Hsu Chieh(徐階)", Dictionary of Ming Biography 1368—1644, L. Carrington Goodrich and Chaoying Fang, N. Y. ed., Columbia University Press, 1976

Dillon, Michael, "Jingdezhen as a Ming Industrial Center", Ming Studies 6, 1978

Dudink, Adrian, "Opposition to the Introductinb of Western Science and the Nanjing Persecution(1616—1617)", Catherine Jami, Peter Engelfriet, and Gregory Blue ed., Statecraft and Intellectual Renewal in Late Imperial China, Brill, 2001

Esherick, Joseph W., and Rankin, Mary B., Chinese Local Elites and Pattern of

Dominance, University of California Press, 1990

Geiss, James, "The Cheng-te Reign, 1506—1521", in Frederick W. Mote and Denis Twitchett ed., The Ming Dynasty, 1368—1644, Part 1, The Cambridge History of China, V. 7, Cambridge University Press, 1988

Hauf, Kandice"The Community Covenant in Sixteenth Century Ji'an Prefecture, Jiangxi", Late Imperial China, 17‐2, 1996

Hauf, Kandice, "The Community Covenant in Sixteenth Century Ji'an Prefecture, Jiangxi", *Late Imperial China* 17‐2, 1996

L. Carrington Goodrich and C. N. Tay, "Chang Huang(章潢)," Dictionary of Ming Biography 1368—1644, L. Carrington Goodrich and Chaoying Fang, N. Y. ed., Columbia University. Press, 1976

Medley, Margaret, "Ching-te Chen and the Problem of the Imperial Kilns," Bulletin of the School of Oriental and African Studies 29‐2, 1966

Perdue, Peter C., "Insiders and Outsiders, the Xiangtan Riot of 1819 and Collective Action in Hunan", Modern China 12‐2, 1986

Yuan, Tsing, "The Porcelain Industry at Ching-te-chen 1550—1700", Ming Studies 6, 1978

"海外中国研究丛书"书目

1. 中国的现代化 [美]吉尔伯特·罗兹曼 主编 国家社会科学基金"比较现代化"课题组 译 沈宗美 校
2. 寻求富强:严复与西方 [美]本杰明·史华兹 著 叶凤美 译
3. 中国现代思想中的唯科学主义(1900—1950) [美]郭颖颐 著 雷颐 译
4. 台湾:走向工业化社会 [美]吴元黎 著
5. 中国思想传统的现代诠释 余英时 著
6. 胡适与中国的文艺复兴:中国革命中的自由主义,1917—1937 [美]格里德 著 鲁奇 译
7. 德国思想家论中国 [德]夏瑞春 编 陈爱政 等译
8. 摆脱困境:新儒学与中国政治文化的演进 [美]墨子刻 著 颜世安 高华 黄东兰 译
9. 儒家思想新论:创造性转换的自我 [美]杜维明 著 曹幼华 单丁 译 周文彰 等校
10. 洪业:清朝开国史 [美]魏斐德 著 陈苏镇 薄小莹 包伟民 陈晓燕 牛朴 谭天星 译 阎步克 等校
11. 走向21世纪:中国经济的现状、问题和前景 [美]D.H.帕金斯 著 陈志标 编译
12. 中国:传统与变革 [美]费正清 赖肖尔 主编 陈仲丹 潘兴明 庞朝阳 译 吴世民 张子清 洪邮生 校
13. 中华帝国的法律 [美]D.布朗 C.莫里斯 著 朱勇 译 梁治平 校
14. 梁启超与中国思想的过渡(1890—1907) [美]张灏 著 崔志海 葛夫平 译
15. 儒教与道教 [德]马克斯·韦伯 著 洪天富 译
16. 中国政治 [美]詹姆斯·R.汤森 布兰特利·沃马克 著 顾速 董方 译
17. 文化、权力与国家:1900—1942年的华北农村 [美]杜赞奇 著 王福明 译
18. 义和团运动的起源 [美]周锡瑞 著 张俊义 王栋 译
19. 在传统与现代性之间:王韬与晚清革命 [美]柯文 著 雷颐 罗检秋 译
20. 最后的儒家:梁漱溟与中国现代化的两难 [美]艾恺 著 王宗昱 冀建中 译
21. 蒙元入侵前夜的中国日常生活 [法]谢和耐 著 刘东 译
22. 东亚之锋 [美]小R.霍夫亨兹 K.E.柯德尔 著 黎鸣 译
23. 中国社会史 [法]谢和耐 著 黄建华 黄迅余 译
24. 从理学到朴学:中华帝国晚期思想与社会变化面观 [美]艾尔曼 著 赵刚 译
25. 孔子哲学思微 [美]郝大维 安乐哲 著 蒋弋为 李志林 译
26. 北美中国古典文学研究名家十年文选 乐黛云 陈珏 编选
27. 东亚文明:五个阶段的对话 [美]狄百瑞 著 何兆武 何冰 译
28. 五四运动:现代中国的思想革命 [美]周策纵 著 周子平 等译
29. 近代中国与新世界:康有为变法与大同思想研究 [美]萧公权 著 汪荣祖 译
30. 功利主义儒家:陈亮对朱熹的挑战 [美]田浩 著 姜长苏 译
31. 莱布尼兹和儒学 [美]孟德卫 著 张学智 译
32. 佛教征服中国:佛教在中国中古早期的传播与适应 [荷兰]许理和 著 李四龙 裴勇 等译
33. 新政革命与日本:中国,1898—1912 [美]任达 著 李仲贤 译
34. 经学、政治和宗族:中华帝国晚期常州今文学派研究 [美]艾尔曼 著 赵刚 译
35. 中国制度史研究 [美]杨联陞 著 彭刚 程钢 译

36. 汉代农业:早期中国农业经济的形成　[美]许倬云 著　程农 张鸣 译　邓正来 校
37. 转变的中国:历史变迁与欧洲经验的局限　[美]王国斌 著　李伯重 连玲玲 译
38. 欧洲中国古典文学研究名家十年文选乐黛云　陈珏 龚刚 编选
39. 中国农民经济:河北和山东的农民发展,1890—1949　[美]马若孟 史建云 译
40. 汉哲学思维的文化探源　[美]郝大维 安乐哲 著　施忠连 译
41. 近代中国之种族观念　[英]冯客 著　杨立华 译
42. 血路:革命中国中的沈定一(玄庐)传奇　[美]萧邦奇 著　周武彪 译
43. 历史三调:作为事件、经历和神话的义和团　[美]柯文 著　杜继东 译
44. 斯文:唐宋思想的转型　[美]包弼德 刘宁 译
45. 宋代江南经济史研究　[日]斯波义信 著　方健 何忠礼 译
46. 一个中国村庄:山东台头　杨懋春 著　张雄 沈炜 秦美珠 译
47. 现实主义的限制:革命时代的中国小说　[美]安敏成 著　姜涛 译
48. 上海罢工:中国工人政治研究　[美]裴宜理 著　刘平 译
49. 中国转向内在:两宋之际的文化转向　[美]刘子健 著　赵冬梅 译
50. 孔子:即凡而圣　[美]赫伯特·芬格莱特 著　彭国翔 张华 译
51. 18世纪中国的官僚制度与荒政　[法]魏丕信 著　徐建青 译
52. 他山的石头记:宇文所安自选集　[美]宇文所安 著　田晓菲 编译
53. 危险的愉悦:20世纪上海的娼妓问题与现代性　[美]贺萧 著　韩敏中 盛宁 译
54. 中国食物　[美]尤金·N.安德森 著　马孆 刘东 译　刘东 审校
55. 大分流:欧洲、中国及现代世界经济的发展　[美]彭慕兰 著　史建云 译
56. 古代中国的思想世界　[美]本杰明·史华兹 著　程钢 译　刘东 校
57. 内闱:宋代的婚姻和妇女生活　[美]伊沛霞 著　胡志宏 译
58. 中国北方村落的社会性别与权力　[加]朱爱岚 著　胡玉坤 译
59. 先贤的民主:杜威、孔子与中国民主之希望　[美]郝大维 安乐哲 著　何刚强 译
60. 向往心灵转化的庄子:内篇分析　[美]爱莲心 著　周炽成 译
61. 中国人的幸福观　[德]鲍吾刚 著　严蓓雯 韩雪临 吴德祖 译
62. 闺塾师:明末清初江南的才女文化　[美]高彦颐 著　李志生 译
63. 缀珍录:十八世纪及其前后的中国妇女　[美]曼素恩 著　定宜庄 颜宜葳 译
64. 革命与历史:中国马克思主义历史学的起源,1919—1937　[美]德里克 著　翁贺凯 译
65. 竞争的话语:明清小说中的正统性、本真性及所生成之意义　[美]艾梅兰 著　罗琳 译
66. 中国妇女与农村发展:云南禄村六十年的变迁　[加]宝森 著　胡玉坤 译
67. 中国近代思维的挫折　[日]岛田虔次 著　甘万萍 译
68. 中国的亚洲内陆边疆　[美]拉铁摩尔 著　唐晓峰 译
69. 为权力祈祷:佛教与晚明中国士绅社会的形成　[加]卜正民 著　张华 译
70. 天潢贵胄:宋代宗室史　[美]贾志扬 著　赵冬梅 译
71. 儒家之道:中国哲学之探讨　[美]倪德卫 著　[美]万白安 编　周炽成 译
72. 都市里的农家女:性别、流动与社会变迁　[澳]杰华 著　吴小英 译
73. 另类的现代性:改革开放时代中国性别化的渴望　[美]罗丽莎 著　黄新 译
74. 近代中国的知识分子与文明　[日]佐藤慎一 著　刘岳兵 译
75. 繁盛之阴:中国医学史中的性(960—1665)　[美]费侠莉著　甄橙 主译　吴朝霞 主校
76. 中国大众宗教　[美]韦思谛 编　陈仲丹 译
77. 中国诗画语言研究　[法]程抱一 著　涂卫群 译
78. 中国的思维世界　[日]沟口雄三 小岛毅 著　孙歌 等译

79. 德国与中华民国　[美]柯伟林 著　陈谦平 陈红民 武菁 申晓云 译　钱乘旦 校
80. 中国近代经济史研究:清末海关财政与通商口岸市场圈　[日]滨下武志 著　高淑娟 孙彬 译
81. 回应革命与改革:皖北李村的社会变迁与延续韩敏 著　陆益龙 徐新玉 译
82. 中国现代文学与电影中的城市:空间、时间与性别构形　[美]张英进 著　秦立彦 译
83. 现代的诱惑:书写半殖民地中国的现代主义(1917—1937)　[美]史书美 著　何恬 译
84. 开放的帝国:1600年前的中国历史　[美]芮乐伟·韩森 著　梁侃 邹劲风 译
85. 改良与革命:辛亥革命在两湖　[美]周锡瑞 著　杨慎之 译
86. 章学诚的生平及其思想　[美]倪德卫 著　杨立华 译
87. 卫生的现代性:中国通商口岸卫生与疾病的含义　[美]罗芙芸 著　向磊 译
88. 道与庶道:宋代以来的道教、民间信仰和神灵模式　[美]韩明士 著　皮庆生 译
89. 间谍王:戴笠与中国特工　[美]魏斐德 著　梁禾 译
90. 中国的女性与性相:1949年以来的性别话语　[英]艾华 著　施施 译
91. 近代中国的犯罪、惩罚与监狱　[荷]冯客 著　徐有威 等译　潘兴明 校
92. 帝国的隐喻:中国民间宗教　[英]王斯福 著　赵旭东 译
93. 王弼《老子注》研究　[德]瓦格纳 著　杨立华 译
94. 寻求正义:1905—1906年的抵制美货运动　[美]王冠华 著　刘甜甜 译
95. 传统中国日常生活中的协商:中古契约研究　[美]韩森 著　鲁西奇 译
96. 从民族国家拯救历史:民族主义话语与中国现代史研究　[美]杜赞奇 著　王宪明 高继美 李海燕 李点 译
97. 欧几里得在中国:汉译《几何原本》的源流与影响　[荷]安国风 著　纪志刚 郑诚 郑方磊 译
98. 十八世纪中国社会　[美]韩书瑞 罗友枝 著　陈仲丹 译
99. 中国与达尔文　[美]浦嘉珉 著　钟永强 译
100. 私人领域的变形:唐宋诗词中的园林与玩好　[美]杨晓山 著　文韬 译
101. 理解农民中国:社会科学哲学的案例研究　[美]李丹 著　张天虹 张洪云 张胜波 译
102. 山东叛乱:1774年的王伦起义　[美]韩书瑞 著　刘平 唐雁超 译
103. 毁灭的种子:战争与革命中的国民党中国(1937—1949)　[美]易劳逸 著　王建朗 王贤知 贾维 译
104. 缠足:"金莲崇拜"盛极而衰的演变　[美]高彦颐 著　苗延威 译
105. 饕餮之欲:当代中国的食与色　[美]冯珠娣 著　郭乙瑶 马磊 江素侠 译
106. 翻译的传说:中国新女性的形成(1898—1918)　胡缨 著　龙瑜宬 彭珊珊 译
107. 中国的经济革命:二十世纪的乡村工业　[日]顾琳 著　王玉茹 张玮 李进霞 译
108. 礼物、关系学与国家:中国人际关系与主体性建构　杨美慧 著　赵旭东 孙珉 译　张跃宏 译校
109. 朱熹的思维世界　[美]田浩 著
110. 皇帝和祖宗:华南的国家与宗族　[英]科大卫 著　卜永坚 译
111. 明清时代东亚海域的文化交流　[日]松浦章著　郑洁西 等译
112. 中国美学问题　[美]苏源熙 著　卞东波 译　张强强 朱霞欢 校
113. 清代内河水运史研究　[日]松浦章 著　董科 译
114. 大萧条时期的中国:市场、国家与世界经济　[日]城山智子 著　孟凡礼 尚国敏 译　唐磊 校
115. 美国的中国形象(1931—1949)　[美]T.克里斯托弗·杰斯普森 著　姜智芹 译
116. 技术与性别:晚期帝制中国的权力经纬　[英]白馥兰 著　江湄 邓京力 译

117. 中国善书研究 [日]酒井忠夫 著 刘岳兵 何英莺 孙雪梅 译
118. 千年末世之乱:1813年八卦教起义 [美]韩书瑞著 陈仲丹 译
119. 西学东渐与中国事情 [日]增田涉 著 由其民 周启乾 译
120. 六朝精神史研究 [日]吉川忠夫 著 王启发 译
121. 矢志不渝:明清时期的贞女现象 [美]卢苇菁著 秦立彦 译
122. 明代乡村纠纷与秩序:以徽州文书为中心 [日]中岛乐章著 郭万平 高飞 译
123. 中华帝国晚期的欲望与小说叙述 [美]黄卫总著 张蕴爽 译
124. 虎、米、丝、泥:帝制晚期华南的环境与经济 [美]马立博 著 王玉茹 关永强 译
125. 一江黑水:中国未来的环境挑战 [美]易明 著 姜智芹 译
126. 《诗经》原意研究 [日]家井真著 陆越 译
127. 施剑翘复仇案:民国时期公众同情的兴起与影响 [美]林郁沁 著 陈湘静 译
128. 华北的暴力和恐慌:义和团运动前夕基督教传播和社会冲突 [德]狄德满 著 崔华杰 译
129. 铁泪图:19世纪中国对于饥馑的文化反应 [美]艾志端 著 曹曦 译
130. 饶家驹安全区:战时上海的难民 [美]阮玛霞 著 白华山 译
131. 危险的边疆:游牧帝国与中国 [美]巴菲尔德 著 袁剑 译
132. 工程国家:民国时期(1927—1937)的淮河治理及国家建设 [美]戴维·艾伦·佩兹 著 姜智芹 译
133. 历史宝筏:过去、西方与中国妇女问题 [美]季家珍 著 杨可 译
134. 姐妹们与陌生人:上海棉纱厂女工,1919—1949 [美]韩起澜 著 韩慈 译
135. 银线:19世纪的世界与中国 林满红 著 詹庆华 林满红 译
136. 寻求中国民主 [澳]冯兆基 著 刘悦斌 徐硙 译
137. 墨梅 [美]毕嘉珍著 陆敏珍 译
138. 清代上海沙船航运业史研究 [日]松浦章 著 杨蕾 王亦铮 董科 译
139. 男性特质论:中国的社会与性别 [澳]雷金庆 著 [澳]刘婷 译
140. 重读中国女性生命故事 游鉴明 胡缨 季家珍 主编
141. 跨太平洋位移:20世纪美国文学中的民族志、翻译和文本间旅行 黄运特 著 陈倩 译
142. 认知诸形式:反思人类精神的统一性与多样性 [英]G.E.R.劳埃德 著 池志培 译
143. 中国乡村的基督教:1860—1900江西省的冲突与适应 [美]史维东 著 吴薇 译
144. 假想的"满大人":同情、现代性与中国疼痛 [美]韩瑞 著 袁剑 译
145. 中国的捐纳制度与社会 伍跃 著
146. 文书行政的汉帝国 [日]富谷至 著 刘恒武 孔李波 译
147. 城市里的陌生人:中国流动人口的空间、权力与社会网络的重构 [美]张骊 著 袁长庚 译
148. 性别、政治与民主:近代中国的妇女参政 [澳]李木兰 著 方小平 译
149. 近代日本的中国认识 [日]野村浩一 著 张学锋 译
150. 狮龙共舞:一个英国人笔下的威海卫与中国传统文化 [英]庄士敦 著 刘本森 译 威海市博物馆 郭大松 校
151. 人物、角色与心灵:《牡丹亭》与《桃花扇》中的身份认同 [美]吕立亭 著 白华山 译
152. 中国社会中的宗教与仪式 [美]武雅士 著 彭泽安 邵铁峰 译 郭潇威 校
153. 自贡商人:近代早期中国的企业家 [美]曾小萍 著 董建中 译
154. 大象的退却:一部中国环境史 [英]伊懋可 著 梅雪芹 毛利霞 王玉山 译
155. 明代江南土地制度研究 [日]森正夫 著 伍跃 张学锋 等译 范金民 夏维中 审校
156. 儒学与女性 [美]罗莎莉 著 丁佳伟 曹秀娟 译

157. 行善的艺术:晚明中国的慈善事业　[美]韩德林 著　吴士勇 王桐 史桢豪 译
158. 近代中国的渔业战争和环境变化　[美]穆盛博 著　胡文亮 译
159. 权力关系:宋代中国的家族、地位与国家　[美]柏文莉 著　刘云军 译
160. 权力源自地位:北京大学、知识分子与中国政治文化,1898—1929　[美]魏定熙 著　张蒙 译
161. 工开万物:17世纪中国的知识与技术　[德]薛凤 著　吴秀杰 白岚玲 译
162. 忠贞不贰:辽代的越境之举　[英]史怀梅 著　曹流 译
163. 内藤湖南:政治与汉学(1866—1934)　[美]傅佛果 著　陶德民 何英莺 译
164. 他者中的华人:中国近现代移民史　[美]孔飞力 著　李明欢 译　黄鸣奋 校
165. 古代中国的动物与灵异　[英]胡司德 著　蓝旭 译
166. 两访中国茶乡　[英]罗伯特·福琼 著　敖雪岗 译
167. 缔造选本:《花间集》的文化语境与诗学实践　[美]田安 著　马强才 译
168. 扬州评话探讨　[丹麦]易德波 著　米锋 易德波 译　李今芸 校译
169. 《左传》的书写与解读　李惠仪 著　文韬 许明德 译
170. 以竹为生:一个四川手工造纸村的20世纪社会史　[德]艾约博 著　韩巍 译　吴秀杰 校
171. 东方之旅:1579—1724耶稣会传教团在中国　[美]柏理安 著　毛瑞方 译
172. "地域社会"视野下的明清史研究:以江南和福建为中心　[日]森正夫 著　于志嘉 马一虹 黄东兰 阿风 等译
173. 技术、性别、历史:重新审视帝制中国的大转型　[英]白馥兰 著　吴秀杰 白岚玲 译
174. 中国小说戏曲史　[日]狩野直喜 张真 译
175. 历史上的黑暗一页:英国外交文件与英美海军档案中的南京大屠杀　[美]陆束屏 编著/翻译
176. 罗马与中国:比较视野下的古代世界帝国　[奥]沃尔特·施德勒 主编　李平 译
177. 矛与盾的共存:明清时期江西社会研究　[韩]吴金成 著　崔荣根 译　薛戈 校译
178. 唯一的希望:在中国独生子女政策下成年　[美]冯文 著　常姝 译
179. 国之枭雄:曹操传　[澳]张磊夫 著　方笑天 译
180. 汉帝国的日常生活　[英]鲁惟一 著　刘洁 余霄 译
181. 大分流之外:中国和欧洲经济变迁的政治　[美]王国斌 罗森塔尔 著　周琳 译　王国斌 张萌 审校
182. 中正之笔:颜真卿书法与宋代文人政治　[美]倪雅梅 著　杨简茹 译　祝帅 校译
183. 江南三角洲市镇研究　[日]森正夫 编 丁韵 胡婧 等译　范金民 审校
184. 忍辱负重的使命:美国外交官记载的南京大屠杀与劫后的社会状况　[美]陆束屏 编著/翻译
185. 修仙:古代中国的修行与社会记忆　[美]康儒博 著　顾漩 译
186. 烧钱:中国人生活世界中的物质精神　[美]柏桦 著　袁剑 刘玺鸿 译
187. 话语的长城:文化中国历险记　[美]苏源熙 著　盛珂 译
188. 诸葛武侯　[日]内藤湖南 著　张真 译
189. 盟友背信:一战中的中国　[英]吴芳思 克里斯托夫·阿南德尔 著　张宇扬 译
190. 亚里士多德在中国:语言、范畴和翻译　[英]罗伯特·沃迪　韩小强 译
191. 马背上的朝廷:巡幸与清朝统治的建构,1680—1785　[美]张勉治 著　董建中 译
192. 申不害:公元前四世纪中国的政治哲学家　[美]顾立雅 著　马腾 译
193. 晋武帝司马炎　[日]福原启郎 著　陆帅 译
194. 唐人如何吟诗:带你走进汉语音韵学　[日]大岛正二 著　柳悦 译

195. 古代中国的宇宙论　［日］浅野裕一 著　吴昊阳 译
196. 中国思想的道家之论:一种哲学解释　［美］陈汉生 著　周景松 谢尔逊 等译　张丰乾 校译
197. 诗歌之力:袁枚女弟子屈秉筠(1767—1810)　［加］孟留喜 著　吴夏平 译
198. 中国逻辑的发现　［德］顾有信 著　陈志伟 译
199. 高丽时代宋商往来研究　［韩］李镇汉 著　李廷青 戴琳剑 译　楼正豪 校
200. 中国近世财政史研究　［日］岩井茂树 著　付勇 译　范金民 审校
201. 北京的人力车夫:1920年代的市民与政治　［美］史谦德 著　周书垚 袁剑 译　周育民 校
202. 魏晋政治社会史研究　［日］福原启郎 著　陆帅 刘萃峰 张紫毫 译
203. 宋帝国的危机与维系:信息、领土与人际网络　［比利时］魏希德 著　刘云军 译